2007

Chancho de Fuego

EDITORIAL ATLÁNTIDA

SUPERVISIÓN EDITORIAL
Silvia Portorrico

COORDINACIÓN EDITORIAL
Y CORRECCIÓN
Marisa Corgatelli

DISEÑO Y SUPERVISIÓN DE ARTE
Natalia Marano

PRODUCCIÓN INDUSTRIAL
Sergio Valdecantos

TAPA
DISEÑO **Vicky Aguirre**
MAQUILLAJE Y PEINADO **Gabriel Oyhanarte**
FOTOS **Vicky Aguirre y Hugo Arias**
PRODUCCIÓN **Hoby De Fino**
VESTUARIO **Mona Estecho**

INTERIOR Y PÓSTER
ILUSTRACIONES **Carlos Páez Vilaró**

DIRECCIÓN DE INTERNET | E-MAIL
www.atlantidalibros.com.ar
atlantidalibros@atlantida.com.ar

COLABORACIONES ESPECIALES
Ana Isabel Veny,
                ana@internet.com.uy
Cristina Alvarado,
                islacentral@yahoo.com.ar
Susana Tassara,
                sutassara@hotmail.com
Giomar Wong Balmaceda,
                giomarw@hotmail.com

COLABORACIONES
Cecilia Herrera
Barbara Von Hermann
Agustina Machado de Siutti

AGRADECIMIENTOS
AL COSMOS
A LEO LINA

DIRECCIÓN DE INTERNET
www.ludovicasquirru.com.ar

CORREO ELECTRÓNICO
lsquirru@ludovicasquirru.com.ar

Squirru, Ludovica
Horóscopo chino 2007 / ilustrado por Carlos Paez Vilaró - 1a ed. -
Buenos Aires : Atlántida, 2006.
352 p. : il. ; 13x22 cm.

ISBN 950-08-3317-4

1. Horóscopo. I. Carlos Paez Vilaró, ilus.
CDD 133.5

Fecha de catalogación: 30/08/2006

Título: Horóscopo Chino 2007
Copyright © Ludovica Squirru Dari, 2006.
Copyright © Editorial Atlántida S.A., 2006.
Derechos reservados para América del Sur: Editorial Atlántida S.A.
Derechos reservados. Primera edición publicada por Editorial Atlántida S.A.,
Azopardo 579, Buenos Aires, Argentina.
Hecho el depósito que marca la Ley 11.723.
Libro de edición argentina.
Impreso en Argentina. *Printed in Argentina.*
Esta edición se terminó de imprimir en el mes de octubre de 2006
en los talleres gráficos Sevagraf-Longseller S.A., Buenos Aires, Argentina.
Tirada: 110.000 ejemplares

I.S.B.N. 950-08-3317-4
        978-950-08-3317-2

DEDICATORIA

A LOS CHANCHOS DE MI VIDA

A mi padre, EDUARDO SQUIRRU, que marcó mi destino chino afectivo.

A DOMINGO SERAFÍN GRANDE, que rescata con sabiduría
la poesía que hay en los escombros.

A FERNANDO ROMERO, mi amigo el doctor, que me da la pócima exacta
para alivianar duelos y retornar a la realidad con manjares y consejos.

A LUCÍA ROMERO, por su aguante y cariño familiar.

A MIGUEL, mi único hermano varón.

A VICKY BARDI, duende familiar.

A GUADALUPE VILAR, *sexy pig*.

A LULI SARASQUETA, hija cósmica.

A ENRIQUE Y MARY JOE chanchos del barrio de la vida.

A CECILIA HERRERA, amiga que convierte en magia lo cotidiano.

A ERNESTO SABATO, por estar en la familia del corazón.

A DIEGO CURATELLA, por su constante ternura y visión.

A CARLOS PÁEZ VILARÓ, por su constancia en la paleta afectiva.

A HORACIO RAVAZZANI, por su imaginación plasmada en piedra y amores.

A FÉLIX, por su inagotable olla de nutrición y amor.

A TONO PESCI, por su generosidad y protección.

A MICHELE ACOSTA, maestro mayor de obras, y de FENG SHUI.

A LUDOVICO MORI, músico y testigo del tiempo compartido.

A ELVIRA DOMÍNGUEZ, que tiene el don de dar amor
con sus manjares y nos mima.

A GIRI, el guardaespaldas y amigo de un tiempo poético.

A los chanchos atlantes: JORGE GONZÁLEZ, JUAN PABLO DÍAZ MARINELLI.

A NATALIA MARANO, por su talento y sobriedad.

A los chanchos anónimos con los que me revolqué y elevé en el chiquero,
en grandes encuentros humanos, artísticos y espirituales
que perduran en mi invisibilidad.

P.D.: Y a todos los chanchos que amo y me aman en secreto.

L. S. D.

Índice

PREDICCIONES PARA EL AÑO 2007

PRÓLOGO

2007

COMO BUDA, AL SALIR DEL PALACIO
CONVIVO CON LA ENFERMEDAD,
LA POBREZA Y LA MUERTE.
DESPIERTO A LAS TRES DE LA MAÑANA
ENTRE SUEÑOS QUE SON GUERRILLAS
DE LA REVOLUCIÓN CUBANA
Y ME DEJAN HUÉRFANA ANTES DEL ALBA.
CADA ENCUENTRO ES COMPROMISO
DE CARICIA, MIRADA, ELOTE O CHARLA EN TIERRA MOJADA.
TODOS VIVIMOS TAN CERCA Y EN GALAXIAS POBLADAS DE AMORES
QUE LLEGAN Y PARTEN
COMO CÍCLICAS ESTACIONES
DEJANDO PÉRDIDAS O EFÍMERAS GANANCIAS
EN EL ACUEDUCTO DEL ALMA.
VOLVIÓ EL AGUA.
EL VALLE ESTÁ DEMASIADO VERDE
PARA LA MIRADA.
HAY LUZ AFUERA
POR SUERTE ES DE NOCHE
Y ENCIENDO LA LLAMA.
L. S. D.

¿Los últimos serán los primeros?

¿Los primeros quiénes son?

Últimos, primeros y los del medio en busca del cielo interior.

Es cierto que hay años en los cuales empezar el libro es un parto natural y en otros el comienzo me sorprende en medio de fuertes sismos, mareas, viajes de los que no regreso aunque esté en casa debatiéndome entre mis batallas galácticas y terrenales, casi olvidadas mientras cumplo mi misión de empleada del cosmos.

Este canto convertido en letras comenzó a latir cuando estaba de gira con el antecesor canino.

Salió a la luz, se expande y abre como una rosa cuando alcanza su plenitud, o cuando las nueces caen sobre nuestra cabeza, maduras, para iniciar el ritual de pelarlas y disfrutarlas a la sombra del nogal.

Mi biorritmo es afín al ciclo de la luz al finalizar el verano tardío, equinoccio de otoño en el Sur. Mañana, si Dios quiere que amanezca una vez más otro ciclo del tiempo, del cambio de estación que refleja el mundo interno, intentaré contarles mis propios cambios con pausas para saborear un rico mate, un té aromático o un mojito con menta cortada del jardín.

Siempre afirmo que mis viajes han enriquecido mi vida transformando la mujer que soy en otra que estaba esperando nacer y que inevitablemente tenía que llegar a esos destinos, parajes, culturas, climas, cielos invertidos, selvas humanas plagadas de mensajes tatuados en piedras, pieles y miradas.

España me esperaba siempre atenta a mis pisadas.

Hablé conmigo en las calles, bares, plazas y compartí la gran manifestación en la plaza de las Cibeles –que llegaba hasta la puerta de Alcalá– sobre el plan de educación.

Admiré la pacífica manifestación de un millón de personas unidas alentando exigencia y continuidad en el estudio, y renovación en los anodinos y obsoletos planes vigentes.

Es mundial el desconcierto que hay para seguir en el planeta con proyectos que se ocupen de los seres humanos de hoy y del incierto mañana.

La gente reclama coherencia, continuidad en lo que se dice, hace y piensa; pide que se acorten caminos, que se dejen huellas posibles de seguir.

Seguí entre lianas argentinas, uruguayas, mexicanas y cubanas, abierta, aprendiendo más sobre el ser humano que prevalece sobre cualquier frontera.

Escribir cada año el libro es elegir los mejores condimentos, verduras y aromáticas que he plantado y cosechado, con pizcas de sueños, ideas, proyectos, y cocinarlo sacando los desechos tóxicos, las plagas, los virus y los yuyos que alteran su esencia.

El chancho, cerdo o jabalí salvaje se encarna con abundancia en colaboradores que conocí en México, en la presentación del libro canino en el templo que está enfrente del hemiciclo de Benito Juárez en LA ALAMEDA.

Allí aparecieron los acróbatas chinos para desplegar el baile del león y del dragón con todo su ritmo, color, arte escénico, música y encanto.

Como buena gallita, mi amiga ACACIA ENG FUI organizó la celebración, y me presentó a los más exquisitos y refinados artistas, médicos y astrólogos chinos.

Su gran tesoro es su nieta CRISTINA ALVARADO, que heredó su don esotérico y estudia con un experto chino la astrología oriental, y tiene la generosidad de transmitir sus conocimientos.

Miles de estrellas en el cielo se alineaban para bendecir mi camino y el del zoo para encontrar los ayudantes que, como GIOMAR WONG BALMACEDA, con alegría, entusiasmo y disciplina nutren con su conocimiento ancestral el libro porcino.

Cada encuentro, entrevista o charla provocaba el alivio de sintonizar con lo que más nos importa en este momento: cómo seguir viviendo con lo que ocurre día a día, hora a hora, minuto a minuto.

Sin esperar milagros, cambios mágicos, sino trabajando profundamente dentro y fuera, siendo conscientes del otro, del prójimo, del entorno, del telar, que une cada uno de los hilos de los que estamos hechos.

Abrí la canilla de la inspiración y en un ladrido de luna llena invité al público a participar en su destino de una forma activa; integrando el macro al microcosmos.

Lo inexorable con lo que se puede cambiar cuando uno es consciente de los errores, de las trabas, de la repetición y los enfrenta como el torero al toro de lidia. LA HUMANIDAD ESTÁ CANSADA.

De repetir errores, de no modificarlos, de seguir ciega rumbo al abismo sin intentar UN CAMBIO.

He vuelto a Buenos Aires después de una estadía de un mes en los pagos serranos. Recibí al solsticio de invierno sintiendo una tenue alegría al dejar el otoño atrás y su caravana de nostalgia incrustada en una nueva mirada.

Estamos con el tiempo adelantado y no podemos seguirlo, correrlo, alcanzarlo.

Lo que nos ata, duele, perfora, tritura, amenaza se presenta desprevenidamente y nos pone en jaque.

¡A EQUILIBRAR!

Empezando por nuestra insaciable máquina de deseos.

Soltemos al mar, al lago, a la acequia, cenote la vida que sentimos que ya no coincide con nuestra realidad, momento, circunstancia, pues quedó atrapada en el espejismo del que no podemos salir.

RENUNCIEMOS Y ACEPTEMOS EL CAMBIO COMO UN ESTADO NUEVO Y SAGRADO.

DÉMOSLE LA BIENVENIDA CON UN ABRAZO Y FUNDÁMONOS EN ESA PAUSA, SIMILAR A LA QUE RELATAN LOS LIBROS SAGRADOS COMO EL *POPOL VUH*, CUANDO EL MUNDO ESTABA INMERSO EN UNA GRAN NEBULOSA ANTES DE LA SALIDA DEL SOL.

Estoy sintiendo la separatividad cósmica.

Es una sensación de conciencia que aparece cuando existen interferencias en la vida cotidiana.

En este caso el fantasma de un amor se instaló para no irse, tiñiendo las horas con su cuerpo etérico.

Cuántas situaciones en la vida nos limitan porque no están cerradas, resueltas, digeridas, transmutadas y seguimos dando vueltas en el círculo de baba del sapo sin poder resolverlas.

Apelamos a todas las técnicas *new age*, a la astrología y sus derivados y creemos que hemos bajado el telón.

De pronto nos asalta, en medio de la transformación, el hantavirus que quedó rondando y nos aleja del TAO o nos devuelve el sentido sagrado de la existencia.

Diferenciar el centro de la periferia es una labor de cirujano. Queda el corazón agarrado con alfileres; afuera Yolsie rasguña la puerta con vehemencia para que la acaricie.

El trabajo que nos toca es permanente e interdependiente con lo que ocurre en nuestro entorno, sociedad, país, continente y galaxia.

Al quebrar la conexión cíclica con lo esencial, al no escuchar a nuestro cuerpo en su totalidad manifestarse con sus necesidades orgánicas, descanso, alimentación, equilibrio entre el *yin* y el *yang* debilitamos nuestra psique y nuestra alma, descarrilándonos. El sistema inmunológico cae y dejamos que nos invadan los cuatro jinetes del Apocalipsis.

Por eso es fundamental que hagamos un repaso de lo que aún está latiendo por salir a la luz, que quedó postergado, atascado, impedido, para que sea un canal interactivo de energía entre el cielo y la tierra.

Tener autodisciplina es el camino. Con las pequeñas cosas que son hábitos de la vida cotidiana, tender la cama, limpiar el cuarto, preparar la comida y descubrir en eso la piedra fundamental.

Sentirnos parte de la Vía Láctea intuyendo nuestro origen galáctico, bañándonos con su misterio, inmensidad, estrellas encendidas o apagadas, percibiendo que allí también está parte de la fórmula que nos mantiene despiertos y vivos en la tierra.

Despejar, desmalezar, podar nuestras ideas, crear un espacio *net*, sacar los trastos viejos a la calle pues siempre habrá alguien que los necesite.

Estoy en ese tránsito, querido zoo; difícil, incierto, abismal. Tratando de recuperar el entusiasmo por vivir con las enseñanzas recibidas y renunciando a lo que me impidió ser una mujer más equilibrada.

El chancho será el primero esta vez...

Insolada por el sol del 25 de mayo me sumerjo en su tibieza y anido en él transmitiendo esta etapa épica.

Convencida de que lo que nos toca atravesar es el resultado de lo que hicimos y pudimos y de lo que elijamos en esta transición sin estación, puerto, hangar, palenque donde descansar.

La vida está cansada de la vida.

Hay que renovarla con cariño y dejar que los gérmenes de lo desconocido nos visiten, como cuando llegan extranjeros a nuestra casa y no sabemos el idioma pero intuimos que nos traerán algo bueno, renovador, inquietante e inmanejable. Sentimos un cosquilleo en la columna, un temblor de hojalata, una ráfaga debajo de las sábanas de algodón.

El día no alcanza o se desperdicia.

Hay que cumplir con horarios que son trampas rumbo al chiquero.

El tiempo ganó la batalla y venció al alma.

Mal augurio para iniciar el año del signo más sibarita, sensual, hedonista y espiritual del zodíaco chino.

¿¿CÓMO VOLVER??

¿¿DÓNDE NOS PERDIMOS Y QUÉ DEJAMOS EN EL CAMINO??

Por favor, hay que detenerse a pensar.

Este libro tiene que ser leído con el ritmo de tu respiración, inhalación y exhalación, con luz de día o vela, farol de kerosén, antorcha o luna llena.

Suprimí la tecnología, apagá celular, computadora, aspiradora y multiprocesadora y buscá un lugar donde puedas reencontrarte con el ocio creativo.

Afuera el mundo está debatiendo su destino.

Retomá los sueños de anoche, del alba o de la siesta y desmenuzalos hasta vivirlos despierto.

No hay posibilidad de seguir en el mundo si no iluminás tu cráter con la llama de la franqueza.

Cada día se presentarán cataratas de posibilidades y dependerá de tu vocación de catador de mensajes que puedas alinearte en la caravana del rey mono que viaja hacia el Oeste en busca de los libros sagrados que están en la India, y para eso recorrerá miles de viajes internos y externos llenos de enseñanzas y aventuras, junto a su amigo el cerdo.

También estoy recorriendo el camino de China otra vez, pero de allá para acá.

Mi padre chancho viajó a los 20 años hacia China en 1945, y fue testigo del cambio de vida y de la política entre Chiang Kaishek y Mao Tse Tung.

Vivió allí 5 años, aprendió el idioma, viajó por el país y quedó enamorado de su gente y sus costumbres.

Un día antes de mis 50 mayos, en una meditación budista-porteña, descubrí que había sido una china que retornaba a su país y que era expulsada por las mujeres del lugar.

¡¡¡Andá con China a otra parteeeeeeeeee!!!

Y me di cuenta de que vine hacia la Argentina, donde nací como hija de madre perro y padre chancho. Al fin encontré un sentido a mi peregrinaje oriental en Occidente.

Esta meditación cerró un ciclo importante a las preguntas que me hice durante tanto tiempo de por qué me interesaba tanto la astrología china y me dedicaba a difundirla en Occidente.

Karma, acción incompleta de lo que uno hace, dice y piensa.

Y acá sigo bailando esta danza y continúo desovillando mientras tejo con hilos de seda la nueva parición fundacional, universal y humana.

ALGO EN MÍ SE LIBERÓ AL RETORNAR AL ORIGEN. Y cada uno en su propio viaje debe preguntarse por el sentido de la vida, del presente en el planeta, y si la espiral del tiempo asciende o desciende.

China me ayuda a seguir paso a paso la reconstrucción de mi identidad terrestre y celeste. Unir ambas es encontrar la llave maestra para recuperar el sentido sagrado de la existencia.

El ancestral respeto que el mono le tiene al chancho se trasluce en las obras en común.

Es el momento de pensar en si nos respetamos o somos el eco de un coro mudo que espera respuestas del MÁS ALLÁ.

Estar atentos a la ciencia y el arte, lo racional y lo intuitivo, el sexo y el alma, el escepticismo y la credulidad, el corazón y la mente brillante que opaca al arco iris.

Despojarse, pulirse, concentrarse, desbloquearse es apostar a salir del plan de salud que nos mata si tenemos una operación de urgencia y caemos en la sala de guardia. Si se paga hay atención, servicio, modales, conciencia del otro: pagar es la única forma de tener un balance de justicia interior. Con la moneda que sea: con trueque o *cash*, la vida nos enseña a apreciar lo que conseguimos por las nuestras.

Es un tiempo de sacar de la despensa los ahorros emocionales y distribuirlos en forma práctica y justa, tiempo de mirar hacia afuera y hacia adentro. Debajo de la gruesa piel del chancho se encuentra la dermis, el alma que esconde para no mostrarse vulnerable, frágil y dominado.

Estoy pasando una etapa de conmoción e iluminación simultánea.

Retorné a los pagos serranos a asumir mis responsabilidades con las personas que trabajan en mi tierra, con los animales, con las plantas y árboles que existen desde que vivo acá.

Hay que pasar el invierno, y esta metáfora se hace carne en mí.

Descubro que me pesa la soledad que antes era mi invitada de honor; que seguir día a día regando este lugar depende de mi compromiso con lo real, concreto y tangible.

Ir paralela a la vida a cada instante con el mundo interior, exterior y con lo que inventamos a partir de nuestras posibilidades reales es un arte superior.

Sumergirse en viajes que nos atraen pero para los que necesitamos copilotos, ayudantes y guías no sólo en el plano espiritual sino de carne y hueso, es mi lección en esta etapa.

Y creo que a todos nos pasa antes o después de descubrir que emprendimos el camino sin estar muy conscientes de hacia dónde nos llevaría.

Porque se hace camino al andar y en el medio del viaje aparecen los mensajeros, los amores que se entusiasman con nuestro viaje, nos alientan y se quedan vivos o muertos a nuestro lado.

Y el tiempo empieza a ser otro, el que dedicamos a construir olvidando en la mezcla la sustancia de la que estamos hechos. Esa sustancia aparece en medio de los escombros, y es el alma que nos habla.

Y en esa cita me encuentro, querido zoo, interlocutores de mi testimonio.

El reencuentro con una, la cita inevitable que tiene el don de lo impostergable, ésa es la infusión que estoy bebiendo.

Promediando el año canino que se desató con el fuego de la justicia, de la corrida de velos, de los sueños que se concretan en el abismo, casi sin aliento vislumbro una aceleración en los procesos que tendremos que digerir en el año del Chancho de Fuego.

Ideal para hacer la digestión, pero si comemos sin excedernos o, como dice el I-CHING, fijándonos qué parte nutrimos: el cuerpo o el alma.

Este equilibrio –que sólo se logra con una vida disciplinada, con rituales diarios, con entrega a lo nuevo, con valentía y coraje para dejar atrás lo que cumplió su ciclo sin permanecer– nos conduce a una nueva fase, como la luna que crece insistiendo en estar llena para menguar hacia otra luna nueva repitiendo los ciclos macrocósmicos que se reflejan en nuestro microcosmos.

Todo se irá decantando, nada que temer ni perder.

Estaremos más atentos a todo lo que ocurre a nuestro alrededor. Finalmente las islas que somos se convertirán en archipiélagos, deltas unidos por puentes de amor, comunicación, solidaridad, conciencia de transformar en oro el barro con las mejores técnicas que serán las de nuestros ancestros.

Tiempo de libertad y libertinaje.

En cada ser humano se debate el ser o no ser, el tener, poseer y pertenecer.

Como un alud caerán a visitarnos las deudas kármicas y tendremos la oportunidad de saldarlas o aumentarlas: SONÓ EL GONG.

Mientras leo el mítico libro chino del viaje al Oeste, descubro que viviendo en Traslasierra me he dedicado a observar la flora y la fauna del lugar. También en mis viajes por América.

La variedad y riqueza de especies despertó en mí el deseo de captar el espíritu de cada pájaro, serpiente, cabra, oveja, chancho, vaca, caballo, mula, murciélago, mariposa, cuis, zorro plateado, puma, lagartija, y otras especies que me siguen sorprendiendo.

Y de repente pensé por qué no hacer un paralelismo entre el zodíaco chino y nuestra fauna americana: la rata sería el cuis, por ejemplo.

Quedé atrapada por la imagen del animal que se cruza diariamente en los caminos serranos llenos de pircas y piedras. Y pensé en la rata que también aparece en el mundo urbano más que campestre y que tiene un símbolo muy gráfico en nuestro inconsciente.

Sólo para innovar, imaginar, recrear otras especies dentro del zodíaco chino, unirlos, asociarlos o disociarlos se me ocurrió contarles que si Buda hubiera nacido en América, y en la Argentina, habría convocado a nuestros animales autóctonos para formar el zodíaco mesoamericano.

Es una idea, tómala o déjala.

Siento que compartir una filosofía, cosmovisión o creencia es una cuestión de afinidad.

Vivo en un territorio que tiene en sus ancestros –los comechingones– gran cantidad de señales grabadas en piedras, morteros, en antiguos asentamientos, en su arte, cerámica, telar, música, pintura; no integrarlos a mi labor de arqueóloga del cosmos es no participar de lo que voy descubriendo.

China llegó a nosotros de muchas formas: nosotros tenemos que aportar a su gran legado nuestra partitura.

Además, al chancho le divierte innovar, integrar, imaginar, degustar nuevos placeres.

Seguiré el latido de mi corazón y nos sumergiremos en una cosmovisión oriental-americana.

Antes de que los continentes se separaran éramos uno y de allí provenimos.

Busquemos nuestro origen universal y despertemos al SATORI.

Epílogo

VISLUMBRO UN NUEVO AMANECER.
Septiembre en pleno DOYO, despidiendo el invierno rumbo a la primavera.
Todo ha brotado precipitadamente, los pájaros volvieron a cantar temprano en el jardín acallado por un tiempo mudo y desnutrido.
La luz inunda el espacio con brocha gorda azul cobalto.
He recuperado el cordón de plata invisible que me une a la galaxia.
Retornó la poesía.
Podría caminar al río y sentir el agua sin tocarla.
Ángeles azules me visitan, conducen abrazos, guiños, enciclopedias y eclipses.
La Luna crece despacio en medio de cabezas, mundos y alianzas vitales.

El tiempo disparó su flecha
y todo salió de la órbita
disparando truenos
escupiendo fuego
inundando pueblos
saqueando corazones
excavando tumbas
para catapultar a Eros.
Todo cambió tan de golpe

que no me dio tiempo de despedirme
de quien era
para aceptar a esta nueva persona
sin DNI ni linterna.
Tu futuro ya pasó.
Quedate en movimiento
dentro de tus sueños.
Se paga caro la aventura de ser
en un mundo
donde muere el amor antes de nacer.

Alguien me vio y resucitó
antes de la primavera
llegó tarde a la sesión
y a compaginar las horas
que ya no son mías.
Te imagino con una mochila pesada
y un caño que va al aire
y larga humo negro
que no contamina a nadie.

Tu noche busca el día
sonámbula despierta
con gente presente
que llega al corazón
y al centro magnético
amor.

L. S. D.

Mi padre, Eduardo Squirru, en China, con Chiang Kaishek, en el año 1945.

ASTROLOGÍA CHINA

Antes de que Marco Polo se topara con China, ya los emperadores confiaban las decisiones más importantes a sus letrados –hombres de gran capacidad para las matemáticas– que, basados en las prácticas taoístas de Las Cinco Artes o Wu Shu, pronosticaban lluvias o sequías, preparaban el menú más adecuado para una persona enferma de gripe, establecían matrimonios armoniosos y obraban pequeños milagros gracias a sus conocimientos sobre el CHI.

Una de las disciplinas más tradicionales era el bazi, o lectura de las cuatro columnas del destino: un diagrama simple con ocho "letras" chinas que contienen toda la información de una persona, sobre todo su energía CHI.

Para entender el bazi hay que comprender el universo de los cinco elementos.

Las Ramas Terrestres rigen la personalidad, la salud, la sexualidad y la capacidad reproductiva. Y los Troncos Celestiales rigen el pensamiento, los antepasados, la suerte o los instintos y el alma misma de una persona.

ELEMENTO CHI	MADERA	FUEGO	TIERRA	METAL	AGUA
Troncos Celestiales	Árbol + Arbusto -	Incendio + Lámpara -	Montaña + Jardín -	Espada + Jade -	Mar + Rocío -
Ramas Terrestres	Tigre + Conejo -	Caballo + Serpiente -	Búfalo - Dragón + Cabra - Perro +	Mono + Gallo -	Chancho - Rata +
Planetas	Júpiter	Marte	Saturno	Venus	Mercurio
Estaciones	Primavera	Verano	Canícula	Otoño	Invierno
Punto Cardinal	Este Sureste	Sur	Centro Suroeste Noroeste	Oeste Noreste	Norte
Color	Verde	Rojo	Amarillo	Blanco	Negro
Ki 9 estrellas	3 4	9	5 2 8	7 6	1
Virtudes	Benevolencia	Sabiduría	Confianza	Rectitud	Balance
Afecciones	Cólera	Alegría	Reflexión	Tristeza	Miedo

Los cinco elementos rigen cada aspecto de la vida, y su manejo y comprensión abarcan cada actividad de la vida diaria y el comportamiento de la naturaleza.

Tanto los troncos celestes como las ramas terrestres están regidas por uno de los cinco elementos; estos elementos son en realidad el CHI o energía de vida que nace del TAO y que como la "Fuerza" de la guerra de las galaxias, habita y es, se mueve y se detiene, une y separa todo lo que nos rodea y lo que somos.

Esta fuerza es como la energía de una batería, tiene dos polos, uno atrae, el otro repele. *Yin* y *yang*, hombre y mujer, suave y duro, abierto y cerrado, caliente y frío: La danza de la existencia, que está para dar vida y matar.

El nombre de este símbolo es Taiji (por si ya te lo tatuaste y no sabías)

Los cinco elementos se dividen entre esas dos fuerzas *yin* y *yang*, y dan por resultado los diez Troncos Celestiales. Éstos son muy importantes porque hablan de los aspectos íntimos de la energía de todo lo que somos y nos rodea.

Pero habitamos un planeta muy vasto, que tiene a la Luna como hermana y el CHI de ella influye con su energía, dando por resultado la energía de los ciclos lunares llamados Doce Ramas Terrestres.

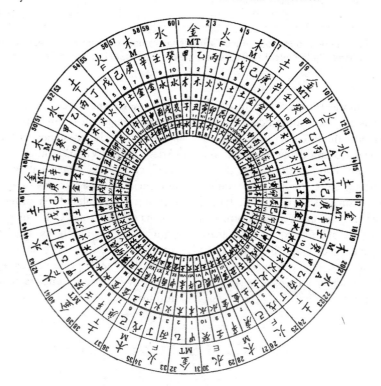

Estas ramas terrestres rigen durante ciclos interminables, cada año, cada mes, cada día y cada hora. Estos ciclos son complicados porque tienen que ver con la relación de la Luna con la Tierra y este planeta esta hecho –básicamente– de energía tierra.

1	2	3	4	5	6	7	8	9	10	11	12
Árbol	Arbusto	Incendio	Lámpara	Montaña	Jardín	Espada	Jade	Mar	Rocío	Árbol	Arbusto
Yang	Yin	Yang	Yin	Yang	Yin	Yang	Yin	Yang	Yin	Yang	Yin
Rata	Búfalo	Tigre	Conejo	Dragón	Serpiente	Caballo	Cabra	Mono	Gallo	Perro	Chancho
13	14	15	16	17	18	19	20	21	22	23	24
Incendio	Lámpara	Montaña	Jardín	Espada	Jade	Mar	Rocío	Árbol	Arbusto	Incendio	Lámpara
Yang	Yang	Yang	Yin	Yang	Yin	Yang	Yin	Yang	Yin	Yang	Yin
Rata	Búfalo	Búfalo	Conejo	Dragón	Serpiente	Caballo	Cabra	Mono	Gallo	Perro	Chancho
25	26	27	28	29	30	31	32	33	34	35	36
Montaña	Jardín	Espada	Jade	Mar	Rocío	Árbol	Arbusto	Incendio	Lámpara	Montaña	Jardín
Yang	Yin	Yang	Yin	Yang	Yin	Yang	Yin	Yang	Yin	Yang	Yin
Rata	Búfalo	Búfalo	Conejo	Dragón	Serpiente	Caballo	Cabra	Mono	Gallo	Perro	Chancho
37	38	39	40	41	42	43	44	45	46	47	48
Espada	Jade	Mar	Rocío	Árbol	Arbusto	Incendio	Lámpara	Montaña	Jardín	Espada	Jade
Yang	Yin	Yang	Yin	Yang	Yin	Yang	Yin	Yang	Yin	Yang	Yin
Rata	Búfalo	Búfalo	Conejo	Dragón	Serpiente	Caballo	Cabra	Mono	Gallo	Perro	Chancho
49	50	51	52	53	54	55	56	57	58	59	60
Mar	Rocío	Árbol	Arbusto	Incendio	Lámpara	Montaña	Jardín	Espada	Jade	Mar	Rocío
Yang	Yin	Yang	Yin	Yang	Yin	Yang	Yin	Yang	Yin	Yang	Yin
Rata	Búfalo	Búfalo	Conejo	Dragón	Serpiente	Caballo	Cabra	Mono	Gallo	Perro	Chancho

Si combinamos todos los troncos y todas las ramas, tendríamos sesenta combinaciones. Cada sesenta días, horas, meses y años, esta secuencia se repite.

Aquí vale la pena aclarar un par de cosas que han confundido a muchos lectores durante esta época de astrología posmoderna en la que nos da por combinarlo todo: La astrología china no tiene su equivalente con la astrología caldea. Ignoro por qué algunos le dicen "normal" u "occidental", puesto que esta astrología nació en lo que hoy conocemos como Irak, medio planeta mas allá de Occidente. ¡La astrología caldea también es oriental!

Los meses en ambos calendarios son completamente distintos porque la influencia de los signos caldeos (Aries, Libra, Virgo...) inicia con cada ciclo solar mensual y la influencia de los signos chinos en el mes inicia a finales de la primera semana del mes lunar. O sea: ningún signo zodiacal chino es igual a ningún signo caldeo, salvo en felices días en los que de pronto les da por parecerse, pero son completamente distintos.

Meses chinos (fecha de inicio)	Estación	Rama terrestre Energía fija	Signo del zodíaco
4-5 Febrero	Primavera	Madera *yang*	Tigre
5-6 Marzo	Primavera	Madera *yin*	Conejo
4-6 Abril	Fin de primavera	Tierra *yang*	Dragón
5-6 Mayo	Verano	Fuego *yin*	Serpiente
6-7 Junio	Verano	Fuego *yang*	Caballo
7-8 Julio	Fin de verano	Tierra *yin*	Cabra
8 Agosto	Otoño	Metal *yang*	Mono
6-9 Septiembre	Otoño	Metal *yin*	Gallo
8-9 Octubre	Fin de otoño	Tierra *yang*	Perro
7-9 Noviembre	Invierno	Agua *yin*	Chancho
6-7 Diciembre	Invierno	Agua *yang*	Rata
5-6 Enero	Fin de Invierno	Tierra *yin*	Búfalo

Para mayor precisión es necesario ver un calendario chino especial.

Las ramas terrestres están regidas por un signo zodiacal y una energía fija. El elemento cardinal es en realidad el elemento que rige cada una de las cuatro estaciones y cada grupo de tres animalitos gobierna una estación. Hagan cuentas y son cuatro grupos. Esto ha creado confusión, porque algunos autores han confundido el elemento fijo cardinal, con la energía fija que no tienen nada que ver, más que con el animalito representado y esto deja fuera a la energía tierra que rige a cuatro de los signos chinos, e ignoran completamente a lo mas importante de esta astrología que es la polaridad *yin* y *yang*.

ESTACIÓN	ENERGÍA FIJA	ZODÍACOS
PRIMAVERA	MADERA	Tigre *yang* / Conejo *yin*
VERANO	FUEGO	Caballo *yang* / Serpiente *yin*
OTOÑO	METAL	Mono *yang* / Gallo *yin*
INVIERNO	AGUA	Rata *yang* / Chancho *yin*
FIN DE ESTACIÓN	TIERRA	Dragón y Perro *yang* / Cabra y Búfalo *yin*

Las energías de cada signo del zodíaco chino es fija, pero se acostumbra como síntesis superponer el elemento del año en curso. Por ejemplo, el año 2007 se denomina Chancho de Fuego, pero el chancho es de Agua *yin* y el año 2007 es de Fuego *yin* (o "Lámpara"). La combinación de ambos codifica un sinfín de información.

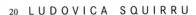

Vamos a dar una ojeada a la astrología de las grandes ligas:

Las doce ramas terrestres (es decir, los 12 signos del zodíaco chino) le dan cuerpo a cuatro aspectos importantísimos de la existencia de cualquier ser vivo. Imaginen que dentro de ustedes no hay solamente un animal que es representado por el año de nacimiento, sino que también hay otros tres animales. Cuatro personalidades distintas que de pronto se aman con locura o luego quieren mandarse lejos.

El signo zodiacal chino es en realidad una de esas ramas terrestres, se trata de la rama que rige el año de nacimiento. Al combinarse con el tronco celestial que influencia con su energía, podemos saber la personalidad y la suerte de una persona.

Luego está el "compañero de ruta", que es en realidad la rama de la hora de nacimiento. Este compañero de ruta, al unirse con el tronco celestial de la hora, nos indica la forma de pensar y la forma de procrear de una persona: O sea, nos habla de su proceso creativo, en todos los sentidos.

HORA DE NACIMIENTO	COMPAÑERO DE RUTA
23 a 1 Horas	Rata
1 a 3 Horas	Búfalo
3 a 5 Horas	Tigre
5 a 7 Horas	Conejo
7 a 9 Horas	Dragón
9 a 11 Horas	Serpiente
11 a 13 Horas	Caballo
13 a 15 Horas	Cabra
15 a 17 Horas	Mono
17 a 19 Horas	Gallo
19 a 21 Horas	Perro
21 a 23 Horas	Chancho

¿Ya encontraste a tu compañero de ruta?

El mes de nacimiento, tan polémico y que tantas discusiones entre caldeos y chinos ha levantado, nos habla de la salud de una persona. Si lo combinamos con la energía del tronco celestial del mes, tenemos también la relación con sus antepasados y la familia. Es decir, el mes es un esquema de nuestro código genético no sólo corporal, sino también emocional (Dios los cría y ellos se juntan).

Por último, el secreto de los maestros de las cinco artes chinas: el día de nacimiento nos habla del alma de una persona; su "self" junguiano. Ese bicho raro al cual ignoramos a cada rato y que va a seguir siendo, ya sea en otra vida si son budistas y creen en la reencarnación, o si son cristianos y creen en el cielo y otras locaciones menos atractivas. Al combinarse con su rama terrestre, esta alma única aprende a enamorarse: La rama terrestre representa el modo en que nuestra alma se enamora... y de quién.

Es por eso que al saber únicamente el año de nacimiento uno sabe con precisión para dónde va si se deja llevar por la personalidad y sus instintos, pero la personalidad no es el todo. (Lo malo es que, para saber qué signo rige el día de nacimiento, uno debe consultar a un maestro astrólogo ya que ese conocimiento requiere no un libro sino una biblioteca entera y por lo menos un ábaco). Sólo les voy a pasar un tip (si es que les alcanza el tiempo):

> **20**
> **Rocío** *yin*
> **Cabra**

Tomen una agenda de 2007 y escriban en el espacio en blanco del día 18 de Febrero (ése es el día en que comienza el año del Chancho); con ayuda de la primera tabla que aparece en esta introducción, escriban sesenta días hacia delante y sesenta días hacia atrás. Si les pega la curiosidad, sigan escribiendo en ese orden hasta su fecha de nacimiento. El número que allí se lee es para que no se confundan.

Cuatro animales zodiacales y cuatro energías cósmicas, eso es todo lo que necesitamos para saber el quién es quién de nuestras vidas.

La siguiente tabla es un bazi o un esquema de cuatro columnas, en donde Ramas Terrestres y Troncos Celestiales se combinan según el año de nacimiento, el día, la hora y el mes.

Este ejemplo pertenece a Bruce Lee, nacido el 27 de noviembre de 1940 a las 7:30 horas.

TRONCO DE LA HORA	TRONCO DEL DÍA	TRONCO DEL MES	TRONCO DEL AÑO
Montaña *yang*	Árbol *yang*	Lámpara *yin*	Espada *yang*
Dragón	Perro	Chancho	Dragón
Rama de la hora	Rama del día	Rama del mes	Rama del año

Definitivamente no es mi intención asustarlos, más que nada porque sólo es cosa de usar la imaginación. Cada uno de nosotros somos como una fábula de Esopo en acción.

Cuatro animales con cuatro elementos definidos tienen por compañeros cuatro elementos puros. Y de pronto, este grupo de ocho, conoce a otro grupo de ocho: Una nomenclatura como si fuera un complejo examen de bioquímica.

El elemento más importante para una persona en un medio social como el occidental, tiene que ver con el año de nacimiento. Pero cuando el elemento del día de nacimiento conoce al elemento del día de nacimiento de otra persona; nos damos cuenta de que la astrología china es en realidad no sólo la experiencia del destino, sino el verdadero mapa de todo aquello que está vivo. Ya que nos enamoramos con el alma (si nos va bien).

Con altas y bajas, momentos gloriosos y tristezas profundas, el ser humano es complejo, pero resulta aún más complejo cuando lo sometemos –y así ocurre– a múltiples posibilidades y circunstancias externas.

Con sólo analizar la relación entre el *yin* y el *yang* y los cinco elementos podemos traducir el bazi de una persona.

TRONCO DE LA HORA	TRONCO DEL DÍA	TRONCO DEL MES	TRONCO DEL AÑO
Pensamiento	Alma	Antepasados	Suerte
Lógica	Espiritualidad	Herencias	Instintos
Capacidad	Individualidad	Características	Reacciones
Creatividad	Conexión especial	genéticas	Movimientos
Profesión	Centro privado	Familia relativa	Sensibilidad
Expresividad	Sexualidad	Temario de vida	Personalidad
Profesión	Emotividad	Salud	Voz externa
Negocios	Enamoramiento	Familia inmediata	"La Máscara"
Hijos	Cónyuge	Padres	Yo social
Rama de la hora	Rama del día	Rama del mes	Rama del año

Traducido, el bazi de Bruce Lee sería así:

Su personalidad era la de un dragón fuerte ayudado por su compañero de ruta, otro dragón, de allí el nombre de una de sus películas más famosas, *Doble Dragón*: ésa es una combinación muy favorable.

Pensaba, creaba y se procreaba como un dragón de tierra; como la tierra del tronco de nacimiento es igual a la del dragón, tenía gran capacidad para hacer dinero, pensar con lógica y engendrar buenos hijos. Se enamoró y vivió su sexualidad como un perro, pero su espíritu era de madera, así que la madera controlaba la tierra del perro; por lo tanto, a pesar de ser un hombre controlado, la madera de su alma le dio oportunidad de buscarse una amante, sin la carga de culpa que normalmente sienten los perros.

Su salud fue delicada, porque el

cerdo de su mes de nacimiento estaba rodeado por el fuego de la lámpara y las tierras del dragón y del perro.

Su cuerpo era como un chanchito agredido por un chiquero sucio, el agua es el elemento más delicado de todos, lo chupa la madera, lo ensucia la tierra y lo cansa el fuego. Bruce Lee murió un 20 de julio de 1973: ese día estaba hecho del fuego *yin* de la lámpara, que cansa al agua *yin* del chancho. Además era un día de Serpiente, recuerden que la serpiente siempre es de fuego *yin* y la serpiente no se lleva nada bien con el chancho. Para colmo, ese mes estaba en la cúspide del verano y el verano es de fuego.

Otros elementos debieron contribuir a su muerte: los cinco elementos están en todo lo que nos rodea: Alimentos, medicinas, animales, el entorno. De eso se encarga el FENG-SHUI y el estudio de esta disciplina hermana determina y redondea el largo camino que es habitar en este planeta.

Y hablando de nuestro planeta: Pachamama, Gaia, Dunia, La Madre Tierra, les tengo otra sorpresa.

Nuestra madre es redonda y enamorada del Sol, unas partes se iluminan y otras se oscurecen, unas se congelan mientras en otras los comerciantes hacen su agosto vendiendo bikinis. Y no sólo eso, nuestro planeta nos pega una confusión espantosa cuando en un lado es primavera y en el otro es invierno. A ese fenómeno se le llama "Posición en el Rey". Pero...

Esta posición cambia abruptamente al cambiar de hemisferio. Así, una persona que está en la cabeza del rey al nacer en el otoño argentino, se va de bruces contra el suelo al llegar a México y se ve desesperado, habitando los pies del monarca.

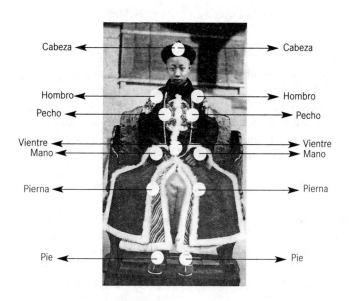

Cabeza — Cabeza
Hombro — Hombro
Pecho — Pecho
Vientre — Vientre
Mano — Mano
Pierna — Pierna
Pie — Pie

Si naciste al norte del Ecuador,
busca tu posición en el rey en esta tabla.

POSICIÓN EN EL REY PARA EL HEMISFERIO NORTE

EN PRIMAVERA
CABEZA: Caballo
HOMBROS: Serpiente y Cabra
PECHO: Conejo y Perro
VIENTRE: Rata
MANOS: Dragón y Mono
PIERNAS: Chancho y Gallo
PIES: Tigre y Búfalo

EN OTOÑO
CABEZA: Tigre
HOMBROS: Rata y Caballo
PECHO: Cabra y Búfalo
VIENTRE: Mono
MANOS: Conejo y Gallo
PIERNAS: Dragón y Perro
PIES: Chancho y Serpiente

EN VERANO
CABEZA: Rata
HOMBROS: Búfalo y Cabra
PECHO: Gallo y Conejo
VIENTRE: Caballo
MANOS: Serpiente y Chancho
PIERNAS: Dragón y Perro
PIES: Mono y Tigre

EN INVIERNO
CABEZA: Serpiente
HOMBROS: Conejo y Gallo
PECHO: Tigre y Dragón
VIENTRE: Chancho
MANOS: Rata y Caballo
PIERNAS: Búfalo y Cabra
PIES: Perro y Mono

Si naciste al sur del Ecuador,
busca tu posición en el rey en esta tabla.

POSICIÓN EN EL REY PARA EL HEMISFERIO SUR

EN PRIMAVERA
CABEZA: Tigre
HOMBROS: Rata y Caballo
PECHO: Cabra y Búfalo
VIENTRE: Mono
MANOS: Conejo y Gallo
PIERNAS: Dragón y Perro
PIES: Chancho y Serpiente

EN OTOÑO
CABEZA: Caballo
HOMBROS: Serpiente y Cabra
PECHO: Conejo y Perro
VIENTRE: Rata
MANOS: Dragón y Mono
PIERNAS: Chancho y Gallo
PIES: Tigre y Búfalo

EN VERANO
CABEZA: Serpiente
HOMBROS: Conejo y Gallo
PECHO: Tigre y Dragón
VIENTRE: Chancho
MANOS: Rata y Caballo
PIERNAS: Búfalo y Cabra
PIES: Perro y Mono

EN INVIERNO
CABEZA: Rata
HOMBROS: Búfalo y Cabra
PECHO: Gallo y Conejo
VIENTRE: Caballo
MANOS: Serpiente y Chancho
PIERNAS: Dragón y Perro
PIES: Mono y Tigre

Vale la pena aclarar algo: si naciste bajo el signo del Chancho en Uruguay, eso NO quiere decir que al irte de *shopping* a Houston te vas a transformar automáticamente en Serpiente ¡Que quede claro! Sólo va a cambiar tu suerte, porque si estás en los hombros, al llegar allá vas a estar en el vientre.

CABEZA DE REY

Excelente suerte, facilidad para el liderazgo, excelente salud, buen matrimonio.

HOMBROS DE REY

Buena suerte, juventud difícil, buena salud, tranquilidad, buenos hijos.

PECHO DE REY

Suerte con altibajos, melancolía, hipersensibilidad. Necesita controlar sus sentimientos.

MANOS DE REY

Talento manual, enamoradizo; clase media en general, pero puede administrar grandes cantidades de dinero ajeno.

VIENTRE DE REY

Vida adulta plena, maternidad privilegiada, mejor para la mujer que para el hombre. Mejor vida a partir de los treinta años.

PIERNAS DE REY

Mala suerte, amores insatisfactorios, malas finanzas, necesitará esforzarse mucho a lo largo de su vida.

PIES DE REY

Pésima suerte, amores apasionados, pero pocas posibilidades para tener una buena familia. Personas contrastantes y arrebatadas. Todo lo hacen con gran intensidad.

Por último, cada rama terrestre tiene una relación especial con las otras ramas, esa combinación de posibilidades puede ser afortunada o funesta.

Como poner los nombres en chino implicaría aún más complicaciones, he resuelto dejarlo en claves. Para probar, busquen su relación con su signo del zodíaco anual y del tronco del año de nacimiento en las siguientes tablas y luego busquen el significado por medio de las claves.

Estas relaciones se utilizan para hacer las predicciones, tanto dentro del bazi de una persona, como de la relación que podría tener con otras personas. Por ejemplo, la Rata tiene una relación de GF (Gran Felicidad) con el Gallo, mientras su PR (Prisión) es el Caballo, por eso se siente atrapada durante el año del Caballo (2002, por mencionar el más reciente).

	JG	M	PA	GF	BL	GP	GS	C	CA	CH	PR
Rata	Rata	Tigre	Dragón	Gallo	Conejo	Gallo	Tigre	Perro	Serpiente	Cerdo	Caballo
Búfalo	Gallo	Cerdo	Búfalo	Mono	Tigre	Caballo	Tigre	Perro	Tigre	Mono	Conejo
Tigre	Caballo	Mono	Perro	Cabra	Búfalo	Conejo	Serpiente	Búfalo	Cerdo	Serpiente	Rata
Conejo	Conejo	Serpiente	Cabra	Caballo	Rata	Rata	Serpiente	Búfalo	Mono	Tigre	Gallo
Dragón	Rata	Tigre	Dragón	Serpiente	Cerdo	Gallo	Serpiente	Búfalo	Serpiente	Cerdo	Caballo
Serpiente	Gallo	Cerdo	Búfalo	Dragón	Perro	Caballo	Mono	Dragón	Tigre	Mono	Conejo
Caballo	Caballo	Mono	Perro	Conejo	Gallo	Conejo	Mono	Dragón	Cerdo	Serpiente	Rata
Cabra	Conejo	Serpiente	Cabra	Tigre	Mono	Rata	Mono	Dragón	Mono	Tigre	Gallo
Mono	Rata	Tigre	Dragón	Búfalo	Cabra	Gallo	Cerdo	Cabra	Serpiente	Cerdo	Caballo
Gallo	Gallo	Cerdo	Búfalo	Rata	Caballo	Caballo	Cerdo	Cabra	Tigre	Mono	Conejo
Perro	Caballo	Mono	Perro	Cerdo	Serpiente	Conejo	Cerdo	Cabra	Cerdo	Serpiente	Rata
Chancho	Conejo	Serpiente	Cabra	Perro	Dragón	Rata	Tigre	Perro	Mono	Tigre	Gallo

Claves	P	GH	GC	E	EO	GA	FP
Troncos							
Árbol	Búfalo/Cabra	Tigre	Serpiente	Chancho	Jardín	Caballo	Conejo
Arbusto	Rata/Mono	Conejo	Caballo	Chancho	Jardín	Mono	Tigre
Incendio	Gallo/Chancho	Serpiente	Mono	Tigre	Incendio	Tigre	Caballo
Lámpara	Gallo/Chancho	Caballo	Gallo	Tigre	Incendio	Cabra	Serpiente
Montaña	Bufalo/Cabra	Serpiente	Mono	Mono	Montaña	Dragón	Caballo
Jardín	Rata/Mono	Caballo	Gallo	Mono	Montaña	Dragón	Serpiente
Espada	Búfalo/Cabra	Mono	Chancho	Serpiente	Jade	Perro	Gallo
Jade	Tigre/Caballo	Gallo	Rata	Serpiente	Jade	Gallo	Mono
Mar	Conejo/Serpiente	Chancho	Tigre	Mono	Árbol	Rata	Rata
Rocío	Conejo/Serpiente	Rata	Conejo	Mono	Árbol	Mono	Chancho

P Protector: Esta relación trae muy buena suerte.

JG Jefe de grupo: Refuerza la amistad, es imposible decirle que no.

M Montura: Atrae los viajes y el movimiento.

PA Paraguas Amarillo: El emperador usaba un paraguas amarillo para sobresalir

GF Gran Felicidad: Esta relación es muy agradable.

GS Gran Soledad: Afecta a los hombres, pocas posibilidades para el matrimonio.

C Celibato: Afecta a las mujeres, pocas posibilidades para el matrimonio.

BL Boda Legitima: Amor y compromiso, buen día para casarse.

GA Gran Amistad: Amores platónicos, amistad y lealtad.

GP Gran Pasión: Sexo sin compromiso, encaprichamientos y pasión.

GH Gran Honorario: Buenas posibilidades para ganar mucho dinero.

GC Gran Cultura: Gran capacidad social y buenas posiciones sociales.

E Elocuencia: Gran capacidad para las letras, la actuación y la investigación.

EO Escuela Oficial: Altos grados académicos, facilidad para el estudio.

FP Filo Peligroso: Accidentes, operaciones peligrosas y cortaduras.

CA Calamidad: Mala suerte en general, relaciones complicadas.

CH Chismes: Puede caer en estados neuróticos y muy mal humor.

PR Prisión: Puede ir a la cárcel o se siente aprisionado por algo.

EL CALENDARIO CHINO TRADICIONAL

por el licenciado Filimón Wing Shum

La invención del calendario

La tradición atribuye a Huang-di, el legendario Emperador Amarillo, la invención del calendario, el mismo que formuló mediante la observación de los fenómenos celestes durante un ciclo de 60 años, al cabo de los cuales lo puso en vigor. Así, la historia del Calendario Tradicional Chino se remonta al año 2637 a.C.

El Yiwen Zhi, que era el catálogo de la biblioteca imperial de la dinastía Han, incluye la técnica de elaboración de almanaques (li pu) entre las artes de adivinación (shu shu) que en los historiadores y adivinos Xi y He del palacio Ming Tang. Según la tradición Xi y He eran dos hermanos de calendarios bajo el legendario Emperador Yao.

EL CALENDARIO XIA

El calendario que estuvo vigente bajo la dinastía Xia (2205-1766 a.C.) toma la primera luna o mes de primavera como el comienzo del año. El prominente filósofo confuciano Dong Zhongshu (179-104 a.C.), al desarrollar su teoría de Los Tres Sistemas o Secuencias, escribe:

"...en el decimotercer mes, todas las cosas, cuando empiezan a reventar las cáscaras que las envuelven y a emerger, son negras y es entonces cuando los hombres pueden aplicarles su trabajo. Es por esto que la dinastía Xia, teniendo el Comienzo del Hombre para sí, asumió el negro como su color primario. El Shangshu Dazhua dice: "Xia tomó la primera luna de primavera como el comienzo (del año)...". Los de Xia tomaron el decimotercer mes (o sea el primero de primavera) como su comienzo (de año), asumieron el negro como su color primario y empezaron el año al amanecer...".

"Entre Los Tres Comienzos, el Sistema Negro viene primero. El primer día de su años, el Sol y la Luna Nueva están en la constelación Las Barracas (o sea Ying shi que corresponde a Pegaso en la denominación occidental) y El Gran Cucharón (El carro) está en 'yin' (tercera de las doce ramas terrestres, correspondiendo, entre los puntos del compás, al Este-Nordeste). El éter universal del Cielo entonces empieza a penetrar y a generar cosas, de las cuales aparecen brotes en crecimiento. Su color es negro. Por eso, las ropas que se vestían en la Corte el primer día del mes eran negras, igual que los pendientes sobre las gorras oficiales, los carros imperiales y sus caballos. Los cordones que llevan los grandes sellos (de los funcionarios) son negros, igual que sus tocados, las banderas, los grandes jades preciosos y los animales usados en los sacrificios suburbanos. Los cuernos de estos animales son oviformes. La ceremonia de poner la gorra (que tiene lugar cuando un joven se convierte en adulto). En las ceremonias de matrimonio, (el novio) va a encontrar (a la novia) en el patio (atrio del templo ancestral de su hogar); en la ceremonia funeral, el fallecido es puesto en el ataúd sobre los escalones del Este (hacia el salón principal)".

Confucio, a pesar de que trató de restablecer las normas de la dinastía Zhou, se declaró partidario de restablecer el Calendario Xia; siguiendo esta línea, el actual Calendario Chino Tradicional señala el principio del año coincidiendo con la luna nueva del primer mes de primavera (por lo cual también es conocido como Calendario Xia) y los chinos siguen considerando que el negro es el color adecuado para las ropas que deben vestirse en las grandes ocasiones.

EL CALENDARIO BAJO LOS SHANG

Durante la dinastía Shang (también conocida como dinastía Yin 1766-1066 a.C.), empezó a usarse la luna o mes complementario (run) para ajustar el año lunar al solar, agregando un 'run' cada tres años y a dividirse cada luna o mes en tres 'xun' o períodos del día, identificando cada día con el nombre de uno de los 'tian gan' (troncos celestes).

Dong Zhongshu describe las características del Calendario Shang de la manera siguiente:

"...en el decimosegundo mes todas las cosas primero empiezan a retoñar y entonces son blancas. Esta blancura es la del éter (*yin*). Esto es por lo que la dinastía Yin, teniendo para sí el Comienzo de la Tierra, asumió el blanco como su color primario. 'El Shangshu Dazhuan' dice: 'los de Yin tomaron el último mes de invierno como su comienzo'. Los de Yin tomaron el decimosegundo mes como su comienzo, asumieron el blanco como su color primario y empezaron el año con el canto del gallo...".

"En el Sistema Blanco, el Sol y la Luna Nueva, el primer día del año, están en El Hueco (la constelación Xu situada en Acuario y Pegaso) y El Gran Cucharón (El Carro) está en 'chou' (segunda de las doce ramas terrestres correspondiendo a la dirección Nor-Nordeste). El éter universal del Cielo entonces primero hace que las cosas se desprendan de sus envolturas y sean generadas y empiecen a brotar. Su color es blanco. Por eso, las ropas que se vestían en la Corte el primer día del mes eran blancas, igual que los pendientes sobre las gorras oficiales, los carros imperiales y sus caballos. Los cordones que llevan los grandes sellos son blancos, igual que sus tocados, las banderas, los grandes jades preciosos y los animales usados en los sacrificios suburbanos. Los cuernos de estos animales tienen la forma de capullo de gusano de seda. La ceremonia de poner gorras es realizada en (la plataforma ante) el salón principal. En la ceremonia de matrimonio, (el novio) va a encontrar (a la novia) en (la plataforma ante) el salón principal (del templo ancestral de su hogar); en la ceremonia funeral, el fallecido es puesto en el ataúd entre las columnas (sobre la plataforma del salón principal)...".

El historiador Sima Qian narra acerca de los últimos días de vida de Confucio:

"Al año siguiente Zi Lu murió en Wei y Confucio cayó enfermo. Cuando Zi Gong fue a verlo, el Maestro, paseando por la puerta apoyado en un báculo, reclamó: '¿Porqué vienes tan tarde? —Entonces suspiró y cantó—: El Monte Tai se desmorona, el gran torrente se rompe, el hombre sabio se marchita'.

"Con lágrimas en los ojos dijo a Zi Gong. 'Hace mucho que el mundo se ha alejado del Camino de la Verdad y nadie puede seguirme. Los hombres de Xia celebraban los funerales en los escalones del Este, los hombres de Zhou en los escalones del Oeste, mientras que los hombres de Yin lo hacían entre las columnas. La última noche soñé que estaba sentado ante ofrendas entre dos columnas. De ahí deduzco que debo ser un hombre de Yin'".

Evolución durante la dinastía Zhou:
En el calendario de la dinastía Zhou (1066-770 a.C.), el año empezaba con el segundo mes de invierno, o sea el decimoprimer mes. En esta época se adoptó la práctica de adicionar un 'run' (mes complementario) cada cinco años, además del que se agregaba cada tres años.

Fuente: *Gaceta de la Comunidad China de México*, A. C. Enero de 1985, Nº 28.

LOS AÑOS LUNARES EXACTOS DESDE 1900 A 2008

SIGNO					
Rata	31/01/1900	a	18/02/1901	metal	+
Búfalo	19/02/1901	a	07/02/1902	metal	-
Tigre	08/02/1902	a	28/01/1903	agua	+
Conejo	29/01/1903	a	15/02/1904	agua	-
Dragón	16/02/1904	a	03/02/1905	madera	+
Serpiente	04/02/1905	a	24/01/1906	madera	-
Caballo	25/01/1906	a	12/02/1907	fuego	+
Cabra	13/02/1907	a	01/02/1908	fuego	-
Mono	02/02/1908	a	21/01/1909	tierra	+
Gallo	22/01/1909	a	09/02/1910	tierra	-
Perro	10/02/1910	a	29/01/1911	metal	+
Chancho	30/01/1911	a	17/02/1912	metal	-
Rata	18/02/1912	a	05/02/1913	agua	+
Búfalo	06/02/1913	a	25/01/1914	agua	-
Tigre	26/01/1914	a	13/02/1915	madera	+
Conejo	14/02/1915	a	02/02/1916	madera	-
Dragón	03/02/1916	a	22/01/1917	fuego	+
Serpiente	23/01/1917	a	10/02/1918	fuego	-
Caballo	11/02/1918	a	31/01/1919	tierra	+
Cabra	01/02/1919	a	19/02/1920	tierra	-
Mono	20/02/1920	a	07/02/1921	metal	+
Gallo	08/02/1921	a	27/01/1922	metal	-
Perro	28/01/1922	a	15/02/1923	agua	+
Chancho	16/02/1923	a	04/02/1924	agua	-
Rata	05/02/1924	a	24/01/1925	madera	+
Búfalo	25/01/1925	a	12/02/1926	madera	-
Tigre	13/02/1926	a	01/02/1927	fuego	+
Conejo	02/02/1927	a	22/01/1928	fuego	-
Dragón	23/01/1928	a	09/02/1929	tierra	+
Serpiente	10/02/1929	a	29/01/1930	tierra	-
Caballo	30/01/1930	a	16/02/1931	metal	+
Cabra	17/02/1931	a	05/02/1932	metal	-
Mono	06/02/1932	a	25/01/1933	agua	+
Gallo	26/01/1933	a	13/02/1934	agua	-
Perro	14/02/1934	a	03/02/1935	madera	+
Chancho	04/02/1935	a	23/01/1936	madera	-

LOS AÑOS LUNARES EXACTOS DESDE 1900 A 2008

SIGNO				
Rata	24/01/1936	a 10/02/1937	fuego	+
Búfalo	11/02/1937	a 30/01/1938	fuego	-
Tigre	31/01/1938	a 18/02/1939	tierra	+
Conejo	19/02/1939	a 07/02/1940	tierra	-
Dragón	08/02/1940	a 26/01/1941	metal	+
Serpiente	27/01/1941	a 14/02/1942	metal	-
Caballo	15/02/1942	a 04/02/1943	agua	+
Cabra	05/02/1943	a 24/01/1944	agua	-
Mono	25/01/1944	a 12/02/1945	madera	+
Gallo	13/02/1945	a 01/02/1946	madera	-
Perro	02/02/1946	a 21/01/1947	fuego	+
Chancho	22/01/1947	a 09/02/1948	fuego	-
Rata	10/02/1948	a 28/01/1949	tierra	+
Búfalo	29/01/1949	a 16/02/1950	tierra	-
Tigre	17/02/1950	a 05/02/1951	metal	+
Conejo	06/02/1951	a 26/01/1952	metal	-
Dragón	27/01/1952	a 13/02/1953	agua	+
Serpiente	14/02/1953	a 02/02/1954	agua	-
Caballo	03/02/1954	a 23/01/1955	madera	+
Cabra	24/01/1955	a 11/02/1956	madera	-
Mono	12/02/1956	a 30/01/1957	fuego	+
Gallo	31/01/1957	a 17/02/1958	fuego	-
Perro	18/02/1958	a 07/02/1959	tierra	+
Chancho	08/02/1959	a 27/01/1960	tierra	-
Rata	28/01/1960	a 14/02/1961	metal	+
Búfalo	15/02/1961	a 04/02/1962	metal	-
Tigre	05/02/1962	a 24/01/1963	agua	+
Conejo	25/01/1963	a 12/02/1964	agua	-
Dragón	13/02/1964	a 01/02/1965	madera	+
Serpiente	02/02/1965	a 20/01/1966	madera	-
Caballo	21/01/1966	a 08/02/1967	fuego	+
Cabra	09/02/1967	a 29/01/1968	fuego	-
Mono	30/01/1968	a 16/02/1969	tierra	+
Gallo	17/02/1969	a 05/02/1970	tierra	-
Perro	06/02/1970	a 26/01/1971	metal	+
Chancho	27/01/1971	a 14/01/1972	metal	-

LOS AÑOS LUNARES EXACTOS DESDE 1900 A 2008

SIGNO				
Rata	15/01/1972	a	02/02/1973	agua	+
Búfalo	03/02/1973	a	22/01/1974	agua	-
Tigre	23/01/1974	a	10/02/1975	madera	+
Conejo	11/02/1975	a	30/01/1976	madera	-
Dragón	31/01/1976	a	17/02/1977	fuego	+
Serpiente	18/02/1977	a	06/02/1978	fuego	-
Caballo	07/02/1978	a	27/01/1979	tierra	+
Cabra	28/01/1979	a	15/02/1980	tierra	-
Mono	16/02/1980	a	04/02/1981	metal	+
Gallo	05/02/1981	a	24/01/1982	metal	-
Perro	25/01/1982	a	12/02/1983	agua	+
Chancho	13/02/1983	a	01/02/1984	agua	-
Rata	02/02/1984	a	19/02/1985	madera	+
Búfalo	20/02/1985	a	08/02/1986	madera	-
Tigre	09/02/1986	a	28/01/1987	fuego	+
Conejo	29/01/1987	a	16/02/1988	fuego	-
Dragón	17/02/1988	a	05/02/1989	tierra	+
Serpiente	06/02/1989	a	26/01/1990	tierra	-
Caballo	27/01/1990	a	14/02/1991	metal	+
Cabra	15/02/1991	a	03/02/1992	metal	-
Mono	04/02/1992	a	22/01/1993	agua	+
Gallo	23/01/1993	a	09/02/1994	agua	-
Perro	10/02/1994	a	30/01/1995	madera	+
Chancho	31/01/1995	a	18/02/1996	madera	-
Rata	19/02/1996	a	06/02/1997	fuego	+
Búfalo	07/02/1997	a	27/01/1998	fuego	-
Tigre	28/01/1998	a	15/02/1999	tierra	+
Conejo	16/02/1999	a	04/02/2000	tierra	-
Dragón	05/02/2000	a	23/01/2001	metal	+
Serpiente	24/01/2001	a	11/02/2002	metal	-
Caballo	12/02/2002	a	31/01/2003	agua	+
Cabra	01/02/2003	a	21/01/2004	agua	-
Mono	22/01/2004	a	08/02/2005	madera	+
Gallo	09/02/2005	a	28/01/2006	madera	-
Perro	29/01/2006	a	17/02/2007	fuego	+
Chancho	18/02/2007	a	06/02/2008	fuego	-

CORRESPONDENCIA SEGÚN FECHA DE NACIMIENTO Y KI NUEVE ESTRELLAS

AÑO	10 KAN		12 SHI		KI 9 ESTRELLAS
1900	Metal mayor	9	Rata	1	Agua blanca
1901	Metal menor	6	Vaca (buey-búfalo)	9	Fuego púrpura
1902	Agua mayor	3	Tigre	8	Tierra blanca
1903	Agua menor	9	Conejo (liebre-gato)	7	Metal rojo
1904	Árbol mayor	6	Dragón	6	Metal blanco
1905	Árbol menor	3	Serpiente	5	Tierra amarilla
1906	Fuego mayor	9	Caballo	4	Árbol verde oscuro
1907	Fuego menor	6	Oveja (cabra)	3	Árbol verde brillante
1908	Tierra mayor	3	Mono	2	Tierra negra
1909	Tierra menor	9	Gallo	1	Agua blanca
1910	Metal mayor	6	Perro	9	Fuego púrpura
1911	Metal menor	3	Jabalí (cerdo-chancho)	8	Tierra blanca
1912	Agua mayor	9	Rata	7	Metal rojo
1913	Agua menor	6	Vaca (buey-búfalo)	6	Metal blanco
1914	Árbol mayor	3	Tigre	5	Tierra amarilla
1915	Árbol menor	9	Conejo (liebre-gato)	4	Árbol verde oscuro
1916	Fuego mayor	6	Dragón	3	Árbol verde brillante
1917	Fuego menor	3	Serpiente	2	Tierra negra
1918	Tierra mayor	9	Caballo	1	Agua blanca
1919	Tierra menor	6	Oveja (cabra)	9	Fuego púrpura
1920	Metal mayor	3	Mono	8	Tierra blanca
1921	Metal menor	9	Gallo	7	Metal rojo
1922	Agua mayor	6	Perro	6	Metal blanco
1923	Agua menor	3	Jabalí (cerdo-chancho)	5	Tierra amarilla
1924	Árbol mayor	9	Rata	4	Árbol verde oscuro
1925	Árbol menor	6	Vaca (buey-búfalo)	3	Árbol verde brillante
1926	Fuego mayor	3	Tigre	2	Tierra negra
1927	Fuego menor	9	Conejo (liebre-gato)	1	Agua blanca
1928	Tierra mayor	6	Dragón	9	Fuego púrpura
1929	Tierra menor	3	Serpiente	8	Tierra blanca
1930	Metal mayor	9	Caballo	7	Metal rojo
1931	Metal menor	6	Oveja (cabra)	6	Metal blanco
1932	Agua mayor	3	Mono	5	Tierra amarilla
1933	Agua menor	9	Gallo	4	Árbol verde oscuro
1934	Árbol mayor	6	Perro	3	Árbol verde brillante
1935	Árbol menor	3	Jabalí (cerdo-chancho)	2	Tierra negra
1936	Fuego mayor	9	Rata	1	Agua blanca

AÑO	10 KAN		12 SHI		KI 9 ESTRELLAS
1937	Fuego menor	6	Vaca (buey-búfalo)	9	Fuego púrpura
1938	Tierra mayor	3	Tigre	8	Tierra blanca
1939	Tierra menor	9	Conejo (liebre-gato)	7	Metal rojo
1940	Metal mayor	6	Dragón	6	Metal blanco
1941	Metal menor	3	Serpiente	5	Tierra amarilla
1942	Agua mayor	9	Caballo	4	Árbol verde oscuro
1943	Agua menor	6	Oveja (cabra)	3	Árbol verde brillante
1944	Árbol mayor	3	Mono	2	Tierra negra
1945	Árbol menor	9	Gallo	1	Agua blanca
1946	Fuego mayor	6	Perro	9	Fuego púrpura
1947	Fuego menor	3	Jabalí (cerdo-chancho)	8	Tierra blanca
1948	Tierra mayor	9	Rata	7	Metal rojo
1949	Tierra menor	6	Vaca (buey-búfalo)	6	Metal blanco
1950	Metal mayor	3	Tigre	5	Tierra amarilla
1951	Metal menor	9	Conejo (liebre-gato)	4	Árbol verde oscuro
1952	Agua mayor	6	Dragón	3	Árbol verde brillante
1953	Agua menor	3	Serpiente	2	Tierra negra
1954	Árbol mayor	9	Caballo	1	Agua blanca
1955	Árbol menor	6	Oveja (cabra)	9	Fuego púrpura
1956	Fuego mayor	3	Mono	8	Tierra blanca
1957	Fuego menor	9	Gallo	7	Metal rojo
1958	Tierra mayor	6	Perro	6	Metal blanco
1959	Tierra menor	3	Jabalí (cerdo-chancho)	5	Tierra amarilla
1960	Metal mayor	9	Rata	4	Árbol verde oscuro
1961	Metal menor	6	Vaca (buey-búfalo)	3	Árbol verde brillante
1962	Agua mayor	3	Tigre	2	Tierra negra
1963	Agua menor	9	Conejo (liebre-gato)	1	Agua blanca
1964	Árbol mayor	6	Dragón	9	Fuego púrpura
1965	Árbol menor	3	Serpiente	8	Tierra blanca
1966	Fuego mayor	9	Caballo	7	Metal rojo
1967	Fuego menor	6	Oveja (cabra)	6	Metal blanco
1968	Tierra mayor	3	Mono	5	Tierra amarilla
1969	Tierra menor	9	Gallo	4	Árbol verde oscuro
1970	Metal mayor	6	Perro	3	Árbol verde brillante
1971	Metal menor	3	Jabalí (cerdo-chancho)	2	Tierra negra
1972	Agua mayor	9	Rata	1	Agua blanca
1973	Agua menor	6	Vaca (buey-búfalo)	9	Fuego púrpura
1974	Árbol mayor	3	Tigre	8	Tierra blanca
1975	Árbol menor	9	Conejo (liebre-gato)	7	Metal rojo

AÑO	10 KAN		12 SHI		KI 9 ESTRELLAS
1976	Fuego mayor	6	Dragón	6	Metal blanco
1977	Fuego menor	3	Serpiente	5	Tierra amarilla
1978	Tierra mayor	9	Caballo	4	Árbol verde oscuro
1979	Tierra menor	6	Oveja (cabra)	3	Árbol verde brillante
1980	Metal mayor	3	Mono	2	Tierra negra
1981	Metal menor	9	Gallo	1	Agua blanca
1982	Agua mayor	6	Perro	9	Fuego púrpura
1983	Agua menor	3	Jabalí (cerdo-chancho)	8	Tierra blanca
1984	Árbol mayor	9	Rata	7	Metal rojo
1985	Árbol menor	6	Vaca (buey-búfalo)	6	Metal blanco
1986	Fuego mayor	3	Tigre	5	Tierra amarilla
1987	Fuego menor	9	Conejo (liebre-gato)	4	Árbol verde oscuro
1988	Tierra mayor	6	Dragón	3	Árbol verde brillante
1989	Tierra menor	3	Serpiente	2	Tierra negra
1990	Metal mayor	9	Caballo	1	Agua blanca
1991	Metal menor	6	Oveja (cabra)	9	Fuego púrpura
1992	Agua mayor	3	Mono	8	Tierra blanca
1993	Agua menor	9	Gallo	7	Metal rojo
1994	Árbol mayor	6	Perro	6	Metal blanco
1995	Árbol menor	3	Jabalí (cerdo-chancho)	5	Tierra amarilla
1996	Fuego mayor	9	Rata	4	Árbol verde oscuro
1997	Fuego menor	6	Vaca (buey-búfalo)	3	Árbol verde brillante
1998	Tierra mayor	3	Tigre	2	Tierra negra
1999	Tierra menor	9	Conejo (liebre-gato)	1	Agua blanca
2000	Metal mayor	6	Dragón	9	Fuego púrpura
2001	Metal menor	3	Serpiente	8	Tierra blanca
2002	Agua mayor	9	Caballo	7	Metal rojo
2003	Agua menor	6	Oveja (cabra)	6	Metal blanco
2004	Árbol mayor	3	Mono	5	Tierra amarilla
2005	Árbol menor	9	Gallo	1	Agua blanca
2006	Fuego mayor	6	Perro	9	Fuego púrpura
2007	Fuego menor	3	Jabalí (cerdo-chancho)	8	Tierra blanca
2008	Tierra mayor	9	Rata	7	Metal rojo
2009	Tierra menor	6	Vaca (buey-búfalo)	6	Metal blanco
2010	Metal mayor	3	Tigre	5	Tierra amarilla
2011	Metal menor	9	Conejo (liebre-gato)	4	Árbol verde oscuro
2012	Agua mayor	6	Dragón	3	Árbol verde brillante
2013	Agua menor	3	Serpiente	2	Tierra negra
2014	Árbol mayor	9	Caballo	1	Agua blanca

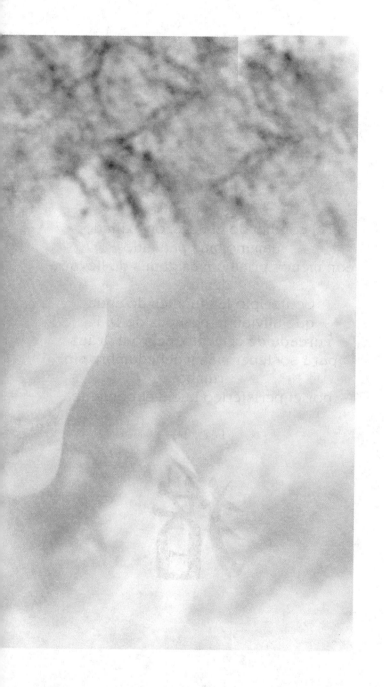

Astrología Poética

c
h
a
n
c
h
o

Ésta es mi vida
de gira en gira
escondiendo el corazón exiliado.
camino más pausado
con menos prisa y más ganas de llegar a
destino.
Contemplo las fuentes de agua
que alivian la pesadez de D. F.
surcada de cemento, acero y grúas
para sostener más muchedumbre sin
rumbo
por el perisférico hacia el poniente.

L. S. D.

Chancho

ficha técnica

NOMBRE CHINO DEL CHANCHO **ZHU**

NÚMERO DE ORDEN **DUODÉCIMO**

HORAS REGIDAS POR EL CHANCHO **9 PM A 11 PM**

DIRECCIÓN DE SU SIGNO **NOR-NORDESTE**

ESTACIÓN Y MES PRINCIPAL **OTOÑO-NOVIEMBRE**

CORRESPONDE AL SIGNO OCCIDENTAL **ESCORPIO**

ENERGÍA FIJA **AGUA**

TRONCO **POSITIVO**

eres chancho si naciste

30/01/1911 - 17/02/1912
CHANCHO DE METAL

16/02/1923 - 04/02/1924
CHANCHO DE AGUA

04/02/1935 - 23/01/1936
CHANCHO DE MADERA

22/01/1947 - 09/02/1948
CHANCHO DE FUEGO

08/02/1959 - 27/01/1960
CHANCHO DE TIERRA

27/01/1971 - 14/02/1972
CHANCHO DE METAL

13/02/1983 - 01/02/1984
CHANCHO DE AGUA

31/01/1995 - 18/02/1996
CHANCHO DE MADERA

18/02/2007 - 06/02/2008
CHANCHO DE FUEGO

El TAO del Chancho

Amanecí sin gas. Calenté la pava para el mate en la estufa de kerosén.

Disfruté mucho, hasta que empezó a hervir tímidamente y me dio tiempo de preparar el mate que extrañaba pues hace una semana que estoy a té con miel gracias a la gripe que está purificándome.

Junio asoma en las sierras y en mi alma.

El doctor Grande me pidió que lo llame para contarle cuál es mi proyecto en este momento de vida.

Él es mi psiquiatra desde hace dos años, quizás los más difíciles de los que recuerde y, por el consejo de otro amigo chancho de fuego, un día sin saberlo toqué el timbre del gran consejero que —como caballo parejero, según sus propias palabras—, me acompaña para atravesar este umbral entre lo que quise, hice, pude e intenté, y su contrapartida en el arte de vivir.

Causalmente es chancho de agua, como lo era mi padre, dato para hacerse un picnic y plasmar el Electra, la transferencia y contratransferencia para siempre y aliviar el karma.

El chancho tiene un lugar de preferencia en mi corazón desde que era niña.

Tal vez por su imagen tan carismática, auténtica y despreocupada, su peso específico, su solidez y consistencia cuando se los descubre en el campo semiescondidos entre los maizales, en la huerta tardía donde devoran lo que nadie ya come, o cuando duermen profundamente echados sobre la tierra como moais de la Isla de Pascua y son sorprendidos en sus sueños que jamás nos cuentan porque son reacios a aceptar que tienen derecho a hacerlos realidad.

Al promediar la mañana, la visita de Elvira me sorprendió e interrumpió mi relato; ella me traía, en su regazo pródigo, dulce de zapallo, orégano y naranjas recién cortadas del jardín de la infancia para mimarme en mi reclusión monástica.

Elvira es chancho de madera y es parte de la historia familiar en Las Rabonas desde que incursionábamos con la familia en el edén que nos concedió Muna, mi abuela, y que fue —sin duda—, la semilla para que decidiera continuar mi vida en este rincón de mica lila impregnado de experiencias que me permiten añorar las gotas de lluvia en los vidrios antes de que se sequen.

Entre los frutos de la Pacha, Elvira traía una joya: una foto que quedó grabada en mi vida y que nunca encontré ni pude recuperar, mis padres, mi hermana Margarita y yo el día que vino el diario *La Razón* a hacernos una nota por la aparición del ovni en nuestra casa de parque Leloir.

Quedé tildada, atrapada en ese instante que recuerdo con nitidez sensorial. Éramos una familia especial por ser testigos de algo hasta ese momento poco frecuente o de lo que nadie hablaba en el año 1966.

Sólo la evocación de un chancho al que se quiere en forma particular puede provocar esa avalancha de recuerdos, emociones, sentimientos e imágenes.

Eduardo, el padre chancho de donde sale mi gen oriental por su incursión en China en sus años mozos, mi divina madre perro, bella como sigue permaneciendo en mi memoria, Magui –una indiecita guaraní– y yo, una flaquita feúcha con un radar para lo sobrenatural, me confirmaron hoy que las señales tienen un profundo significado en el momento que ocurren y que hay que develarlas antes de que nos catapulten.

Mientras me preparaba la sopa que nadie condimenta como ella y de yapa un tuco para futuros tallarines, le pregunté a Elvira qué esperaba o deseaba de la vida.

Me contestó con esa simpleza espontánea que sólo seguir bien; que todos estén bien: la familia, las cosas como están.

Le pregunté si tenía algún sueño pendiente, viajar por ejemplo; y me dijo: "eso sí, me gustaría viajar". Y me contó de sus viajes, antes de casarse, por Mar del Plata y Punta del Este, trabajando siempre y aceptando lo que la vida le daba día a día.

También le pregunté si era feliz con Abraham, su perro consorte, mi jardinero fiel de tanto tiempo, y me dijo que era una vida junto a él, que todo lo compartían, lo duro, amargo y dulce de la vida, los momentos de enfermedad de ambos donde no se separaban ni de día ni de noche, "no como ahora, que los hijos van por un lado y los yernos y nueras por otro".

Esta mujer chancho tuvo cinco hijos y los crió simultáneamente con la labor que ejerció con su talento innato que se fue desarrollando a medida que aprendía el arte de cocinar, tejer, coser, organizar una granja y alimentar a una tribu con naturalidad, absoluta entrega y generosidad.

Chancho: signo que construye el día a día con alegría, solidez, buen humor, sencillez, poesía, aceptando su rol, integrado al hábitat y, si sale al mundo, siempre llevará sus raíces, tradición, filosofía, candidez y humanidad allí adonde vaya.

Huele a pan casero, a mate con peperina, a bebé recién bañado, a rosa, a barro impregnado de sales aromáticas, quebracho colorado, copal, incienso, vino tinto.

El chancho inspira confianza para soltarse, abrir los cerrojos del alma y ventilarlos en su presencia, pues es un gran interlocutor, un cenote donde se puede tirar lo profano y lo sagrado, un confesor atento a nuestras debilidades, exaltaciones, miedos, trasgresiones, raptos de locura, un ombú donde apoyarnos cuando estamos débiles porque además nos da sombra, un cómplice de lo inconfesable, secreto, insondable del alma humana.

El chancho es el signo con mayor capacidad de evolucionar o involucionar, según sean su karma, sus acciones, sentimientos y pensamientos.

Puede convertirse en el Dalai Lama si nace con una misión, se disciplina y desarrolla, o puede terminar siendo un espejismo en el lago.

Conocerlo no es fácil, requiere tiempo, espacio, ir generando confianza en su escepticismo, prejuicios, defensas, costumbres y hábitos donde sólo los elegidos pueden achancharse sin visa ni pasaporte dentro de su cotidianeidad, costumbres, manías, vicios, debilidades que son contagiosos y hasta peligrosos.

El chancho crea dependencia: su calorcito, esa piel que lo separa del mundo y de los otros y que es lo que nos fascina y atrae cuando nos elige en la intimidad del chiquero o nos abre la puerta para compartir sus manjares afrodisíacos a la luz de la vela; todo esto lo convierte en un signo muy cotizado dentro del zodíaco oriental.

El chancho sabe que gusta, que emana un misterio que atrae a esquimales y sirenas que quieren ser parte de su selección, aunque a veces no sea selectivo para compartir su vida con quien lo contenga, le tienda la mano en momentos de apuro, use y abuse de su bondad, hospitalidad, altruismo, corazón de oro o de lata, lo embruje en sus bajos instintos y lo secuestre para practicar *EL TAO DEL AMOR Y DEL SEXO* hasta dejarlo exhausto.

El chancho o jabalí salvaje, tan conocido en nuestra América, es deseado por su rica carne y su fácil acceso.

Este sibarita aprecia a la gente diferente que lo saca de la tierra y lo eleva a otras dimensiones.

Apoyará espiritual y artísticamente a poetas, músicos, pintores, filósofos, orfebres, constructores de utopías y personas que sean coherentes con su vida, y los admirará secretamente.

El chancho parece dormido pero está muy atento a lo que ocurre en su entorno.

Es celoso de su trabajo, de su oficio, de su microclima y no permite que lo interrumpan o lo desvíen de su objetivo.

Necesita seguridad afectiva y emocional para tomar decisiones.

Intrínsecamente es inseguro y se subestima: eso produce un efecto *boomerang* en la gente.

Un chancho que no siente que sus patas están bien firmes en el barro es capaz de llegar a situaciones de violencia y agresión insostenibles.

Embiste con impunidad produciendo fuertes cataclismos y alteraciones en el ecosistema planetario y jamás recapacita sobre sus acciones, por lo que se convierte en un enemigo despiadado.

En mi vida, he compartido con el chancho viajes de conocimiento, de recuperación de la salud, de sintonía, afinidad espiritual, artística, de amor, trabajo, y fundamentalmente de amistad, y me he sentido comprendida, valorada, captada y profundamente amada.

El consejo del chancho es siempre certero, veraz, oportuno y optimista.

La opinión original que tiene del mundo y del otro es estimulante, fascinante, enriquecedora, desafiante y audaz.

A veces se calla, lo que implica un gran mensaje.

Parece abstraído, volando en *zeppeling* o en su barquete.

Por eso su vida es tan rica en matices y contrastes, está en lugares insólitos que le abren portales galácticos y es bien recibido por su modestia, disponibilidad, amabilidad y sentido común.

El chancho es un hedonista, conoce la gama de los placeres sensoriales a la perfección. Sabe tocar el punto G de cada persona y tiene osadía para la intimidad.

Es amoral, o por lo menos juega con sus propias reglas.

Es posesivo, arbitrario, irracional cuando ama, y capaz de provocar el descarrilamiento de un tren bala cuando despliega su seducción ultrarrefinada.

Su gran atractivo es que desorienta a quien tiene enfrente.

Siempre es más de lo que parece de entrada, tiene almacenada en su alcancía sus tesoros ocultos que saca a relucir en contadas ocasiones.

El chancho admira a quienes encuentran su camino respetando sus creencias y filosofía.

Es un manantial de sabiduría que prodiga en contadas ocasiones y derrocha alegría en fiestas y reuniones familiares; si no está, se lo extraña, porque logra ser irreemplazable.

El chancho vive cada día con integridad aunque a veces la vida lo trate mal.

Tiene reservas para las épocas de incertidumbre y es el rey del ocio creativo. Jamás se aburre y tiene recursos naturales para reinventar la vida en épocas de crisis.

Es inteligente, profundo, agudo, solidario, imaginativo y sensible.

Apuesta a ganar o perder todo lo que consiguió en la vida, arriesgando su reputación y fortuna.

Con su talento y la cuota de suerte que lo acompaña es capaz de convertir en oro lo que toca y seguir siendo el mejor amigo del barrio.

Tengo una buena cosecha de chanchos en mi patrimonio humano.

Detecté en cada uno una riqueza humana, incondicionalidad, cariño, honestidad, franqueza y sentido del humor que me sacaron la armadura definitivamente, y es que siempre acudo a ellos en casos extremos de angustia, exaltación, espíritu festivo o retiro espiritual.

Sé que puedo llamarlos, pedirles que me rescaten cuando estoy en pleno safari a punto de ser devorada por el Tánatos y que, a pesar de lo que les cuesta poner primera, saldrán del chiquero a rescatarme, como Robin Hood.

Sudan, queman calorías cuando defienden sus ideas, a su prole, sus derechos como ciudadanos y seres del planeta. Se convierten en jabalíes salvajes y son capaces de matar cuando alguien los traiciona.

Es el signo que a pesar de ser libertino pone límites a los demás.

Tiene *sex appeal*, emana un fluido que atrae en otro continente, cuando hace el amor deja marcas en lugares visibles, se expresa salvajemente y rompe las estructuras del protocolo por su rebeldía.

Enciende la llama del amor con su gusto exquisito por la comida, el sexo, el arte, la decoración.

Se mueve como pez en el agua entre el asado de obra y una invitación de la realeza, y comparte el momento con la misma predisposición a la sencillez y la curiosidad.

Cuando un chancho tiene vocación, es capaz de vivir en sintonía con la inspiración de su obra, trabajar incansablemente sin prisa ni pausa, gozando, disfrutando cada momento con plenitud.

Siempre le parece poco lo que consigue, es sordo a críticas, ponderaciones o alabanzas a pesar de que hay algunos con baja autoestima que necesitan tener el coro griego para sentirse imprescindibles.

Auténtico, pícaro, insinuante, el chancho despierta pasiones a su alrededor.

Jamás le faltará novio, amante ni marido.

Siempre listo para la emboscada del amor, no se pierde ninguna oportunidad mientras le abran paso y lo dejen encariñarse con su prenda tan preciada.

Cuenta la leyenda
Cuento infantil chino
El cerdo de las ocho abstinencias

El Rey Mono, el Cerdo de las ocho abstinencias y el monje Sha escoltan a su maestro, el monje Tang, en su peregrinación a los Cielos del Oeste en busca de las escrituras búdicas.

A mitad de su viaje, una montaña gigantesca les impide el paso. Ante esta dificultad, el Rey Mono, que es el jefe de la escolta, le ordena al Cerdo abrir camino.

De pronto, un feroz animal salvaje aparece y lo pone en aprietos.

El Rey Mono, audaz como siempre, salta en su ayuda y mata al animal sin mucho esfuerzo.

Viendo que el Rey Mono es muy hábil y sabiendo que puede transformarse en otros animales, el Cerdo le pide que sea su maestro, cosa que aquel acepta de buena gana.

El Rey Mono entrega al Cerdo un libro celestial recomendándole que lo lea con suma atención y cuidado.

Pero a nuestro gordito, apenas leídas unas líneas, se le cierran los ojos y comienza a roncar.

Ni corto ni perezoso, el travieso Rey Mono lo despierta metiéndole una ramita en la nariz.

–¿Cómo es que duermes y no estudias? –le pregunta.

–Ya he estudiado –miente el Cerdo.

–Bien, veamos qué has aprendido –añade el Rey Mono y le pide al Cerdo que se transforme en un tigre, pero éste sólo logra cambiar la mitad de su cuerpo y queda mitad puerco, mitad tigre.

El Rey Mono se transforma en pájaro carpintero y lo picotea fuertemente en la cola. El dolor hace que el Cerdo se revuelque en el suelo.

El Cerdo vuelve a tomar su forma original y gimiendo se soba las nalgas, mientras el Rey Mono se burla. El Cerdo, incapaz de reconocer su inferioridad, le exige al Rey Mono una nueva metamorfosis.

El Rey Mono se convierte en cangrejo, y esto alegra al Cerdo que piensa darle una lección, ahora que es un animalito tan pequeño.

El Cerdo toma la forma de un búfalo, pero con nariz de puerco, y pretende aplastar el cangrejo.

Sin embargo, cuando el búfalo agacha la cabeza, dos tenazas se aferran a su nariz, y lo hacen saltar.

Así las cosas, ambos toman sus formas originales. El Cerdo, avergonzado, reconoce ante el Rey Mono su error.

Las lecciones recibidas por el Cerdo hacen que se corrija, y desde entonces estudia con ahínco, de manera que su habilidad aumenta día a día.

Gaceta de la Comunidad China de México.
A.C., N° 8, abril de 1983.

EL CHANCHO EN EL TRABAJO

Siempre busca la forma de poder superarse y ascender en su trabajo, pero no a través de la competencia o del juego sucio, sino tratando de destacarse en lo que hace mediante el esfuerzo. Le gustan los trabajos donde pueda dar a conocer sus opiniones, donde pueda estar en contacto permanente con las personas o cualquier trabajo relacionado con el *show business*. No tiene maldad con sus compañeros y es muy bueno para el trabajo en equipo, aportará ideas que ayudarán a lograr el éxito de todos. Su gran inteligencia, sumada a la bondad que tiene, hace que la gente muchas veces abuse de él y le pida su ayuda cuando está en un aprieto, sin darle nunca nada a cambio.

Gracias a su dedicación en el trabajo, a su buena visión para invertir el dinero en objetos que a futuro serán grandes obras de arte y a la capacidad de sacar frutos de sus talentos, puede vivir cómodamente y darse pequeños gustos como salir a cenar o disfrutar de vacaciones con toda la familia.

EL CHANCHO EN EL AMOR

Estar enamorado es el estado preferido del chancho. Cuando el amor lo invade es capaz de tirarse de cabeza a la pileta sin importarle si está llena o vacía, le gusta demostrar su cariño y sentimientos; muchas veces expone su corazón a personas que no saben valorarlo y termina decepcionándose por la respuesta que recibe. Pero él no se rinde y no le importa quedar en ridículo delante de los demás; va a sorprender a su amada con nuevas formas de demostrarle su amor, poniendo en desventaja con sus parejas a los otros animales, hasta conseguir que ella acepte aunque sea una cita y ahí la deslumbrará con su buena onda, simpatía y romanticismo: ella querrá llevarlo a su mesita de luz para siempre.

Basa su relación en la confianza, la comunicación y la libertad hacia el otro, insiste y hace mucho hincapié en esto porque cree que si no existen estas tres cosas, no puede funcionar bien con su pareja.

Adicto a las relaciones sexuales, adora hacer el amor y todo lo que esto implica: el precalentamiento, el momento en que lo hacen y el descansar juntos una vez que terminaron, y necesita una dosis diaria para poder seguir con su ritmo de vida normal. Le gusta demostrar todo lo que sabe en el asunto y que le sigan el ritmo. No se conforma con dar caricias y besos que matan, sino que también juega con su imaginación para proponer posturas o roles en la cama que tornen aún más excitante el acto sexual y enciendan la llama olímpica que durará prendida horas, tal vez días.

Como un buen chancho, puede tener ideas cochinas y pedir cosas que por ahí no estemos dispuestos a practicar: cambio de parejas, orgías o libertinaje, pero siempre volviendo a dormir a su chiquero. Está en cada uno aceptar o no sus pedidos.

EL CHANCHO EN LA FAMILIA

Aunque preferiría ser un padre cama afuera, es buen jefe de familia. Tiende a malcriar a sus hijos, los rodeará de comodidades y vivirán en un ambiente armonioso. No quiere decir que la disciplina y buena conducta escaseen: el Chancho hará mucho hincapié en esto porque es refinado y de muy buen gusto. No faltarán salidas a teatros y eventos culturales para acercarlos al arte desde que nacen. Muchas veces resulta muy exigente y agobiante, lo que le provoca enfrentamientos o malos ratos cuando sus hijos se rebelan y quieren ponerle una manzana en la boca y llevarlo al horno.

Tiene un corazón de oro, es un pariente devoto, no deja que nada le pase a su familia, pone a sus hijos antes que todo y prioriza cualquier necesidad que tengan aunque se quede muy atrás en el reparto. También puede convertirse en un jabalí si se siente traicionado, tratará a su víctima con indiferencia y desprecio y hará que se arrepienta al instante de lo que le hizo.

Le gusta pasar horas con su familia, disfrutar de sus hijos y del calor del hogar, organizar cenas o reuniones con amigos y quedarse hasta altas horas de la noche chusmeando de las novedades en su vida y la de los demás.

El hogar del Chancho es literalmente un chiquero, no le gusta limpiar ni ordenar, las cosas pueden estar rotas por décadas pero no va a ser él quien las repare, cree que para ser feliz no importa el estado de su casa sino pertenecer a una familia unida, bien organizada y estar rodeado de la gente que ama, ya que él simboliza el hogar y la familia.

LA SALUD DEL CHANCHO

La mayoría de las enfermedades que tiene el Chancho se deben al estrés que sufre por su manía de preocuparse por todo y hacerse cargo de los problemas ajenos. Tiene una contextura robusta pero puede ser vulnerable a problemas en el estómago y los intestinos, que debe controlar ingiriendo más cantidad de agua. Le gusta mucho cocinar para su familia y amigos; eso no estaría mal si no probara cada plato que prepara, pues es propenso a ganar peso con mucha facilidad. Para mantener su peso ideal, conviene que siga una dieta sana, rica en frutas y verduras y que evite el alcohol, que fija las grasas, o las comidas con muchas calorías y altas en colesterol.

Le gusta vestir bien, estar siempre a la moda, combinar colores que llamen la atención, también caminar, ir al teatro, al cine o viajar.

El Chancho y su Energía

CHANCHO DE MADERA (1935-1995)

Es un chancho auténtico, todo lo que realice lo hará con convicción. Su opinión de las cosas es la que cuenta, pero deberá abrirse un poco a los cambios y a las ideas de otros. Es bien intencionado, original y creativo. Curioso, culto, refinado y creativo. La timidez y su carácter reservado lo hacen parecer indiferente afectivamente y eso muchas veces le impide acercarse al sexo opuesto. Preferirá vivir en contacto con la naturaleza antes que en la ciudad, aunque sea su fuente de ingresos. Corazón equilibrado.

CHANCHO DE FUEGO (1947-2007)

Este jabalí es intrépido, curioso y temerario, lleno de originalidad, vitalidad y destrezas. Es terco y orgulloso: difícilmente aceptará sus errores. Cuando se le mete una idea en la cabeza, no conoce el descanso. Tiene un corazón de oro y se entrega ciegamente. Será un padre ejemplar, buen amigo. Es un poco inseguro, y eso lo hace vulnerable e irresoluto. Un amigo de oro.

CHANCHO DE TIERRA (1899-1959-2019)

Es un chancho totalmente realista y con los pies sobre la tierra. Es conservador y tradicional en sus juicios. Cariñoso. Honesto y leal. Valora mucho a la gente que quiere, y a aquellos que no le gustan los considera incapaces y débiles. Es también un poco inseguro, le cuesta tomar decisiones. Creará planes y proyectos evaluando factores positivos y negativos, no correrá riesgos innecesarios. Dominante y despótico con su familia.

CHANCHO DE METAL (1911-1971)

Será un chancho exitoso y ambicioso. Para llegar a la cumbre trabajará, tomará responsabilidades soportando los riesgos y dificultades que se presenten en el camino. Tiene ideales, decisión y coraje. Su corazón es algo frío. Formará una familia con muchos hijos y participará de eventos artísticos, sociales y políticos. Si se siente arrinconado no mantendrá su palabra, tendrá otras estrategias.

CHANCHO DE AGUA (1923-1983)

Es un chancho de perfil bajo, intuitivo y bondadoso, solitario y estudioso. No soportará que lo manden y que invadan su territorio. Amará tener tiempo para el ocio creativo. Lo que más le interesa es su tranquilidad, su libertad, su comida. Amará su casa y luchará por ella fervientemente. Cuando quiere o cree en alguien, se entrega incondicionalmente. Sus amores son pasiones físicas más que mentales. Adora los libros, los viajes y los objetos extraños. Es intuitivo, curioso, vital y exigente con sus alumnos y seres queridos.

El Chancho y su Ascendente

CHANCHO ASCENDENTE RATA: 11 P.M. A 1 A.M.

Es un chancho astuto y entrometido. Va derecho a lo que quiere. Puede ser excesivo en sus juicios y reacciones. Adora las reuniones donde pueda encontrar contactos beneficiosos.

CHANCHO ASCENDENTE BÚFALO: 1 A.M. A 3 A.M.

Se preocupará mucho por su estado físico. Es leal y cumple su palabra. Reflexionará antes de actuar y vivirá relaciones tumultuosas. Es disciplinado, obsesivo y estudioso.

CHANCHO ASCENDENTE TIGRE: 3 A.M. A 5 A.M.

Entusiasta y comunicativo. Se defenderá y atacará cuando su territorio sea invadido. Su emotividad podrá influir en las decisiones de los demás. Será inconstante y ciclotímico.

CHANCHO ASCENDENTE CONEJO: 5 A.M. A 7 A.M.

No se sacrificará por nada en la vida. Estará apegado a su familia y necesitará encontrar amor para su realización holística. Buscará personas de influencia para relacionarse. Sensual, astuto, sibarita, caerá bien parado.

CHANCHO ASCENDENTE DRAGÓN: 7 A.M. A 9 A.M.

Muy confiado, corajudo y ambicioso. Tiene una envidiable fuerza y perseverancia en la actividad que emprenda. Seguirá más los impulsos de su corazón que los de su cabeza.

CHANCHO ASCENDENTE SERPIENTE: 9 A.M. A 11 A.M.

Es un chancho exigente, obsesivo y celoso. Tendrá ambiciones desmedidas y gustos caros. Astuto y apasionado, no dará explicación de sus actos.

CHANCHO ASCENDENTE CABALLO: 11 A.M. A 1 P.M.

Es muy independiente, no renunciará ni a los derechos ni a la libertad. Es ambicioso, egocéntrico y necesita destacarse socialmente. Dará su vida por amor.

CHANCHO ASCENDENTE CABRA: 1 P.M. A 3 P.M.

Es un chancho que derrochará generosidad y camaradería. Artístico, sensual, gracioso e ingenuo, tenderá a vivir en un mundo imaginativo. Da su tiempo, su corazón y su trabajo.

CHANCHO ASCENDENTE MONO: 3 P.M. A 5 P.M.

Le gusta triunfar, es inteligente y muy lúcido. Tiene todos sus movimientos fríamente calculados. Tendrá amigos y amores que lo protegerán. Sexópata irresistible.

Chancho ascendente GALLO: 5 P.M. A 7 P.M.

Poco práctico pero lleno de buenas intenciones, vivirá en un mundo algo irreal y utópico. Extravertido, minucioso y programado, habrá que darle pautas de vida.

Chancho ascendente PERRO: 7 P.M. A 9 P.M.

Será sensual, muy lúcido e instintivo. Trabajará intensamente y guardará dinero para la vejez, puede volverse miserable y avaro. No perdona la mentira, es solitario y arisco.

Chancho ascendente CHANCHO: 9 P.M. A 11 P.M.

Es un chancho pura sangre. Brillará y hará fortuna en lo que decida emprender. Necesitará más amor que otras cosas para ser feliz. Es un espécimen sabio e intelectual

Personajes famosos

CHANCHO DE MADERA (1875-1935-1995)

Isabel Sarli, Woody Allen, Dalai Lama, Julie Andrews, Antonio Ravazani, Bibí Anderson, Alain Delon, Jerry Lee Lewis, Eduardo Gudiño Kieffer, Elvira Domínguez, Luciano Pavarotti, Pinky, Maurice Ravel.

CHANCHO DE FUEGO (1887-1947)

Steven Spielberg, Paul Auster, Mercedes Sosa, Deepak Chopra, Ron Wood, Georgio Armani, Iggy Pop, Keith Moon, Mijail Barishnikov, Chiang Kaishek, Hillary Clinton, Steve Howe, Brian May, Carlos Santana, Jorge Marrale, Glenn Close, José Carreras, Arnold Schwarzenegger, Víctor Hugo Morales, Richard Dreyfuss, Oscar Moro, Jorge González, Mick Taylor, Juan Lepes, Ferdinando Bocca.

CHANCHO DE TIERRA (1839-1899-1959)

Gustavo Cerati, Darío Grandinetti, Victoria Abril, Angus Young, Humphrey Bogart, Ramón Díaz, Al Capone, John D. Rockefeller, Indra Devi, Val Kilmer, Fred Astaire, Claudio Gallardou, Jorge Luis Borges, Bobby Flores, Fabiana Cantilo, Alfred Hitchcock, Rosanna Arquette, Pedro Aznar, Michael Hutchence, Ana Torroja, Michelle Acosta, Nito Artaza.

CHANCHO DE METAL (1851-1911-1971)

Pablo Trapero, Martín Ciccioli, Leonardo Manco, Ernesto Sabato, Winona Ryder, Máxima Zorreguieta, Diego Torres, Finito de Córdoba, Julieta Ortega, Enrique Ponce, Marcos Milinkovich, Dolores Cahen D'Anvers, Ginger Rogers, Ricky Martin, Eugene Ionesco, Gloria Carrá, Wally Diamante, Gastón Pauls, Robert Taylor, Claudia Schiffer, Paula Masotta, Carolina Peleritti.

CHANCHO DE AGUA (1863-1923-1983)

Henry Kissinger, Celeste Cid, Sai Baba, Carlos Páez Vilaró, Juan Manuel Fangio, María Callas, Agustina Cherri, Richard Avedon, príncipe Rainiero de Mónaco, David Pérez, Piru Sáez, Charlton Heston, Eduardo Falú, Jimena Butti, Mario Cooke.

Jorge Marrale

Yo soy un chancho de Madera

TESTIMONIO
Susana Rinaldi "La Tana"

CANTANTE Y ACTRIZ

Comienzo confesando que es bien cierto que descifrar enigmas no ha sido tarea nada fácil para mí. Debiéramos compararlo con entender las matemáticas. Demasiado complicado. Digo mejor: suelen ser realidades que nos atacan de tanto en tanto. A veces, perdonan la vida y no comprometen en extremo. Otras, en cambio, las sobrellevamos duramente, hasta que —como nos ocurre con la mayoría de las complica-ciones— las superamos trabajosamente, pero sin poner en juego para ello convicciones, decencias y dignidades que nos acompañan desde aquel "siempre" al cual nos dirigimos sin prisa ni pausa.

Habituados comúnmente a la reflexión cansadora impostergable, nos ayuda a seguir adelante ¡A pesar de todo!

Ludovica querida: ¡MENUDA ENCOMIENDA LA TUYA!

Por fortuna te quiero desde que eras

muy chiquilina, y a pesar de mucha ausencia, tu sonrisa tierna acompaña la generosa invitación y libera mis pruritos de no saber descifrar en este caso el enigma mayor: ¿Por qué yo CHANCHO DE MADERA?... Si agrego el detalle insoslayable de haber tenido una madre chancho de metal, es un acicate bombón para cualquier psicoanalista.

Digamos que la primera imagen que me sacude para arrancar es aquel famoso cuento de los tres chanchitos. No para alardear de ejemplificadora. Dios no permita. En cambio sí para reforzar la imagen (para nada superada) de gustadora de libros de cuentos infantiles. Si es posible, sumamente inocentes, con personajes que por lo general andan por cualquier ruta con la sana curiosidad a cuestas, y desafiando, por sólo estar, a los miedos circundantes que ni siquiera rozan la espontaneidad del paseo. Ausentes como estamos de sentimientos timoratos, sabemos o sentimos al Chancho o Chancha mayor que protegerá nuestras escapadas a terrenos plagados de accidentes circunstanciales, siempre preparados a arruinarnos el pastel de la victoria. No olvidar que, además, tenemos la costumbre de "chapalear en el barro", sabiendo afilar al mismo tiempo el olfato, esperando descubrir las florcitas silvestres que crecen al costado del camino.

En un principio, no me gustó demasiado enterarme sobre lo que la genética chancheril cuenta a propósito de nuestros orígenes. Esa historia de haber llegado últimos al convite de Buda conlleva (sea cual fuere el cuento), una explicación que, en el fondo, trata de disimular nuestra imposibilidad de responder inmediatamente ante cualquier demanda. Diría, con alguna suficiencia de por medio, que no existe chancho que no hubiese esperado la consabida tarjeta de invitación especial para sentirse enteramente convocado. Aunque parezca increíble, los chanchos, muchas veces, sabemos más de modales sociales que algunos otros miembros del club del Zodíaco chino. En fin...

También es verdad que a más de un chanchito le resulta más placentero retozar a gusto en su propio chiquero que acudir –sobre todo sin temario previo– a reuniones vecinales de las que nunca se sabe la derivación que pueden provocar.

Somos gruñones. A veces innecesariamente. Supongo que es porque esperamos un mimo a cada rato para seguir viviendo.

No nos hace felices haber sido elegidos como figura principal del ahorro en alcancías para niños educados en el consumismo compulsivo, que no ven la hora de hacernos pelota contra el suelo, con tal de hacerse de unos mangos que nunca alcanzarán a satisfacerlos.

Tampoco nos gusta la imagen a través de la cual nos presentan en sociedad como "buenudos a ultranza". Olvidan que no hay que confiarse demasiado de nuestros hocicazos imprevistos.

Además, sin mandarnos la parte, sabemos que siempre andará por ahí cerca algún animal perverso, deseoso de convertirnos en paté. Aunque no se crea: despertamos envidia de sólo estar. Verdad es que no cae bien a la mayoría de la manada el trato y cuidados especiales ¡con chiquero aparte y todo! que patrones especializados prodigan a la raza porcina en general, y a las chanchas que no se ensucian en excremento ajeno en particular. Comprendo que hay momentos en que estas deferencias –vengan de quien vengan– resultan insoportables.

Por nuestra parte –y si de cualidades se trata– destaquemos que: salvo algún "chanchulón" desubicado, no conocemos rencor o resentimiento que pueda arruinar el disfrute que la vida y el despertar de cada amanecer nos provoca.

Queremos confiar plenamente en el otro para que el proyecto de dos, en todo, deje de ser utópico. En general admiramos y gozamos de la diferencia. Las chanchitas, sobre todo, detestamos todo tipo de discriminación y abogamos porque la sospecha deje de ser el sentimiento movilizador de Argentina.

Por lo demás, y finalizando esta exposición de bienes en homenaje al 07 (número cabalístico por excelencia), deseo que para bien de tanto pobre chancho desencantado de JUSTICIA, que por razones muchas veces incomprensibles jamás llega a tiempo de corregir la historia, la PAZ bienaventurada bendiga al "chiquero mundo" desde la autoridad y templanza que merecemos todos y cada uno de los animales que estamos dentro… ¡¡QUE ASÍ SEA!!

Yo soy un chancho de fuego

TESTIMONIO

Darío José Villar

ESCRITOR

Soy un chancho de fuego que logró darse cuenta de que su nacimiento fue la resultante de un proyecto elaborado y coherente de sus padres. Ellos se conocieron durante el sepelio de un familiar en el arbolado cementerio de mi pueblo. Tiempo después nací yo, el 2 de noviembre de 1947, el día de los santos difuntos. Llegué al mundo como un chanchito rosado que pesaba cuatro kilos y medio. Debido a mi tamaño, vine a la vida como el César, a través de una cesárea. De chiquito me escapaba del chiquero y me iba a retozar con otros animalitos por las verdes pampas bonaerenses, corríamos y corríamos sin parar y luego nos tirábamos a descansar sobre la hierba bajo la sombra de los añosos eucaliptos.

En la escuela tenía un problema, siempre me enamoraba de mis maestras y me imaginaba junto ellas jugando en el chiquero. Mi adolescencia en el secundario fue bastante conflictiva: el chancho iba creciendo, comenzaron mis inquietudes sociales y políticas y en mi fantasía veía a todas mis profesoras como si fueran Isabel Sarli. Mi proyecto era arreglar el mundo y trasladar el aula a mi porqueriza.

Un día tuve que abandonar esos atardeceres melancólicos mirando la puesta del sol allá en el horizonte donde termina la alfombra verde. Mi rumbo fue la gran ciudad. Tenía proyectos de estudio y trabajo. Viví en distintos lugares, me gustaba cambiar, había mucho por conocer en una ciudad tan grande. Encerrado en mi chiquero buscaba una salida a través de la narrativa, con mis cuentos trataba de comunicarme con otros mundos y a veces pude encontrar en ellos la ficción necesaria para convivir con la realidad.

Un verano me sorprendió en Gesell. Después viví años allí. Daba gusto ver a toda la fauna dorándose al sol. Me considero un chancho con suerte, porque nací en un país muy rico en variedad de especies, terreno fértil para desarrollar nuestro potencial de sensualidad.

Hoy soy un porcino absorbido por la gran ciudad. Vivo en una cálida zahúrda en compañía de una tigresa de metal. Siempre después de algún revolcón me gusta que me sirvan el desayuno y me expongo a la furia y a las garras de mi compañera que me advierte:

—¡¡Cuidado con tirar miguitas en la cama, mirá que esto no es un chiquero!!

Creo que los chanchos, en general, somos tipos frontales, transparentes y cuando discutimos un proyecto o una idea solemos poner el corazón sobre la mesa.

Somos capaces de perder un avión, un micro o un tren para ir detrás de esa mujer que nos inquieta. Bueno... los tengo que dejar, debo preparar la porqueriza, hoy es el cumpleaños de la tigresa, estamos de festejos, ella fue a la peluquería y...

Yo soy un chancho de Tierra

TESTIMONIO

Gabriel Giri

(EL GUARDAESPALDAS)

Sabido es que en el chiquero de la vida las formas y características de los animales son caprichosas y extrañas, pero como el chancho, ninguno; somos tan definitivamente diferentes al resto, que la mayoría ve en nosotros distintas cosas, como si nos mirara a través de un calidoscopio, para encontrar en el chancho desde una rara belleza, absoluta deformidad, dibujos extravagantes o hasta imágenes que despiertan temor... y algo de eso hay.

¡Muero por el chancho! ¡Sos chancho, eh! ¿Hacemos la chanchada? ¡Humm..., qué chanchito sos! ¡Eso es de chancho, no más! Así somos los chanchos, tan especiales, que según en el contexto en el que se hable o se viva con nosotros, podemos dar muchas lecturas y significados diferentes.

En el chancho, lo placentero y lo

grotesco se rozan, conviven, ésa es nuestra esencia natural, no existe nada más parecido al paraíso que un buen chiquero donde esté todo a mano para saciar nuestra incontrolable gula por la vida.

Esa misma gula que nos lleva a los límites más extremos sólo para saber cómo se siente, qué olor tiene, su textura... No nos gusta hablar de algo si no estuvimos allí, si no lo sentimos, lo palpamos, lo sufrimos o lo gozamos; somos capaces de dejarnos devorar como un verdadero manjar por aquellos que amamos, y sabemos patearle fuertemente el hígado a quien definitivamente no queremos.

La vida no tiene sentido en sí misma si se mira desde el sillón de casa, el chancho tiene claro que para hablar hay que saber, y la manera de aprender del chancho no es otra que poniendo el cuerpo a todo, porque tenemos una inmensa capacidad para aprender de la experiencia, nos aburren los libros en donde te dan consejos de vida... ¿Consejos de vida? ¿Quién puede darle un consejo de vida a un chancho si no está en nuestro propio cuero? El incontrolable sentido de la curiosidad nos marca el camino del aprendizaje eterno, somos seres llenos de sinergía que alimenta una mutación constante en nuestras almas.

La meta en esta vida del chancho es clara: hay que estar en cada amanecer con la cara al Sol con o sin resaca puesta, esperando con alegría adolescente lo que traerá de nuevo el día de hoy para aprender, gozar y sufrir, porque después de todo el chancho no se piensa ir de este mundo sin tener una acabada noción de lo que le espera en el cielo o en el infierno, depende de cómo haya sabido crear, vivir y respetar su propio chiquero.

007... ¡*My name is* CHANCHO!

Yo soy un chancho de Metal

TESTIMONIO
Natalia Marano

DISEÑADORA GRÁFICA

Lo primero que quiero decir es que me enorgullece ser un ANIMAL.

Amo la naturaleza y, por sobre todo, la respeto mucho.

Quiero vivir en mi granja y criar a mis chanchitos (me gustaría que fueran muchos), enseñarles a ser buenos y a no dejarse comer por verse tan lindos, gorditos y rosaditos.

Mi sueño desde chica era ser veterinaria y vivir en el campo, pero las circunstancias de la vida me llevaron a ser lo que soy hoy: una diseñadora gráfica que vive en un octavo piso en plena ciudad...

Soy muy sensible... ¡¡DEMASIADO!!

Soy cariñosa y respetuosa, pero cuando siento que me quieren hacer mal, grito mucho... ¡¡OINC, OINC, OINC!!

Soy buena amiga y compañera.

Qué más puedo decir… leo todo lo que dice Ludovica sobre el chancho… Y TODO ESO SOY.

P.D.: Tengo una mamá chancho que me cuidó y me enseñó todo sobre la dulzura y el amor, un papá gallo que siempre se despertó a la madrugada para cuidar que su gallinero estuviera en orden… ¡MUCHO ORDEN!… ¡MUCHAS ÓRDENES!, y una hermana conejo/gato, hipersensible, que todavía no sabe para qué lado saltar sin que la atrape algún cazador y que se despabila de noche porque ve mejor.

Yo soy un chancho de Agua

TESTIMONIO
Michel Noher

ACTOR

No siempre fue fácil ser chancho. Al enterarme de mi condición, debo admitir, sentí un poco de vergüenza; para colmo de males, de agua… no se me puede ocurrir imagen mas flácida. Ni bien me di por enterado suplí al regordete animal por uno bastante más elegante y aguerrido… el jabalí. Lo cierto es que, si se crece en Bariloche, resultaba un bicho más acorde.

Pero aunque el chancho se cubra de duras cerdas, chancho queda, y así era como mi más íntimo ser sufría y luchaba por quitarse el disfraz, soñando por el bosque y enamorándose de cada compañerita nueva que se le apareciera y dedicándole a cada una odas de amor que por lo general recibían un NO como respuesta. Más de una vez me han tenido que ir a buscar a la dirección por haber cometido el error de expresar mi amor en plena clase, justo a la hija de la vice, ¡qué se le va a hacer…!

Porque, como más adelante llegué a entender (y algunas veces a controlar), el chancho no sólo se revuelca en su chiquero, sino que además pretende que el mundo entero se revuelque con él, "cómo puede otro animal no querer disfrutar del revolcón, que la vida está para vivirla, y al cuero (ya lo dicen los especialistas) pocas cosas le vienen mejor que un baño de barro". De a poco uno se da cuenta de que hay animales a los que no les gusta salpicarse; y bueno, allá ellos.

Ahora ya me asumo y orgulloso llevo mi mote, sé que mi carne es tierna e intento protegerla de cazadores furtivos o mal intencionados que quieran guiarme al matadero, para eso me relaciono con ciertos elegidos a los cuales brindo todo mi incondicional amor y alegre compañía, siempre y cuando no ande una nube pasando por dentro –que si las hay, las hay–, caso en el que prefiero recluirme y cuidar a los queridos de posibles chaparrones.

Compatibilidades entre el zoo

Chancho

AMOR

TRABAJO

AMISTAD

AZAR

perro

Sos un hombre para pensar
soy una mujer
para soñar,
entre las dos orillas
hay un puente imaginario
que nos sobrevuela
con ubicuidad.

L. S. D.

雄

perro

ficha técnica

NOMBRE CHINO DEL PERRO **GOU**

NÚMERO DE ORDEN **UNDÉCIMO**

HORAS REGIDAS POR EL PERRO **7 PM A 9 PM**

DIRECCIÓN DE SU SIGNO **OESTE-NORDESTE**

ESTACIÓN Y MES PRINCIPAL **OTOÑO-OCTUBRE**

CORRESPONDE AL SIGNO OCCIDENTAL **LIBRA**

ENERGÍA FIJA **METAL**

TRONCO **POSITIVO**

eres perro si naciste

10/02/1910 - 29/01/1911
PERRO DE METAL

28/01/1922 - 15/02/1923
PERRO DE AGUA

14/02/1934 - 03/02/1935
PERRO DE MADERA

02/02/1946 - 21/01/1947
PERRO DE FUEGO

18/02/1958 - 07/02/1959
PERRO DE TIERRA

06/02/1970 - 26/01/1971
PERRO DE METAL

25/01/1982 - 12/02/1983
PERRO DE AGUA

10/02/1994 - 30/01/1995
PERRO DE MADERA

29/01/2006 - 17/02/2007
PERRO DE FUEGO

El TAO del Perro

Al llegar anoche a WUWEI, mi domicilio porteño, tenía un mensaje de mi ahijado Eduardo, al que llamé con ganas y me comunicó que sería tía abuela de su hermano Santiago, la cabrita que en busca de su destino partió a Europa hace años con la fortuna de encauzar su vocación y encontrar la mujer que es su compañera y madre del perrito que esperan para diciembre.

Miles de imágenes se cruzaron, emoción, ver jugar al chiquito, reír, cantar, compartir viajes, aventuras, trances familiares y admirar su fe y valentía para cortar lazos de amor y expandirlos en otras latitudes.

LA CUESTIÓN ES QUE UN PERRITO O UNA PERRITA SE ESTÁ ENCARNANDO EN LA FAMILIA. pensé en mi madre perro y en lo feliz que estaría con este bisnieto/a de su raza y de un nieto amado.

Rodeada de fuertes sensaciones pensé en la alegría de mi hermana al sentir que el bebé la hará abuela y le dará fuerzas para seguir.

Y también supe qué pocas veces pensaba con tanto cariño en alguien que recién está gestándose y en su aparición en el planeta.

Sin duda el perro nace con una vida muy marcada y debe asumir sus mandatos y responsabilidades desde el primer ladrido.

Trae mensajes, revoluciones, ideas, convicciones en su pedigrí aunque sea un perro lumpen, pues viene a cuidarnos, a protegernos y a ubicarnos en la realidad.

Entrega su vida al servicio de su vocación que puede oscilar entre el arte, la ciencia, la filantropía, los derechos humanos, la filosofía, la ecología, jardinería, los comedores para el zoo hambriento, la arqueología en tierras lejanas, pero siempre estará con su olfato agudizado para conseguir el hueso más preciado y compartirlo con quienes ama.

El perro da, da, da y, a veces, no sabe cómo ni a quién, porque es tal su necesidad de afecto, de ser tocado, acariciado por su amo, que entrega su integridad a cualquier precio.

Desde cachorro busca llamar la atención desordenando la casa, mordiendo sillones, piernas y jarrones, ladrando para sentir que es útil aunque sea para ensordecer la monotonía de las siestas del pueblo, despertar a la abuela, deschavar a los novios en el zaguán.

PRESENCIA.

Está atento a órdenes, maldiciones, caricias y retos. Necesita orden, rutina, horarios a pesar de que a algunos les toca arreglárselas como pueden cazando liebres, pájaros o restos de los tachos que comparten con los cartoneros con equidad.

Al perro se lo ama o se lo odia.

Su transparencia; su sinceridad; su franqueza, que es un misil apuntando al blanco, no falla jamás; su olfato es su gran aliado cuando detecta por dónde puede herir, clavar las garras, los afilados colmillos con los que defiende a quienes ama, a su cría, amigos o al ejército de parias que son sus espíritus protectores y aliados en los combates callejeros o en las noches de celo y luna llena.

Su agudeza de espíritu, sensibilidad, captación del entorno, de las necesidades del prójimo, su corazón alerta y abierto para defender a los más débiles, carenciados y marginales lo convierten en una persona altruista, noble, generosa y valiente.

Ansioso, hiperactivo, dinámico, inquieto hasta cuando duerme y patea a su pareja en la catrera buscando la patita que le dé calorcito y seguridad cuando el insomnio lo ataca, y se desvela y se debate entre sacudirse las pulgas y salir a la madrugada en busca del hueso para el puchero.

Atlético, refinado, destila sensualidad en ambos sexos y despierta pasiones en quienes lo acechan para saciar sus instintos.

En general tiene el SÍ FLOJO, convencido o no del llamado de amor indio busca cumplir con sus deberes de perro y no defraudar a quienes lo seducen en playas de tibias arenas, en el ejército, en el baile del pueblo, en viajes artísticos, giras, hospitales y caravanas en el desierto.

SIEMPRE LISTO/A como un *boy scout*, un guía que jamás se relajará hasta cumplir con el deber ni se permitirá una licencia sin goce de sueldo y de sexo.

El mejor amigo del hombre, siempre atento, abierto para escuchar, lamer las heridas, compartir días y noches con un enfermo con su inagotable capacidad para reciclar el dolor, la pena, la angustia, el malhumor y las desigualdades que existen entre los seres humanos, a las que no se resigna, aunque filosóficamente las comprenda.

El perro es sencillo, franco, directo, mordaz, agudo y hasta cínico.

Ladra y a veces muerde, grita, aúlla. Su temperamento es *yang*, su presencia se impone apenas entra en un lugar pues está en constante movimiento y, aunque sea tímido y un poco torpe, causará gracia por sus comentarios ácidos y su comportamiento.

El perro está siempre en acción.

Dentro o fuera de la cucha, con hijos o solo, buscará conectarse con gente, intercambiar costumbres, rituales, ideas, juegos, algún tipo de arte, idioma, religión o creencia.

Es el nexo ideal para entrar en nuevos mundos, grupos, generar cambios, convocar para emprendimientos diferentes, romper con lo establecido y navegar mares desconocidos.

Pensará en el otro más que en sí mismo, a veces con egoísmo, con posesión, celos y ejerciendo control sobre aquellos a los que quiere; así producirá relaciones peligrosas, traumáticas, sadomasoquistas, pues su autoestima es relativa y oscilante como el péndulo.

Al perro le gusta participar en foros, partidos, asociaciones de beneficencia, clubes, asambleas, comunidades, y ser el líder o el vocero de la mayoría.

Se jugará por sus ideales, es un gladiador en el momento de la lucha, se apasiona, marca el territorio y se compromete.

Su vida será agitada, desconoce la paz y tampoco la desea.

Necesita sentirse útil para su prole, amigos y sociedad.

Se mueve en ámbitos diferentes con soltura y naturalidad.

Puede ser anfitrión o huésped de los reyes de España o de un remoto reino en Sri Lanka, y dejar todo por amor en un instante.

Para él, el dinero es un medio y no un fin, y resulta un excelente administrador aunque a veces peque de avaro. Detesta despilfarrar, salvo que sea un jugador empedernido o apueste en una carrera de caballos su patrimonio.

Tiene ideas pesimistas acerca del mundo y de la gente que no le cae bien.

Puede ser un enemigo mortal si no gradúa su lacerante lengua y, cuando se obsesiona, se convierte en un perro rabioso y desalmado.

Por suerte tiene un gran sentido común y retorna a la normalidad con facilidad.

Necesita que lo amen, mimen y demanden con pedidos explícitos.

No es amigo de los silencios, las sutilezas, la espera y la paciencia.

Desconfiado, altanero, soberbio y omnipotente, a veces tiene que agachar la cabeza y esconder el rabo entre las piernas para reconocer sus metidas de pata, arrebatos, impulsos de los que muchas veces se arrepiente y que paga caros.

La incondicionalidad es la mayor virtud del can.

Vive una vida de día y otra de noche.

El mundo onírico lo mantiene inspirado, estimulado, arrebatado.

Abre su mente y visita cada estrella de la galaxia entablando una relación dialéctica. Sorprende cuando alterna entre el mundo cotidiano y el pensamiento mágico, entre la moda y la ciencia pues siempre está en la vanguardia y bien informado.

El perro se conecta fácilmente con quienes admira, creando lazos de unión perenne.

Buscará maestros, guías, personas que respete para aprender y mejorar, pues es perfeccionista (aunque a veces un poco vago) y no se conformará con lo que tiene y se esforzará por mejorar su condición, vocación, oficio y profesión.

Puede ser pesado, perseguir a su presa hasta el cansancio y no resignarse a que le pongan límites.

Cuando elige a alguien es para siempre, aunque a veces deba amoldarse a situaciones pasajeras de convivencia para sobrevivir.

No demostrará sus debilidades ni sus penas, ni tratará de luchar cuando sepa que no tiene razón, asumirá su culpa y se irá a otro lugar dejando un gran vacío.

Es un animal fundamental para el zoo: cuando está cerca la vida tiene color, ritmo y alegría.

Siempre se encuentra dispuesto a escuchar, a ayudar, a prestar su oreja para confesiones; le conviene tener un 0600, pues es infinita su capacidad de resistencia ante los problemas ajenos y las posibles vías de solución que alienta.

El perro es el espejo que a veces no queremos ver ni tener, el coro griego que nos persigue como la conciencia, el adversario mordaz que nos deschava frente a los *fans*, el deshollinador implacable que nos recicla y condena.

Es sol y sombra, una cadena, un pasaporte a la libertad, un mensajero de profecías como BENJAMÍN SOLARI PARRAVICINI, un concierto entonado, un látigo engrasado que nos duele cuando pega, un lago adonde aquietarnos después de dar la vuelta al mundo en ochenta vidas.

En su esencia es desprendido, sin grandes ambiciones materiales, algunos logran éxito y fortuna a través de su vocación, como Madonna; pero si pudiera dejar todo y retornar a sus inicios, para vivir despreocupadamente, lo haría.

El perro sufre por todos nosotros, no se resigna a la desigualdad que hay en el mundo, a la brecha entre ricos y pobres, a calamidades tales como la mortandad infantil, las pestes, plagas y los problemas ambientales.

Atento, capta el alma de su amo, espera que se acomode en su lugar para saltarle, adora salir a dar un paseo compartiendo la puesta de sol, acompañarlo en su extrema soledad o cuando hay que festejar algún acontecimiento familiar.

DE A DOS, ÉSE ES EL LEMA DEL PERRO.

Con intensa vida profesional o vocación tendrá su familia sui generis y será criticado por sus costumbres y decisiones.

Príncipe o mendigo, no dejará ninguna experiencia de lado, será responsable de sus acciones aunque no se acuerde y asumirá retos de titanes.

Tengo perros reales y humanos que me acompañan en esta etapa de desamparo y por quienes rezo para que sigan a mi lado.

GUAUUU.

Cuenta la leyenda

La leyenda explica que todos los hogares poseen su propio lar, cuya función es proteger a toda la familia y que no abandona nunca la casa salvo cuando se aproxima el nuevo año. La contraparte: puede gruñir y hasta agredir cuando las cosas no le son propicias. En este sentido puede volverse nefasto y ladrará hasta que se canse.

En el mundo occidental, y de acuerdo con leyendas celtas, el Perro guarda el secreto del Annwn, una especie de submundo. Es un referente importante en la revelación de los grandes misterios de la vida. Por ende, los chinos consideran que nacen viejos y se hacen más jóvenes cuando crecen. La sabiduría ancestral nace con ellos y va cobrando vigor a medida en que avanzan en el tiempo. Esto los vuelve nostálgicos con respecto al pasado. De todos los signos del zodíaco es el animal más humanitario.

EL PERRO EN EL TRABAJO

Es muy responsable y dedicado en su trabajo, cuando se siente estimulado, marca tarjeta de 9 a 18 horas todos los santos días del año, no importa que esté enfermo o se sienta mal: trabaja las 24 horas hasta lograr el mejor resultado y ayuda a sus compañeros dándoles ideas y consejos, a pesar de que muchas veces no reconozcan su ayuda y se aprovechen de su bondad para pasarle por arriba.

A pesar de no ser competitivo, marca territorio y no permite que invadan o interfieran en su ritmo de trabajo. Tiene su carácter y muchas veces, cuando se enoja o siente que están cometiendo una injusticia, hace falta que alguien le ponga un collar de ahorque y le enseñe los límites para no terminar en un segundo con empleos de toda una vida.

Se defiende en cualquier trabajo que le propongan, pero se siente más cómodo y en su salsa en el área de las relaciones públicas. Tiene facilidad para hablar y buen trato y manejo de las personas, eso hace que caiga bien y que le propongan nuevas posibilidades laborales; queda en sus manos saber aprovecharlas. Tiene olfato para escoger trabajos que le den rédito económico y le permitan superarse día a día para lograr el liderazgo en su grupo.

Es muy precavido con la plata, sabe mantener a su familia con su sueldo, darle todos los gustos y además reservar un poquito para asegurarse que el día de mañana tendrá un huesito para morder y un techo bajo el cual repararse en épocas de lluvia y frío.

El Perro en el amor

Es el mejor candidato de todos los animales del zoo. Totalmente enamoradizo, no puede vivir de otra forma que no sea intercambiando caricias, besos y arrumacos con la persona del sexo opuesto. Si bien se pasa la vida moviendo la cola y demostrando su alegría, el perro es sensible y se deprime mucho cuando se encuentra solo o se siente rechazado por su pareja: le gusta que lo mime, le demuestre su cariño, y espera poder compartir con ella todas las emociones que viva, buenas o malas.

Cuando se enamora es totalmente fiel; aunque pueda tener algunas tentaciones, siempre vuelve a dormir a su cucha, y espera lo mismo de su pareja. Muy celoso y posesivo, le gusta tener el control de los movimientos de su compañera. Puede tener ataques de celos y ladrarle al mundo si se siente traicionado; pero si le brindan seguridad, apuesta a todo o nada para mantener la buena relación, alimentándola con momentos románticos, salidas en grupos o también solos, para poder hablar y conservar la intimidad de la pareja. Vive y se desvive por su amor, le gusta complacerla: es su estrategia para mantenerla a su lado y agradecida de todo lo que hace por ella.

En el sexo, ¡siempre está en celo! Adorna la habitación con velas, sahumerios y prepara una sesión de masajes con aceites reservados para ese momento. Le gusta acariciar y lamer cada centímetro del cuerpo de su amante, susurrarle al oído para encender la lujuria y la pasión, terminar revolcados en la cama y demostrarle su agilidad y experiencia para hacer el amor.

El Perro en la familia

Es el mejor amigo del hombre, siempre pone en primer lugar a su familia y amigos, los cuidará de una manera incondicional, asegurándose de que nunca pasen necesidades, sacrificando muchas veces sus comodidades. Lo único que pide a cambio por todo eso es que se acuerden de bañarlo, darle de comer y sacarlo a pasear de vez en cuando.

Si bien el can es una persona tranquila, si lo atacan o hieren sus sentimientos se puede transformar en un perro rabioso que no tendrá problemas en mostrar los dientes y pegar un tarascón. Tiene ideas fijas y es imposible hacerlo cambiar de decisión; si se enoja con alguien no tiene pelos en la lengua para decirle lo que piensa y no le importa si los demás creen que es hiriente o duro. Cariñoso, responsable y cómplice de sus cachorros, mantiene con ellos una relación envidiable. A veces puede ser un poco obsesivo, los llama cada dos por tres o se queda despierto hasta saber que ya han vuelto a casa a dormir.

Es muy liberal y tiene millones de amigos de todo tipo y estilo. Su forma de ser, de mimarlos y de darles consejos hace que lo quieran intensamente y mantengan con él una amistad para toda la vida. Cuando se encuentra en su etapa derrochona, le gusta compartir su fortuna con sus amigos o familiares, llevarlos a comer o a cualquier salida en la que todo corre por su cuenta, ¡pero también tiene etapas en las que no se le puede sacar un centavo!

Su cucha está decorada con variedad de colores y estilos, siempre con muy buen gusto y personalidad.

Prefiere la decoración y los muebles clásicos antes que los modernos. Se pasa horas limpiando y ordenando para mantener la calidez y la comodidad en su amado hogar.

LA SALUD DEL PERRO

Su salud depende mucho de las ganas de relajarse que tenga y de la tranquilidad de su entorno; de lo contrario, puede sufrir de insomnio o problemas digestivos.

De contextura fuerte y robusta, siempre parece tener menos años de los que realmente tiene, aunque de grande puede sufrir de dolores de espalda o tener problemas de piel, que deberá cuidar con cremas y productos de belleza.

Tiene que poner atención en su alimentación porque tiende a engordar con facilidad: mejor evitar los dulces y la comida chatarra.

Le gusta mucho caminar, correr y disfrutar de la naturaleza, pasar las vacaciones en lugares poco turísticos donde pueda descansar y disfrutar con su familia sin que nadie los invada.

Coqueto, distinguido y siempre a la moda, cuida que su pelaje siempre luzca brilloso y sedoso y hace lo posible para que todos lo vean como un perro de buen pedigrí.

El Perro y su Energía

PERRO DE MADERA (1934-1994)

Es un perro idealista y responsable. Es confiable y tiene un gran dominio de sí mismo. Es creativo e ingenioso en su manera de seducir, vestirse y hablar. Se preocupa por el estatus y la comodidad personal. Será muy gentil, cariñoso y agradecido con sus seres queridos. Tiene mucho equilibrio para generar vínculos duraderos.

PERRO DE FUEGO (1946-2006)

Es el perro más inquieto, ardiente, rebelde y buscado por su gran carisma. A veces se mueve por violentas pasiones y broncas repentinas. Como líder, será duro consigo mismo y con sus colaboradores. Posee una memoria excepcional y necesita ser estimulado constantemente. Es muy seductor y protege a los suyos. Odia perder y por eso defenderá sus causas hasta la muerte.

PERRO DE TIERRA (1898-1958-2018)

Es un perro leal, realista y pragmático. Tiene una gran escala de valores. Su naturaleza es extremadamente atractiva. Es muy seguro en lo que dice y hace. Necesita estar protegido de las inclemencias del destino, buscar seguridad afectiva y material. Exige entrega total de los demás. Tiene un gran sentido de la supervivencia. Son cariñosos, familieros e independientes. Se somete a la mayoría si no tiene un fuerte estímulo individual.

PERRO DE METAL (1910-1970)

Es el más resistente, corajudo y valiente de los canes. Tiene muchos principios, es noble y generoso. Posee una inteligencia brillante, sabe lo que quiere intuitivamente. Está preparado para los desafíos más duros y es autodisciplinado. Cuando se enoja, sus ladridos se escuchan a kilómetros a la redonda. Es difícil para convivir y si no gradúa su metal terminará su vida solo, enfrentado con sus contradicciones.

PERRO DE AGUA (1922-1982)

Es muy popular gracias a su gran humanidad, talento y sentido del humor. Siente y presiente las necesidades de los otros, sabe escucharlos y comprenderlos. Es un perro tímido que, por esta característica, puede actuar y reaccionar a la defensiva cuando quieran darle amor. Emana sensualidad, es sexy e irresistible: ejerce en los otros una gran atracción sexual. Su olfato jamás falla y difícilmente caerá en una trampa.

El Perro y su Ascendente

PERRO ASCENDENTE RATA: 11 P.M. A 1 A.M.

Será sentimental, sexual y apasionado. Astuto, algo intolerante y agresivo. Sabrá escuchar consejos y participará de eventos populares.

PERRO ASCENDENTE BÚFALO: 1 A.M. A 3 A.M.

Un perro lúcido que sabe enfrentar las verdades. Tiene principios sólidos y nobles. Es muy hogareño y amigo fiel. Vivirá exigido por las responsabilidades propias y ajenas.

PERRO ASCENDENTE TIGRE: 3 A.M. A 5 A.M.

Su entusiasmo es contagioso, sigue sus ideas con prudencia porque no sabe adónde lo conducen. Es apasionado, fiel, soñador y romántico. Será un original amante y un gran amigo.

PERRO ASCENDENTE CONEJO: 5 A.M. A 7 A.M.

Vive en el pasado y olvida el presente. Tiene temor al futuro. Necesitará que lo estimulen asiduamente. Tendrá suerte, trabajará lo necesario y no se privará de nada. Viajará y dejará amores en cada puerto.

PERRO ASCENDENTE DRAGÓN: 7 A.M. A 9 A.M.

Es capaz de morder para que otros sigan sus convicciones. Amará la solidaridad, la justicia y ser libre. Será noble, leal y abierto al diálogo.

PERRO ASCENDENTE SERPIENTE: 9 A.M. A 11 A.M.

Es muy equilibrado e inteligente. Deberá dominar sus impulsos para no abrumar con exigencias a los demás. Buscará escalar socialmente. Seducirá sin piedad.

PERRO ASCENDENTE CABALLO: 11 A.M. A 1 P.M.

No se quedará en la cucha para cuidarla. Tendrá un ego difícil de resolver. Sabrá autocriticarse y burlarse de sus propios defectos. Es vivaz, movedizo, fiel y leal.

PERRO ASCENDENTE CABRA: 1 P.M. A 3 P.M.

Artista, lunático y febril. Es antojadizo, inconstante y sentimental; manso y tolerante ante las necesidades humanas. Necesitará seguridad material para no desequilibrarse.

PERRO ASCENDENTE MONO: 3 P.M. A 5 P.M.

Tendrá mucho humor e imaginación. Será sagaz, profundo y hará lo que se le antoje. Su indiferencia puede matar. Vivirá peripecias sentimentales que decidirán su destino.

PERRO ASCENDENTE GALLO: 5 P.M. A 7 P.M.

Su vida no dependerá de la improvisación, ya que es muy organizado y analítico. Defenderá la verdad a cualquier costo. Es calculador e inseguro. Tiene vocación samaritana. Necesita seguridad material y afectiva.

PERRO ASCENDENTE PERRO: 7 P.M. A 9 P.M.

Exige respeto, compañerismo y fidelidad en el amor. Se enriquecerá en la vida con su propia experiencia. Hará dinero y también donaciones caritativas. Tendrá muchos hijos. Será nómade y tendrá amigos incondicionales.

PERRO ASCENDENTE CHANCHO: 9 P.M. A 11 P.M.

Es un talentoso y auténtico perro que cumplirá con sus aspiraciones si recibe apoyo externo. Muy creativo, trabajador, leal y muy sensual. Respetará la vida ajena.

Personajes famosos

PERRO DE MADERA (1874-1934-1994)
Shirley Mc Laine, Voltaire, Brigitte Bardot, Mónica Cahen D'Anvers, Sofía Loren, Gato Barbieri, Carol Brunett, Horacio Accavallo, Rocío Jurado, Elvis Presley, Federico Luppi, Charly Squirru, Chunchuna Villafañe, Enrique Macaya Márquez.

PERRO DE FUEGO (1826-1886-1946)
Donal Trump, Tomás Abraham, Gerardo Romano, Rolando Hanglin, Susan Sarandon, Jorge Asís, Susana Torres Molina, Gianni Versace, Bon Scott, Eduardo Constantini, Silvester Stallone, Freddie Mercury, Ilie Nastase, Oliver Stone, Cher, Martín Seppi, Susana Marat, Pablo Nazar, Carlos Tronge, Moria Casán, Pipo Lernoud.

PERRO DE TIERRA (1838-1898-1958)
Prince, Tim Burton, Madonna, Ana Obregón, Chou En-Lai, Reina Reech, Kate Bush, Gustavo Belati, Pipo Cipolatti, Marcelo Zlotogwiazda, Silvana Suárez, Eduardo Blanco, Gary Newman, Michael Jackson, Rigoberta Menchú, Liborio Bachino, Santos Benigno Laciar, José Luis Clerc.

PERRO DE METAL (1850-1910-1970)
Jacques Costeau, Juan Castro, Uma Thurman, Gabriela Sabatini, Maribel Verdú, Lola Flores, Marisa Frezno, Mariano Mores, Luis Miguel, Leo García, Alejandro Agag, Andy Kusnetzoff, Madre Teresa de Calcuta, Paola Krum, Fitina Acosta, Chiang Ching-Kuo, Leonardo Sbaraglia, Mariano Closs, Bautista Heguy, Sócrates, Puff Dady, Andre Agassi, Chris O'Donnel.

PERRO DE AGUA (1862-1922-1982)
Rodrigo Palacio, Stan Lee, Ava Gardner, Molière, Víctor Hugo, Pierre Cardin, Alejandro Dumas, Alberto Closas, Sabrina Carballo, René Favaloro, China Zorrilla, Marcela Kloosterboer, Norman Mailer, Vittorio Gassman, Alejandro Toker, Marilú Dari.

Con Tomás Abraham en la Feria del libro

Yo soy un Perro

TESTIMONIO
Mercedes Bocca

UNA SOÑADORA

Soy un perro muy independiente y soñador. Desde muy temprano circulé por vecindarios diferentes a los míos haciéndome amigos por todos lados.

Encontré refugio en algunos grupos afines. Circulé por distintas geografías proponiéndome desafíos llenos de imprevistos y de aventuras excitantes.

Tengo una gran confianza en mí misma, en mi capacidad de realización que se activa cuando se trata de llevar a cabo algo soñado desde el corazón con muchas ganas. Realizar cosas para generar oportunidades para los demás es el motor que enciende la marcha, la aventura de vivir y darle sentido profundo a las cosas. También me gusta esto de generar oportunidades para otros porque me permite y me obliga a trabajar en grupo, algo que me encanta, compartir un espacio de oportunidades para todos.

Reconozco que soy un perro que inicia las cosas, las piensa y les da forma, luego busca involucrar a otros en la continuidad de las cosas, no me gusta la rutina y sí los desafíos.

En la pareja busco complementarme en la cotidianidad, no gastar energías en discusiones diarias, sino reservarlas para un combate importante que valga la pena. Me gusta cuidar mucho a la familia, defender el territorio, proteger a los hijos aunque también tenga mi lado independiente.

Cuando salgo a realizar algo, en general cambio mucho de geografías, recorro largas distancias para cumplir con una misión y regreso a la casa contenta de estar de vuelta. Cuando estoy, soy muy casera, hago muchas cosas desde la casa, aunque la mayoría no tienen que ver con la familia. Es en la casa donde encuentro el refugio necesario para prepararme para una nueva aventura fuera de ella, puede ser accionar en una realidad cercana o llevarme muy lejos de guarida. Me gusta volver con la sensación de "misión cumplida".

En mi andar por la vida le doy mucha importancia a cultivar la amistad, sentir que estoy en el camino, generar oportunidades para y con los demás, y encontrarle el sentido profundo a las cosas que me toca vivir.

AMOR

TRABAJO

AMISTAD

AZAR

gaillo

Mientras amaba aprendía
de cada hombre su arte.
Mansa, atenta, contenta
dejaba en cada encuentro
a mi alma engarzar poesía
trazos, ideogramas, glifos,
diagnósticos en la ruta de mi cuerpo
intensamente buceado, amasado
devastado, entregado
al aprendizaje del amor
en tiempos del tsunami.

L. S. D.

gallo

ficha técnica

NOMBRE CHINO DEL GALLO **JI**

NÚMERO DE ORDEN **DÉCIMO**

HORAS REGIDAS POR EL GALLO **5 PM A 7 PM**

DIRECCIÓN DE SU SIGNO **DIRECTAMENTE AL OESTE**

ESTACIÓN Y MES PRINCIPAL **OTOÑO-SEPTIEMBRE**

CORRESPONDE AL SIGNO OCCIDENTAL **VIRGO**

ENERGÍA FIJA **METAL**

TRONCO **NEGATIVO**

eres gallo si naciste

22/01/1909 - 09/02/1910
GALLO DE TIERRA

08/02/1921 - 27/01/1922
GALLO DE METAL

26/01/1933 - 13/02/1934
GALLO DE AGUA

13/02/1945 - 01/02/1946
GALLO DE MADERA

31/01/1957 - 17/02/1958
GALLO DE FUEGO

17/02/1969 - 05/02/1970
GALLO DE TIERRA

05/02/1981 - 24/01/1982
GALLO DE METAL

23/01/1993 - 09/02/1994
GALLO DE AGUA

09/02/2005 - 28/0/2006
GALLO DE MADERA

El TAO del Gallo

Debo reconocer que a través del tiempo he aprendido a valorar, apreciar y reconocer que cada gallo es una constelación única e irrepetible.

Tal vez por sus múltiples facetas o personalidades, que debajo de su plumaje esperan turno para emerger, en el gallo se debate un espíritu contradictorio, iracundo, rebelde, inquieto y desconcertante. Él sabe que el mundo es un lugar inhóspito, cambiante, con poco espacio para quienes salen a la lucha diaria a conseguir la subsistencia y, desde que nace, ésa es su principal misión.

Tiene fuerza, ideales, una visión del mundo original, profunda y práctica, que es parte de su patrimonio existencial.

Su apariencia a veces es opuesta a su esencia, necesita demostrar que existe y nos canta la justa a través de su voz de soprano o de terciopelo, como la de Sandro.

El entorno, la familia y los amigos son indispensables para su estabilidad.

El gallo vuela y aterriza simultáneamente, le gusta planificar, comandar, organizar el gallinero propio y el ajeno y estar en los detalles de sus inventos.

En su búsqueda insaciable hay ansia por conocer el alma, los secretos, los misteriosos laberintos que conectan a los humanos con los dioses, y estará siempre atento a reconstruir sobre los escombros su vida y la de quienes ama.

Divertido, con humor bizarro que a veces puede caer *heavy*, se distingue por su aguda observación de hechos y personas, y participa con sentido común y pasión para ayudar a resolver problemas atávicos.

El gallo es un soñador, deslumbrado por las enseñanzas de maestros, profetas y por profecías que intentará develar y aplicar en su vida.

Metódico, disciplinado, necesita orden exterior para su psiquis.

Gran amante del arte, de las reuniones sociales, eventos culturales, será *sponsor* o *manager* de artistas en los que depositará su energía, cuidado y protección.

El gallo confía en su latido, intuición, en el compás de espera para dar el siguiente paso. Previsor aunque se arriesgue cuando vislumbra un oasis, es un excelente administrador y asesor económico.

Filósofo, teólogo, psicólogo, diseca cada situación humana con bisturí, llegando a la causa del meollo con su pico de oro. Su naturaleza profunda inspira respeto y admiración.

Es un especialista para prever acontecimientos. Canta la precisa desde la noche hasta que el sol sale y alumbra y aunque duerma siempre está en estado de vigilia.

La imaginación del gallo es excepcional. Creador, inventa juegos investigando nuevos recursos holísticos que aprende de sus experiencias, viajes y contactos con humanos.

Hay gallos de riña y otros que son los encargados de promover la paz entre la gente: ellos, reconciliadores, buscarán soluciones diplomáticas y amistosas dentro de la familia, del círculo de amigos o de la ONU.

Su fe, convicción y creencias son de fierro; idealista y noble, cuando da su palabra, salvo excepciones de cocorocó, la cumple.

Curioso, el gallo necesita ampliar sus horizontes. Viajará desde joven en busca de contactos culturales, étnicos y afectivos. Le interesa intercambiar conocimiento y aprender de quienes admira. Es incansable en su búsqueda espiritual, hará todos los cursos *new age* que estén en el mercado, y a veces se convertirá en gurú para guiar a los desamparados.

Vive agitando sus plumas al viento; inconformista, atrevido, transitará la frontera entre la cordura y la locura con maestría; necesita tocar fondo para fortalecer su autoestima, que oscila entre sentirse el último emperador de China y Cocó Channel.

Su autocrítica es un juez que lo tortura día y noche. Muchas veces deja de hacer cosas porque es tan perfeccionista que no admite errores, ni le gusta estar expuesto y en el campanario, a merced del viento.

El gallo es inseguro aunque lo oculte detrás del esplendor de la cresta, a veces siente pánico cuando las cosas no salen como las planeaba, o se dispersa en detalles y olvida lo esencial.

El gallo es la CNN, NTN. Siempre informado, anuncia las buenas y malas noticias con su canto y nos alerta sobre la energía vital. Inquisidor e intrépido no se quedará con ninguna duda existencial sin resolver.

Le bullen ideas que a veces concreta y otras veces se evaporan como la niebla en el lago.

Necesita reconocimiento aunque esté *back stage,* figurar en la lista vip de amigos y *mailings* pues sufre el "esnobeo" y la exclusión. Necesita público para desplegar sus dotes histriónicas, su poder de convocatoria y sus teorías sobre la existencia.

No descansa, trabaja con mente y cuerpo horas extras para sentirse gratificado, y siempre estará activo, aprendiendo nuevos oficios o enseñando a quienes soporten su carácter, a veces autoritario y obsesivo. En el fondo de cada gallo se esconde un militar (a veces retirado), en plena facultad de tomar decisiones, y en ambos sexos es imposible pedir que se subordine, es jefe, manda, y jamás renuncia a sus principios.

Es difícil saber quién es y qué piensa un gallo, su cabeza vuela alto, hace comentarios descolgados, habla del pasado o del futuro, es nostálgico, y muy imaginativo. Lo atrae lo sobrenatural tanto como saber cómo va la bolsa de Hong Kong; le gusta controlar, comandar, estar a cargo de las tareas sencillas y de las arduas con la misma intensidad.

Hay gallos obvios en su manera de ser, hablar y pensar que a veces nos sorprenden por su punto de vista, foco y eficiencia para encarar asuntos que son jeroglíficos egipcios que decodifican con precisión. Otros son misteriosos, mágicos, introvertidos e inalcanzables.

Todos vivirán cada etapa de su vida a fondo, amarán, crearán, inventarán y trabajarán honestamente.

Algunas raras avis son solitarios, adoran vivir rodeados de naturaleza o enclaustrados en su gallinero sin abrir la puerta a nadie aunque vuelvan de un largo viaje.

Cuando tenga vocación, se dedicará a especializarse y se destacará en la profesión que elija.

El gallo que nace durante la noche y el alba será más taciturno e introvertido y, el que nazca durante la tarde, demostrará un caudal artístico y extrovertido desopilante.

Multifacéticos: en cada gallo habitan médicos, abogados, contadores, astrólogos, cineastas, cocineros, siempre listos para ayudar o participar en nuestras vidas con eficacia.

Viene a mi recuerdo mi abuela Muna, la creadora de la Casa Marilú y de la muñeca, gran escritora y mujer orquesta: cocinera excepcional, gran tejedora, hábil modista, jardinera fértil en tierras estériles, proveedora de gente carenciada, maestra, *marchand*, ávida lectora y *sponsor* de gente con talento de todas las latitudes.

Elegí vivir en el mismo lugar que ella pues me transmitió tanto amor, inspiración para crear una granja donde no faltaban animales domésticos y mitológicos para domesticar, jugar, aprender y rescatar experiencias que almaceno con adoración.

Ella jamás pedía nada, era feliz brindándonos los veranos más soñados de la infancia, se desvivía porque tuviéramos ropa, comida y nos entretuviéramos con lo que la sierra nos brindara; además de los atardeceres lilas, ocres, que disfrutábamos desde la galería mientras ella seguía cocinando dulces, o pelando echalotes para conservas, con su mirada gris esperanza y su genio iracundo.

Allí flota su presencia aun después de treinta años que dejó su reino rumbo al merecido descanso. Nadie ha podido seguir con ese ritmo, constancia, entusiasmo de trabajo cotidiano.

La casa espera que se desempolven sus manteles de punto cruz y que las cacerolas de bronce tengan de nuevo los duraznos, las ciruelas y los damascos que ella cortaba a punto para convertirlos en manjares.

Los libros encuadernados de la biblioteca no son leídos como cuando ella nos invitaba a compartir algún párrafo de Carlota Brontë, Dickens, Freud o Marechal.

Nadie ha podido darle vida al fuego de la chimenea como ella, ni ha puesto la mesa con tanto protocolo.

Su dormitorio sigue intacto y a mis hermanas y a mí se nos apareció más de una vez mientras dormíamos.

Cuando veo la esterilla para secar los hongos al sol o me detengo a caminar alrededor de Nomai, que en francés quiere decir nuestra casa, sé que su presencia me abraza, acaricia, abarca.

Ni sus hijos ni sus nietos heredamos su vitalidad, coraje, originalidad para vivir en el día a día. La seguimos admirando y extrañando, a pesar de que en mi terreno Abraham ha plantado retoños de los pinos, cipreses, aguaribais que fueron plantados por ella.

Así la siento enraizada en mi tierra confiando en que me protegerá, dará aliento, me ayudará a vivir en armonía, paz, y con suerte me contagiará alguno de sus dones.

A través de los años aprendí a valorarla y admirarla. Era muy severa y autoritaria porque llevaba adelante tareas de hombres, algo poco común en esa época, pero debajo de sus plumas latía un corazón de oro.

Inspiraba respeto; era mejor seguirla en sus disertaciones y no contradecirla, pues se convertía en un gallo de riña.

A veces la espiaba sin que se diera cuenta mientras en las siestas sofocantes, con su sombrero de paja, sudaba cortando las flores secas o plantando algún conejito o margarita en los canteros que rodeaban Nomai. Raras veces se bañaba en la pileta, dejaba ese territorio para los nietos, que con los gritos la despertábamos en su mínima siesta.

Estoica, jamás hablaba de su intimidad, a pesar de haber sufrido golpes desde chica y en su matrimonio.

Era coqueta, siempre elegante, aunque fuera sólo para ella.

Adoraba dar cócteles y comidas donde ofrendaba los frutos de la tierra, algún animal salvaje en escabeche y postres para engordar sin culpa.

Qué abuela tan maravillosa mi Muna. ¡Cuanto aprendí de tu amor a la vida y a la tierra!

Sos mi gallita guía en la que entrego mi destino serrano. Ejemplo para quienes estén buscando una luz en el camino.

Cuenta la leyenda

Antes de que los animales fueran elegidos por el Emperador de Jade para representar los doce tipos energéticos del Qi que se presentan a lo largo del año, un gallo y un caballo eran muy amigos. Por sus cualidades innatas, el caballo fue elegido como uno de los animales del zodíaco chino y esto impresionó mucho al gallo. Viendo el gran honor que se confería a su amigo caballo, el gallo le

dijo que él también quería ser parte del zodíaco. El caballo, al escuchar el deseo de su amigo, le dijo:

–¿Cómo puedes pensar eso? Tú, que eres tan agresivo y beligerante, jamás serás considerado para tal honor. Además, el Emperador de Jade ha prohibido que ningún animal con alas y que pueda volar participe en el torneo de elección.

–Comprendo lo que me dices, amigo caballo, pero no voy a desistir en mi empeño. Dime, ¿cómo es que te eligieron?

–Ah, es simple, amigo gallo ¿No ves que todos los días yo ayudo a las personas? ¿Acaso no me levanto temprano para ayudar a mi amo para que are sus tierras? ¿No me ves por las tardes llevando sus productos al mercado y trayendo cosas a la casa? En las noches, ¿no me has visto paseando a su familia en excursiones bajo el claro de luna? Y en los terribles momentos cuando surge el terror de la guerra, ¿no he sido un factor determinante para lograr el triunfo? Es por todo esto que me han elegido.

El gallo se quedó pensativo y luego de un tiempo se dio cuenta de que tenía una voz especial que podía usar a su favor. Cada mañana al alba cacareó con todas sus fuerzas para despertar a las personas y ayudarles a comenzar su jornada de trabajo. Él hizo esto, incansablemente, día tras día.

Muchos notaron el noble y útil gesto del gallo y, así, hubo un movimiento popular para solicitar al Emperador de Jade que se le diera la oportunidad de pertenecer al zodíaco. El Emperador, que también había oído al gallo por las mañanas, accedió de buena gana y le permitió ingresar en la competencia, haciendo una excepción a pesar de que tenía alas y era un animal volador. Para indicar esto, puso una flor sobre la cabeza del gallo.

De esta manera, el gallo obtuvo su oportunidad. Entró en la competencia y comenzó a correr en contra de sus oponentes. Hacia el final de la carrera, se enfrascó en una batalla tenaz contra el perro que no le daba tregua y estaba a punto de pasarlo. Al ver esto, el gallo decidió volar para llegar antes a la meta y lo logró. Así, el gallo se aseguró el décimo puesto del zodíaco en tanto que el perro se ubicó en el undécimo puesto. Desde entonces, dicen lo chinos, el perro le tiene rabia al gallo. También se dice que el Emperador de Jade, al ver que el gallo voló en vez de correr, lo privó de su don de volar y es así que ahora los gallos sólo caminan o corren pero no pueden volar.

EL GALLO EN EL TRABAJO

Antes de que cante el Gallo, él ya está listo y perfumado para comenzar el día. Es el mejor orientado cuando se trata de seguir una carrera y la seguirá siempre, dispuesto a trabajar horas extras, feriados y fines de semana, para lograr que todo salga a la perfección. Trabaja duro y no le importa encargarse de las tareas de los demás; ¡estas aptitudes y características lo convierten en el ejemplo de la empresa o el empleado del mes!

Es ambicioso, con aptitudes para un gran número de ocupaciones y carreras a las que dedicará toda su pasión y determinación. Triunfará en el trabajo por sobre sus compañeros.

Le gusta el trabajo bien organizado: cumplirlo paso a paso hasta el final. Es así como el Gallo mejor rinde y si alguien lo interrumpe o modifica su proceder, puede enfure-

cerse y llevarlo al *ring* para una riña.

Muy bueno para trabajar en equipo, le gusta desplegar sus plumas y aportar variedad de ideas, posee un gran talento en el campo financiero, capaz de realizar maniobras muy arriesgadas que siempre rendirán frutos. Es buen consejero, especialmente en presupuestos, aunque puede descuidar su propia economía.

Hay dos categorías de Gallo: el que despilfarra todo en fiestas, viajes con amigos y regalos para parientes, y el que guarda todo en un banco para verlo crecer, encargándose de saldar primero las cuentas y quedar 0 km antes de darse algunos gustos.

Defiende a muerte la justicia y la moral de las personas y es capaz de renunciar a un trabajo o a cualquier lazo afectivo si ve que lo están traicionando.

EL GALLO EN EL AMOR

Es difícil atraparlo, le cuesta enamorarse porque sabe que cuando lo hace es de por vida, por eso se toma su tiempo para estudiar bien a las candidatas y mientras tanto picotea de gallinero en gallinero. Cuando siente que encuentra al amor de su vida, lo persigue día y noche para conquistarlo, combina sus métodos de seducción con su lado más tierno y sensible y estudia los gustos y debilidades de su acosado para dar siempre en el blanco.

Cuando formaliza, se dedica exclusivamente a su pareja, es superfiel, cariñoso, dulce y, aunque nunca le diga que la ama, se lo hará saber por medio de regalos, cenas en lugares exclusivos o con cualquier cosa que suplante su falta de expresividad. Necesita que su pareja sea compañera, que lo cuide, lo mime y lo haga sentir el ser más importante del planeta.

En la cama, es el número uno en el *ranking*. Nació para hacer realidad y complacer las fantasías de cualquiera que pase por su lecho, haciéndolos entrar en una tercera dimensión. Apasionado, sensual, ágil, inagotable, besará y acariciará cada centímetro del cuerpo de su amada para descubrir su punto G y hacer que explote de deseo y placer. Contagia ganas irresistibles de hacer el amor; su cuerpo crea adicción: siempre querrán una dosis más de él y serán capaces de hacer cualquier cosa por conseguirlo.

EL GALLO EN LA FAMILIA

Ama a su familia y se esfuerza por mantener a todos sus parientes cerca para protegerlos y mimarlos. Le gusta tener el gallinero impecable y finamente decorado. Limpia sobre lo limpio hasta reflejarse en las cosas, y de los demás pretende, no que ayuden, sino que mantengan todo como está.

Tiene muchos amigos y les prepara reuniones divertidas y de gran categoría, con variedad de vinos y platos. Excelente amigo, es algo criticón o exigente, pero nunca los dejará en banda.

Buen padre, toma como referencia la educación que le dieron y la pone en práctica con sus pollitos; pretende lo mejor para ellos y aunque no lo demuestre, está orgulloso de sus logros y presumirá de ellos delante de todo su círculo social. Les impone reglas rígidas y exige que respeten a todo el mundo. Puede parecer frío e insensible, pero no lo es; simplemente no le gustan las demostraciones y le cuesta expresar sus sentimientos.

Es muy franco y no tiene mucho tacto para decir las cosas, a veces suele herir los sentimientos, pero ¡ojo con que le hagan lo mismo! Es capaz de picotear y dejarlos agonizando hasta que se arrepientan y le pidan perdón.

LA SALUD DEL GALLO

Le gusta el trabajo duro y, a pesar de su contextura fuerte, tendría que aflojar un poco porque esto le puede traer inconvenientes, sería bueno que se relajara, se tomara unas pequeñas vacaciones y aprovechara para leer un buen libro o salir a pasear o a disfrutar de una entretenida obra de teatro.

Tiene constantes cambios de humor: un solo gesto o palabra lo puede hacer deprimir o tener el mejor día de su vida. Sufre con los cambios de clima bruscos; con el calor suele tener problemas de tensión y con el frío debe abrigarse porque es propenso a enfermarse del pecho.

Le gustan los deportes y las aventuras de riesgo para descargar adrenalina, sobre todo si los practica al aire libre o lejos de las ciudades.

Extremadamente coqueto, dedica las 24 horas del día a su estado físico y a su apariencia: cuida de cada detalle, pendiente de estar siempre a la moda.

El Gallo y su Energía

GALLO DE MADERA (1945-2005)

Este gallináceo está relacionado con la expansión y el éxito. Seguro de sí mismo, dedicará tiempo, responsabilidad y madurez a su trabajo. En lo emocional no es muy abierto, resulta difícil saber qué siente, ya que por recato disimula sus sentimientos. Es muy sociable, tolerante y comparte sus logros con sus amigos. Se preocupa en demasía por la apariencia. Debería volcar su imaginación en la música y el arte. Confiable y perseverante en sus afectos.

GALLO DE FUEGO (1897-1957-2017)

Gallo juicioso y prejuzgador, con carácter y fuerte temperamento. Necesita de adulaciones, aprobaciones y ponderaciones. Su terquedad hace difícil ayudarlo a entrar en razón. El fuego puede convertirlo en un estratega y líder formidable, o en un ser independiente que se destaque en conquistar y seducir campos y aldeas. Si uno llega a su ¿corazón? puede acompañarlo a cumplir y vivir múltiples aventuras.

GALLO DE TIERRA (1909-1969)

Es serio, realista, astuto y pragmático. Es inteligente y rápido en sus decisiones. Analiza las cosas una y otra vez con agudeza. Su comportamiento puede a veces causar disgustos y perturbaciones en otras personas, no mide el poder de sus palabras. Como padre, será sobreprotector y algo autoritario con sus hijos. Tiene una vida armónica y simple, sin demasiadas pretensiones. Tiende a hacer y decir lo que piensa.

GALLO DE METAL (1921-1981)

Es un gallo altamente presumido yególatra. Necesita público que lo idolatre y adule. Hay que tratar de tomar con gracia lo que dice porque puede resultar exasperante. Debería canalizar su energía en el arte, el deporte o en su casa. Es el más ordenado y prolijo de los animales del zoo chino. No logra definir sentimientos y cuestiones de amor ya que piensa que son cosas vagas y difíciles de delimitar.

GALLO DE AGUA (1893-1933-1993)

Se adapta con facilidad a las ideas y a los cambios. No pretende la fama ni el reconocimiento. Es el "rey del gallinero", se dedica especialmente al amor, es celoso, romántico y posesivo. Le cuesta confiar en sí mismo, por este motivo le resulta difícil triunfar en la vida. Es intelectual y progresará utilizando sus talentos. No es ni austero ni sacrificado como los otros. Buen orador y carismático.

El Gallo y su Ascendente

GALLO ASCENDENTE RATA: 11 P.M. A 1 A.M.

Esta conjunción originará un gallo lleno de principios e ideas mezclados con una gran cuota de ambición. Aprovechará escenarios sacando tajadas interesantes. Intelectual, intrépido y jovial.

GALLO ASCENDENTE BÚFALO: 1 A.M. A 3 A.M.

Tiene los pies sobre la tierra. Trabajador, autoritario, programará la vida en forma organizada sin desviarse de sus objetivos. Amará el arte y los viajes. Se enamorará racionalmente.

GALLO ASCENDENTE TIGRE: 3 A.M. A 5 A.M.

Se tiene fe y eso le da fuerza. Es corajudo e intrépido, a veces contradictorio. Necesitará épocas de corral y otras de jungla.

GALLO ASCENDENTE CONEJO: 5 A.M. A 7 A.M.

Es un gallo tranquilo y misterioso que vivirá entre lo imaginario y lo real. Puede construir imperios y destruirlos en un santiamén. Se enamorará fácilmente. Necesitará apoyo afectivo.

GALLO ASCENDENTE DRAGÓN: 7 A.M. A 9 A.M.

Con gran talento y carisma llegará a cumplir sus ambiciones más altas. Hará lo que se le dé la gana. Viajará por trabajo y conocerá gente que le abrirá puertas. Amará el dinero y los placeres.

GALLO ASCENDENTE SERPIENTE: 9 A.M. A 11 A.M.

Inteligencia profunda y sutil. Le importa su apariencia exterior. Es impaciente e intranquilo según su humor. No soportará críticas y se vengará si hablan mal de él.

GALLO ASCENDENTE CABALLO: 11 A.M. A 1 P.M.

Es un gallo generoso, altruista y de palabra. Apunta a ganar, y tiene miedo al ridículo. Sabrá vivir grandes pasiones y no hará nada que no sienta o crea.

GALLO ASCENDENTE CABRA: 1 P.M. A 3 P.M.

Es sensible y completamente imprevisible. Será sociable y poco interesado. Buscará la pradera del amor y la libertad, la belleza y la armonía, además de gente que lo proteja.

GALLO ASCENDENTE MONO: 3 P.M. A 5 P.M.

Es un gallo determinante, ambicioso, intelectual y muy resuelto. Le gusta la comodidad y el lujo en el gallinero: es materialista. Será muy sexual y tendrá un humor irresistible.

GALLO ASCENDENTE GALLO: 5 P.M. A 7 P.M.

Excéntrico, hombre orquesta. Egocéntrico, se lo ama u odia. Dedicará su vida a una causa. En el amor es original y auténtico.

GALLO ASCENDENTE PERRO: 7 P.M. A 9 P.M.

Es un gallo optimista que defenderá las ideas en las que cree. Dedicará parte de su vida a servir, escuchar y comprender a los demás. Será valiente, fiel y generoso.

GALLO ASCENDENTE CHANCHO: 9 P.M. A 11 P.M.

Auténtico, trabajador y solitario. Un ser reservado, confiable y buen confidente. Si se enamora, se sentirá realizado. Se sacrificará por los necesitados.

Personajes famosos

GALLO DE MADERA (1885-1945)
Sandro, Milo Manara, Yoko Ono, Diane Keaton, Tanguito, Ritchie Blackmore, Deborah Harry, Peter Townshend, Juan Alberto Mateyko, Franz Beckenbauer, Elton John, Piero, Bette Midler, Luisina Brando, Michael Douglas, Julio Iglesias, Sergio Renán, Bryan Ferry, Eric Clapton.

GALLO DE FUEGO (1837-1897-1957)
Melanie Griffith, Frank Millar, Alicia Moreau de Justo, Daniel Day-Lewis, Vando Villamil, Robert Smith, Nicolás Repetto, Miguel Bosé, Juan Luis Guerra, Katja Alemann, Alejandro Lerner, Ricardo Mollo, Andrea Tenuta, Javier Arenas, Sid Vicious, Adriana Figini, Sandra Mihanovich, Jorge Valdivieso, Paul Gallico, Siouxsie Sioux, Alfie Martins.

GALLO DE TIERRA (1849-1909-1969)
Valeria Bertucelli, Alex Ross, Gwen Stefani, Elia Kazan, Catherine Hepburn, Marguerite Yourcenar, Horacio Cabak, Laura Novoa, Fernando Redondo, Mar Flores, Joselillo, David Niven, Bárbara Duran, Pablo Echarri, José Ferrer, Guiseppe Verdi, Cecilia Milone.

GALLO DE METAL (1861-1921-1981)
Guillermo Coria, Natalie Portman, Javier Saviola, Ana Aznar, Astor Piazzola, Luciano Pereyra, Laura Azcurra, Charles Bronson, David Nalbandian, Tita Tamames, Peter Ustinov, Simone Signoret, Dionisio Aizcorbe, Alex Haley, Dick Bogarde, Andrés D'Alessandro, Jane Russel, Deborah Kerr.

GALLO DE AGUA (1837-1933-1993)
Alberto Olmedo, Caballé Montserrat, María Rosa Gallo, Tato Pavlovsky, Roman Polanski, Alberto Migré, Zulema Yoma, Jean Paul Belmondo, Joan Collins, Costa-Gavras, Sacha Distel, Juan Flesca, Quincy Jones.

Gwen Stefani

Yo soy un Gallo

TESTIMONIO
Marcela Miguens

TERAPEUTA GESTALT

Durante mucho tiempo fui un gallo de galpón entretenido en picotear caminitos trillados de maíz, subirme y bajarme de parvas de forraje y explorar carruajes antiguos que estaban el en galpón y no iban a ninguna parte.

Un día dije "¡basta!" y resolví dejar el techo protector y lanzarme a vivir a la intemperie.

Fue una decisión adulta, movida por el psicoanálisis de galpón que nos hacemos los gallos.

Caminando y cacareando conocí otros animales, otras historias de vida, otros universos que me llenaron de asombro, dolores, broncas, alegrías y gusto por la vida.

Creo que, como todos los gallos, soy responsable y me hago cargo de mis decisiones. A los gallos nos gusta aprender y en ese entonces fue bueno darme cuenta de que no sabía nada o casi nada…

En mi antigua morada, el galpón, sólo se escuchaba mi canto. En la intemperie había que aprender desde cero, ser humilde, resistente, muchas veces postergarse, cosa complicada para un gallo que ama sus plumajes de colores y le disgusta no ser importante.

La verdad es que tuve mucha suerte. Caminando y picoteando aquí y allá llegué a conocer lo mejor de países y personajes, que me enseñaron todo lo que hoy en día sé.

Ahora lo enseño y lo comparto con todos los que se me acercan con mente curiosa y corazón abierto.

Si tuviera que resumir la historia de haber nacido bajo el signo del gallo diría: Del galpón a la intemperie, a los viajes de descubrimiento, y al volver… (sin la frente marchita).

Volver a una casa construida palmo a palmo, con la convicción de que todo lo vivido: amores, decepciones, dolores, aprender y desaprender, jugarse la vida, todo valió la pena, y que hay motivo para celebrar hasta el último día…

Gallo

AMOR

TRABAJO

AMISTAD

AZAR

MONO

Cuba.
Te presiento
aislada y poblada.
Insolada de pieles ardidas
que no te olvidan aunque se despellejen.
Cerca del tótem
sobrevivís sin permiso
de fluir como tus olas
que saben a derrota
antes de llegar a la orilla.
Reencarnada en almas
que fueron reinos
y abusaron de los dones del Paraíso
no podés conocer el mundo.
Espejismos de quienes fuimos incapaces
de elegir y nos sumergimos en el abismo
donde los piratas saquearon lo que no
encontraron por no
bucear dentro.
Te debía una visita
Cuba querida
tal vez no sea tarde
para unir mi poesía a la tuya
y al mar atento a las barcas que apuestan
cara o ceca
Cuba
desde la peluquería
siento que estoy madura
para aceptar tu destino de reina
jaqueada por un eunuco.

L. S. D.

mono

ficha técnica

NOMBRE CHINO DEL MONO **HOU**

NÚMERO DE ORDEN **NOVENO**

HORAS REGIDAS POR EL MONO **3 PM A 5 PM**

DIRECCIÓN DE SU SIGNO **OESTE-SUDESTE**

ESTACIÓN Y MES PRINCIPAL **VERANO-AGOSTO**

CORRESPONDE AL SIGNO OCCIDENTAL **LEO**

ENERGÍA FIJA **METAL**

TRONCO **POSITIVO**

eres mono si naciste

02/02/1908 - 21/01/1909
MONO DE TIERRA

20/02/1920 - 07/02/1921
MONO DE METAL

06/02/1932 - 25/01/1933
MONO DE AGUA

25/01/1944 - 12/02/1945
MONO DE MADERA

12/02/1956 - 30/01/1957
MONO DE FUEGO

30/01/1968 - 16/02/1969
MONO DE TIERRA

16/02/1980 - 04/02/1981
MONO DE METAL

04/02/1992 - 22/01/1993
MONO DE AGUA

22/01/2004 - 08/02/2005
MONO DE MADERA

El TAO del Mono

SE ACABÓ EL MAPA.

No hay ruta, camino, sendero, huella, pista que el mono no haya recorrido física, telepática, espiritualmente en el planeta de los simios.

El mono está trazando una nueva ruta en el cielo que guíe su corazón en el exilio.

Ni por aire, ni por agua, ni por tierra, sólo a través de la purificación del fuego podrá ser un mono nuevo, sin DNI ni pasaporte que le recuerden su identidad terrenal.

Esta vez no puede escapar de su destino.

Tiene que renunciar a su reino, a la ilusión, al apego, a los privilegios que consiguió cuando invertía su tiempo en alcanzar el fruto prohibido, la nieve del Kilimanjaro, el arco iris sobre el mar, la Luna en soledad para confesarse sin testigos.

Sus aliados, íntimos enemigos, corte de los milagros, se disolvieron en gotas homeopáticas y le cae un coco de la palmera para que descubra que está solo. Espía a la luna llena antes de acostarse sobre la colina detrás de las esterillas recordando las ceremonias que le rendía junto a su lista de enamorados.

Se resigna....

Sabe que el gran viaje recién empieza, no hay un destino fijo, ni pasaje, ni valijas; es una cita ineludible consigo mismo.

Tiembla. Llora sin lágrimas. Se sumerge en las mantas que no le alcanzan para templar su espíritu inquieto y tenso como una flecha antes de ser lanzada. Camina sin rumbo, nadie lo espera, es el camino de la iniciación.

Escucha a lo lejos Zamba de mi esperanza y apenas a los pájaros y a las chicharras.

El mono dio todo lo que era, tenía, sabía, creía y quedó vacío, seco como la vertiente en los tórridos veranos que queman hasta los nidos de las cotorras.

Cumplió con lo mínimo, vital, móvil.

Llegó a tiempo con el trabajo, con los deberes, horarios, contratos a un alto precio de estrés que sacude su salud y la debilita.

El mono puede engañar a todos menos a sí mismo.

Rompió la balanza del equilibrio entre el ser y el tener y siente que está devastado en su energía vital, Eros, entusiasmo, y sabe que sin el motor que le da inspiración para vivir no puede retomar el hilo de la existencia.

Es el signo más curioso, necesita saltar de rama en rama aprendiendo, absorbiendo, arriesgando, apostando a pleno a lo que cree, sueños, utopías, ideas innovadoras y originales que concreta casi siempre exitosamente.

Audaz, valiente, carismático, tiene el don de atravesar murallas chinas, puertas blindadas y caer bien parado.

Su sentido del humor, sutileza y buen gusto son parte de su encanto y siempre tiene salidas rápidas e ingeniosas para resolver situaciones complicadas.

Es un mago para juntar lo desechable, reciclar lo negativo en positivo y seguir contento creando nuevos juegos, desafíos, y medicinas para el prójimo.

El mono siempre se adelanta al reloj, pues su imaginación le permite llegar antes que la luz a descubrir lo invisible, oculto, intangible y darle forma, movimiento y sentimiento como Gepetto a Pinocho.

Es un as para innovar, decidir cambios dentro de una empresa, sociedad, fundación, abrir nuevos caminos plasmando sus inventos, combinaciones artísticas, humanas, sociales, filosóficas que siempre se nutren de la gente que encuentra en su camino, a veces seres de otros planetas, culturas con quien comparte trabajo, amor y conocimiento apreciando las diferencias y enriqueciéndose en el intercambio.

Su gran expansión tiene su contrapartida.

Tiene que aceptar sus límites. Su gran defecto es su vanidad, orgullo, necedad, omnipotencia, egotrip, intolerancia para aceptar otras ideas y puntos de vista.

El mono debe pagar sus deudas humanas y kármicas para vivir más tranquilo, ser mas conciliador, amable, bondadoso.

Practicar el falun dafa, la verdad, la benevolencia y la compasión.

Aprender a buscar ayuda, que lo asesoren, aconsejen, guíen en sus delirios y ambiciones, enmarquen en su expansión por las nubes, planetas y satélites dándole pista de aterrizaje para concretar sus sueños hiperrealistas.

El mono toca fondo ante el dolor, la pérdida del ser amado, la imposibilidad de no ser correspondido en su demanda de sobredosis afectiva y las limitaciones físicas y materiales.

Cuando la vida se complica y no puede adaptarse a ella, destila indiferencia, apatía, resignación, amargura, irritabilidad, intolerancia, mala fe y está a la defensiva.

El mono es un gran sibarita, disfruta del sol, del aire puro, del cambio de las estaciones y sus texturas, fragancias, flores y frutos atesorando los secretos de cada fase de la luna en su ombligo.

Su excepcional receptividad, antena infinita, lo convierte en un médium, telépata, sabio, capaz de recibir mensajes, información galáctica, la historia revelada, profecías, pudiéndolas convertir en arte, ciencia y humanismo.

Puede estar en *on* o en *off*.

A través de la vida destilará adrenalina, le sacará el jugo a cada experiencia, no se conformará con lo que le cuentan, irá hasta el final del viaje palpando con los cinco sentidos cada parte del trayecto. Desde pequeño desarrollará su imaginación sorprendiendo a su familia, amigos, maestros y el entorno donde se encuentre.

Estará lleno de vitalidad, se columpiará en lianas peligrosas desafiando a la muerte y buscará respuestas a las preguntas más lacerantes.

Viajará siempre –aunque como Buda sostenga que todo movimiento es una imperfección– y su innato sentido de independencia, autonomía y control lo mantendrán en constante actividad dentro de su hábitat, comuna, y jungla privada.

El mono vive impulsivamente, siente que tiene que superarse cada día desafiando la ley de gravedad.

Es su naturaleza, su biorritmo, tiene que estar a la vanguardia llevando la primicia al mundo aunque luego se esconda en un refugio antiaéreo.

Aparentemente sociable, divertido, ameno y cordial, será el centro de atención en reuniones, en el trabajo, en lugares donde aparezca y desaparezca como por arte de magia dejando una huella en el corazón de la gente que lo ama a primera vista.

En ambos sexos el mono destila carisma, personalidad, *sex appeal*, *glamour*, un halo de misterio que lo diferencia del resto del zoo.

Salvaje aunque traten de domesticarlo o enjaularlo: en su interior convive un volcán en erupción que cuando sale a la luz deja atónito a los demás.

Su vida es un experimento de intensas vivencias, en las que se sumerge como un buzo en alta mar en busca del Titanic.

Necesita ser parte del cosmos, de la Pacha, de la corteza del tronco desnudo, del pétalo perfumado de la rosa, de la leche recién ordeñada de la vaca, de la sal del mar, de la espuma de la catarata, del fuelle del bandoneón, del grano de maíz. No concibe la vida sin ser parte de ella, de lo que le ofrece constantemente, y a lo que jamás renuncia aunque sepa que no le conviene para su salud, evolución y reputación.

Es necio, obstinado, arrogante, intolerante cuando se tapa los oídos, la boca y los ojos para no asumir que hay otros que también existen aunque no lo consideren su rey y disientan con su monovisión del universo.

Nació para transmitir su legado, don y patrimonio con el que nace, vive, sufre en soledad porque su luz enceguece, produce admiración y envidia, odio y amor, situaciones de ciencia ficción, realismo mágico, *star wars*, cruzadas medievales, choque de placas tectónicas y cólicos renales.

Un mono que es amado, estimulado, querido, admirado, puede convertirse en un gran ser humano, un maestro, Buda.

Quienes no reciben el apoyo necesario desde que nacen pueden convertirse en monos aulladores, mandriles peleadores, orangutanes vengativos.

El mono tiene que aprender el camino de la renuncia a bienes materiales, deseos, ilusiones, amores, pues es tan ambicioso que sacrificará lo sagrado por una pichincha.

Es fácil que caiga en tentaciones, vicios, situaciones de bajo astral, su avidez por poseer, dominar, estar en todas partes y no perderse nada lo convierten en alguien poco confiable, serio y responsable.

El mono debe vivir consciente de sus acciones, pensamientos y sentimientos pues la ley del *boomerang* lo reducirá a su mínima condición.

Es víctima de sus inventos.

Entra bailando y sale lisiado de situaciones en las que no tiene la infraestructura, la organización, los socios y consejeros necesarios para encauzar empresas riesgosas, audaces pero claras en los objetivos a largo plazo.

Cuando un mono deja de estar enamorado de sí mismo se produce un hito en su vida.

Comparte el día a día con quienes elige y con los que lo rodean; es más atento, servicial, compresivo, compasivo y tiene los cuatro puntos cardinales abiertos para fluir en el TAO.

Su equilibrio emocional es fundamental para su logro personal; si tiene una vocación profunda desde la niñez, debe seguirla contra los molinos de viento sin descuidar su entorno familiar y afectivo que son los pilares fundamentales para su realización y búsqueda eterna de su misión en la vida.

El mono adora que lo mimen, lo agasajen, lo alaben, le hagan sentir que es esencial en la vida de los demás. Sabe detectar a los farsantes de los apóstoles que lo guían aunque a veces, por su vanidad, se deje engañar por la caravana de mercenarios que le tocan el punto G del alma.

El mono ve el mundo desde la copa de los árboles más altos de la selva, se siente todopoderoso, capaz de gobernar el mundo con su tecnología, mente y telepatía ultrasofisticadas sin perder detalles. Aunque lo consiga, sabe que hay otra realidad a la que no tiene acceso: la de la gente que ríe, canta, come, trabaja, comparte sus penas y alegrías sin expectativas, viviendo el día a día con naturalidad.

El mono adora participar cuando lo invitan. Se siente reconocido, apreciado y valorado, desplegará toda su energía deslumbrando a su audiencia.

El mono es un crucigrama, un teorema, collage, acertijo difícil para acceder, conocer, descifrar.

Dentro de sí conviven miles de facetas, caras, caretas, múltiples personas que quieren salir a la pista y a veces tiene grandes cortocircuitos e interferencias para ser él mismo.

Su largo y arduo aprendizaje será disolverse, perderse, equivocarse repitiendo errores hasta superarlos.

No involucrar a terceros en sus aventuras existenciales salvo que el TAO lo decida. Hacerse cargo de lo que genera, da y recibe sin pretender sacar ventaja.

Aceptar sus límites y fronteras.

Enmarcar las situaciones, disfrutarlas, no excederse en vicios, placeres, graduar la dosis de lo que la vida le brinda con gratitud, alegría y generosidad.

Cuenta la leyenda

Un cuento estilo vernáculo también trata de esta historia y un manuscrito incompleto ha sido encontrado en las Cuevas Dunhuang. En realidad, Xuan-cang no viajó a la India por órdenes del emperador. Su historia está registrada en la *Historia de la dinastía Tang* y una biografía de Xuan-cang titulada *Vida del Maestro Tripitaka del Gran Monasterio Zi-en* ha sido preservada entre los cánones budistas. Ningún milagro está registrado aquí, aunque las posteriores leyendas abundan en elementos de lo sobrenatural.

El Mono, el Tonto y Monstruos en diversas tierras extrañas han aparecido ya en la versión cantada, mientras que una de las primeras obras del período Tártaro de Oro también trata de los viajes de Xuancang. En la dinastía Yuan, la pieza de Xu Zhang-ling *Tripitaka va al Oeste a buscar los cánones budistas* contiene tales incidentes como la captura del Mono y su conversión al budismo, así como con personas como el Tonto, el Cerdo, el chico Rojo y la Princesa del Abanico de Hierro. Evidentemente, los viajes de Xuancang se han ido convirtiendo en una leyenda desde fines de la dinastía Tang en adelante y, como el tema comenzó a ser más y más utilizado, posteriores escritores de ficción lo perfeccionaron.

En la versión de Yang Zhi-he, los primeros nueve capítulos tratan acerca del modo en que el Mono intenta lograr la santidad y resulta capturado. Primero el Mono salta de la roca, encuentra un manantial y se convierte en el rey de los monos; entonces deja la montaña para buscar la Verdad y con sus poderes mágicos causa estragos en el Cielo hasta que el Emperador de Jade tiene que darle un título. Después de eso causa problemas al darse un banquete con los duraznos encantados, el Emperador de Jade envía al dios Er-lang a someterlo y el Mono es hecho prisionero después de una pelea. Aquí está un episodio de la pelea:

Cuando los monitos vieron al dios, se apresuraron a reportar la llegada a su rey. El Rey Mono tomó su vara mágica con punta de oro y se puso sus sandalias voladoras. Los oponentes hicieron saber sus nombres y tomaron posiciones, entonces pelearon por un largo tiempo. Después de haberse atacado uno al otro más de trescientas veces, se transformaron en gigantes de cien mil pies de altura para pelear entre las nubes, dejando la cueva. Cuando el Mono estaba resistiendo, vio que los monos de su montaña se dispersaban aterrorizados, por eso dio media vuelta y huyó. El dios lo siguió con grandes zancadas en cerrada persecución. En un instante, el Rey Mono se transformó y desapareció en el agua. El dios gritó: "Este mono debe haberse transformado en algún pez o camarón, entonces, para capturarlo, me convertiré en un cormorán (cuervo acuático usado para pescar en China)".

Cuando el Mono vio venir al dios, se convirtió en una avutarda (ave parecida a la perdiz pero de tamaño un poco menor del guajolote) y voló a un árbol. Entonces el dios con su honda lanzó un proyectil que golpeó al ave y la hizo caer en la pendiente; aunque la buscó, no pudo encontrarla. El dios regresó a informar que el rey Mono había sido vencido y había desaparecido sin dejar rastro.

El Príncipe Celestial miró en su espejo mágico y exclamó: "El Mono ha ido a tu templo en Guankou".

Entonces el dios Er-lang fue de regreso a Guankou. El Mono rápidamente tomó la apariencia del dios y se sentó en el salón principal. Er-lang lo acometió con su lanza, el Mono eludió la estocada, reasumió su propia forma y empezó a pelear de nuevo. El Mono quiso regresar a su montaña pero fue rodeado por ángeles.

Enseguida Er-lang apareció como otros dioses entre las nubes y vio que las fuerzas del Mono estaban próximas a agotarse. Entonces el Patriarca lanzó un anillo mágico que golpeó al Mono en la cabeza y lo hizo caer. A continuación los lebreles de Er-lang lo mordieron en el pecho y el Mono se tambaleó. Finalmente, Er-lang y otros, con lanzas, lo tomaron prisionero y lo encadenaron.

Pero como el Mono no podía ser muerto por el fuego o por la espada, Buda lo aprisionó bajo la Montaña de los Cinco Elementos, y le ordenó que esperara a un monje que pasaría por allí en su búsqueda de sutras budistas.

(Traducción del licenciado Filimón Wing Shum, del libro *Brier History of Chinese Fiction*, traducción al inglés de la obra de Lu Xun por Yang Xian-I y Glandys Yang, editado por Foreign Languages Press, Beijin, 1976).

Gaceta de la Comunidad China de México A.C., N° 13, septiembre de 1983.

EL MONO EN EL TRABAJO

Le gusta ganar plata, vivir la buena vida y saber que tiene cuentas millonarias en Suiza, pero más le gusta saber que logró todo eso gracias a su esfuerzo y dedicación al trabajo, aunque muchos lo vean como una persona poco confiable capaz de hacer cualquier cosa para conseguirlo; lamentablemente no se equivocan: el Mono se siente atraído por el éxito y antes que nada busca el bienestar propio y el de su familia, pero a veces tanta dedicación y concentración en el trabajo hace que la descuide y se da cuenta demasiado tarde.

Es muy trabajador y exigente en lo que hace; muy detallista y pendiente de los demás para que hagan el trabajo a la perfección. No le gusta ser uno del montón: siempre quiere destacarse y que sus superiores admiren y reconozcan su dedicación y lo retribuyan por tanto esfuerzo. Esto suele provocarle problemas con sus compañeros pues se convierte en el centro de atención o asciende a puestos más altos. Ingenioso, multifacético, se defiende ante los problemas encontrándoles una solución rápida y eficaz sin perder la calma. Puede hacer un mismo trabajo el doble de rápido que nosotros y quizás con menos costo. Tiene ideas fijas y muy claras, es muy astuto e inteligente, aprende muy rápido cualquier habilidad y trabaja sobre ello para superar el trabajo y a sí mismo. Siempre logra lo que se propone gracias a que se maneja con comodidad en el mundo de las finanzas, tiene buen olfato para los negocios y facilidad para aprovechar buenas oportunidades.

Con grandes aptitudes para la comunicación, se desenvuelve bien en ventas: ganará mucho dinero en su vida pero es igual de eficiente para gastarlo. Vive el momento, disfruta de lo que tiene ahora mismo y no es muy ahorrativo. No estaría mal intentar invertir un poco para el futuro.

EL MONO EN EL AMOR

El animal con mayor reputación de promiscuo. Será implacable, especialmente en los años de su juventud; quizás por su necesidad de experiencia o simplemente por aburrimiento. Tendrá muchas parejas, a menudo al mismo tiempo, por su tendencia a romper las reglas le gusta pasearse de palmera en palmera y coleccionar admiradoras víctimas de sus monerías. Es inescrupuloso, manipulador y muy listo para tapar sus huellas y no ser atrapado con las manos en la masa. Usará todas estas habilidades para conseguir más víctimas que sacien todos sus apetitos carnales.

Mide cada uno de sus pasos y analiza muy bien los factores en pro y en contra de las personas antes de enredarse emocionalmente con una de ellas, no le importan los 90-60-90 ni las caras bonitas, se fija más bien en la cultura o los conocimientos.

Es muy difícil llevarlo al altar o formalizar una relación, habría que doparlo y sacarle el sí con tirabuzón para que dé el gran paso, pues le cuesta despegarse de la vida que lleva, de no tener que dar parte a nadie de dónde estuvo o sacrificar su lado de la cama y el ropero. Si se siente muy presionado, el mono no dudará en salir en su liana a buscar nuevas conquistas y se convencerá de que la próxima será la ideal.

Apasionado e intenso como amante, tiene chispa para entretener, provocar y divertir; su encanto es vampírico y sensual, consumirá a sus parejas si éstas se entregan demasiado. Si lo inspiran, puede explotar como un volcán y revolucionar la cama que comparten; es muy codiciado.

EL MONO EN LA FAMILIA

Le gusta ser el amo y señor de la casa: el que da las órdenes y las pautas de convivencia; puede convertirse en un gorila si lo contradicen o dudan de su capacidad.

Como padre es un niño más: amigo, permisivo, cómplice de sus hijos cuando hacen travesuras; pero si se tiene que poner serio, lo hace y le gusta que lo respeten y no abusen de su confianza.

Necesita, para mantener la armonía y la buena relación, que quienes convivan con él le den espacio para moverse y lo dejen relajarse dentro de su hogar.

Su casa es una mezcla de muebles, colores y estilos, con muchas ventanas para apreciar la naturaleza y ver pasar a la gente. Por lo general está sin terminar o con cajas sin abrir; le gusta mudarse de un lado para el otro, cambiar de casa, de ciudades, no le gusta echar raíces. Tendrá reservado un cuarto con todos los chiches y pasatiempos: computadora, juegos de mesa, televisor con DVD y lo último en tecnología; allí se quedará horas disfrutando solo o con los suyos.

Es muy sociable, tiene un gran círculo de amigos, y de todas clases: cercanos, lejanos y hasta virtuales. Le encanta socializar y conocer gente nueva, salir con ellos, divertirse, pasarla bien y ser el que anime la noche contando chistes, historias y entretener a los presentes.

LA SALUD DEL MONO

No suele sufrir enfermedades físicas, tiende más a enfermarse de problemas circulatorios o del corazón a causa de sus nervios. Aunque no le agrade, debe practicar deportes para liberar energía y mantenerse sano y en forma. Es muy nervioso y no debe excederse con estimulantes como el café o la nicotina porque puede pasarse de rosca y estar toda una noche en vela. Por suerte, el Mono es una persona centrada que escucha los consejos y hará todo lo posible para no enfermarse.

Siempre a la moda, elegante, le gusta pintarse y peinarse para llamar la atención y ser el centro de todos.

El Mono y su Energía

MONO DE MADERA (1944-2004)

Es un mono que se mueve de liana en liana en busca de emociones y que cree en el futuro. Es exagerado y chantajista. Tiene gran comunicación con la gente y es organizado en su trabajo. Le costará dar aire a su familia; será agobiante, posesivo y sobreprotector. Siempre está en la búsqueda de éxito y fama. Es ansioso, pero deberá trabajar en su ego para disolverlo.

MONO DE FUEGO (1886-1956)

Es un simio con pasta de líder que impondrá sus ideas. Es lúcido, creativo y perseverante en su camino. Cuando sienta hostilidades de su entorno se encerrará, pero cuando recupere la fe en sí mismo sale a conquistar el universo. A lo largo de su vida adoptará seres que colaboran en aliviarle sus responsabilidades. Domina a gente más débil. Ama la competencia y los desafíos que son su mejor estímulo. Desea un mundo mejor y trabaja para conseguirlo. Es celoso en el amor y en el trabajo. Detesta que lo acosen. Vida afectiva turbulenta.

MONO DE TIERRA (1908-1968)

Es el mono más confiable, profundo y sentimental. Visionario, amante de la investigación y el estudio, responsable, práctico e inteligente. Vive más en el futuro que en el presente atormentado por su porvenir económico. En sus relaciones amorosas es estable y racional, aspira a tener una familia ejemplar. Será muy querido por amigos y profesores. Necesita que lo adulen, mimen y le sigan la corriente.

MONO DE METAL (1920-1980)

Es impulsivo, astuto, responsable y fuerte. Consigue lo que quiere por medios lícitos. Su capacidad para convencer o conseguir sus propósitos es tan grande como su orgullo. Le cuesta reconocer sus errores, y cuando se da cuenta de sus actos se angustia y los analiza. Es capaz e inteligente, cabeza dura y obstinado, celoso de amigos, amores y seres queridos. Resulta amable, cariñoso, a veces un poco loco. Ama y necesita seguridad para atreverse.

MONO DE AGUA (1872-1932-1992)

Es un mono conciliador, creativo, sensible y genial, de naturaleza bondadosa y sutil. Aman el lujo, son contenedores, sexy e imaginativos. Tiene una apariencia mundana y tranquila, pero es más susceptible que los otros monos. A veces se preocupan por detalles y tonterías que lo obsesionan. Su intuición y percepción le permiten conocer muy bien a otros seres queridos para manipularlos y dominarlos a su antojo.

El Mono y su Ascendente

MONO ASCENDENTE RATA: 11 P.M. A 1 A.M.

Rápido y sagaz para encontrar los caminos más cortos. Ama las alegrías de la vida y las aprovecha plenamente. Combina la malicia y la astucia. Gracioso e inteligente.

MONO ASCENDENTE BÚFALO: 1 A.M. A 3 A.M.

Presenta un aspecto gentil y adormecido. Conoce todos los ardides y consigue lo que quiere. El tesón y creatividad acompañan su ambición. Ama viajar y será muy prolífico.

MONO ASCENDENTE TIGRE: 3 A.M. A 5 A.M.

Ruge, desborda energía y conquista a su presa. Su valentía y audacia se sumarán a su falta de cautela. Romperá corazones pero, con dificultad, será atrapado.

MONO ASCENDENTE CONEJO: 5 A.M. A 7 A.M.

Es un verdadero estratega que combina el refinamiento, la estética y lo intelectual. Plasmará vocación y matrimonio con éxito. Hábil, prudente en sus actos en la vida. Tendrá suerte y nadie conocerá sus secretos.

MONO ASCENDENTE DRAGÓN: 7 A.M. A 9 A.M.

Es místico, inteligente. No le teme a nada ni a nadie, avanza hasta los límites del coraje y la pasión. Se enamorará más de una vez. Transforma lo que toca en oro.

MONO ASCENDENTE SERPIENTE: 9 A.M. A 11 A.M.

Combina una inteligencia analítica y desconfiada. El dinero será su mejor patrimonio. Es irresistiblemente seductor. En el arte del amor mantendrá hipnotizadas a sus presas.

MONO ASCENDENTE CABALLO: 11 A.M. A 1 P.M.

Será muy original e independiente. Tendrá un corazón de oro, muchos amores y una vida sedentaria. Corre riesgos y odia perder. Saca partido de sus aptitudes para trabajar menos.

MONO ASCENDENTE CABRA: 1 P.M. A 3 P.M.

Este mono buscará, antes que nada, seguridad material. Ama viajar a lugares diversos por trabajo, por amor o placer. Es romántico, amante del arte, y muy astuto.

MONO ASCENDENTE MONO: 3 P.M. A 5 P.M.

Es brillante, hábil, original, curioso e imaginativo. Su ego lo lleva a creerse superior al resto. Su cerebro es el arma de lucha. Hará pactos con Dios y el diablo.

MONO ASCENDENTE GALLO: 5 P.M. A 7 P.M.

Su cresta en alto dará cuenta de su orgullo. Será líder y realizará grandes proyectos que pondrán en marcha a mucha gente. Es carismático, obsesivo, sentimental y posesivo.

MONO ASCENDENTE PERRO: 7 P.M. A 9 P.M.

Se desvivirá por la vida hogareña. Su espíritu conjuga humanitarismo y desinterés. Un genio de la magia y el cálculo. Realista, ciclotímico e intelectual.

MONO ASCENDENTE CHANCHO: 9 P.M. A 11 P.M.

El silencio es sagrado para este mono: lo necesita para pensar, metabolizar y meditar. Se sacrificará por lo que hace. Es honesto y odia a la gente mediocre. Intuitivo y sensible.

Personajes famosos

MONO DE MADERA (1884-1944-2004)

Lou Reed, Eliseo Subiela, George Lucas, Rod Stewart, Carmen Maura, Arturo Puig, David Gilmour, Bob Marley, Susana Giménez, Marta Oyhanarte, Mario Mactas, María Marta Serra Lima, Selva Alemán, Antonio Grimau, Danny de Vito, Sebastián Spreng, Nora Cárpena, Mirina Curutchet, Keith Emerson, Gabriela Acher, Roger Waters, Zulma Faiad, Diana Ross, Talina Fernández.

MONO DE FUEGO (1836-1896-1956)

Alejandro Kuropatwa, Martina Navratilova, Ricardo Darín, Daniel Grinbank, Osvaldo Laport, Silvia Kutica, Carolina de Mónaco, Javier Lúquez, Geena Davis, Ulises Sábato, Helmut Lang, Luz O'Farell, Celeste Carballo, Patricia Von Hermann, Bjorn Borg, Ludovica Squirru, Élida Ghersi, Imanol Arias, Guillermo Asencio.

MONO DE TIERRA (1858-1908-1968)

Salvador Allende, Libertad Lamarque, Nicole Kidman, Diego Olivera, Adrián Suar, Antonio Birabent, Adrián Dárgelos, Carolina Papaleo, Fernando Ruiz Díaz, Andrea Pietra, Nelson Rockefeller, Cartier Bresson, Martín Jacovella, príncipe Felipe de Asturias, Millie Stegman, María Carámbula, James Stewart, Alejandro Sanz, Fabián Vena, Gabriel Batistuta, Chayanne, Elizabeth Márquez, Guillermo Andino.

MONO DE METAL (1860-1920-1980)

Gabriel Milito, Maxi Rodríguez, Charlie Parker, Federico Fellini, Luis González, Nicole Neuman, Papa Juan Pablo II, Mario Benedetti, Luciana Salazar, Soledad Pastorutti, Lorenzo Anzoátegui, Mickey Rooney, Valentino Spinetta, Olga Orosco, Ricardo Montalbán, Luis Ortega.

MONO DE AGUA (1872-1932-1992)

Magdalena Ruiz Guiñazú, Juaquín Salvador Lavado (Quino), Felipe Sáenz, Anthony Perkins, Elizabeth Taylor, Omar Sharif, Peter O'Toole, Jean Cacharel, Mariano Grondona.

Con Alejandra Esteban, en 2º Grado

Yo soy un Mono

TESTIMONIO
Jean Pierre Noher

ACTOR

Me acuerdo de la primera vez que vi un mono, fue en un zoológico, claro, y aluciné con lo parecido que era a todos nosotros. Y creo que soy algo así, mezcla de parecido a los demás y un bicho raro.

Pasó un tiempo considerable y un día me enteré de que yo también era mono, y me pareció una revelación muy acertada. De chico fui muy ágil para ir de rama en rama; me apasionaban muchas cosas, pasaba por muy disímiles ámbitos… de ambientes aparentemente muy cultos y sofisticados a otros más simples o banales; por dar un ejemplo, del College Français a la popular de River, o de un club judío a un colegio marista o una iglesia mormona, o el baldío del barrio. Cualquier ámbito me era cómodo con tal de que fuera para jugar a la pelota o conocer chicas, entre otras cosas.

Quizás era una imperiosa necesidad de ser querido o aceptado, pero rápidamente me acostumbré a esta cosa camaleónica que con el tiempo y, al dedicarme a la actuación, se convirtió en algo a favor.

En mi adolescencia adquirí una conciencia más universal, las injusticias de este mundo, la falta de libertad, "peace and love", "prohibido prohibir", y también los viajes, la música, el cine y la lectura, hasta hoy siguen siendo mis elecciones, además del fútbol y las mujeres, nada ha cambiado.

Amo los sábados, la torta de manzana que hace mi madre; la generosidad de mi abuela; reírme; amo las noches; el sexo y los abrazos; el verano; el mar; la bosanova; cenar después de una función; a mis amigos; a los hermanos; a las mujeres que me amaron… por eso, por haberme amado; "el aquí y el ahora", porque como dice la canción "nada es para siempre"; amo mi profesión. Cierta incertidumbre y algunas pocas certezas.

No tomo alcohol, no de careta… simplemente no me gusta.

Hay cosas que no comprendo… la violencia, jamás me fui a las manos, jamás… Desconozco esa forma de resolver las cosas; por ejemplo, soy capaz de pedir perdón ante un típico problema de tránsito, a pesar de tener razón, con tal de evitar ese mal momento, me parece una pérdida de tiempo.

Michel me convirtió en papá, amo nuestra casa, y hoy es una persona hermosa, que me enorgullece, nos cuidamos mucho entre los dos…

La vida me sorprende día a día.

AMOR

TRABAJO

AMISTAD

AZAR

cabra

Te invito a desflorar mi alma
que quedó embarazada
de ideogramas chinos
que no tienen traducción en el siglo XXI.

L. S. D.

cabra

ficha técnica

NOMBRE CHINO DE LA CABRA **XANG**

NÚMERO DE ORDEN **OCTAVO**

HORAS REGIDAS POR LA CABRA **1 PM A 3 PM**

DIRECCIÓN DE SU SIGNO **SUD-SUDOESTE**

ESTACIÓN Y MES PRINCIPAL **VERANO-JULIO**

CORRESPONDE AL SIGNO OCCIDENTAL **CÁNCER**

ENERGÍA FIJA **FUEGO**

TRONCO **NEGATIVO**

eres cabra si naciste

13/02/1907 - 01/02/1908
CABRA DE FUEGO

01/02/1919 - 19/02/1920
CABRA DE TIERRA

17/02/1931 - 05/02/1932
CABRA DE METAL

05/02/1943 - 24/01/1944
CABRA DE AGUA

24/01/1955 - 11/02/1956
CABRA DE MADERA

09/02/1967 - 29/01/1968
CABRA DE FUEGO

28/01/1979 - 15/02/1980
CABRA DE TIERRA

15/02/1991 - 03/02/1992
CABRA DE METAL

01/02/2003 - 21/01/2004
CABRA DE AGUA

El TAO de la Cabra

Sabía que INÉS era una experta en flores de Bach y decidí llamarla para que me recetara una fórmula que contuviera mi estado emocional.

En el largo tiempo que vivimos en Traslasierra nos encontramos pocas veces y nos saludamos con respeto sin intimar.

Su vida siempre me interesó, pues es un camino de pisadas firmes, huellas que guían, imaginación en el día a día para crear con lo que hay en lo real y lo onírico, desovillando la madeja del telar ancestral de nuestras madres y abuelas para embellecer y continuar sus rituales sagrados.

Al llegar a su casa, desde la entrada del jardín sentí una gran armonía que abarcaba el espacio y me conducía hacia la galería amplia, generosa, donde visualicé la historia de la familia entre gatos, perros, plantas, mosaicos pisados por sus diez hijos, amigos, peregrinos, hadas, duendes, elfos que sin duda pueblan los confines de la sierra altiva, testigo milenario de quienes decidimos cursar materias no aprobadas en esta y otras vidas.

Toqué la puerta desde donde llegaban murmullos y un adolescente amable me preguntó si quería ver a INÉS.

–Sí.

Apareció una mujer serena, apacible, con la mirada transparente, el frasquito en la mano, y me invitó a charlar.

Acepté, sorprendida de que no estuviera apurada, acosada por sus tareas domésticas, demandada por su tribu, y desde la primera pregunta que me hizo sentí que era la confidente ideal.

Fluimos con sintonía, melodía y armonía dignas de un concierto de Bach; las flores que me estaba recetando eran un vínculo esencial para compartir, acariciadas por el sol del mediodía, un tránsito de vidas paralelas en búsqueda, intenciones y actitudes.

Me contó que es cabra, justo en el límite del año, y ambas dijimos "Tenemos cincuenta años".

Su gracia, sus modales, su tono de voz eran caricias para mi erosionada soledad. Seguía siendo maternal, don que le brindó la vida y lo siguió con naturalidad, viviendo en un paraje en el que –coincidimos– puede despertar y aflorar lo mejor o peor de cada uno, según sea el karma a develar.

Detectó sin vueltas mi cuerpo etérico y emocional, me calmó con su experiencia acerca del límite del otro, algo que estoy cursando desde que nací y que recién ahora estoy tratando de modificar día a día.

Me contó que ser madre es lo más natural que le pasó y que su última hija cabrita, de tres años, que apareció en ese momento por el jardín, trajo paz y estabilizó la energía familiar.

Hablamos de signos chinos y mayas, de roles, mandatos, la desestructuración de una vida al servicio de algo que ya no es ni sirve, y que hay que dejar como un zapato que ya no entra en el zaguán de la casa para otra persona.

Qué alivio, celebración, liviandad de encuentro.

Podría haberme quedado a vivir, pedirle que me adopte y ser parte de su familia, pero encuentros así son recompensas que da la vida cuando no hay expectativas.

Estaba contenta de que le regalara mi último libro y lo demostró.

Me comentó que conocía dos mujeres que trabajaban para restaurar las energías familiares del pasado que han quedado truncas o que son lazos, sombras y anclas que no permiten que seamos felices hasta disolverlas.

Inés me asistió como un avatar.

Cabra pura sangre, típica en su manera de vivir inmersa en la naturaleza, agradeciendo cada día la salida del sol y la luna llena, adonde me invitó a bailar junto a otras amigas del valle para que le AULLEMOS nuestras verdades.

Recibí tanta luz sin encandilarme ni insolarme. Disfruté el escuchar a una mujer sabia que vive tan cerca y lejos que me sacudió el KUNDALINI con mano de chamana.

Imaginé su vida en un instante. Receptiva como la tierra, sin dejar de prescindir del cielo y de sus mensajes, señales, fuerza protectora y cambiante.

Lúcida, analítica con millas en la cocina, en la crianza de hijos, participación en la comunidad, en la escuela a la cual asiste como maestra y discípula.

Amiga de los extranjeros de credos y razas de donde se alimenta, nutre, interesa, aprende, disuelve, renace, participa, amasa, dibuja, se empan-

tana y eleva como una paloma blanca.

ARTISTA incansable, alquimista, transformadora de texturas, sabores, perfumes, sonidos en su propio laboratorio.

Imaginación fecunda, calidez, refinamiento, buen gusto, pentagrama, paleta de colores terracota, almacén de selección de buenos vinos, alimentos, consejos que curan el dolor y lo adoban con aromáticas.

LA CABRA trae bendiciones a quienes se acercan a su lado.

Portadora de mensajes indescifrables, de profecías, de aprendizaje acelerado, catarsis, bala con ritmo de serpenteante arroyo su canción.

Es cierto que la cabra puede ser invasora de tu casa, espacio, hábitat, necesita estar rodeada de gente, de amigos, de familia para desparramar su alegría, desorden, creatividad y destilar su talento.

Es importante para su equilibrio emocional que tenga asegurado el I-SHO-KU-JU, el techo, la vestimenta y la comida.

Su temperamento artístico, bohemio, tímido e introvertido producirá ganas de protegerla y brindarle los medios para que pueda vivir al resguardo de las inclemencias y responsabilidades que más que a nadie le cuesta afrontar.

En àmbos sexos la cabra conseguirá mecenas, protectores, amigos que se ocuparán de ella a cambio de su agradable y solidaria compañía.

Es cierto que a veces tiene fama de escalar posiciones con habilidad y de ser oportunista, pero intrínsecamente es una persona original, creativa, humana, compasiva, samaritana que para sentirse útil necesita volcar su afecto en quienes la rodean.

Inconstante, rebelde, trasgresora, seguirá el latido de su corazón y de sus ideas y, aunque parezca dócil y adaptable, necesitará un guía o una cabra madrina que la encauce en cada etapa de su existencia.

Es exagerada, a veces peca de pesimista, mitómana, engreída y egocéntrica.

Trabajará con inspiración más que con transpiración a pesar de ser disciplinada y responsable cuando tiene una vocación profunda.

Necesita que la apuntalen, estimulen, la adulen y confíen en ella.

Esencialmente esotérica y mágica, es candidata a seguir cursos, seminarios *new age*, a maestros y chamanes, viajes a otras vidas, a la India, al Tíbet, caminos al Cuzco, Machu Picchu y rutas sagradas de todas las tradiciones y religiones en busca de respuestas a su inagotable sed de conocimiento.

Su gran lucha en la vida es entre el SER y el TENER.

Oscilará entre la euforia y la depresión, estará expuesta a cambios cíclicos que la desorientarán y desviarán de su profesión, familia y entorno.

Es fundamental que pida ayuda cuando se sienta desorientada, alejada de su manada, y que participe en la comunidad.

La cabra es multifacética, dotada para las labores manuales, maestra en el arte de tejer, coser, bordar, cocinar,

cultivar, ornamentar, decorar y diseñar casas, paisajes y ropa de alta costura.

Transitará por diferentes etapas sintiendo que es parte del aprendizaje.

Deberá delimitar su rol familiar, pues es candidata a ser víctima de mandatos, situaciones traumáticas y ser el blanco de descarga de padres, hermanos y allegados.

El ocio creativo es parte de su esencia, es atemporal, y en general detesta los relojes que la condicionan con un horario pues para ella EL ARTE ES TIEMPO Y EL TIEMPO ES ARTE.

Ambiciosa aunque no lo demuestra, es capaz de someterse a situaciones denigrantes para obtener sus objetivos.

La cabra es una persona que cultiva el buen gusto por la música, el arte, las relaciones públicas y destila buen humor, alegría y gratitud por quienes la valoran, aprecian y cuidan.

Tiene siempre un consejo sabio para sus amigos, hermanos, padres y cónyuge.

Es servicial, atenta, cariñosa, leal, confiable con quienes ama.

A veces peca de chusma, metida e invasora en la vida ajena. Es cuestión de poner límites, un cerco, una pirca donde pueda pastar sin comer el pasto ajeno y tenga los límites claros.

La cabra vive el día a día convencida de que DIOS PROVEERÁ y no se preocupa en ahorrar ni en sacrificar su tiempo y libertad pensando en el mañana.

Es afectivamente dependiente.

A través de su vida buscará gente que le dé amor incondicional, que escuche sus caprichos y la cobije.

Tiene amor propio, no dejará que la subestimen o la denigren y defenderá los valores en los que cree con coraje y valentía.

Hipersensible, a veces su ánimo le provoca fuertes crisis de las que le cuesta salir, reponerse y encontrar eco. Es fundamental que busque ayuda, que hable con gente para compartir sus problemas y no se encierre o aísle.

La cabra se destacará por su elegancia, *charme*, belleza agreste y sencillez.

Dejará un tendal de enamorados a su paso y aunque es candidata a casarse más de una vez en la vida, pues su nivel de exigencia es muy grande, hará del matrimonio una fortaleza donde cohabitarán hijos propios y adoptivos con total naturalidad.

Profunda en su búsqueda espiritual, adonde vaya dejará rastros por su entrega, fe y conciencia.

Gran amiga, portal de nuevos vínculos y amistades, estará siempre lista para reunir a enemigos y rivales y lograr que se reconcilien.

Si siente que la atacan, defenderá con ferocidad su corral, su familia y/o pareja.

Estará con la mochila siempre abierta para partir de viaje y atesorar nuevas experiencias en cada rincón del mundo en donde será querida y recordada por su generosidad y altruismo.

Amante del misterio, pasará gran parte de su vida atenta a las señales de luces y estrellas en el cielo, que la ayudarán a seguir con paso firme en la tierra.

Creyente sin dogmas, tiene luz verde para entrar en lugares vedados o prohibidos y encontrar la luz de Prometeo.

Cuenta la leyenda
Song Dingbo captura un demonio (según un famoso cuento, texto de Ye Yuzhong)

En un lugar de Nanyang había un tal Song Dingbo que una noche, en el camino, se encontró con un demonio.

Le preguntó al demonio quién era y éste le contestó que era un demonio y, a su vez, le preguntó quién era él y Song Dingbo dijo: "¡Yo también soy un demonio!".

Song Dingbo iba a Wanshi y el demonio también. Caminaron juntos un rato y entonces el demonio dijo: "Estoy muy cansado ¡Caminemos cargándonos uno al otro!".

El demonio cargó primero sobre sus espaldas a Song Dingbo y, extrañado, preguntó:

–¿Por qué pesas tanto? ¡Tú no eres un demonio!

Song Dingbo replicó:

–¡Yo soy un demonio nuevo, por eso mi cuerpo pesa!

Song Dingbo, teniendo sobre sus espaldas al demonio, lo sintió muy liviano, y le dijo:

–Yo soy un demonio nuevo y no estoy enterado, ¿a qué le tememos más los demonios?

–Lo que menos nos gusta es que la gente nos escupa –respondió el demonio.

En el camino encontraron un riachuelo y Song Dingbo dejó que el demonio cruzara primero. Al pasar por el agua, el demonio no produjo el más mínimo ruido.

Cuando Song Dingbo cruzó por el agua, chapoteó escandalosamente.

–¿Por qué haces ruido –le preguntó el demonio a los gritos.

Song Dingbo replicó:

–Yo soy un demonio nuevo y no he practicado cruzar las aguas, por eso hago ruido. ¿Qué tiene eso de raro?

Cuando fue cerca de Wanshi, Song Dingbo, llevando sobre sus espaldas al demonio, echó a correr desaforadamente. El demonio, tomado por sorpresa, le gritó exigiéndole que lo bajase, pero Song Dingbo no le hizo caso.

Llegando a Wanshi, el demonio se convirtió en cabra. Sin pérdida de tiempo, Song Dingbo escupió a la cabra y el demonio no pudo soltarse a pesar de sus reparos.

A la mañana siguiente, Song Dingbo llevó al mercado al demonio convertido en cabra, para venderlo, y obtuvo 1500 monedas de cobre por él.

(Tomado de *Lianhuan Huabao*, revista de historietas)
Gaceta de la comunidad China de México, A. C., Nº 40, julio-agosto de 1986.

LA CABRA EN EL TRABAJO

Necesita que la alienten para hacer su trabajo, pero nunca apurarla, hay que dejarla fluir, le gusta hacer las cosas a su tiempo y cuando tiene ganas. Será capaz de construir las pirámides de Egipto, pintar el mundo para embellecerlo o una réplica exacta de la Mona Lisa, ¡y puede hacerlo bajo presión!

Es muy buena en la rama artística, nació para ser escritora, bailarina, pintora. También se destaca en la jardinería, cocina, lo relacionado con la paz mundial y la situación en la que viven los afectados por las guerras o por la situación del país, y se dedicará a ello aunque no le rinda frutos que la ayuden a mantener a su familia o a sí misma.

Aunque se independice, siempre dependerá de una ayudita de mamá o papá para llegar a fin de mes. No piensa en el futuro, vive el momento, la plata le quema las manos y no ahorra; ama los viajes, teatros, buenas cenas y descorchar el mejor champán, y ganará la buena vida trabajando o a costa de los demás.

Algo despistada, hay que recordarle horarios o citas a las que tiene que asistir, sean de trabajo o personales. Es buena compañera, le gusta trabajar en grupo y compartir decisiones, no le interesa competir por puestos altos o por llegar a ser líder, ayudará a todos los que la necesiten cuando tengan algún problema o no encuentren la vuelta para solucionarlo.

LA CABRA EN EL AMOR

Es la reina de la seducción, no acepta rechazos aunque en general no los hay, sabe conquistar a cuanta persona se le cruce por su camino y logra que todos quieran pasar una temporada entre sus brazos disfrutando de sus mimos, calor y besos apasionados. Le gusta hacerle el amor a la vida. *Sexy*, osada, apasionada, un volcán a punto de estallar a la hora de concretar, sabe crear un clímax con velas, luces tenues, bailes sensuales, perfumes; hará despertar el erotismo hasta en un célibe. Le gusta probar posiciones nuevas, juegos sexuales y usar toda su imaginación para tener, en cada encuentro, la mejor noche de sexo.

Cuando se enamora, pone todas las cartas en la mesa, apuesta a una relación a largo plazo y se dedicará a su pareja para cumplir todas sus necesidades, amándola y respetándola hasta que la muerte los separe, aunque no hayan pasado por el registro civil. Adora demostrarle que ella está en la vida para amar y ser amada. Necesita igual incondicionalidad de su pareja con ella, que le demuestre su amor en *Las cuatro estaciones* de Vivaldi, que la mime hasta el cansancio, que la proteja de todos los males que le puedan pasar y que sea capaz de matar o morir por ella.

LA CABRA EN LA FAMILIA

Protectora, cariñosa y generosa con los suyos, pendiente de que no sufran necesidad o daños, siempre dispuesta a hospedarlos en su casa el tiempo que haga falta. Recuerda cumpleaños, aniversarios: regala objetos de gran valor y organiza grandes fiestas, rodeada de sus afectos. Asistirá a las reuniones familiares y, si no puede, llamará para estar presente de algún modo.

Detesta los malos ratos, las peleas y sobre todo las injusticias, pero adora ser quien hace de celestina o intermediaria para encontrar la mejor solución para un final feliz, como en una novela mexicana. Cuenta con un listado interminable de amigos, le gusta recibir gente en su casa y atenderla con clase y variedad de vinos y la comida que ella cocina; es agradable y divertida con sus invitados, pero ni se les ocurra criticarla porque les hará la cruz y pasarán en el acto a la lista negra de personas no gratas.

Su casa estará decorada con un estilo bohemio y original pero siempre con buen gusto: busca lugares como el mercado de pulgas o el Tigre para comprar sus muebles, que reciclará para darles su toque personal. Desordenada y vaga, necesita a alguien que la ayude y mantenga al día todas las tareas del hogar.

Le encanta la idea de formar una familia y, cuando la tenga, criará a sus hijos enseñándoles respeto y amabilidad por los mayores y el sexo opuesto y les dará suficiente confianza y libertad para manejarse.

LA SALUD DE LA CABRA

Debe cuidarse de caer en adicciones como las drogas y el alcohol y evitar las comidas exóticas o pesadas para no sufrir problemas digestivos.

Ama los deportes al aire libre, sobre todo los acuáticos, y los trabajos manuales o artísticos; al hacerlos se concentra tanto que se desconecta del mundo y se olvida de sus otras responsabilidades. Necesita dormir un poco más y tomarse las cosas con calma. Un tanto insegura, precisa tener el trabajo, la economía y a su pareja bajo control, de lo contrario puede terminar en el banco de una plaza. Para poder superar sus temores necesita mucho apoyo y contención de quienes la rodean.

Se preocupa mucho por su apariencia física y el paso del tiempo, siempre está bien vestida con atuendos que ella misma confecciona, maquillada y con el pelo impecable.

Debe abrigarse un poco en invierno porque tiende a resfriarse, prestar más atención a los síntomas de enfermedades y hacerse chequeos médicos regularmente.

La Cabra y su Energía

CABRA DE MADERA (1895-1955-2015)

Es la más resistente de la cabras, se adapta con facilidad a los cambios del ambiente. Creativa, optimista, ansiosa, las artes y la naturaleza serán sus principales intereses. En el amor es celosa y muy exclusiva, se entrega totalmente cuando ama. Es caritativa y hospitalaria. Hay que controlar sus despistes porque no sabe delegar responsabilidades apropiadamente.

CABRA DE FUEGO (1907-1967)

Es sensible y exagerada para expresar sus emociones. Reacciona con el corazón y no con la cabeza. Su pensamiento es muy independiente y a veces esto la hace ganar reputación. Le cuesta encauzar su energía y su vida. Es desorganizada en lo financiero, necesita de un administrador que la guíe y oriente. Su faz negativa hace que se desanime y aísle con facilidad.

CABRA DE TIERRA (1919-1979)

La naturaleza de esta cabra es la confiabilidad y la honestidad. Está muy ligada a su familia, es alegre y optimista. Se toma las responsabilidades muy en serio, es disciplinada y conservadora. Le encanta ahorrar y también goza derrochando. Es vagabunda de espíritu, su imaginación le permitirá viajar lejos, y será algo cambiante. Necesita protección y cuidados, no se arriesga ni aventura demasiado.

CABRA DE METAL (1931-1991)

Esta rumiante es optimista, combativa e hipersensible. Precisa de una vida familiar estable en un hogar en donde reine la belleza y la unión, el aliento y el apoyo. Se autoexige y es posesiva sobre sus seres queridos. Hace valer y sabe cotizar sus trabajos. Se angustia y sufre mucho con las separaciones o rupturas.

CABRA DE AGUA (1883-1943-2003)

Tiene un gran carisma y es adorable. Se desvive por ayudar a otros y le gusta sentirse indispensable en la vida de sus seres queridos. Evita las cosas difíciles porque las odia y le cuesta enfrentar la realidad. Trata de buscar soluciones prácticas y rápidas a los problemas que surgen. Puede ser bohemia o *hippie*, no le interesan las reglas del sistema social.

La Cabra y su Ascendente

CABRA ASCENDENTE RATA: 11 P.M. A 1 A.M.

Es una cabra ambiciosa, contradictoria y sentimental. Enfrenta con fortaleza las dificultades y sabe sacar tajada de los acontecimientos. Es soñadora, graciosa e intuitiva.

CABRA ASCENDENTE BÚFALO: 1 A.M. A 3 A.M.

Será una cabra puntual, responsable y organizada. Sabrá qué camino seguir para lograr sus objetivos. Formará una familia pródiga y amparará a los necesitados.

CABRA ASCENDENTE TIGRE: 3 A.M. A 5 A.M.

Imprevisible en sus acciones, es una fiera poco fácil de domar. Hipersensible, muy graciosa y ciclotímica. Encontrará gente que la resguarde. Creativa, artista y encantadora.

CABRA ASCENDENTE CONEJO: 5 A.M. A 7 A.M.

Es muy sociable, superficial, creativa y egoísta. Su encanto es notable, al igual que su buen gusto. Ama la comodidad, las fiestas y vivirá rodeada de amigos.

CABRA ASCENDENTE DRAGÓN: 7 A.M. A 9 A.M.

Con el poder de la palabra dirigirá a multitudes. Será luchadora y muy humana. Es poseedora de una voluntad inquebrantable. Es original, creativa, y se casará por amor.

CABRA ASCENDENTE SERPIENTE: 9 A.M. A 11 A.M.

Es astuta, infiel, sagaz, celosa, y consigue sus metas utilizando sus medios. Enrosca a su presa hasta ahorcarla. La suerte es su aliada.

CABRA ASCENDENTE CABALLO: 11 A.M. A 1 P.M.

Es noble, graciosa, talentosa y vagabunda. Ama la vida al aire libre y su propia libertad. Será apasionada despertando el amor en corazones ocultos. No sabrá ahorrar ni un peso.

CABRA ASCENDENTE CABRA: 1 P.M. A 3 P.M.

Es dependiente y le angustia que le hablen de responsabilidad, realidad e independencia. Hará lo que se le antoje sin respetar límites. Es un prodigio de creatividad artística.

CABRA ASCENDENTE MONO: 3 P.M. A 5 P.M.

Es una cabra optimista, orgullosa, inteligente, y capaz de seducir hasta las piedras. Es cínica e interesada; especulará con los sentimientos para sentirse segura.

CABRA ASCENDENTE GALLO: 5 P.M. A 7 P.M.

No hay que darle consejos ni criticarla, es una cabra complicada. Inteligente, fantasiosa y generosa, pedirá mucho y dará a su manera. Trabajará por deber, sin saber disfrutar. Tendrá un corazón de oro.

CABRA ASCENDENTE PERRO: 7 P.M. A 9 P.M.

Es escéptica y desconfiada. Racional y valiente pero un poco pesimista. Luchará por sus ideales con un séquito que la seguirá en las luchas de su vida. No soporta la soledad.

CABRA ASCENDENTE CHANCHO: 9 P.M. A 11 P.M.

Obstinada y testaruda. Amará el hogar, los amigos, y los placeres de la vida. Le cuesta reconocer sus errores. Se refugiará a menudo en sus fantasías. Será una sibarita con sentido común.

Personajes famosos

CABRA DE MADERA (1835-1895-1955)

Krishnamurti, Groucho Marx, Mercedes Morán, Elvis Costello, José M. Recalde, Mel Gibson, Patricia Miccio, Miguel Botafogo, Bruce Willis, Miguel Ángel Buonarotti, Miguel Zabaleta, Marcela Sáenz, Carlos Álvarez Insúa, Johnny Rotten, Boy Olmi, Joe Jackson, Isabelle Adjani, Nina Hagen, Marcelo Bielsa, Rodolfo Valentino, Bo Derek, Jorge Valdano, Roberto Pettinato.

CABRA DE FUEGO (1847-1907-1967)

Julio Bocca, Pepe Monje, Boris Becker, Atahualpa Yupanqui, Araceli González, Maximiliano Guerra, John Wayne, Ivonne Reyes, Miguel de Cervantes, Karina Rabolini, Julia Roberts.

CABRA DE TIERRA (1859-1919-1979)

Pablo Aimar, Eva Perón, Vanesa Lorenzo, Ian Smith, David Bisbal, Malcolm Forbes, Nicolás Cabré, Julieta Spina, Dino De Laurentis, Jack Palance, Zsa Zsa Gabor, Margot Fonteyn, Lana Turner.

CABRA DE METAL (1871-1931-1991)

Ettore Scola, Osho, James Dean, Angie Dickinson, Rita Moreno, Annie Girardot, Mónica Vitti, Franz Liszt.

CABRA DE AGUA (1883-1943-2003)

Joan Manuel Serrat, Adolfo Pérez Esquivel, Mick Jagger, Charo López, Lech Walesa, Jim Morrison, Muhammad Alí, Keith Richards, Jimmy Page, Rubén Rada, Catherine Deneuve, Luis Aute, Arnaldo André, José Luis Rodríguez, Ernesto Pesce, Ramón Albarrasín, Marilina Ross, Víctor Sueiro.

James Dean

Yo soy una Cabra

TESTIMONIO
José Enrique Miguens

SOCIÓLOGO

Como cabra de tierra siempre me planté sobre mis patas y me aferré a mi vida (que es la única que tengo) para llevarla adelante de la mejor manera posible apuntando hacia arriba para trepar por la montaña. Como todas las cabras no me gusta dar demasiadas vueltas alrededor de las cosas. Por eso, en mi vocación intelectual, que es la sociología, lucho por salir de las abstracciones y ver las realidades de la vida.

Dicho más caprinamente poner los pies en la tierra. Por eso mi libro más reciente se titula Democracia práctica y se subtitula para una ciudadanía con sentido común. Allí defino al sentido común en la política, que buena falta nos hace, ante los déspotas que aguantamos todos los días. Prescindiendo de los chistes de los franceses y de los ingleses, el sentido común es una cualidad que tiene la mayoría de la gente de juzgar razonablemente las cosas, si los dejan tranquilos. Es la capacidad para ver y tratar con las cosas directamente.

Si eso no se acepta no puede haber democracia. Los soberbios, los políticos y los que se creen más racionales que los demás, pretenden llevarnos por delante y arriarnos como si fuéramos ganado. Felizmente las cabras no somos ganado, somos solitarios y queremos trepar libremente por nuestras propias montañas y esto lo defendemos a topetazos.

Las cabras no saben hacerse cotizar en el mercado. Por eso a mí me encanta trabajar gratis ayudando a las personas a pensar. Ésta es mi vocación y, como dice Ludovica, "que Dios me ayude a encontrar el camino para estar siempre actualizado y lleno de curiosidad".

Compatibilidades
entre el zoo

cabra

AMOR

TRABAJO

AMISTAD

AZAR

Prediluviano
no cambiarás
aunque insista en que seas otro.

L. S. D.

caballo

馬

caballo

ficha técnica

NOMBRE CHINO DEL CABALLO **MA**

NÚMERO DE ORDEN **SÉPTIMO**

HORAS REGIDAS POR EL CABALLO **11 AM A 1 PM**

DIRECCIÓN DE SU SIGNO **DIRECTAMENTE AL SUR**

ESTACIÓN Y MES PRINCIPAL **VERANO-JUNIO**

CORRESPONDE AL SIGNO OCCIDENTAL **GÉMINIS**

ENERGÍA FIJA **FUEGO**

TRONCO **POSITIVO**

eres caballo si naciste

25/01/1906 - 12/02/1907
CABALLO DE FUEGO

11/02/1918 - 31/01/1919
CABALLO DE TIERRA

30/01/1930 - 16/02/1931
CABALLO DE METAL

15/02/1942 - 04/02/1943
CABALLO DE AGUA

03/02/1954 - 23/01/1955
CABALLO DE MADERA

21/01/1966 - 08/02/1967
CABALLO DE FUEGO

07/02/1978 - 27/01/1979
CABALLO DE TIERRA

7/01/1990 - 14/02/1991
CABALLO DE METAL

12/02/2002 - 31/01/2003
CABALLO DE AGUA

El TAO del Caballo

El primer Mundial de Fútbol nació en el año del caballo de metal, 1930, y marcó un antes y un después en la historia del fútbol.

Mientras se define la final de 2006, sé que únicamente bajo este signo podría haber existido esta gran fiesta que creció con el tiempo hasta convertirse en un clásico.

Esperado, deseado, producido, imaginado, el Mundial es parte de la vida emocional, familiar, social, económica y política de cada ser humano que está dentro y fuera de la cancha, participando con su esperanza, fe, talento, ganas, historia personal que, como un afluente de lugares remotos del planeta, desemboca en el gran mar de la humanidad.

Los países, las asociaciones, los nacimientos empresariales, humanísticos y artísticos también pertenecen en el zodíaco chino a un signo que marcará a fuego su devenir.

El caballo es el que convoca, estimula, atrae por su energía, carisma, ideas originales, de vanguardia, espíritu competitivo, elegancia, personalidad, audacia, camaradería y vitalidad, a la gente más diversa del mundo.

Cada cuatro años el Mundial es una cita con lo que se trabajó, entrenó, planeó, soñó, un encuentro de gran riqueza y diversidad.

Parece imposible reunir a tantos países a través de sus jugadores, técnicos, amigos, parientes y miles de sponsors que están esperando sacar a la luz las ideas más geniales para vender con ferocidad los productos que están en el mercado.

El caballo sabe que gusta, que tiene un no sé qué, un extraño carisma que induce a seguirlo aunque no sepamos el destino final. Sólo salir a pasear, dar una vuelta en su lomo cepillado y brillante es una aventura, un riesgo, un tiempo inolvidable que llevaremos a la tumba y nos hará resucitar cuando estemos tristes y perdidos en Tokio.

Disfrutar del Mundial es un placer visual, un banquete para los sentidos.

Cada equipo, las camisetas cubriendo el cuerpo de los atletas, que son Adonis reencarnados desde el Partenón al estadio de turno, producen adicción, ganas de detener el tiempo y disfrutar de la estética, belleza y personalidad de los favoritos, deseados por hombres y mujeres del mundo que hacen subir la temperatura de la pantalla.

El caballo produce cambios intempestivos en la vida de la gente, hace que viajen desde sus remotos países, dejen los ahorros de una vida, de cuatro años, que apuesten a la ilusión que se diluye muchas veces como pompas de jabón apenas pisa el potrero y baila como un caballo de circo dando coces y saltos acrobáticos para lucir su estampa, pedigrí, *knack*, salvaje destreza.

Al caballo le encanta salir del establo, del campo, del *stud*, para correr en el hipódromo y que apuesten por él, se jueguen, lo amen y lloren si es necesario.

Le encanta ser centro de atención, de conversaciones, shows, lugares públicos donde pueda desplegar su histrionismo, ingenio, humor y simpatía para envolver a la audiencia con su fluido *supersport.*

El caballo adora ganar, ser el primero aunque tenga vocación para salir segundo y quedar resentido con sus adversarios.

Es íntegro mientras no sienta amenazados la paz, su entorno, trabajo y familia.

Puede convertirse en una fiera si lo provocan, hieren, estafan o traicionan. No está preparado para dar segundas oportunidades; es desconfiado y muy vengativo en el momento de actuar.

Impulsivo, irracional, no mide las consecuencias cuando siente que la ira lo posee y es capaz de cometer actos delictivos cuando está enceguecido.

El caballo es naíf, esquemático y programado aunque parezca libre y espontáneo. Necesita tener dependencia con quienes ama y con quienes gozan de su confianza; le gusta organizar el día a día y, si tiene tiempo, ganas y tentaciones, se escapará del establo en busca de nuevas emociones y aventuras pero, en general, retornará al hogar y a sus responsabilidades.

Un equino con vocación es un elegido. En cada etapa de la vida desarrollará sus prioridades con seriedad, se concentrará en los estudios, en el oficio, en la cocina de la actividad, para aprender de maestros, artistas y de quienes le ofrezcan la sortija en sus cabalgatas por los barrios del mundo.

Básicamente, el caballo necesita que lo admiren, estimulen, aplaudan, le hace falta gente para compartir sus alegrías, aciertos, esperanzas, relinchos de amor indio y sus sueños prohibidos.

En ambos sexos buscará protección, guía, contención para seguir su camino, no escuchará consejos ni se dejará ensillar por quienes lo maltraten, castiguen o lo dominen, aunque a veces puede caer en relaciones sadomasoquistas.

Ciclotímico, a veces despierta cantando *gracias a la vida* y se acuesta relinchando "*help!*".

Es inconstante e impulsivo cuando las cosas no salen como quiere, le cuesta adaptarse al otro y no espera a nadie cuando está en carrera rumbo a sus objetivos.

Seductor irresistible, tiene el don de enamorar sin darse cuenta y provocar pasiones inolvidables.

Es movimiento, energía al servicio de una obra, una ilusión, un cambio estructural, un puente entre la idea y la acción, entre París y Nueva York, y las capitales del mundo donde cabalga al trote pues siempre está interesado en la vida urbana.

El caballo necesita pista para expresarse y difundir sus ideales.

Es necesario que tenga *polémica en el bar* por lo menos con sus íntimos amigos para sentirse protagonista del país y su acontecer; es un soldado de las causas humanistas, saldrá a defender a los más débiles y marginales.

Su corazón lo guiará antes que la razón, y muchas veces sentirá que su vida es un *collage* de romances, personas que le dejaron huellas profundas y que partieron sin despedirse, acrecentando su capacidad de amar.

El equilibrio es fundamental para su salud, a veces los problemas familiares o sentimentales lo perturban y limitan en su vida y le sacan fuerza, energía y creatividad para avanzar.

Deberá organizar su tiempo con anticipación para no dispersarse o quedarse en medio de manifestaciones, recitales de rock o plazas, vendiendo y comprando CD, libros, fotos o sus bozales, riendas y espuelas.

El caballo necesita sentirse libre, independiente y autónomo aunque tenga grandes contradicciones que le impidan concretar sus proyectos.

Manso o indomable, jamás estará conforme con lo que le pasa, buscará razones, excusas; es obsesivo y perfeccionista en lo que hace y muchas veces demasiado déspota con sus colaboradores.

Su *egotrip* es parte de su esencia.

Con más gracia o más belleza, logrará protagonizar escándalos, movidas sociales, artísticas y políticas inolvidables.

La yegua es famosa por su estilo, su *sex appeal*, seducción, alegría, dinamismo, compañerismo, sentido del humor, vocación maternal, lealtad y sentido común.

Es bueno que tenga planes en la juventud para que los concrete en la madurez y no se pierda en las praderas, caminos y callejones sin salida para descubrir que, esperando algún milagro, pasaron los años.

La disciplina, el orden y los horarios son fundamentales para encauzar su infinita imaginación, que a veces puede jugarle en contra si tiene un club de *fans* que lo arenga para que sea el payaso.

El límite y la frontera son necesarios para el caballo cuando sale a galopar por el mundo en busca de sus ideales, amores, reconocimiento, pues nada tiene sentido si no lo comparte con su familia, amigos y pareja.

La soledad lo deprime y avejenta. A pesar de necesitar su espacio, estará siempre dispuesto a escuchar, acompañar y a sostener anímicamente a su pareja, amigos, hijos y padres.

Es un ser lleno de vida capaz de abdicar al trono por amor.

El caballo es un amigo irreemplazable, atento, divertido, que tendrá más calidad que cantidad de tiempo para compartir. No dudará en irse cuando las responsabilidades le pesen, lo abrumen y, sobre todo, lo aburran.

Hará todo con ganas y convicción pero, si se siente amenazado o sobreexigido, cerrará la puerta sin compasión.

Se debatirá entre el *to be or not to be* y se entregará a la vida con plenitud.

Además de ser el gran medio de trabajo y transporte de nuestro país en zonas rurales, tiene el mágico don de transportarnos telepáticamente hacia otros universos.

Cuenta la leyenda
El viejo fronterizo
pierde el caballo

Antiguamente había un viejo cuya casa estaba situada cerca de la frontera, por lo que la gente lo llamaba "viejo fronterizo". Un día su caballo escapó y los vecinos vinieron a consolarlo. El viejo fronterizo no estaba nada preocupado y dijo: "No es seguro, pero perder un caballo quizá sea una buena cosa".

Pasados algunos días, el caballo que había escapado volvió por sí mismo, acompañado de un caballo de mil leguas. Los vecinos, al enterarse, vinieron a felicitar al viejo fronterizo. El hombre no estaba nada contento y dijo: "Obtener un caballo de mil leguas gratis no es seguro que sea una buena cosa, probablemente acarree alguna desgracia".

El viejo fronterizo tenía un hijo a quien le gustaba mucho montar a caballo. Un día, el hijo salió a pasear montando el caballo de mil leguas y, cuando empezó a correr, el muchacho cayó y se rompió una pierna. Los vecinos, al saber lo ocurrido, vinieron a consolar al viejo fronterizo. Él, como de costumbre, no estaba preocupado y dijo: "No puede afirmarse, pero el hecho de que el chico se haya roto la pierna no es seguro que sea una mala cosa".

Posteriormente estalló una guerra. Muchos jóvenes fueron reclutados como soldados y muchos no volvieron. El hijo de viejo fronterizo, por tener la pierna rota, permaneció en la seguridad de su casa.

La frase hecha "El viejo fronterizo pierde el caballo" a menudo se usa junto con la frase "cómo saber lo que no es afortunado", dando a entender que, aunque se sufra un daño o pérdida, es posible que a final de cuentas se saque beneficio. Del mismo modo, se usa también para ejemplificar que, aunque de momento se obtengan beneficios, es posible que de ello se deriven daños o pérdidas.

(Este relato proviene del *Huainanzi*, libro de varios autores que data del siglo II a.C. y ha sido tomado de *Selección de los Proverbios Chinos*, editado por el Instituto de Lenguas de Beijing, la ed., Beijing, 1983.)

Gaceta de la Comunidad China de México, A. C., Nº 37, enero-febrero de 1986.

EL CABALLO EN EL TRABAJO

Necesita un trabajo en el que se sienta motivado diariamente para no aburrirse, donde no lo controlen ni le exijan demasiado y le permitan desplegar sus habilidades; de lo contrario será un dolor de cabeza y un estorbo para los demás: irá desganado, se quejará todo el día y no cumplirá al cien por ciento; pero si lo encuentra, se dedicará como loco sin importarle hacer horas extras, trabajar fines de semana y feriados. Es muy bueno para trabajos en los que tenga que estar en contacto con otras personas por su gran habilidad para la comunicación y los idiomas.

Muy buen compañero, honesto y desinteresado, le gusta triunfar y ganar dinero, pero no es capaz de derribar a sus pares para lograrlo, comparte el éxito y se siente orgulloso y feliz con el triunfo de los demás. Le gusta que sus compañeros o superiores le pidan ayuda y siempre estará dispuesto a tenderles una mano, aportar ideas o demostrar su eficiencia para lograr un resultado favorable ante cualquier dificultad que se les presente.

Tiene mucho para dar, aunque a veces no sabe explotarlo, le cuesta toda una vida encontrar la profesión indicada, muchas veces no lo hace y se queda en el molde, conforme con lo que tiene; pero, si se arriesga, seguramente triunfará.

No le gusta proyectar su vida a largo plazo, vive el día a día y disfruta del dinero en mano sin tomar la precaución de ahorrar una platita para el futuro.

EL CABALLO EN EL AMOR

Le gusta el histeriqueo a la hora de seducir, sabe que con su atractivo sólo basta con un pestañear para que miles de seguidoras caigan rendidas a sus pies. Pícaro, no deja títere con cabeza, prueba un poco de cada una sin importar el estado civil que tengan, y termina involucrado en situaciones de las que tiene que huir por la ventana a medio vestir o esconderse en algún armario para no ser descubierto.

Ama estar enamorado, disfruta de las relaciones con pasión, total libertad y confianza para no sentirse agobiado. Para anclarse necesita encontrar a un jinete que lo dome, que se encargue de él, lo mime, le demuestre amor, alguien con quien pueda pasar noches en vela, sólo ellos dos, divirtiéndose, y que le diga al oído lo que él quiera escuchar. Cuando se enamora es para toda la vida, se entrega totalmente y no le importa otra cosa que ser feliz junto a su pareja. Fiel por completo, no puede vivir con el sentimiento de culpa, confesará hasta un sueño erótico si es necesario y pretende lo mismo de su pareja; es muy impulsivo y salvaje y una mínima sospecha de engaño puede desencadenar en una masacre.

Dulce, atento y cariñoso con su amor, recordará fechas importantes y preparará algo especial para cada aniversario, así sea el festejo de un primer beso o caricia.

Es, sin dudas, el más fogoso y el mejor amante de todos los animales del zoo, también el más insaciable, practica el sexo con frecuencia, a veces no da tiempo a reponerse de la última vez, sólo necesita un terrón de azúcar para reponer sus energías.

EL CABALLO EN LA FAMILIA

Devoto y generoso, una mezcla de la Madre Teresa de Calcuta con Robin Hood, dispuesto a dar y compartir todo con los suyos. Buen padre, compinche, permisivo pero a la vez estricto, riguroso, en la casa es él quien lleva las riendas y espera que se cumplan y no se contradigan las pautas de convivencia que impone. Dedicará horas a la crianza de sus hijos y dejará de trabajar por cuidarlos, atenderlos y pasar horas jugando con ellos. Hará lo imposible por el bienestar de su familia y amigos.

Le gusta ser el que lleva la comida y el dinero a la casa, es muy orgulloso e independiente, su ego no soportaría que su pareja lo mantuviera. Sus padres son el ejemplo a seguir y depende de ellos, de la educación y los valores y códigos que le inculquen. Su entorno lo conoce y sabe bien cómo tratarlo, para los demás puede parecer inmaduro o arrogante por su temperamento y su actitud de no dar el brazo a torcer cuando se equivoca y creer que su palabra es la única, sin aceptar otras opiniones. Siempre está rodeado por muchos amigos y organizando fiestas, salidas o reuniones atípicas pero de gran categoría y buen gusto. No es bueno para confesarle un *top secret*, le gusta llevar de boca en boca y que lo mantengan al tanto de los últimos chimentos del barrio, trabajo o familia. Buen amigo, fiel y consejero, respeta mucho la amistad y la honestidad que ésta requiere para ser duradera y espera de sus amigos el mismo *feed-back*. Cuando alguien lo haga relinchar o perder los estribos, sabrá perdonar, pero antes le dará una dosis de trato cínico e indiferente, sin anestesia.

Su establo debe ser grande para que pueda galopar tranquilo.

Pintado y decorado de forma sobria y clásica.

LA SALUD DEL CABALLO

Literalmente, es fuerte como un caballo, aunque suele sufrir de excesos como el cigarrillo, el alcohol, o las comidas, cuando se encuentra bajo presión o con problemas emocionales fuertes. Pero sabe cómo manejar esta situación: practica deportes que no requieran mucha destreza y actividades al aire libre para poder galopar sin rumbo o viajar y vivir aventuras como James Bond. Prefiere actividades de ingenio como el ajedrez, crucigramas o cualquier juego de mesa a los juegos en equipo, ya que no es muy bueno en ese rubro. Le gusta estar siempre de moda, cuidar su imagen y ser el centro de las miradas de todos los presentes. También debe cuidarse de los cambios de clima.

El Caballo y su Energía

CABALLO DE MADERA (1894-1954-2014)
Este caballo afronta la vida con entereza. Es el más razonable de los equinos. Fuerte, brioso, progresista y siempre con ideas de avanzada. Su espíritu es cooperativo y generoso. También es impaciente y de mal carácter, resulta un tanto cabeza dura y le cuesta entrar en razón. Conocer su interior no es muy fácil, se aleja con relinchos bravíos de quien pretenda intimidarlo. Es carismático y tiene capacidad de liderazgo.

CABALLO DE FUEGO (1906-1966)
Es el caballo más deslumbrante, tiene acentuados en mayor medida sus virtudes y defectos. Posee una llamativa, divertida y enigmática personalidad, por lo que atrae a la gente con su influencia. Odia la rutina. Es rebelde, indómito, bellaco, elegante y sensual. A veces pasa por períodos de depresión y nostalgia. Se enamora perdidamente y se encandila; si se siente correspondido es capaz de hacer locuras. Se altera con facilidad.

CABALLO DE TIERRA (1918-1978)

Es un equino muy realista, sensible, confiable, cuidadoso y reflexivo; no se libra a la improvisación. Adora la naturaleza y el campo, el contacto con la tierra, necesita galopar y oxigenarse. Para obrar, precisa apoyo de los seres queridos. Es solitario y piensa mucho antes de avanzar. Es original en su forma de actuar y sobresale en lo que se propone, concreta sus planes lentamente, al paso, trote y, cuando se anima, al galope.

CABALLO DE METAL (1930-1990)

Este pingo es revoltoso, retozón, como un ciclón que en un segundo deja las cosas mirando para otro lado. Es de acero: no le teme a nada ni a nadie. Su espíritu de libertad no le permite crear vínculos con nada. Un amante insaciable. Se casará especulando con su porvenir aunque no sea un santo en su matrimonio. Es impulsivo e impredecible. Tiene dificultades para cumplir con una rutina, debería ser menos necio y aprender a platicar más.

CABALLO DE AGUA (1942-2002)

Su temperamento apasionado, activo y competitivo se alimenta de sueños salvajes e imposibles. Es esencialmente humanista; en sus causas luchará por lo justo. Tiene un falso orgullo que lo atrasa en su evolución: se conformará con lo necesario e indispensable. Le cuesta ganar la confianza de los demás. Posee buen gusto, lo aplica en la decoración de su casa, en su vestimenta. Hace el amor como los dioses y tiene un humor irresistible.

El Caballo y su Ascendente

CABALLO ASCENDENTE RATA: 11 P.M. A 1 A.M.

Será explosivo, insólito y colérico. Divertido, afable y sociable, con encantos mentales y físicos. Sabrá capitalizar sus ingresos económicos.

CABALLO ASCENDENTE BÚFALO: 1 A.M. A 3 A.M.

Es perseverante y ganador. Las responsabilidades de este equino serán aceptadas recién en la madurez. Vivirá la vida con alegría. Sabe caminar al paso y se toma su tiempo.

CABALLO ASCENDENTE TIGRE: 3 A.M. A 5 A.M.

Adora los riesgos, es atrevido, impaciente e intuitivo. Es una combinación de rebeldía, osadía y fogosidad. Su intuición le permite esquivar y resolver obstáculos.

CABALLO ASCENDENTE CONEJO: 5 A.M. A 7 A.M.

Galopa de forma prudente. Muy refinado, ama el lujo, el dinero y el éxito. Es, al mismo tiempo, el más apasionado y sensual de los equinos.

CABALLO ASCENDENTE DRAGÓN: 7 A.M. A 9 A.M.

Es indomable, impulsivo, y su velocidad en el galope es tal que a veces se enajena y pierde la cabeza. Es bello y tiene un gran ego. En el amor será violento e impaciente.

CABALLO ASCENDENTE SERPIENTE: 9 A.M. A 11 A.M.

Es inteligente, orgulloso, andariego, con pocos escrúpulos y manipulador. Su poder de seducción causará suicidios de multitudes.

CABALLO ASCENDENTE CABALLO: 11 A.M. A 1 P.M.

Este potro salvaje llevará a los demás a la aventura. Engreído, caprichoso, posee una ambición poco común, algo irritante y egoísta. Elegante, *sexy* y gracioso.

CABALLO ASCENDENTE CABRA: 1 P.M. A 3 P.M.

Tiene un carisma irresistible. Busca armonía y escucha atentamente. Es un caballo humano, enamoradizo, artista y sentimental. Toma atajos que le permitan llegar más rápido.

CABALLO ASCENDENTE MONO: 3 P.M. A 5 P.M.

Rebosa imaginación y capacidad, ingenio y habilidad. Sabrá saltar las vallas del campo sin problemas, corriendo riesgos. A veces resulta algo cínico para el logro de sus planes.

CABALLO ASCENDENTE GALLO: 5 P.M. A 7 P.M.

Impaciente en el amor, sensible y alegre. Vivirá sin preocupaciones y no le faltará nada. Su motor es el orgullo y nos embruja con sus crines que parecen crestas doradas.

CABALLO ASCENDENTE PERRO: 7 P.M. A 9 P.M.

Es amigo fiel y leal. Poseerá buen olfato para los negocios y la gente con la que se relacione. Tendrá una mente práctica. Se ríe de sus debilidades y tiene autocrítica.

CABALLO ASCENDENTE CHANCHO: 9 P.M. A 11 P.M.

Es un caballo que tendrá ímpetu de libertad. Aventurero y sensual, vivirá dividido entre la pasión y la comodidad de su chiquero. Duda del camino que debe tomar.

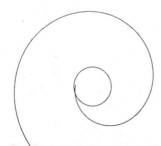

Personajes famosos

CABALLO DE MADERA (1834-1894-1954)
Michael Rourke, Bob Geldoff, Aníbal Landi, Julio César, Annie Lennox, Kim Bassinger, John Travolta, Georgina Barbarossa, Kevin Costner, Luisa Kuliok, Carlos Alberto Berlingeri, Pat Metheny.

CABALLO DE FUEGO (1846-1906-1966)
Samuel Beckett, Rembrandt, Sinead O'Connor, Flavia Palmiero, Hoby De Fino, Thomas Edison, Fabián Quintiero, Marta Sánchez, Leticia Sabater, Marco Rivara, Marina Borenstein, Fernando Ranuschio, Lucía Etxerria, Cindy Crawford, Claudio Paul Caniggia, Javier Frana, Macarena Argüelles, Julián Weich, Daisy Fuentes, Carla Bruni, Gabriela Guimarey.

CABALLO DE TIERRA (1858-1918-1978)
Gabriel Heinze, Raimon Panikkar, Juan Román Riquelme, Rita Hayworth, Nelson Mandela, Pearl Bailey, Gael García Bernal, Leandro Cufré, Julieta Díaz, Lionel Scaloni, Esteban Tuero, Catarina Spinetta, Leonard Bernstein, Liv Tyler, Billy Graham, Mariano Martínez, Robert Stack, Jeff Chandler, Pamela David.

CABALLO DE METAL (1870-1930-1990)
Clint Eastwood, Steve McQueen, Franco Macri, Federico Chopin, Boris Yeltsin, Sean Connery, Ray Charles, Neil Armstrong, Carmen Sevilla, Robert Duvall, Alfredo Alcón.

CABALLO DE AGUA (1882-1942-2002)
Harrison Ford, Caetano Veloso, Janis Joplin, Jimi Hendrix, Linda Evans, Chris Evert, Paul McCartney, Carlos Reutemann, Martin Scorsese, Nick Nolte, Felipe González, Nick Nolte, Barbra Streisand, Hugo O. Gatti, Haby Bonomo, Rafael Argüelles, Fermín Moreno Q., Andy Summers.

Con Haby Bonomo
en La Biela

Yo soy un Caballo

TESTIMONIO
María Victoria Menis

DIRECTORA DE CINE

Fui la primera hija y nieta de la familia ¡¡y entonces nací a galope tendido para que todos me conocieran rápido y poder conocerlos a ellos!! Mis viejos y mis abuelos me dieron toda la fuerza, los mimos, las expectativas para que siguiera galopando durante toda mi niñez, y por qué no, ahora mismo, tantos años después. Uno de mis juguetes preferidos era un caballito de madera fabricado con un palo de escoba. ¡Yo me subía e inmediatamente me golpeaba la cola para arrancar! ¡No me paraba nadie corriendo durante horas ida y vuelta por el pasillo de casa!

Así como podía ser una potrilla salvaje en casa, también me podían agarrar ataques de timidez en el colegio primario, donde caminaba a paso suave, medio torpe, con mis patas muy largas y finitas, la cabeza mirando el suelo, las orejas bajas. Aunque ya por esa época me hacía mis amigas reamigas con las cuales salíamos a pastorear en las plazas, en los patios, en los livings. Tardes de juegos y largas charlas. Fue en el colegio secundario donde pude soltar mi humor, bastante zafado por aquellas épocas. En clase me querían poner las riendas, pero de una manera u otra me las arrancaba y en los establos del fondo de la clase conversaba, dibujaba y escribía. Claro que cuando llegaban los exámenes, yo solita a paso firme me tragaba en unos días lo que habíamos visto en meses. Me acuerdo que con mis compañeras potrillas nos preparábamos para salir desde los viernes, peinando nuestras suaves (¡la mía suavemente enrulada!) cabelleras. ¡Dale y dale con la toca! ¡Nos poníamos nuestras mejores monturas y *Fiebre de sábado a la noche* a morir!

Esa expectativa que tuvieron sobre mí desde que nací, por un lado me ha hecho siempre galopar, pero a veces también me convierte en una yegua que carga con una carreta llena de plomo. Terapia de por medio, aprendí a zafar de la carreta con unos saltos a lo salvaje y así hice cuando dejé arquitectura en tercer año y empecé a estudiar cine. Y al cine me dediqué el resto de mi vida, como un verdadero caballito de trabajo, sin parar.

Dicen que los caballos suelen ser muy fieles. Si de amor se trata, yo me enamoré a los veinte, y treinta años después ¡sigo gustosa en la misma calesita! Para mí es ahora una calesita cálida, alegre, luminosa, pero a la que me costó llegar con esfuerzo, con peleas, reconciliaciones, equilibrio. Una calesita donde también aprendimos a salir a corretear todos con respeto y cariño: mi marido, mis cuatro hijos y yo.

Hoy en día no voy siempre al galope. Por suerte aprendí a ir un poco más lento, a trotar, en ese paso que permite avanzar y disfrutar al mismo tiempo. Y con el tiempo estoy tratando de aprender a detenerme. A mirar el paisaje, a conversar, a disfrutar de un montón de cosas que sólo detenida puedo aprehender.

Galopando, al trote o recostada en la pradera, siento mi equino corazón latir y me reconozco en este animal zodíaco que vive sus días con plenitud.

caballo

AMOR

TRABAJO

AMISTAD

AZAR

serpiente

Un picaflor me coquetea
desde el espinillo.
Hizo un baile elíptico y desapareció.
En una rama está más tranquilo
un zorzal construyendo su nido.
Ojalá esta vez pueda resistir
al hechizo del Don Juan
y elija bien.

L. S. D.

serpiente

ficha técnica

NOMBRE CHINO DE LA SERPIENTE **SHE**

NÚMERO DE ORDEN **SEXTO**

HORAS REGIDAS POR LA SERPIENTE **9 AM A 11 AM**

DIRECCIÓN DE SU SIGNO **SUD-SUDESTE**

ESTACIÓN Y MES PRINCIPAL **PRIMAVERA-MAYO**

CORRESPONDE AL SIGNO OCCIDENTAL **TAURO**

ENERGÍA FIJA **FUEGO**

TRONCO **NEGATIVO**

eres serpiente si naciste

04/02/1905 - 24/01/1906
SERPIENTE DE MADERA

23/01/1917 - 10/02/1918
SERPIENTE DE FUEGO

10/02/1929 - 29/01/1930
SERPIENTE DE TIERRA

27/01/1941 - 14/02/1942
SERPIENTE DE METAL

14/02/1953 - 02/02/1954
SERPIENTE DE AGUA

02/02/1965 - 20/01/1966
SERPIENTE DE MADERA

18/02/1977 - 06/02/1978
SERPIENTE DE FUEGO

06/02/1989 - 26/01/1990
SERPIENTE DE TIERRA

24/01/2001 - 11/02/2002
SERPIENTE DE METAL

El TAO de la Serpiente 龍

Anoche, antes de intentar dormir invitando al día verde maya a soñar clorofílicamente, abrí el mail y vi titilar un ¡¡EUREKA!! sobre Bona Dea, la diosa de la mitología romana de la sanación, virginidad, feminidad y fertilidad. El hallazgo fue de Mike Green, que enseguida me envió la información.

Bona Dea tiene enroscada en sus brazos a una serpiente, símbolo de sabiduría, fertilidad y poder fálico.

Remonté cual águila la civilización en cada etapa y sintonicé con el gran significado de la serpiente en la mitología de los pueblos; desde China, India, Egipto, Sumeria hasta las culturas aborígenes del planeta, la serpiente está inmersa en los patrones del arte, la ciencia, el espíritu, la religión, la trascendencia, el viaje oscuro del alma, la intuición, las fases de evolución desde la gestación hasta su muerte, incluido su viaje hacia otras vidas.

En toda mujer se esconde una serpiente que espera expresarse en distintas ocasiones y continuar ejerciendo sus dones divinos.

La serpiente es venerada en China, es un buen signo lleno de fortuna y bendiciones.

Su magnetismo atrae e hipnotiza desnudando el alma del que se rinde a su encanto. El efecto es instantáneo, como el veneno que clava con sus colmillos a la velocidad del rayo o el efecto de una droga que despierta los sentidos y los suelta como un huracán en el Caribe.

Su inteligencia sagaz, astuta, se convierte en sabiduría a través del tiempo, pues es una gran coleccionista de experiencias, de las que extrae el néctar para atesorar los descubrimientos e hilvanar su percepción del mundo, donde logra convertirse en oráculo.

La serpiente repta, siente el latido de la tierra, del fuego, del aire y del agua antes que los elementos despierten y está siempre lista para actuar, atacar, avanzar sin darnos tiempo a reaccionar.

Su brillante cabeza de medusa produce miles de ideas, planes, elucubraciones que, unidas a su constancia, ambición y perseverancia, logran concretarse e insertarse en el mundo logrando ser primera plana en el barrio, país y universo.

Su fe, amor propio, *egotrip* y autoestima la convierten en una guerrera sutil e implacable que a veces logra vencer a su adversario con sólo mirarlo o lanzarle un lengüetazo lapidario.

La sierpe nace con viento a favor: belleza, inteligencia, capacidades intelectuales psíquicas y físicas, suerte en lo que emprende; sabe que la fortuna es parte de su destino y que la alcanzará por su propio talento o a través de sus relaciones afectivas; el matrimonio es una gran posibilidad para invertir tiempo, proyectos, espíritu de lucha, sacrificio, pasión y apoyo incondicional.

Apostará un pleno y trabajara día y noche para ser la primera en su profesión u oficio.

El espíritu de sacrificio es innato; es cierto que en el serpentario hay algunas más haraganas, cómodas, inofensivas, pero son temibles cuando se las enfrenta cara a cara sin el vidrio.

Las boas constrictoras o lampalaguas vampirizan a quienes se acercan y les comen el prana en un *bocatto* para digerirlos debajo de una piedra, al sol.

Es necesario estar alerta con la antena parabólica y no dejar que nos invada nuestro territorio, pues cuando se infiltra hay que pedir ayuda a la ONU.

El límite, la frontera, el jardín del otro es el secreto para mantener una relación armónica y saludable con ella. Su radar y percepción están siempre en alerta, en estado de vigilia; puede dormir en invierno pero con su sexto sentido oriental sabe lo que está pasando en el mundo.

Tiene el control remoto de quienes ama y odia, no sabe lo que es soltar y relajarse y está siempre a la defensiva por si la sorprenden haciendo alguna travesura.

Dentro de sus escamas hay un chip que graba los sentimientos y pensamientos de quienes están a su lado y los almacena en su PC cerebral hasta su última inhalación.

Cambiará la piel muchas veces en la vida; se renueva, muda, empieza de cero si es necesario y no mira para atrás.

Lista y rejuvenecida para seguir en la lucha, intentará un nuevo empleo, oficio, generar nuevos recursos, defender a nuevos seres, protegerlos e iniciar una etapa de conquistas eróticas.

Reina del sentido del humor, ácido, negro, corrosivo, transforma el mundo con su visión y ayuda a reflejarse en un espejo.

Malabarista en el arte de apostar y de jugar, nadie la detiene cuando tiene un pálpito o premonición y, aunque detesta perder, acepta las reglas del juego con educación y dignidad.

A veces tiene arranques de ira, cólera, pierde la razón, se obnubila y muestra su faceta vil, baja, pendenciera.

Pierde el respeto de una vida en un instante, comiéndose la cola.

La serpiente tiene recursos escondidos para las épocas difíciles.

Su templanza, sentido común, objetividad y sangre fría la ayudarán a mantenerse en forma para no perder la lucidez, el aplomo y la cordura.

La serpiente inspira seguridad, brinda consejos oportunos y tiene un caudal de verborragia que hay que graduar en dosis homeopáticas.

Su innato sentido de seguridad le hará buscar recursos desde la niñez; hará negocios y trueques y saldrá favorecida. Detesta depender de terceros.

Ahorrará para tener siempre reservas escondidas en baldosas, ladrillos o cajas secretas en la madriguera; aunque tiene fama de avara ayudará a quienes lo necesiten... pero, claro, les cobrará intereses muy altos.

Su equilibrio entre el ser y el tener, su vida interior y su manera de instalarse en el mundo la convierten en alguien deseable, envidiable e inalcanzable.

Destila *glamour*, un estilo único y

sofisticado que despierta curiosidad, interés y pasión.

Divertida, original, elegante, a veces no tiene autocrítica y hace el ridículo.

Cuida su imagen, su cuerpo y su piel con obsesión, sigue todas las dietas: de la Luna, del Sol y de las Pléyades.

Será cruel con sus adversarios y con las personas que trabajen con ella; es muy demandante y déspota. El que sobreviva, sentirá que salió de Alcatraz.

Contratará a un coro que le repita que es la más bella, inteligente y graciosa del club y del mundo.

En ambos sexos, o en las nuevas clonaciones del milenio, tendrá una lista *stand by* de amigos, amantes, *fans* que la esperan, admiran y comparten sus vicios ocultos, venganzas y sueños prohibidos.

El tercer ojo es poderoso y cuando lo afila es un médium brujo con visiones que detectan profecías.

Estar rodeada de estímulos, amor, admiración y posibilidades de crecimiento es lo que necesita la serpiente para desplegar su magia, seducción y poderes infinitos, para seguir siendo la reina junto al dragón, y no retornar en aspecto humano al mundo de los humanos.

Anoche abrí una foto que tengo en mi computadora de una serpiente que transformó mi vida en un sueño de las mil y una siestas.

No imaginaba en ese momento que en mi tierra pudiera vivir un amor de tal magnitud.

Fue tan veloz y a fuego lento, con fragancias y sabores que aún guardo en las papilas y en las células.

Venía de lejos, de otras vidas, del desierto, de lo que hay que transitar para seguir existiendo confiando en que nadie elige el lugar y el momento del tornado del amor cuando nos empuja hacia el viento.

Sabía que su voz es la de un encantador de serpientes que endulza su voz con miel y leche, dátiles y nueces.

Sabía que hacer el amor sería recibir el premio Nobel a la buena actitud de fluir en la tierra así como en el cielo.

Perder el conocimiento del tiempo y contarlo en un reloj de arena, encender un fuego y esperar que se apague mientras el deseo arde con chispas y brasas para templar el milagro de los cuerpos en paz hasta que el sueño los olvide.

Sabía que era la más amada del universo por millones de años y que nadie podría alcanzar esa vibración en la galaxia.

Sabía que éramos oído y oreja, boca y lengua, brazo y mano, para disfrutar la existencia del instante en que nuestras vidas se cruzaron.

Sabía que nunca podría vivir sin sentir sus anillos apretando mi piel sedienta de sus caricias de masajista y amante.

Sabía que nadie escucharía mis poemas con tantas ganas y dudaba de volver a escribir algún día una frase a otro hombre desde esa llama.

Y el tiempo pasaba, no importaba. No había que ir a ningún lado.

Todo el universo estaba allí, no necesitaba ni deseaba nada.

Alegría, explosiones de soles de medianoche, lunas eclipsadas, caminos para explorar juntos con una banda de golondrinas y luciérnagas.

Paréntesis de ser quien soy y olvidarme en su mundo reconocido y exótico.

Buenas conversaciones, de vuelo espacial entre sábanas de algodón y restos de sándwiches y vino moscato.

TIEMPO PARA EL AMOR.

Y sólo ganas de mejorar, crecer, soltar la locura y los miedos entregada a un interlocutor activo,

Raza noble su espíritu que supo captar el mío.

Las tardes eran serpientes de mar que nadaban hacia otras orillas.

No había promesas, ni citas, sólo disolvernos en nuestras ganas de explorarnos sin testigos.

Qué regalo me dio su visita; a veces creo que soñé este refugio de amor en la tierra porque, si fuera verdad, tendríamos que estar ya reunidos para continuar filosofando acerca del desvío del mundo, de su atraso, desamor y desamparo.

Tal vez no sepa que después decidí construir mi fortaleza en la montaña para rodearme de más riesgo, aventura, belleza, arte, rocas prehistóricas para dejar mis lágrimas secas sin rastros, olvidada entre calabazas, pimientos, laureles, aromáticas, lechugas verdes y moradas, y los animales con los que apenas puedo lidiar pues sigo perdida entre la menta y las ventanas que me confirman que el Sol sale y se pone todos los días también en su vida, que ya no es la mía.

Cuenta la leyenda

Desde siempre los chinos han con-siderado a la serpiente como un bebé dragón. Representa las cuatro fuerzas vitales.

En Chu, un antiguo reino del sur de China continental, algunas personas veneraban a la serpiente. Era considerada la deidad de los ríos y el dios del agua.

También hay una leyenda folklórica muy antigua, La leyenda de la serpiente blanca. Esta historia se centra en el espíritu de una serpiente albina acompañada por su sirvienta, la serpiente verde. Su larga búsqueda involucra pagar una deuda de gratitud.

El novio serpiente del puente es un cuento nativo no muy conocido. Al igual que la historia anterior involucra a una serpiente benevolente con poderes sobrenaturales. Algunos residentes de Taiwán también consideran un tipo local de víbora inofensiva como la hija del dios de la tierra.

Otro mito folklórico narra sobre un carnicero que se destripó para hacer penitencia por haber matado animales. Posteriormente se convirtió en un dios, pero su estómago e intestinos se transformaron en una tortuga maliciosa y en una serpiente sumamente peligrosa. El dios derrotó a ambas para evitar que las malvadas criaturas causaran daño a otros.

Mientras que el ficticio dragón casi siempre posee connotaciones de buenos auspicios y de prosperidad en la sociedad china, a veces la serpiente es utilizada para hacer asociaciones negativas. La expresión china "cabeza de tigre, cola de serpiente", describe a una persona que empieza un proyecto grandiosamente y luego fracasa por descuidos. "Añadiéndole pies a la serpiente", es una frase de la literatura clásica china y significa que alguien está gastando el tiempo en embellecerse innecesariamente.

La expresión clásica china "golpear la hierba y alertar a las víboras" es utilizada cuando alguien causa una agitación no deseada o involuntariamente alerta al objetivo.

En cuanto a que "la sombra en forma de arco en una taza es una serpiente", se refiere a personas sumamente suspicaces o que consideran que la ficción es realidad. Cuando la caligrafía de una persona es fea, es comparada con la deslizante víbora. No obstante, una caligrafía fuerte se dice que tiene la apariencia del dragón.

Traducción de María Francisca González de *Taipei Journal*.

LA SERPIENTE EN EL TRABAJO

Amante fiel del dinero, su gran anhelo en la vida es hacer fortunas para poder disfrutar de viajes, ropa o accesorios de diseñadores exclusivos, acceder a los lugares más vip donde pueda codearse o estar en contacto con las personas de la *high society*. Y si su trabajo no la reditúa lo suficiente para poder llevar esta calidad de vida, es capaz de meterse en negocios sucios con tal de lograrlo, pero gracias a su intuición advierte los problemas y sabe salirse en el momento justo para no quedar pegada. Confía en sí misma, le gusta recibir consejos pero se mueve por sus instintos, analiza muy bien las decisiones a tomar y es muy difícil

que tropiece dos veces con la misma piedra, aprende de los fracasos y saca lo mejor de ellos.

Es trabajadora, responsable, detallista y a veces un poco lenta para hacer su trabajo, pero sólo porque necesita concentrarse; si hace falta, actuará con suma rapidez. Con ideas muy claras, trabajará día y noche para lograr el éxito y estará siempre atenta y preparada para suministrar una dosis mortífera de veneno si sus compañeros se interponen en su camino. Aunque no es buena para aportar ideas, sabe hacer frente y encontrar solución a los problemas de manera rápida y precisa. Soportará temporadas de sequía y escasez de alimentos gracias a su gran capacidad de ahorro, busquen bien porque siempre tiene algo guardado en algún lugar insólito como la CPU de la computadora, un rincón de algún cajón que nadie abre o el bolsillo de un saco viejo.

Sabe hacerles el bocho a las personas para que crean todo lo que ella dice o hace para lograr el liderazgo o el poder en su trabajo.

LA SERPIENTE EN EL AMOR

No se puede definir cuál de todas sus cualidades es la que hace caer en estado de *shock* a quien pase por sus brazos, ¿será su sensualidad, *sex appeal*, simpatía, o la manera dulce pero a la vez pasional de hacer el amor? Lo que sí se sabe es que a la hora de seducir lo hace muy bien, generando Fatal Attraction en su presa, la enrosca poco a poco con palabras suaves y tiernas, caricias que despiertan erotismo, fogosidad, excitación y hacen que su amor arda en llamas y le pida a gritos ser la próxima víctima de sus encantos.

Le gusta y necesita estar enamorada, es el motor que la ayuda a seguir adelante en la vida, catará miles de candidatos hasta encontrar a la persona indicada que reúna todas las condiciones para estar a su lado; si es popular o exitosa en su profesión, mejor, la mostrará ante sus conocidos como un trofeo. Romántica, amable, sólo pide que en la relación exista respeto y espacio para el otro. Si hay algo que no soporta es que insulten su inteligencia o le falten el respeto. A su pareja la controla como un jefe a su empleado y espera mucha dedicación y consideración para sentirse importante y esencial; es muy celosa y posesiva y no soportaría una infidelidad ¡aunque ella no es muy fiel que digamos!

Reina de la cama, sabe disfrutar y hacer disfrutar del momento dejando una marca en la piel y en la mente como una cicatriz imposible de borrar. Lo llevará a un viaje censurado al más allá donde puedan cumplir y satisfacer todas las fantasías, probar cosas nuevas, posiciones, lugares extraños o cualquier cosa que no permita que caigan en la rutina o lo tradicional a la hora de hacer el amor.

La Serpiente en la familia

Le cuesta mucho la idea y no se cree capaz de formar una familia; pero, aunque no lo sepa, tiene más de padre que cualquier otro animal del zoo.

Es incondicional con su familia y amigos, se desvive poniendo en primer lugar la felicidad y el bienes-

tar de ellos, ¡pero todo tiene su precio! Es muy absorbente y exige, como recompensa a todo lo que ella hace, atención las 24 horas al punto de agotar a todos los que la rodean. Le gusta compartir con ellos viajes, asados, una buena película de Hitchcock con una cerveza bien helada o cualquier reunión que surja pero que, en lo posible, no le requiera salir de casa. Cariñosa y exageradamente generosa, sólo a veces puede ser muy tacaña, depende de su estado de ánimo. Lástima que cambia de humor con la misma facilidad con la que muda su piel, está convencida de que del amor al odio hay un solo paso, y es muy fácil que ella lo dé. Muy divertida y amable, pero si alguien la ofende o hiere a alguno de su entorno, no discutirá ni demostrará su enojo, simplemente esperará el momento oportuno y, sin que la advierta, saltará y le clavará sus colmillos en un ataque mortal o usará su ácido sentido del humor para denigrarlo frente a los demás.

Su madriguera será el reflejo de su persona, elegante, intelectual, le gusta mantenerlo ordenado, limpio y decorado con muebles y objetos exóticos de gran valor y estilo; prefiere la calidad a la cantidad.

La salud de la Serpiente

¡Nunca para! Aunque se tome unos días de vacaciones, estará pensando en el trabajo o cualquier cosa que mantenga su cabeza ocupada.

Su talón de Aquiles viene por el lado emocional, el gran estrés que sufre le puede provocar dolores de cabeza y problemas en el estómago, como úlceras. Debe evitar también los excesos con alcohol, drogas, tabaco y comidas chatarra o pesadas. Tiene que aprender a relajarse un poco, a no trabajar en conflicto, alejarse de los problemas, tomarse vacaciones, si es posible en una isla desierta o una selva en el lugar más recóndito del mundo, donde se desconecte totalmente y pueda despejar su mente. Practicar yoga, *gym*, o cualquier actividad física, dormir o descansar un poco más, la va a ayudar a mantenerse en forma.

La Serpiente y su Energía

SERPIENTE DE MADERA (1905-1965)

Es un ofidio que sin problemas se relaciona con príncipes y mendigos. La atracción es su esencia; y belleza, astucia, sabiduría son sus virtudes. Al momento de hacer dinero se convierte en una temible y ambiciosa rival. Es resistente, tiene la capacidad de cambiar de piel y revertir las situaciones trágicas de su vida. Enrosca a su pareja y pide atención *full time*, es celosa y exige votos de fidelidad. Es imposible no enamorarse a primera vista de ella.

SERPIENTE DE FUEGO (1917-1977)

Es, sin vacilación, la más audaz, poderosa y dominante de su especie. Transmite confianza pero es desconfiada. Sus objetivos son directos y claros, prefiere las maniobras inteligentes a la diplomacia. Es una sexópata irremediable, propensa a la promiscuidad e insaciable en las manifestaciones de cariño. Es sensual y muy celosa. No le faltará poder ni dinero ya que es muy calculadora y piensa todas las posibilidades que la vida le ofrece.

SERPIENTE DE TIERRA (1929-1989)

La más cálida, relajada, espontánea, amable y tranquila de las serpientes. No pasa inadvertida por su encanto, lealtad y amistad. Sabe acrecentar sus ganancias por su destreza financiera, es ambiciosa y algo avara. Su pareja estará contenta de que sea una serpiente tan romántica. Conoce sus límites y siempre sobrevive a situaciones adversas. Cumple el rol de jefe de la familia con cariño, eficacia y honestidad, y se vuelve indispensable.

SERPIENTE DE METAL (1941-2001)

Totalmente ambiciosa, calculadora, con sueños de grandeza, de poder y de fama. Será perseverante, tenaz y muy competitiva. Buscará una pareja que le certifique fidelidad perpetua. Adora la vida social y se relaciona con personas que le convienen para alcanzar la fama y el poder. Luchará por ser justa, derecha, honesta y escrupulosa, con cierto fanatismo y amor propio.

SERPIENTE DE AGUA (1893-1953-2013)

La energía agua da calma y equilibrio a la serpiente y la torna más intuitiva y reflexiva. Tiene un gran sentido del humor que la ayudará a darse a conocer entre sus amigos. Pone entusiasmo en lo que hace, es un genio para los negocios ya que es artista y práctica para hacer de su trabajo una obra de arte. Necesita una relación estable y duradera que le brinde apoyo incondicional. Preservará su imagen y familia.

La Serpiente y su Ascendente

SERPIENTE ASCENDENTE RATA: 11 P.M. A 1 A.M.

La roedora la hará astuta, hechicera, agresiva, peleadora y materialista. Necesita una actividad que la incite para no desperdiciarse; si no, será autodestructiva.

SERPIENTE ASCENDENTE BÚFALO: 1 A.M. A 3 A.M.

Será muy sociable, trabajadora infatigable y buen padre de familia. Gran amante de fiestas, del arte y deliciosa anfitriona. No admitirá que la contradigan.

SERPIENTE ASCENDENTE TIGRE: 3 A.M. A 5 A.M.

Es una serpiente ávida de aventuras. Algo audaz y desconfiada, estará siempre a la defensiva y muy alerta. Inteligente, sexy y graciosa, cazará presas con trampas.

SERPIENTE ASCENDENTE CONEJO: 5 A.M. A 7 A.M.

Convertirá en magia lo cotidiano. Emperatriz de la diplomacia, irresistible y frívola. La vida le será fácil y se ligará a relaciones influyentes.

SERPIENTE ASCENDENTE DRAGÓN: 7 A.M. A 9 A.M.

La suerte está de su lado y concreta sus sueños en obras. Su inteligencia y seducción le abrirán las puertas del firmamento. Tendrá una vida sentimental agitada y relaciones fugaces.

SERPIENTE ASCENDENTE SERPIENTE: 9 A.M. A 11 A.M.

Como la boa constrictor, estará preparada para enroscar al primer ingenuo que se le cruce. Jamás descuida lo que ha construido. Hipnotizadora, sensual, intrigante.

SERPIENTE ASCENDENTE CABALLO: 11 A.M. A 1 P.M.

Optimista, entusiasta. Resplandecerá por su talento, gracia y franqueza. Detesta perder, no será calculadora ni posesiva. Encontrará gente que la protegerá.

SERPIENTE ASCENDENTE CABRA: 1 P.M. A 3 P.M.

Con sensibilidad exquisita y delicioso humor, es una artista de gran capacidad. Será caprichosa. Buscará poder, fama y dinero que conseguirá por su gran encanto.

SERPIENTE ASCENDENTE MONO: 3 P.M. A 5 P.M.

Sus aptitudes mentales, físicas y emocionales harán que sea muy solicitada.

Es genial y con mucho humor. Transformará la energía y el universo. Deberá plasmar su talento.

SERPIENTE ASCENDENTE GALLO: 5 P.M. A 7 P.M.

Es una serpiente lúcida, ciclotímica, que buscará aprobación en todo lo que haga. No se arriesgará por comarcas ignotas. Concentrará su energía en la familia, amigos y vocación.

SERPIENTE ASCENDENTE PERRO: 7 P.M. A 9 P.M.

Es atípica: honesta, buena amiga y fiel a sus creencias. Muy responsable en todo, sobre todo con el trabajo y la familia. Habrá situaciones complicadas en su vida.

SERPIENTE ASCENDENTE CHANCHO: 9 P.M. A 11 P.M.

Es una boa muy sensible, que hará sacrificios por los demás, postergando su talento y vocación. Trabajará y viajará encontrando sus amigos en el extranjero.

Personajes famosos

SERPIENTE DE MADERA (1845-1905-1965)

Bjork, Greta Garbo, Luca Prodan, Henry Fonda, infanta Cristina de España, Christian Dior, Andrea del Boca, Mariana Arias, Verónica Varano, Adriana Salonia, Julieta Cardinale, Gabriela Toscano, Mariana Brisky, Inés Estévez, Moby, Sergio Pángaro, Brooke Shields, Andrea Barbieri, Catherine Fullop, Fabián Mazzei, Blanca Oteyza, Dizzy Gillespie, Courtney Love, Javier Zucker.

SERPIENTE DE FUEGO (1857-1917-1977)

Leonardo Franco, Alika, Fionna Apple, Carla Conte, Emanuel Ginóbili, Iván de Pineda, Dean Martin, Alicia Silverstone, John Fitzgerald Kennedy, Natalia Oreiro, Nahuel Mutti, Gaby Álvarez, Úrsula Vargues, Esther Cañadas, Mel Ferrer, John Fontaine, Romina Gaetani.

SERPIENTE DE TIERRA (1869-1929-1989)

Milan Kundera, Emilio "Miliki" Aragón, Gandhi, princesa Grace de Mónaco, Jaser Arafat, rey Hassan de Marruecos, Irene Papas, Jacqueline Onassis, Calica Ferrer.

SERPIENTE DE METAL (1881-1941-2001)

Charlie Watts, Pablo Picasso, Franklin Roosevelt, Plácido Domingo, Paul Anka, Bob Dylan, Antonio Gasalla, Dostoievski, Papa Juan XXIII, Sonia Breccia, Luis A. Lacalle, Marta Pelloni, Palito Ortega, Carlos Perciavalle, Tina Serrano, Tom Fogerty, Lito Cruz, Carole King.

SERPIENTE DE AGUA (1833-1893-1953)

Leonor Benedetto, Cristina Fernández de Kirchner, Alan Moore, John Malkovich, Thomas Jefferson, Mao Tse Tung, Raúl Taibo, Francisco de Narváez, Graciela Alfano, Ricardo Bochini, Ana Botella, Zoilo Cantón, Osvaldo Sánchez Salgado, Miguel Herrera.

Miguel Herrera

Yo soy una Serpiente

TESTIMONIO
Mercedes Funes

PERIODISTA

Soy una serpiente de fuego. Sangre fría que arde al calor de las pasiones. Diosa que aprieta, pero no ahorca.

Busco con vehemencia a mis presas y las miro fijo hasta ganarme su confianza. Después me enrosco en su vida muy despacio, aunque sosteniendo el ritmo y la presión. Quien escapa no vuelve, ni me olvida.

Puedo camuflarme casi en cualquier escenario. Ante la menor señal de ataque, no dudo en clavar mis colmillos en el centro del dolor de mi adversario. No soy mala, sólo trato de defenderme. No puedo dejar de ser serpiente.

Cada tanto necesito cambiar de piel y entonces es instantáneo: cae el velo y renazco lustrosa de mi viejo traje. Y me pinto distinta, me reinvento.

Sucumbo ante el encantador que afine la melodía correcta, y vivo hipnotizada, bailándole a los pies. Eso sí, antes debe asegurarse de quitarme el veneno.

Serpiente

Compatibilidades
entre el zoo

AMOR

TRABAJO

AMISTAD

AZAR

dragón

La noche salpicaba estrellas
indexadas para no claudicar
en tiempos de sudestada y guerra
con Uruguay.
Los sueños no fueron buenos
antes de que aclarara
apagué las luces afuera
e intenté dormitar.
Comprendí que es herejía
no invitar al día
a que dé otra oportunidad para
evolucionar.
Mate amargo, menta y poleo
sol arriba
domingo de carnaval atemporal.

L. S. D.

dragón

ficha técnica

NOMBRE CHINO DEL DRAGÓN **LONG**

NÚMERO DE ORDEN **QUINTO**

HORAS REGIDAS POR EL DRAGÓN **7 AM A 9 AM**

DIRECCIÓN DE SU SIGNO **ESTE-SUDESTE**

ESTACIÓN Y MES PRINCIPAL **PRIMAVERA-ABRIL**

CORRESPONDE AL SIGNO OCCIDENTAL **ARIES**

ENERGÍA FIJA **MADERA**

TRONCO **POSITIVO**

eres dragón si naciste

16/02/1904 - 03/02/1905
DRAGÓN DE MADERA

03/02/1916 - 22/01/1917
DRAGÓN DE FUEGO

23/01/1928 - 09/02/1929
DRAGÓN DE TIERRA

08/02/1940 - 26/01/1941
DRAGÓN DE METAL

27/01/1952 - 13/02/1953
DRAGÓN DE AGUA

13/02/1964 - 01/02/1965
DRAGÓN DE MADERA

31/01/1976 - 17/02/1977
DRAGÓN DE FUEGO

17/02/1988 - 05/02/1989
DRAGÓN DE TIERRA

05/02/2000 - 23/01/2001
DRAGÓN DE METAL

El TAO del Dragón

Julio. Di vuelta la hoja del almanaque que traje de La Habana y el Che me miró desde la foto que dio la vuelta al mundo con esperanza.

Su serena belleza templó mi alma en la soleada mañana del mes que promedia el año.

Llegué finalmente a Cuba despojada de sentimientos e ideologías para sumergirme en su corazón y dejarme llevar sólo por el latido de cada instante, sin fronteras que me condicionaran en un viaje nuevo sin prejuicios ni recomendaciones.

Volé desde DF escapando del perisférico y la polución rumbo al sol, el aire del Caribe que tanto extraño cuando me anclo en el Sur.

Volar es sentir al dragón chino al lado. Acompañando el antojo del cielo, sus cambios inesperados, los fuertes vientos del Caribe que se transforman en huracanes y azotan la tierra con su castigo, olvidando la paciencia de miles de años de la tierra para producir flores, frutos y seres humanos que construyen sus hogares con lo que tienen al lado, resignados a que dure lo que Dios disponga.

El dragón, rey del cielo está allí, alerta, atento a nuestros miedos, dudas, deseos, palpita nuestro biorritmo y lo acelera o atrasa, juega con nuestra incapacidad para volar, para vivir en el cielo y recorrer como una flecha el espacio visitando la galaxia, los planetas, las constelaciones, las estrellas que ya no existen aunque titilen y sean escombros sin gravedad girando en el espacio sideral.

El dragón es el canal del tiempo que, con sus escamas fluorescentes y esponjosas, regula a su antojo nuestro humor, posición satelital, desconcierto, y nos hace alineación y balanceo.

El dragón sacude con su aliento nuestras zonas oscuras, deshabitadas, postergadas, oxidadas y las restaura como un artista del Renacimiento.

Graduar. Ese es el aprendizaje para el rey celestial. Ejercitar el don de la intuición, la percepción, la paciencia, el *timing*, contener y retener, esperar…

Como tiene poderes sobrenaturales, le resulta muy difícil aceptar que el resto del zoo vive en la tierra y le cuesta reconocerlos.

Nace con *handicap*, con *bonus track*, con la bendición que tenían los emperadores en la China imperial, "Hijos del cielo", y es por eso que tienen más deberes y responsabilidades que la mayoría.

Desde su puesto de alto rango o desde su caverna en las profundidades de la tierra nos protege, nos guía, conduce el rumbo telepáticamente o ejecutando órdenes o haciendo estallar su voz que produce ecos en la biósfera planetaria.

Salud. Armonía. Riqueza y longevidad son sus cuatro virtudes y las expone a diario aunque a veces oscile en estados maníacodepresivos y desaparezca en busca de otra quimera.

El dragón tiene carisma; su presencia altera el medio ambiente, las hormonas se alborotan al compás del ritmo cardíaco y respiratorio; es el viento Sur que sopla fuerte cuando abre la puerta y remueve el CHI (energía vital) brindando bienestar, fuerza, alegría y optimismo.

No conoce lo imposible; audaz, valiente, enérgico, se lanza en busca de sus ideales como el Che, que vivió al límite, sin dejar nada por decir y hacer, entregado a su destino.

Es un estratega; planifica, convence, entusiasma, enciende la llama, revierte el curso de los acontecimientos con su influencia, su convicción, sentido del humor, credibilidad, usina hidroeléctrica, manantial inagotable de fe que mueve montañas.

No conoce los límites, la graduación, el silencio, el espacio entre dos notas, personas, situaciones.

Detesta que lo detecten en sus manipulaciones, trucos, secretos y mentiras. Necesita sentirse rey o reina aunque no tenga súbditos. Es extremista, ama u odia. Es sano o *el enfermo imaginario*.

Desaparece sin dejar rastros o nos satura con su imagen hasta el hartazgo.

Le gusta ser dueño, jefe, amo, y no soporta que le hagan sombra, lo contradigan o se rebelen.

Su sed de poder y ambición lo pondrá en situaciones de alto riesgo, oscilará entre el inframundo y el supramundo, quedará atrapado en la ilusión y deberá renunciar a toda una vida en un instante.

Signo kármico, tiene muchas muertes y resurrecciones y debe atravesar pruebas de purificación para evolucionar.

Su carisma se detecta a miles de leguas, años luz, millas. Desprende una onda expansiva que atrae como un imán y altera el flujo sanguíneo hasta desembocar en el Mar Rojo.

El dragón potencia a una persona acrecentando sus virtudes; por eso el entorno y la familia son claves para su desarrollo. Sentirá apoyo, protección, estímulo o un gran rechazo desde chico.

Atravesar pruebas duras en la infancia lo fortalecerá como a John Lennon o lo convertirá en una persona rencorosa y vengativa. En ambos casos se convertirá en un símbolo emblemático y polémico.

Tierno, hipersensible, receptivo, confiable, es un aliado cuando abre su corazón y te adopta. Es el confidente, consejero y amigo ideal para el día a día, los momentos de decisiones claves, dudas y cambios de rumbo en la vida.

El dragón invita a volar, a salir de la tierra, inventar la vida a cada momento con propuestas originales, creativas e imaginativas.

Siempre tiene un as en la manga, suerte: es un jugador empedernido y apuesta a TODO O NADA.

Extrovertido, apabulla a sus interlocutores con su lengua afilada, a veces ensordece, enceguece con su ronca voz y sus destellos y produce calambres de risa o cortocircuitos astrales.

En mis caminatas por La Habana sentí al Che en la mezcla de cal y arena de sus casas, en los frijoles y en el arroz, en el café, ron, mojito, en las olas rompiendo en el malecón.

Imaginé el idilio con la isla y su gente, pues a mí me perforó el ventrículo derecho.

Es un pueblo que sigue intacto en su magia, idealismo, arte, expresión, belleza, dignidad, surrealismo.

El Che fue a inspirarse, nutrirse, a soñar, amar, engazarse con cada alma, esclavo de la época de la conquista y a redimirlos en nombre de la justicia, de la libertad, de la condición humana.

El Che me invitó a bailar al ritmo de los músicos intactos que viven en cada esquina y resucitan a un muerto, me tomó de la mano y me condujo al café del Hotel Nacional, donde estuvo compartiendo tragos y habanos con parte de la historia de Cuba y con quienes llegaban a su tierra abierta a transmutar su biografía.

Tan íntegro, auténtico, intenso, viril, que aún su perfume flota en el aire. Fantástico, real, irreal, semidiós, de otros mundos.

Dragón de tierra. Sabía lo que quería y lo organizaba con la ayuda de espíritus y hermanos. Jugaba y asumía el rol de líder con elegancia hasta evaporarse entre la Sierra Maestra y sus amores brujos.

INMORTAL. Te pude encontrar sin apuro. Tuve tiempo para saborearte, imaginarte, esperarte sentada en bancos, plazas, museos, zaguanes, patios abiertos de jazmines y ropa tendida, frituras callejeras, sonrisas de marfil y labios húmedos.

Tu presencia está tatuada en fotos, remeras, paredes, llaveros, mosaicos, agendas, pero no cansa. Al contrario, dan más ganas de buscarte debajo de una palmera a la sombra de un techo de chapa verde agua, estás allí intacto, sin marcas, cicatrices ni balas.

No te han alcanzado, tocado, dañado.

Seguís riendo con tus ojos desde el mar de tu infancia, de tus orígenes terrenales y celestiales, de tu viaje en motocicleta con Granado que aún vive en la isla esperándote.

Che, qué ganas tenía de estar en Cuba contigo sintiendo que la utopía es posible, que la Fundación Espiritual es mi causa y temblor, que somos jóvenes, idealistas y difíciles de enjaular.

Soy contigo la que siempre fui y a veces se pierde en la selva, olvidándose.

Somos un alma, una gaviota de las que pueden irse sin que las maten y volver al amanecer a despertar a su pueblo con buen humor. Sos dragón, mi amor, y te extrañaba antes de conocerte.

Estuvimos antes en la isla, tal vez cuando vivían los caribes y hacíamos el amor en la arena blanca rodando hasta la orilla de espuma salada para continuar convertidos en delfines.

Y VOLVEREMOS.

Cuenta la leyenda
El origen del Dragón

En las reliquias culturales anteriores a Zhou del Oeste —omóplatos de reses, conchas de tortugas y utensilios tanto de cerámica como de bronce—, no encontramos rastro alguno del dragón. Sin perjuicio de que posteriores descubrimientos nos desmientan, por lo pronto tenemos que afirmar que China Antigua, hasta los Shang o Yin, no conocieron al dragón. Sin embargo, en las cuencas de los bajos ríos Yangze y Huai, en una zona cercana a la actual Shanghai, habitaban ciertas tribus "yi" que reverenciaban y tenían como tótem al dragón. Estas tribus, dedicadas principalmente a la pesca, no eran parte de la China Antigua establecida a lo largo de un río más norteño: el Huanghe o Río Amarillo.

No debe asombrarnos el comprobar que el mito del dragón surgió en una tribu de pescadores de la costa oriental de China. Este animal mítico fue adoptado desde lejanos tiempos como símbolo del Este y tal adopción podría constituir un reconocimiento al lugar de su origen. Además, desde tiempos inmemoriales, los pescadores que han utilizado embarcaciones han visto, en las nubes alargadas, rasgadas por el viento, en lo alto de un cielo claro, un presagio de tormenta; si alguien con algo de imaginación observa tales nubes, notará que son verdaderos dragones volando velozmente en el firmamento. Cuando al día siguiente se encuentra uno en medio de lluvias torrenciales y vientos huracanados, no puede pensar sino que esos dragones de la víspera han traído arrastrando tras de sí la tormenta. Y ¿qué puede hacer una tribu primitiva con un ser tan poderoso como para disponer de nuestras vidas, que no sea reverenciarlo como a un dios?

Mientras lo anterior acontecía en la costa oriental, en las planicies de polvo amarillo de la China Antigua el hijo menor de Wu Wang, fundador de la dinastía Zhou del Oeste, Cheng Wang, subía al trono. Era el año 1115 a.C.; Wu Geng, hijo del tiránico último emperador de la dinastía Shang, se rebeló, aliándose con algunas tribus y pequeños Estados del Este. El regente, Zhou Gong Dan, hermano menor de Wu Wang y, por tanto, tío de Cheng Wang el nuevo Emperador, marchó al Este al frente de sus tropas y después de tres años sofocó la rebelión y de paso amplió los dominios de la China Antigua. Al volver a su capital, además de los laureles de la victoria pacificadora, llevaba consigo algo más valioso para el pueblo campesino chino: el conocimiento de un animal sobrenatural capaz de acarrear las lluvias tan necesarias para hacer productivas las secas, era "long", ni más ni menos que el dragón.

Esta criatura fabulosa que en la tierras de aguas abundantes y agitadas constituía una amenaza que había que conjurar mediante sacrificios, al llegar a las secas tierras de la China Antigua se convirtió en un benefactor cuyas visitas eran anheladas y suplicadas por la población. Se creó un carácter para escribir su nombre y las "invitaciones" para que trajera lluvias se inscribieron en los hermosos utensilios de bronce ceremoniales de los poderosos de la época. Así, poco a poco, la gente empezó a olvidarse de Fei Lian, el conde del Viento, a quien anteriormente se le pedían las lluvias. Más tarde, los dioses locales de ríos, corrientes, arroyos, lagos y hasta del mar, fueron paulatinamente desplazados por dragones que, de ese modo, acabaron por convertirse en amos y señores de todas las aguas chinas.

El éxito del dragón no se circuns-cribió al líquido elemento. Andando el tiempo, el magnetismo y otras formas de energía cuyo origen era desconocido, le fueron atribuidas. Partiendo de allí, el dragón fue tomado como un símbolo de poder y grandeza y, a partir de los Ming, los emperadores fueron considerados dragones con forma humana y la elegante figura de este mítico animal se convirtió en el signo de identificación de la más vasta y antigua cultura del mundo y del más poderoso imperio del medioevo: China.

Esta leyenda circula en la zona de Yanqing, habiendo sido recopilada y redactada por Zhang Zhuo. La tomamos del libro *BEIJING FENGWU CHUANSHUO*, Beijing, 1983. traducción del chino por el licenciado Filimón Wing Shum.
Gaceta de la Comunidad China de México, A. C., Nº 49, enero-febrero de 1988.

EL DRAGÓN EN EL TRABAJO

Bestia mitológica que sabe muy bien lo que quiere y es capaz de hacer cualquier cosa por obtenerlo.

Brillante, ambicioso, siente la necesidad de triunfar en la vida y, en lo posible, que su existencia en la tierra se recuerde durante siglos. Creativo, con un caudal inagotable de ideas que utiliza cuando se le presenta un problema y busca las mil y una formas de solucionarlo; cuando los demás ven el vaso medio vacío, él tiene el optimismo de verlo medio lleno, eso despierta una gran admiración y lo convierte en el centro de atención y modelo a seguir.

Es bueno en cualquier profesión que sea dinámica, preferentemente al aire libre, que no le exija mucho esfuerzo y, sobre todas las cosas, que no lo haga sentir estancado en su crecimiento profesional.

Tiene madera de líder y por lo general llega a serlo gracias a su talento de convertir en oro todo lo que toca. Adora el dinero y la calidad de vida que éste le permite pasar, puede hacer fortunas en un abrir y cerrar de ojos cuando a otros les lleva toda una vida; pero no sabe ahorrar: gastará para darse todos los lujos, invertirá en autos de colección, viajará en primera clase, irá a los lugares más top y comprará cosas que tal vez ni use, sólo para ostentar.

EL DRAGÓN EN EL AMOR

Tiene la habilidad de ejercer un poder hipnótico y encandilar a las personas con su luz y esplendor, haciendo que cualquiera desee estar a su lado para sentirse bien. Con su *charme, glamour* y *sex appeal* conseguirá docenas de fans y amantes que utilizará como coartada para atraer la atención de su presa. Cuando pone los ojos en alguien, se encapricha y no hay nada que pueda sacar a esa persona de su cabeza. Es muy raro que se enamore, aunque a veces puede caer en la trampa; cuando declara su amor, se entrega por completo y espera que sea para siempre, aunque le cueste dejar su independencia y soltería. Será generoso, tierno, servicial, la llenará de regalos de alto nivel, preparará cenas románticas, escribirá cartas, la hará sentir como a una reina.

El dragón es capaz de hacer aparecer el Sol para su amada después de una gran tormenta y de hacerla sentir mariposas en el estómago, llevarla con sus halagos y piropos a un viaje imaginario por el cosmos; pero para sentirse estimulado necesita que su compañera se dedique a él día y noche, lo elogie y le repita que es único e importante para ella.

Es posesivo y celoso con su pareja, incapaz de jugar con sus sentimientos y por eso nunca podría perdonar una infidelidad o una falta de respeto.

En la cama, puede llegar a hacer arder la casa, hay que estar preparado física y mentalmente para acostarse con él. Prenderá velas con aromas afrodisíacos, preparará música para bailar pegados, sábanas de seda, champán, preparará un ambiente que hará revolucionar las hormonas de cualquiera y derretir hasta un *iceberg*. El sexo para él es tan importante como el aire que respira, le gusta desnudarse frente a frente con su pareja, recorrer cada centímetro de su cuerpo, besarla intensamente hasta dejarla sin aliento, haciendo todo lo que a él lo satisfaga.

EL DRAGÓN Y LA FAMILIA

No es un animal fácil de sobrellevar, le gusta que reconozcan el esfuerzo que hace por los demás para sentirse importante y necesario; por eso muchas veces las personas piensan que es soberbio y se alejan de él. Es bueno, generoso y comprensivo con su familia y amigos aunque también suele tener encontronazos con ellos por su carácter fuerte y su manera de decir las cosas, pero si en algún momento necesitan de su ayuda, hará a un lado todo tipo de diferencias y desacuerdos.

Le gusta dirigir la batuta y manejar la vida de sus familiares y amigos, como si fueran títeres. En su casa es el cabecilla y espera que, para permanecer bajo su mismo techo, obedezcan las órdenes que da; de lo contrario no tendrá ningún escrúpulo para quemarlos con su fuego y dejarlos hechos cenizas.

Le gustan los niños, pero cama afuera; será un excelente tío, hermano, pero no un gran padre ni amo de casa: no le gusta las responsabilidades que esto requiere, prefiere contratar a alguien para que se encargue de las tareas del hogar y de las necesidades que sus hijos le puedan llegar a exigir. Sin embargo, de una manera alejada, toma el rol de padre con seriedad, será bueno con ellos pero firme, y se preocupará por su bienestar y futuro.

Su cueva tiene que ser imponente y única como él, poseer grandes ambientes en donde pueda desplegar sus alas cómodamente, le gusta invertir mucho dinero en su casa y adornarla con buen gusto y artefactos de muy buena calidad y categoría. Le encanta recibir gente, pero prefiere salir a lugares donde se encuentre la movida para demostrar sus aptitudes de *showman* frente a sus amigos y desconocidos y conseguir así, sus cinco minutos de fama.

LA SALUD DEL DRAGÓN

Es el más fuerte de todos los animales del Zodíaco y el que goza de mejor salud, pero sin embargo puede tener altos niveles de estrés a causa del ritmo de vida que suele llevar, abusa del tabaco y el alcohol y además es propenso a los episodios depresivos. Sabrá recuperarse rápidamente y seguir con su ritmo de vida. También conviene que se cuide con las comidas porque tiende a ganar peso con facilidad, y puede comprometerse el metabolismo digestivo con dolores de estómago y acidez.

Para evitar todo esto se le recomienda que practique deportes que lo ayuden a fortalecer su cuerpo y mente para llevar una vida más sana. Bailar, volar y aterrizar son básicos para su buen humor.

El Dragón y su Energía

DRAGÓN DE MADERA (1904-1964)

Es el más sensible y humano de todos los dragones. Pacifista, intuitivo y capaz de calmar una tempestad con sus palabras. Es una persona muy dedicada al trabajo, le gusta lo que hace y que lo adulen y aprueben. Tiene un gran sentido de lo justo y es muy amable con los demás. En la vida le irá bien porque es muy afortunado, audaz, creativo e ingenioso. Se desvivirá por la crianza de sus hijos. Ciclotímico, testarudo y tendiente a la melancolía.

DRAGÓN DE FUEGO (1916-1976)

Es una persona muy segura de sí misma. Creativo, artista, magnético y avasallante en todo aquello que emprende, lector y culto. Sus bocanadas de fuego dejarán marcas profundas en situaciones y personas. Necesita de alguien que lo contenga y aconseje en sus aventuras. Detrás de sus escamas de dragón se encubren sentimientos tiernos y una gran sensibilidad. Tiene el don de enseñar y aprender de los demás. En el amor creará lazos profundos y cometerá algunas infidelidades.

DRAGÓN DE TIERRA (1928-1988)

Es realista, diplomático y muy buen comunicador. La vida le brindará grandes oportunidades a este dragón y, si sabe aprovecharlas, su carrera será afortunada y le dará fama. Es como una gema preciada por su fidelidad, lealtad en el amor y por sus fuertes lazos de amistad. No aguanta la soledad y adora rodearse de seres queridos.

DRAGÓN DE METAL (1940-2000)

Es un dragón ególatra. De carácter bravío y valiente, consigue lo que se le pone en mente. Irresistible física y mentalmente para muchos, es de pura sangre. Orgulloso, jactancioso y rígido, resulta excelente para dirigir y organizar. Atrae muchas amistades pero necesita estar rodeado de gente que aplaque un poco su ego y temperamento. Es poco posible que vuelva atrás cuando sienta que cruzó la frontera.

DRAGÓN DE AGUA (1892-1952-2012)

Es equilibrado, de temperamento adaptable y dócil, a veces despótico. Es líder por naturaleza, sabe intervenir entre el bien y el mal encontrando el punto medio. Se comprometerá con el ser humano, las problemáticas sociales y la justicia. Para lograr lo que espera de la vida tendrá que luchar duro. Defiende sus ideales con fuego y mucha garra. Le fascina estar en pareja e involucrarse sentimentalmente.

El Dragón y su Ascendente

DRAGÓN ASCENDENTE RATA: 11 P.M. A 1 A.M.

Es una pareja que conjuga refinamiento, astucia y ambición. Es más afectuoso, menos soberbio y exigente con la gente que lo rodea. No le faltará dinero ni formas de sobrevivir.

DRAGÓN ASCENDENTE BÚFALO: 1 A.M. A 3 A.M.

El búfalo lo hará ser más paciente y no tan irritable. Es autodisciplinado, autoritario y poco sociable. Antes de tomar una decisión la rumia, especialmente cuando se trata de amor.

DRAGÓN ASCENDENTE TIGRE: 3 A.M. A 5 A.M.

Escupe fuego y fulmina con la mirada. Es valiente, ultracompetitivo, con altos ideales y, si se le resisten, tendrá cóleras homéricas. Tiene una increíble capacidad de trabajo.

DRAGÓN ASCENDENTE CONEJO: 5 A.M. A 7 A.M.

Combina diplomacia, fuerza y energía. Es inteligente, brillante y sutil. Piensa y reflexiona con prudencia. Despiadadamente sensual, mimoso y seductor.

DRAGÓN ASCENDENTE DRAGÓN: 7 A.M. A 9 A.M.

Es un dragón que brillará inextinguiblemente. Tiene que ser el primero en todo. Necesita ser aprobado por los demás. Impone obediencia y devoción; es, tal vez, un poco destructivo.

DRAGÓN ASCENDENTE SERPIENTE: 9 A.M. A 11 A.M.

Ambición sin límites. Es paciente, astuto y fascinante. Calculador y enigmático. No tiene reparos en hechizar a sus rivales y devorarlos despiadadamente.

DRAGÓN ASCENDENTE CABALLO: 11 A.M. A 1 P.M.

Es el rey de la improvisación, diversión y seducción. Será valiente, audaz, optimista e inteligente. A veces dejará las cosas a medio hacer y perderá la razón por amor.

DRAGÓN ASCENDENTE CABRA: 1 P.M. A 3 P.M.

Dragón artista e imaginativo en todo aquello que se plantee hacer. Es tierno y fantasioso. Conseguirá gente que lo ayude a realizar sus sueños. Se destacará por su buen gusto.

DRAGÓN ASCENDENTE MONO: 3 P.M. A 5 P.M.

Es un dragón que brillará estando apagado. Inteligente, intelectual, multifacético y mágico. Es un manipulador genial, que tendrá un séquito de seguidores incondicionales.

DRAGÓN ASCENDENTE GALLO: 5 P.M. A 7 P.M.

Adora estar en la rama más alta de la copa del árbol. Aconseja con sus kikirikí. Sabrá sacar provecho de situaciones ideales en el tiempo exacto. Es generoso, orgulloso y disciplinado.

DRAGÓN ASCENDENTE PERRO: 7 P.M. A 9 P.M.

Es un dragón práctico que atacará las situaciones injustas e indignas. Sus relaciones se caracterizan por la sinceridad, lealtad y fidelidad. Tiene mucho humor.

DRAGÓN ASCENDENTE CHANCHO: 9 P.M. A 11 P.M.

Es un dragón humilde, muy amistoso y tierno. Su corazón es de oro, con sus llamaradas reconforta y ayuda a quienes quiere sin prejuicios. Es muy espiritual.

Personajes famosos

DRAGÓN DE MADERA (1844-1904-1964)

Pablo Neruda, Nietzche, Tita Merello, Ricardo Balbín, Salvador Dalí, Daniela Cardone, Miguel Indurain, Matt Dillon, Mario Pergolini, Palo Pandolfo, Gustavo Bermúdez, Marta de Domínguez, Raúl Urtizberea, Bing Crosby, Osvaldo Pugliese, Eleonora Cassano, Sandra Bullock, Humberto Tortonese.

DRAGÓN DE FUEGO (1856-1916-1976)

Juan Pablo Sorín, Sigmund Freud, Dante Spinetta, Gregory Peck, Damián Szifron, Kirk Douglas, Paz Vega, Fraçoise Miterrand, Cecilia Rognoni, Shakira, Peréz Prado, Florencia de la V, Valeria Britos, Anita Álvarez Toledo, Glenn Ford, Roberto Galán, Carola del Bianco, Marcelo Paolini.

DRAGÓN DE TIERRA (1868-1928-1988)

Ernesto "Che" Guevara, Martin Luther King, James Brown, Adam West, Eddie Fisher, Shirley Temple, Alan Pakula, Carlos Fuentes, Roger Moore, Sarita Montiel.

DRAGÓN DE METAL (1880-1940-2000)

Andy Warhol, John Lennon, Jesucristo, Brian De Palma, Frank Zappa, George Romero, Bruce Lee, Oscar Araiz, Pelé, Ringo Starr, Bernardo Bertolucci, Amelita Baltar, Al Pacino, Joan Baez, Nacha Guevara, David Carradine, Carlos Bilardo, Raquel Welch, Tom Jones, Antonio Skarmeta, Herbie Hancock, John Kale.

DRAGÓN DE AGUA (1892-1952)

Lalo Mir, Nito Mestre, Guillermo Vilas, Jean Paul Gaultier, Robin Williams, Mae West, Susú Pecoraro, Jimmy Connors, Federico Trillo, Sylvia Kristel, Soledad Silveyra, Raúl Perrone, Stewart Copeland, Hugo Soto, Grace Jones, Norberto Alonso.

Humberto Tortonese

Yo soy un Dragón

TESTIMONIO
Mario Ferrarese
"El Chinosaurio"

CREADOR DE LA TRIAC, NUESTRA RADIO EN TRASLASIERRA

De Dragones y Leyendas

Tal vez de eso y sólo de eso se trate la vida. Al menos eso piensan los Dragones. Sus milenarias vidas están llenas de leyendas que cuentan batallas en los cielos de las que siempre salen airosos… bueno, tal vez con algunos magullones. Ellos se sienten siempre al servicio de cruzadas de honor y acompañando a valientes caballeros, como los del rey Arturo, ¿viste?

Nunca se supo si eso fue realidad o sólo está en los sueños de los Dragones. Claro, una de las cosas que más les gusta es soñar, aunque aseguran los propios Dragones que TODOS los animales del zoológico oriental pueden hacerlo. Sin embargo el Chancho y la Rata no comparten para nada esa "irrealidad". Entonces, ¿por qué los Dragones están tan compenetrados en los sueños? Bueno, ellos mejor que nadie, y los chinos, obvio, saben que cuando alguien sueña y anhela algo profundamente termina por convertirlo en palpable realidad, tan material como las rocas del Champaquí. A fin de cuentas, los sueños, como las utopías, no son más que realidades prematuras.

Muchos sostienen que los espinillos desprenden esa increíble fragancia en primavera porque un Dragón alguna vez los soñó. También le atribuyen a esos sueños dragonianos las puestas de sol en la ladera occidental de Las Rabonas, el mejor disco de Las Pelotas hecho por Félix, un arco iris uniendo Los Hornillos y Los Pozos después de una lluvia de verano y hasta mi propia llegada a este Valle Encantado. Después de todo, y como Dragón que soy, en mi casitablafle (apodada por Diego Arnedo), soñaba volar de Hurlingham a este mágico lugar, izar una antena y llenar Traslasierra con las melodías Pinkfloydianas y Spineteras que me partieron la cabeza en la década de los 70. Y parece que le metí tanto *power* a mi sueño, que finalmente se me cumplió. Claro que Roberto del Alma me mostró el camino.

Pero esa no es la única "habilidad" de los Dragones. También se enamoran tan profundamente que el latido de sus corazones bien podría confundirse con los truenos que estremecen el cielo desde Brochero a La Paz. Y si a su lado tienen una Dragona, la pasión que desprenden toma forma de tormenta eléctrica cuyos rayos hacen saltar televisores, teléfonos y, obviamente, transmisores de radio en todo el valle. Queda claro que si los Dragones sueñan y se enamoran, naturalmente se la pasan volando. No les copa mucho poner los pies en la tierra, se sienten torpes y hasta casi ahogados. Les encanta diseñar castillos en el cielo azul del Oeste cordobés y cuanto más alto vuelan, mejores obras les salen. Muchas veces están a punto de terminar algo hermoso y cometen algún error que los obliga a empezar todo de nuevo. Se comenta que ellos sienten que si terminan su obra la magia se va y entonces es mejor nunca terminar nada de lo que comienzan. Una y otra vez, *over and over again*, cometen los mismos errores y ya no alcanzan los bidones de Chesnut Bud que compran en la farmacia de Nono. Dicen que Bach se murió por eso, repodrido de prepararles siempre las mismas flores.

Otra característica del mítico animal es su inconformismo. Nada los llega a satisfacer plenamente y paradójicamente, cuando lo pierden, se la pasan llorando. Dicen que una profunda pena de Amor de un Dragón desencadenó tantas lágrimas que provocó la crecida del río Mina Clavero en 1997. Conscientes de ello, cuando un Dragón llora trata de elevarse para evitar estos desastres en Traslasierra. Igual no sirve de mucho, ya que esas lágrimas se convierten en copiosa lluvia que reciben con beneplácito los paperos de San Pedro.

También se comenta que los

Dragones saben mucho… de todo. Sin embargo nunca pierden el asombro frente a algo cotidiano, o sea, milagroso… Se asombran ante lo nuevo y también ante lo conocido. Un atardecer frente al Champaquí violáceo, descubrir una vez más *El Cordero se acuesta en Brodway*, de Génesis… y ver nacer un hijo.

El Dragón sólo le teme a una cosa: a su propia sombra. Es que no puede entender la magia que ella encierra. Es él mismo pero no. El Dragón siente que puede ganarle a cualquiera, pero nunca pudo hacerlo con su propia sombra. Muchas veces creyó engañarla cuando remontaba vuelo bien alto y la dejaba atornillada sobre un monte de algarrobos… pero al retornar otra vez: allí está su sombra, pegada a su cuerpo. Después de mucho tiempo, el Dragón comprende que es inútil pelear con ella. Inclusive es ridículo tenerle miedo. A fin de cuentas es una compañía. Nunca le hace daño y sólo lo abandona cuando todo se nubla. Por eso aprendió a jugar con ella. Ya no le tiene miedo, aunque la respeta. Él sabe que es lo único tan poderoso como un Dragón.

A Simón, escorpiano y Dragón
(aunque él no lo sabe)

dragón

AMOR

TRABAJO

AMISTAD

AZAR

conejo

Tener éxito es que te roben
la yerba para el mate
y los libros del Horóscopo chino
dentro del hotel donde vivís
sintiéndote en casa.
No son duendes
por suerte son humanos
que necesitan lo que hago
como esperanza para continuar
mañana.

L. S. D.

conejo

ficha técnica

NOMBRE CHINO DEL CONEJO **TU**

NÚMERO DE ORDEN **CUARTO**

HORAS REGIDAS POR EL CONEJO **5 AM A 7 AM**

DIRECCIÓN DE SU SIGNO **AL ESTE DIRECTAMENTE**

ESTACIÓN Y MES PRINCIPAL **PRIMAVERA-MARZO**

CORRESPONDE AL SIGNO **OCCIDENTAL PISCIS**

ENERGÍA FIJA **MADERA**

TRONCO **NEGATIVO**

eres conejo si naciste

29/01/1903 – 15/02/1904
CONEJO DE AGUA

14/02/1915 – 02/02/1916
CONEJO DE MADERA

02/02/1927 – 22/01/1928
CONEJO DE FUEGO

19/02/1939 – 07/02/1940
CONEJO DE TIERRA

06/02/1951 – 26/01/1952
CONEJO DE METAL

25/01/1963 – 12/02/1964
CONEJO DE AGUA

11/02/1975 – 30/01/1976
CONEJO DE MADERA

29/01/1987 – 16/02/1988
CONEJO DE FUEGO

16/02/1999 – 04/02/2000
CONEJO DE TIERRA

El TAO del Conejo

Cuando me enteré de que Messi es conejo de fuego supe que hay signos que nacen con la estrella de la suerte en el ADN. Por supuesto, el talento, la disciplina, el don que Dios les da, están conjugados para que salgan a la cancha de la vida con más *handicap* que el resto de los mortales.

Elegidos, superdotados, carismáticos, audaces, atrevidos y medidos, *sexy*, rompen con esquemas, estructuras milenarias para jugar con su estilo único e inconfundible que los convierte en ídolos precoces.

Ser conejo es una bendición, pero dependerá de él acrecentar o desperdiciar sus dones entregándose a la vida cómoda sobre almohadones labrados en hilos púrpura y de oro, perdiéndose en vicios que lo atraen como un imán y despiertan su hipersensibilidad y la potencian hasta destruirlo.

Su gracia, simpatía, belleza, sentido estético, buen gusto y refinamiento son condimentos que trae desde que lo engendran y, a pesar de preferir los caminos cortos y fáciles para llegar a sus objetivos, es el primero en la carrera cuando hay que demostrar el talento, la capacidad y el sacrificio.

De esencia pura, es inocente, naíf, curioso, inquieto, pícaro, travieso, amable y mimoso. Apenas se lo conoce, inspira para que se lo adopte y muchas veces se queda en casas o lugares nuevos pues se siente más cómodo entre desconocidos que con su propia familia.

Su gran motor es su energía que se detecta a millones de leguas, millas y kilómetros. Necesita su tiempo y espacio; apurarlo no es bueno; para resolver asuntos tiene métodos y reglas con las que podemos comulgar o no pero que son parte de su religión.

El fin justifica los medios… sabe llegar al punto G y clavar sus garras hasta sentir que hacen sangrar.

Seducir es parte de su respiración, esencia, técnica, y tendrá una colección de artilugios para convencer de sus poderes sobrenaturales a quien elija.

Su ronroneo, elasticidad, *glamour* y exótica belleza lo mantendrán encendido y alerta para dar el zarpazo.

Coleccionará amores, amigovios, parejas, seres reales y virtuales que harán que permanezca joven, divertido, creativo y dinámico a través de los años.

Cuando alguien le importa prefiere compartir a perder.

Muy celoso y posesivo, detesta que lo abandonen. Es vengativo… ¡Cuidado con sus elucubraciones, estrategias y manipulaciones! Es un experto y tiene siempre un as en la manga.

Llegará antes que nadie a fiestas, cócteles, recitales o cruceros, a las mejores recepciones, galas y *castings*.

Siempre estará entre los finalistas, y la mayoría de las veces será el ganador.

Es adorable, despierta pasiones, incita a estar con él o ella y que el tiempo y el espacio se olviden, pues crea un microclima dadaísta, surrealista o de ciencia ficción.

El conejo es un gran apoyo en los momentos que la vida demanda una energía extragaláctica. Con su sagacidad, intuición, percepción o antena parabólica atravesará la epidermis hasta llegar al centro emocional del otro y le brindará sanación a través de sus consejos, mimos y ondas positivas, que producirán efectos especiales en el elegido.

Es por eso que deberá prestar atención a qué fuerzas se encomienda –las del bien o las del mal– pues también puede ser alguien muy negativo.

Su vida es de película; para seguir su vocación, estará dispuesto a dejar prematuramente su hogar y familia para alistarse en los primeros puestos del ranking mundial. Hipocondríaco, *es el enfermo imaginario*; cuando está neurótico se convence de que tiene todas las enfermedades y visitará a cuanto médico y curandero exista hasta que le demuestren las causas psicosomáticas.

Es un placer tenerlo cerca. Contagiará optimismo, embellecerá lugares con su estilo, *look*, buen gusto y cambiará la energía del entorno.

El conejo es imprevisible: en sus relaciones hará zapping pasando por diferentes etapas, entrando y saliendo, escondiéndose, evaporándose, y demostrando que tiene siete vidas.

Siempre impecable, estará a la vanguardia de la moda y del arte, marcará su estilo donde esté y será el primero en animarse a expresar su mensaje. El secreto es dejarlo ser, no oponerse, acompañarlo en sus viajes astrales, y dejarlo solo cuando se encapricha.

Intenso, apasionado, histérico, genial, vivirá cada minuto con vértigo, intuición e imaginación y dejará huellas en obras, personas y encuentros.

Es autodidacta y, cuando tenga vocación, ésta se manifestará en la infancia y marcará el rumbo de su carácter y destino.

El conejo sabe llegar a sus objetivos con filosofía alta y taco aguja.

Merodea, antes de actuar hace una puesta en escena que es digna del Oscar y de los premios MTV en los que a veces es ganador o, en nuestras tierras, de los Martín Fierro o de los premios Cóndor.

Cuando hay luna llena se convierte en gato alquimista, hace realidad sus sueños y se transporta.

En los momentos más difíciles, suena el teléfono y aparece la voz del conejo dando aliento, consejos y brindando su disponibilidad. Sale el Sol, la Luna brilla con más fuerza y se reactiva el flujo sanguíneo.

El conejo necesita sobredosis de demostraciones afectivas: para que su autoestima se mantenga *up* hay que reiterarle lo maravilloso, talentoso y solidario que es.

Detesta tener peleas o enfrentamientos, prefiere huir o evaporarse antes que ser el protagonista de algún episodio pendenciero.

Sus guerras son psicológicas, tiene un arsenal de municiones que desparrama sin piedad cuando se siente herido, abandonado o ignorado.

Adora el placer y pasará parte de su vida en un *spa*, centros de belleza o de modelación.

Su gran percepción lo convierte en médium, en vidente, en alguien con poderes sobrenaturales.

A pesar de tener una gran fascinación por el riesgo, el peligro y las situaciones límite, cuando agote todas las fórmulas regresará al hogar y dormirá un invierno junto a la chimenea hasta recuperar la fuerza.

Tiene elasticidad, destreza, astucia para escapar del peligro.

Muchas veces resulta promiscuo, pero es muy selectivo cuando elige a su pareja, marido o compañero de vida.

Aprecia la gente culta, sensible, divertida, original y será el primer admirador, agente, y compartirá viajes y situaciones desopilantes en las giras o en inolvidables veraneos.

El conejo prefiere alistarse en la caravana de la risa, el placer, la comodidad, y no en la de los mártires.

Tendrá secretos de juventud eterna y una lista de admiradores que lo amarán hasta la muerte.

Sabio, esconde secretos de inmortalidad, de fórmulas mágicas, de suerte y los prodiga a quienes elige en sus siete vidas.

IRRADIA LUZ ÚNICA.

No es que quiera darles gato por liebre.

ATENCIÓN CON ESTOS EJEMPLARES QUE APARECEN Y DESAPARECEN COMO POR ARTE DE MAGIA.

Cuenta la leyenda
Leyenda del conejo alquimista

Había una vez, en un lugar del mundo, un gran jardín que solía ser visitado por muchas personas porque allí encontraban paz para meditar. En este gran paraíso vivía un pequeño conejo con grandes virtudes, rodeado de maravillosas flores, frutos y acompañado de otros animales.

Una noche Buda, acompañado por varios de sus discípulos, fue a ese jardín a meditar. Sus alumnos escuchaban atentos sus palabras y después ellos recitaban oraciones; así pasaron varias noches. Un día, Buda, después de meditar, asumió la forma de un mortal y clamó con voz preocupada: "Estoy solo, mis amigos me han abandonado. ¿Dónde estoy? Tengo hambre y mucha sed, por favor venid a ayudarme".

Sus discípulos lo habían dejado solo porque él se había transformado y no lo reconocían.

Los animales del bosque, que también vivían ahí, escucharon su llamado con atención y uno a uno acudieron, colocándose a ambos lados de él. Le dijeron que no se preocupara, que no estaba solo, que contara con ellos como sus amigos. Los pequeños animales empezaron a ir de un lado para otro para traer algún presente, así uno de ellos se acercó y le dio siete peces y le dijo: "Toma estos peces y permanece a nuestro lado", los demás le ofrecieron alimentos y sus pertenencias.

Entonces llegó el turno del Conejo, que modestamente extendió sus manos vacías y le dijo: "Maestro, yo he crecido en este jardín, entre estos árboles; las hierbas son mi alimento, yo nada puedo ofrecerte, a cambio recibe mi cuerpo como ofrenda –y, sin decir más, saltó a las llamas de la hoguera ante el asombro de los demás animales. Mientras se consumía, dijo–: Yo puedo darte mi cuerpo, pero yo no tengo el derecho de tomar tu vida".

Buda se sorprendió ante tan noble gesto, regresó a su forma anterior agradeciendo el sacrificio que acababa de presenciar y dijo: "Él, que se olvidó de sí mismo, el más modesto de todas las criaturas terrenales, alcanzará el OCÉANO DE LA PAZ ETERNA, y todos los hombres aprenderán de él, serán compasivos, harán que su imagen aparezca adornando la Luna y brillará por todo el tiempo. Gracias a su generosidad, todos los animales del bosque descansaron en el MUNDO DE LOS SANTOS".

Así, el Conejo aparece en la Luna, junto a un árbol de acacia, fabricando pastillas de la INMORTALIDAD, también conocido como el ELIXIR DE JADE.

Gaceta de la Comunidad China de México, A. C., No. 41, septiembre-octubre de 1986.

EL CONEJO EN EL TRABAJO

Se adapta a cualquier trabajo, pero se inclina a profesiones en las que demuestre su habilidad para la administración y los negocios. Tiene también facilidad para la comunicación que puede aprovechar para estudiar para ser profesor, abogado, psicólogo.

Con un gran sentido artístico y especial inclinación por la música, literatura y el arte, podrá ser también un gran diseñador y trabajar en publicidad.

Tiene paciencia de araña y dedicación *full time*, pero necesita un ambiente tranquilo, cómodo y que no lo presionen con el cumplimiento de los horarios para poder desenvolverse.

No le gusta ser deudor ni acreedor; si no confía en alguien o no lo conoce bien, no le prestará ni un centavo. Puede pasar de mendigo a millonario por su astucia y suerte en las finanzas, es cuidadoso y con buen ojo para invertir en posesiones materiales.

Suele deprimirse si se siente estancado en lo que hace, por eso trata siempre de aprovechar las posibilidades para poder progresar y darse los lujos que le gustan: viajar a lugares exóticos, hacer fiestas o salir de *shopping* para vestirse con lo más *top*.

EL CONEJO EN EL AMOR

Pícaro, seductor, tiene el don de conquistar y fulminar de amor. Le gusta el sexo y gozar de él; adora engatusar a su amante comenzando con una cena a la luz de las velas, música suave, vino y luego llevarla a su dormitorio donde le demostrará todas sus habilidades y su lado más "sado" y retorcido.

Es imposible resistirse a su *sex appeal* y aquellos que hayan sido víctimas de sus bondades como amante, encontrarán difícil el desapego emocional y físico. Estudia a su presa hasta descubrir cuáles son sus deseos y debilidades para luego hacerlos realidad románticamente y cuidando cada detalle. Si bien por sus inseguridades no cree en el matrimonio o en un único amor para toda la vida, es posible que transite por muchas relaciones y experiencias de todo tipo hasta que encuentre a la persona indicada.

Es muy prudente al elegir a su pareja, pues sabe que para mantener una relación estable necesita que lo comprendan, que sepan acompañarlo en las buenas y en las malas. Para él es muy importante basar la relación en la comunicación porque es una persona muy tranquila que no le gustan las discusiones ni las escenas. Si hay un problema, prefiere sentarse a charlarlo con calma y tratar de solucionarlo para estar en armonía.

EL CONEJO Y LA FAMILIA

Es muy buen padre y se preocupa para que sus hijos estén siempre limpios, se rodeen de buenas compañías y sean respetuosos. Pero que se preocupe no quiere decir que sea él quien lo haga, es cómodo y relajado y dejará ese trabajo para su pareja.

Generoso y protector, considera muy importante a su familia, aunque quienes cumplen un rol determinado en su vida son sus amigos, en ellos confía plenamente y sabe que estarán cuando los necesite. Bueno, fiel, capaz de hacer cualquier cosa sin esperar nada a cambio, sabe dar buenos consejos y, si alguno lo decepciona, asume que todos cometen errores y se merecen una oportunidad.

Adora pasar horas en su hogar y organizar reuniones. Excelente anfitrión y dueño de un exquisito paladar, deleitará a sus visitas con comidas y vinos de gran categoría, y los entretendrá con anécdotas de sus aventuras a lo Indiana Jones.

Su casa está decorada con refinado gusto, magníficos muebles y cuadros, llena de lujos, siempre limpia y ordenada; además, el conejo necesita que en su hogar reinen la paz y tranquilidad para poder descansar.

La salud del Conejo

Aunque muchos dicen que el conejo está bendecido con la longevidad, suele tener una constitución delicada. Tiende a sufrir de alergias, muchas veces por el polvo y en época de primavera, cuando la naturaleza revive; también padece de acidez estomacal.

Por el lado emocional, puede sufrir de más cuando se encuentra viviendo situaciones extremas o presiones emocionales de cualquier tipo. Es propenso a deprimirse por no poder expresar lo que siente.

Necesita de ejercicio regular y mucho aire libre para no oxidarse y practicar sus mil juegos amorosos con su harén.

Adora invertir horas en su cuidado y apariencia personal, peluquería, sesiones de masajes, solarium, *gym*, *spa*; cualquier cosa que lo ayude a verse mejor y sentirse siempre joven.

El Conejo y su Energía

Conejo de Madera (1915-1975)

La madera otorga sensibilidad extra al conejo. Es el más santo de los de su especie. Busca el orden y la perfección en todo. Observa y exige, es visionario y complaciente. Es un buen amigo que prestará ayuda, pero que odia ser traicionado. Es serio en el amor y está cargado de sensualidad.

Conejo de Fuego (1927-1987)

Es un ídolo de multitudes, conejo ardiente de energía y ambición. Espontáneo, inteligente y astuto; muy culto, le encanta leer. Es capaz de esconder sus emociones con encanto y diplomacia. Su personalidad resulta fácil de llevar. En el amor es temperamental; responde a los deseos de su pareja.

Conejo de Tierra (1939-1999)

Es un líder de estilo pasivo, maneja todos los asuntos con maestría. Es un conejo muy curioso, se sorprende de cosas fuera de lo común. Tiene chispa, sagacidad y humor que lo hacen figurar en la sociedad. Es el más sexy de todos los conejos, tiene una intensa actividad sexual, y jamás se entrega totalmente.

CONEJO DE METAL (1951-2011)

El metal lo hace bravo y temerario, física y mentalmente puede ser más poderoso que otros conejos. Es amante de la belleza, la música y el arte, optimista, audaz, innovador. Por ser un poco inflexible en sus decisiones puede perder grandes oportunidades. Como amigo es fiel y leal. El sexo es su obsesión.

CONEJO DE AGUA (1903-1963)

La influencia del agua otorga a este conejo buen gusto y refinamiento un poco exagerados. Es sensible e intuitivo, un ser mágico que irradia un encanto muy especial. Necesita sobredosis de apoyo afectivo para sobrevivir. Prefiere la seguridad material antes que la aventura. Tiene pasta de artista y psicólogo.

El Conejo y su Ascendente

CONEJO ASCENDENTE RATA: 11 P.M. A 1 A.M.

Muy astuto, no dejará escapar a la presa. Exigirá más de lo que da. Con dominio y poder será inaguantable. Le interesará el prójimo ya que es cálido y gentil.

CONEJO ASCENDENTE BÚFALO: 1 A.M. A 3 A.M.

Autoritario, materialista. Con objetivos simples: casa, campito, familia. Muy trabajador y responsable, con ideas conservadoras y humor impredecible.

CONEJO ASCENDENTE TIGRE: 3 A.M. A 5 A.M.

Salvaje, emotivo y aventurero. Es caprichoso, sensual y egocéntrico; necesita salir para lucirse. Imprevisible en sus decisiones. El corazón dirige sus acciones.

CONEJO ASCENDENTE CONEJO: 5 A.M. A 7 A.M.

Lo acompañan las cartas de la suerte. Tiene gustos exquisitos. Sabrá adaptarse a diversos ambientes, lugares y personas. Seductor de mariposas y muy culto.

CONEJO ASCENDENTE DRAGÓN: 7 A.M. A 9 A.M.

Será muy ambicioso. Es capaz de recurrir a cualquier arma para conseguir lo que se propone. Es una combinación de héroe y sabio, una unión entre inteligencia y astucia. Enamoradizo.

CONEJO ASCENDENTE SERPIENTE: 9 A.M. A 11 A.M.

Con intuición y astucia para construir un imperio. Es misterioso, peligroso e irresistible. Estará tentado por el juego, los vicios ocultos y una desmedida ansiedad de seducción.

CONEJO ASCENDENTE CABALLO: 11 A.M. A 1 P.M.

Será un líder muy independiente y organizado. No soportará estar encerrado. Su impulsividad será su constante. Galopa en busca de nuevas emociones y no conoce límites.

CONEJO ASCENDENTE CABRA: 1 P.M. A 3 P.M.

Es un vagabundo de espíritu y soñador difícil de corromper. Como tiene poca tolerancia, puede enojarse con facilidad. Buscará rodearse de gente influyente y no se privara de nada.

CONEJO ASCENDENTE MONO: 3 P.M. A 5 P.M.

Es muy ingenioso, travieso y sutil. Ha logrado la mejor mezcla de imaginación y astucia; necesitará una fortuna para vivir y la compartirá con amigos, novios y protegidos.

CONEJO ASCENDENTE GALLO: 5 P.M. A 7 P.M.

La responsabilidad es su obsesión. Le costará disfrutar y dejar a los demás atender su juego. Muy servicial y protector. Será un intelectual abierto a todo tipo de experiencias.

CONEJO ASCENDENTE PERRO: 7 P.M. A 9 P.M.

Es incapaz de dañar a los demás, siempre estará dispuesto a ayudarlos. Tendrá suerte en los negocios y habrá cambios drásticos en su vida a los que se adaptará con facilidad.

CONEJO ASCENDENTE CHANCHO: 9 P.M. A 11 P.M.

Es muy cotizado, inteligente y organizado. Tiene su propia moral y adora enredase en situaciones de alcoba. Juega a hacerse el misterioso, solitario, culto y muy erótico. Un equilibrio excepcional entre cuerpo y mente.

Personajes famosos

CONEJO DE MADERA (1855-1915-1975)

Hernán Crespo, Ingrid Bergman, Edith Piaf, Orson Wells, Frank Sinatra, David Rockefeller, Judy Garland, David Beckham, Carina Zampini, Billie Holiday, Deborah de Corral, Luciano Castro, Dolores Barreiro, Osvaldo Miranda, Bertin Osborne, Ingrid Grudke, Enrique Iglesias, Abel Santa Cruz, Garbriel Ruíz Días, Leticia Bredice, Manu Tenorio, Charly Menditeguy.

CONEJO DE FUEGO (1867-1927-1987)

Lionel Messi, Fidel Castro, Luisana Lopilato, Raúl Alfonsín, Mirtha Legrand, Raúl Matera, Gina Lollobrigida, Gilbert Bécaud, Peter Falk, Neil Simon, Harry Belafonte, Ken Russel.

CONEJO DE TIERRA (1879-1939-1999)

Francis Ford Coppola, George Hamilton, Stalin, Albert Einstein, Reina Victoria, Paul Klee, Andrés Percivale, Peter Fonda.

CONEJO DE METAL (1891-1951)

Raymond Domenech, Charly García, Pedro Almodóvar, Ignacio Gutiérrez Zaldívar, Michael Keaton, Sting, León Gieco, Valeria Lynch, Ana Belén, Thelma Biral, Anjelica Huston, Carl Palmer, Romeo Gigli, Juan Leyrado, Confucio, Jaco Pastorius, Hugo Porta, Isabel Preisler, Cheryl Ladd, Rosa Gloria Chagoyan, Carlos Barrios, Christian Lacroix.

CONEJO DE AGUA (1843-1903-1963)

Niní Marshall, Quentin Tarantino, Johnny Depp, Ramiro Agulla, Fernando Peña, infanta Elena de España, Brad Pitt, Fito Páez, Alfredo Casero, Fat Boy Slim, Xuxa, Germán Palacios, Sergio Goycochea, Fernando Samalea, Andrea Politti, Hilda Lizarazu, Bob Hope, María Gabriela Epumer, Nicholas Cage, Fabián Gianola, Juan Darthes, Alaska, Jaime Marichalar, Gustavo Elía, George Michael, Sheila Cremaschi, Rosario Flores, Adrián Domínguez.

Los conejos Brad Pitt y Angelina Jolie

Yo soy un Conejo

TESTIMONIO

Darío Silva

ARTISTA, DISEÑADOR

En estos últimos dos años viví el encuentro con la coincidencia, la fe y el universo. El conocimiento con uno mismo. El salto al otro extremo.

El equilibrium del cuerpo, la mente y el alma. La libertad interior conectada con la máxima sensibilidad en los sentidos... tantra, yoga, lo afrodisíaco. La creatividad constante. El placer. Alegre. Bello. Arte.

La noche en todo su entorno.

Dejarse llevar por la fuerza del corazón, seguir el camino de la verdad.

Paz. Amor.

tigre

Entrego a la alquimia
lo que quisimos
no pudimos
intentamos
valoramos
desperdiciamos
subestimamos
incorporamos
desechamos
en una tarde dorada
frente a los maizales
que este año retornaron
y los últimos cantos de los pájaros
antes de emigrar.

L. S. D.

tigre

ficha técnica

NOMBRE CHINO DEL TIGRE **HU**
NÚMERO DE ORDEN **TERCERO**
HORAS REGIDAS POR EL TIGRE **3 AM A 5 AM**
DIRECCIÓN DE SU SIGNO **ESTE-NORDESTE**
ESTACIÓN Y MES PRINCIPAL **INVIERNO-FEBRERO**
CORRESPONDE AL SIGNO OCCIDENTAL **ACUARIO**
ENERGÍA FIJA **MADERA**
TRONCO **POSITIVO**

eres tigre si naciste

08/02/1902 – 28/01/1903
TIGRE DE AGUA

26/01/1914 – 13/02/1915
TIGRE DE MADERA

13/02/1926 – 01/02/1927
TIGRE DE FUEGO

31/01/1938 – 18/02/1939
TIGRE DE TIERRA

17/02/1950 – 05/02/1951
TIGRE DE METAL

05/02/1962 – 24/01/1963
TIGRE DE AGUA

23/01/1974 – 10/02/1975
TIGRE DE MADERA

09/02/1986 – 28/01/1987
TIGRE DE FUEGO

28/01/1998 – 15/02/1999
TIGRE DE TIERRA

El TAO del Tigre

Sorpresivamente Wendy, mi adorada amiga colombiana de safaris neoyorquinos, latinoamericanos y existenciales, reapareció en Buenos Aires después de seis años de no vernos tras una temporada en Cartagena de Indias donde junto a amigos del alma celebramos el patrimonio de la amistad.

Su vida es la de un tigre desde que nació, en movimiento por el mundo por cuestiones familiares, por su curiosidad insaciable de sumergirse en junglas de cemento, amazónicas, transpersonales, afectivas y culturales.

Su espíritu noble, generoso, altruista, sobreprotector sigue irradiando ondas expansivas que sacuden los cimientos y las telarañas de lo estático, estancado, estéril, y bucólico.

Ahora es madre de dos varones bien criados, responsable de una fundación, y mantiene su matrimonio con un mono de fuego con quien creo que encontraron la clave de ser opuestos complementarios.

Las huellas del tiempo no marcaron su tersa piel, su agilidad, espíritu desafiante y combativo, su vocación por aprender, enseñar, transmitir, mejorar el mundo y, como me dijo en nuestro reencuentro: liberar a América Latina.

¡¡¡Qué berraquera volver a verla!!!

Es tan divertida que he vuelto a llorar de risa, sentir que veinte años no son nada… aunque la vida me cobró un alto peaje a mis épocas de viajera incansable en las que anidaba ligera de equipaje donde sentía que encontraba seres con la misma sintonía de tribu, con quienes seguimos siendo familia en el NAJT (tiempo y espacio).

Wendy trae siempre una idea renovadora, positiva, optimista.

Feliz por el encuentro, por indexar el nuevo o falso milenio entre bares, domicilios y en la calle, tengo la sensación de que es un ángel protector que está alerta, atenta a cualquier situación imprevista, con un olfato, radar, percepción que sólo poseen quienes cuidan a su cría y a su manada con devoción.

Mentalmente rápida, se anticipa a las preguntas e intenciones que percibe en el aire y las devuelve con puntería de cazadora espacial.

Podría ser una mujer de las galaxias que aterriza en la Tierra con sus armas invisibles y su corazón ardiente para solucionar los problemas de los humildes, de los desocupados, marginales, indefensos, y se rebela ante la injusticia terrenal.

Su vida está ligada al arte, mecenas de artistas en New York y en el mundo, siente como propio el reconocimiento y el éxito de quienes admira, y lo difunde a los cuatro vientos.

Sexy, atractiva por la mezcla de sangre inglesa materna y de los antepasados colombianos, deslumbra cuando baila la salsa, la rumba, y despierta pasiones en sus salidas a las pistas, playas o donde la inspiración la encuentre, pues se permite expresar sus sentimientos dejándolos explotar como fuegos artificiales en año nuevo. Patricia, su hermana roedora, no se queda atrás cuando hay que detener el ritmo cardíaco de quienes tenemos la suerte de conocerlas.

En su segundo viaje, Wendy apareció con su zoo, matizando trabajo con descanso, visitas a museos, amigos y familia. Como un *boy scout*, está siempre lista para lo que se le pida o ella decida que es mejor, sin interferir en el karma ajeno pero brindando soluciones prácticas y alentadoras.

El tigre tiene fortaleza, convicción, coraje, imaginación, sentido del humor y garra para enfrentar los obstáculos.

Ardiente, no mide palabras, actos ni consecuencias. Obra instintivamente como Robin Hood, aunque nadie lo llame.

Feroz, combativo, no dará tregua en sus cacerías, necesita ser admirado, estimulado, sobrevaluado para fortalecer su ego y mantener el ritmo de sus hazañas.

El tigre vive con el llamado de la selva, de ser el rey, de proteger y devorar, tiene ansia de poder y si no está contenido o asesorado es capaz de convertirse en un déspota, necio o mercenario. Dependerá del entorno, la educación, sus principios, ética y moral; son atípicos, y en el momento de actuar o decidir, cada tigre se regirá por sus propias reglas.

Autosuficiente, intrépido, inconstante, buscará saciar sus necesidades básicas antes de prometer estabilidad, constancia y marcar tarjeta de 9 a 6 pm.

Detesta obedecer, adaptarse a regímenes, horarios y personas que no respeta. Es candidato a ser líder de manifestaciones, provocar rebeliones, y asumir responsabilidades políticas. Se involucra, no delega, participa en cuerpo y alma. Es capaz de grandes sacrificios cuando asume una causa y, si es necesario, dará su vida.

Auténtico, romántico, visionario, a veces sentirá que está solo pues exige a todos obediencia y sometimiento, provocando reacciones alérgicas.

Su personalidad es un foco de luz que atrae a niños, jóvenes y ancianos. Es atemporal, juega, se divierte, transita precipicios emocionales, ciénagas, esteros, valles de gran fertilidad y desiertos donde beberá toda el agua del oasis para continuar su peregrinaje hacia nuevas experiencias en las que aumente la adrenalina.

Su creatividad es infinita. Tiene talento y, si no se pierde en vicios o adicciones que lo destruyan, logrará reinar una larga temporada en la tierra. Su vida oscilará entre ambos mundos, nunca será estable, pues le aburre mantener un lugar fijo en la profesión, en la familia, en la sociedad y luchará con sus ángeles y demonios para dejarse guiar por unos u otros.

En ambos sexos será muy deseado. Su exótica belleza, su estilo salvaje e indomable, su *sex appeal*, originalidad, percepción del universo, idealismo combinado con los golpes de azar o de personas que lo apoyen y amen producirá un tigre *supersport*.

El tigre oscilará entre la riqueza y la pobreza, entre tener estatus y ser un inadaptado social, entre el supramundo y el inframundo.

Habrá que recuperar el aliento cuando se nos cruce en la vida y nos envuelva en su torbellino.

El tigre es el rebelde sin pausa del zoo chino. Transgresor, impone su estilo rayado, atrevido, insolente, y deja atónita a la audiencia.

Está siempre a la vanguardia de la

moda, el arte, las ideas revoluciona-
rias; nunca descansa, permanece en
estado de vigilia, abriendo los cinco
sentidos como una flor de loto,
agudizando la percepción, des-
perezándose plácidamente después de
hacer la digestión, de lamerse las garras aún con el aroma de la presa
mientras se limpia en la pastura, en
las sábanas de raso que deja tibias para
la próxima *performance* amatoria.
Crea adicción en sus amantes y los
convierte en eternos amores que lo
seguirán por el mundo incondicionalmente a pesar de los desgarros
y desvelos compartidos.

Extravertido o introver-
tido, nunca pasará desa-
percibido y convocará
gente cuando esté de
mood para organizar
alguna fiesta, reunión,
motín o piquete.

Su gran aprendizaje es
graduar su energía, impulsos,
acciones, exabruptos, papelones; debe
hacer alineación y balanceo diario.

Sus carcajadas son truenos en
noches calmas; cuando los dioses lo
crearon pusieron todas las bendiciones para convertirlo en ídolo,
como a Rafael Amargo, que al bailar
nos transporta a la quinta dimensión
con su luz sobrenatural.

El tigre cuida su figura, es atlético,
esteta y, aunque no es obsesivo en el
cuidado de su cuerpo, no soporta
verse mal. Cuando se siente *out* del
circo se aleja, retrae, esconde y no
deja huellas ni rastros.

Es un lujo como amigo y un peligro como enemigo. Su lema es ojo
por ojo, diente por diente, sabe que
la lucha es parte de la vida, y se inmo-
lará por una causa si es necesario.

Hace poco compartí en el foro de
la mujer un encuentro con Matilde,
una tigresa de 103 años que dio su
visión sobre el paso del tiempo y la
alegría de vivir.

Sólo escuché abierta a esta mujer
que floreció en su esplendor, que está
íntegra, que transmitió alegría,
paciencia y esperanza a quienes la
admiramos como un mito viviente,
contando su infancia entrerriana
entre patios de magnolias y siestas
calmas, que integró la naturaleza a la
propia para transitar cada etapa de la
vida con conciencia, responsabilidad,
atenta a las señales que le brin-
daban los seres que se
cruzaron en su safari,
latiendo con el siglo que
le tocó, aceptando cam-
bios, dejando partir lo
viejo para recibir lo
nuevo aún en la incer-
tidumbre y la desesperanza.

Amando, siendo madre,
amante, esposa, criando hijos, visitando otras latitudes ávida de nuevas
pieles, razas y credos. Valiente, bella
por agasajar la vida con rituales ancestrales, destilaba humanidad, un profundo estilo de reina y mujer clásica
en su manera de hilvanar lo posible
con lo imposible y de seguir integrando el día a día con aceptación.

A veces, vivir tantos años es para
muchos un castigo pues lo que no se
pudo hacer, y menos ser, repercute
en el cuerpo y en el alma.

En Matilde la vida se instaló para
que la agasajemos, bendigamos, apreciemos, es un espejo amplificado de
nuestras posibilidades, recursos, intenciones, proyectos, ideales, sueños.

Contó que su madre la tuvo a los
50 años, y eso provocó un murmu-

llo de sorpresa entre las mujeres que nos reunimos para compartir nuestras experiencias en el foro.

Mi admiración hacia esta tigresa que vive día a día pensando en el mañana es contagiosa.

A veces el tigre vive poco tiempo, y con tal intensidad, que deja también su alma protegiéndonos desde su estrella. Sutil, tosca, real o virtual, su presencia es una fuente inagotable de vitalidad, emociones, recursos naturales y espirituales.

Recuerdo a Alan Watts, el filósofo, pensador, místico que descubrí a los 15 años cuando mi padre partía hacia otra vida y me ayudó a entender el sentido de la vida.

DESCUBRIR SU ESENCIA ES SÓLO PARA ELEGIDOS.

Cuenta la leyenda
El zorro toma prestada la autoridad del tigre*

Un tigre hambriento que buscaba algún animal para comérselo, se encontró con un zorro y, cuando se iba a lanzar a capturarlo, éste gritó:

–¡Anda, atrévete a comerme; el Emperador del Cielo me envió como Rey de los Animales y si tú me comes, el Emperador del Cielo no podrá perdonarte!

El tigre, viendo al zorro tan escuálido y pequeño, no creyó mucho en estas palabras. Sin embargo, oyéndolo hablar con tan fuerte tono, tampoco se atrevió a no creerle. La indecisión del tigre dio al zorro una salida. Riendo entre dientes dijo:

–Je, je, ¿consideras que te estoy engañando? Si no me crees, camina tras de mí y observa. Por dondequiera que vaya, los animales de todos tamaños escaparán corriendo al verme.

El tigre pensó "Esto debe verse" y, así, el zorro empezó a caminar al frente orgullosamente, mientras el tigre lo seguía muy de cerca. Los ciervos de la montaña y las cabras salvajes, al ver que el zorro era seguido de cerca por el tigre, se asustaron y huyeron corriendo. El tigre, al verlos huir, creyó que en verdad temían al zorro, sin darse cuenta de que era a él mismo a quien temían.

Aquí se ilustra cómo alguna gente se aprovecha de la autoridad o del poder de otros para maltratar a los demás.

*Esta fábula proviene del Zhan Guo Cechu Ce. Esta versión fue tomada de *Selección de los Proverbios Chinos* del Instituto de Lenguas de Beijing, 1ª Ed., Beijing, 1983).
Gaceta de la Comunidad China de México, A. C., Nº 37, enero-febrero de 1986.

EL TIGRE EN EL TRABAJO

Se pasa la vida buscando una mejor oportunidad laboral para mostrar su creatividad, muy bien redituada, pero que no le exija esfuerzo y no lo mantenga encerrado en una oficina. Necesita estar afuera haciendo relaciones públicas que le abran puertas a nuevos contactos que aprovechará para cambiar otra vez de trabajo.

Se mueve con naturalidad por los más oscuros escenarios de la vida y sabe salir de ellos con su instinto felino. Le gusta jugar con fuego, tirar de la soga hasta casi ahorcarse, apostar a todo o nada sin pensar en las consecuencias. Su personalidad hace que algunos no confíen en él y no le den la posibilidad de demostrar su capacidad.

Sabe hacer dinero pero no sabe ahorrarlo, es muy inconstante con su economía. Competitivo y sin límites, es capaz de bajar a zarpazos a quien se le cruce en el camino para ser él quien comande y aporte las ideas para el éxito de su empresa; cuando lo logra, da libertad y confianza a sus empleados para que cumplan su trabajo con eficacia. Sumamente generoso con ellos, le gusta que tomen su ejemplo y lo respeten.

Confía en sí mismo y aún en situaciones límites sale adelante. Este felino deja su marca por donde pasa; como un huracán, revoluciona y arrasa con todo y hace que todos lo recuerden.

EL TIGRE EN EL AMOR

Es muy difícil entablar una relación con él ya que es muy inestable; se necesita astucia, paciencia y un trabajo delicado para mantenerlo a tu lado para siempre. Tiene una facilidad increíble para enamorarse y no hace distinción de raza, color o cultura a la hora de elegir a su pareja, pero necesita tener piel con ella y compartir los mismos gustos. No le teme al casamiento pero necesita espacio y aire suficientes para no sentirse agobiado; si esto pasa, tal vez huya en busca de una nueva conquista, sin que le importen hijos, parentela o libreta.

Como amante es cariñoso, divertido, romántico, complaciente y busca en su pareja una persona que le pueda seguir el ritmo, comprender sus altibajos y proveerle apoyo moral. Cuando la confianza del Tigre se desmorona, busca alguien que lo proteja, que lo escuche si necesita desahogarse y que, aunque lo sepa, le diga constantemente cuánto lo quiere.

Enérgico, hábil, espontáneo y apasionado en la cama, se desenvuelve con facilidad y deja volar su imaginación para satisfacer y hacer que su pareja disfrute y goce tanto como él. Sabe cumplir todos los placeres y fantasías que su pareja pueda tener, tiene un master en movimientos, palabras y caricias que permiten gozar múltiples orgasmos antes del inicio del acto sexual. Es egocéntrico, se sabe atractivo, seductor y juega con esas armas para hacer caer en sus garras a quien tenga a su lado.

La desconfianza y los celos lo llevan a sacar conclusiones precipitadas de las que por lo general se arrepiente, pero nunca dará el brazo a torcer.

EL TIGRE EN LA FAMILIA

Si bien la familia es muy importante para él y como padre y esposo es excelente, no le gustan los compromisos propios del matrimonio. No frecuenta reuniones familiares, no recuerda fechas importantes, ni será él quien pague las cuentas; no por maldad sino porque no está en su naturaleza hacerlo.

Le gusta tener una buena relación con sus hijos, los criará poniéndoles límites y esperará que lo retribuyan con respeto y sinceridad; también le gusta darles espacio y confianza para que ellos se muevan tranquilos. Protegerá a su cría con uñas y dientes por sobre todas las cosas.

Disfruta mucho de su hogar, decorado con buen gusto, cálido, acogedor y lleno de reliquias de viajes; no permitirá que se cargue de energía negativa, por eso trata de evitar que haya discusiones y malos momentos en su casa.

Le encanta organizar salidas con amigos y fiestas, y sobre todo recibirlos en su casa: los atenderá de manera extraordinaria, preparará un gran banquete y descorchará el mejor vino para que se sientan cómodos y deseen volver.

Tiene muchos amigos aunque muy pocos son de su confianza, pero cuando se enoja no controla sus impulsos y ruge de tal forma que los atemoriza y logra que se alejen de él.

LA SALUD DEL TIGRE

Siempre a la moda, arreglado, prolijo, capaz de pasarse horas enfrente del espejo. Considera muy importante su apariencia física pues sabe que le da bienestar, por eso practica deportes con frecuencia, en general de aventura.

Su gran sentido del humor, alegría y confianza en sí mismo lo ayudan a tener una mejor calidad de vida.

Está las 24 horas del día buscando algo para mantenerse ocupado y eso lo puede llevar a descuidar su salud; tiene que aprender a calmarse y poder llevar así una vida más tranquila y saludable.

No es propenso a enfermarse con facilidad pero debe cuidarse de las comidas picantes y las bebidas alcohólicas.

El Tigre y su Energía

TIGRE DE MADERA (1914-1974)

Su sentido artístico lo hace un ser creativo. Es muy disciplinado, metódico y puntual con su trabajo; madrugar lo ayuda a aprovechar la mañana pues se toma su tiempo para elongarse. Luchará por la estabilidad y se guiará por el instinto. Es idealista, práctico y cariñoso: su energía natural lo hará estar rodeado de amigos.

TIGRE DE FUEGO (1926-1986)

Posee un espíritu ingenioso que alimenta sus acciones y aventuras, sean éstas buenas o malas. Un amante insaciable: la pasión puede llevarlo a lugares inimaginados. Es imprevisible y posee gran fuerza de voluntad. Vive el presente, las derrotas lo incentivan a luchar con más coraje. Tiene magnetismo, elegancia, humor y una extraña belleza que encanta.

TIGRE DE TIERRA (1938-1998)

Este felino adora seducir y ser seducido es el más jugado en el amor. Ni tan celoso ni tan posesivo en sus relaciones. Es tranquilo y le gusta planificar la vida de los demás. Se lo quiere porque es muy servicial, fiel y leal con sus amigos. A veces toma decisiones y cambios de rumbo en busca de mejores horizontes que dejan con la boca abierta.

TIGRE DE METAL (1950-2010)

Es adicto a los cambios, le encanta viajar y se adapta a cada lugar con gran facilidad, se enferma cuando siente bloqueada su libertad. Este tigre odia que lo manden, no delega responsabilidades. Es muy dependiente en lo afectivo y eso puede perturbarlo, pero es independiente y un tanto egoísta cuando están en juego sus propios intereses. No sigue reglas fijas y le gusta ser alabado. Es un tigre efervescente.

TIGRE DE AGUA (1902-1962)

Es el más realista de los felinos. Si este tigre es traicionado, ojo con sus zarpazos. Es muy cerebral y está dotado de una gran intuición que aplica en sus actividades sacando el máximo de provecho. Buen amigo y confidente, trabajador, optimista y generoso. Le resulta un poco difícil controlar su equilibrio emocional. Adora la vida familiar, es cariñoso y protector con su prole.

El Tigre y su Ascendente

TIGRE ASCENDENTE RATA: 11 P.M. A 1 A.M.

Es un tigre muy independiente y apasionante que tratará de ayudar a los demás. Resulta una combinación explosiva, enérgica y optimista. Bueno para los negocios.

TIGRE ASCENDENTE BÚFALO: 1 A.M. A 3 A.M.

El tigre conseguirá encauzar su TAO por la disciplina del buey. Alcanzará sus fines de manera honesta. Es entusiasta, solitario y tenaz: un tigre muy realista.

TIGRE ASCENDENTE TIGRE: 3 A.M. A 5 A.M.

De naturaleza viva y creativa, con carácter muy intenso e imprevisible que a veces lo torna temerario. En el plano afectivo no se juega por compromisos serios.

TIGRE ASCENDENTE CONEJO: 5 A.M. A 7 A.M.

Perseguirá poder y fama, aquí se manifiesta su frivolidad. Es previsor y sobre todo, independiente. Culpa a la sociedad de sus fracasos y es inseguro en el amor.

TIGRE ASCENDENTE DRAGÓN: 7 A.M. A 9 A.M.

Tigre corazón de león, valiente, noble y atractivo. Esta conjunción hará del tigre un ser activo y enérgico. Vivirá historias de amor muy explosivas. A veces, demasiado ambicioso.

TIGRE ASCENDENTE SERPIENTE: 9 A.M. A 11 A.M.

La unión con la serpiente lo hace peligroso. Bueno y ambicioso para los negocios. Será culto, refinado, sibarita. Valora la discreción y tiene la capacidad de controlarse.

TIGRE ASCENDENTE CABALLO: 11 A.M. A 1 P.M.

Son dos signos independientes, idealistas y terriblemente enamoradizos. Será un tigre irresistible y dinámico que no se adaptará a la sociedad. Ama la acción y la aventura.

TIGRE ASCENDENTE CABRA: 1 P.M. A 3 P.M.

Sacará lo mejor y lo peor de la cabra. Muy emocional y artístico. Es capaz, al mismo tiempo, de planificar y realizar, de practicar y dialogar. Es posible que esconda sus jugadas.

TIGRE ASCENDENTE MONO: 3 P.M. A 5 P.M.

El mono otorga gran habilidad y trucos al tigre. Astucia y destreza se unirán para comerse al mundo. Capaz de emprender lo que quiera, conseguirá el éxito por ser irresistible.

TIGRE ASCENDENTE GALLO: 5 P.M. A 7 P.M.

No le gusta pasar inadvertido. Para tomar decisiones importantes necesita la aprobación de otros. Es orgulloso y le gusta ser el primero. Es muy narcisista.

TIGRE ASCENDENTE PERRO: 7 P.M. A 9 P.M.

Fiel, honesto, realista y reflexivo. No se apegará a nada ni a nadie. Tendrá fama de ser orgulloso y altanero.

TIGRE ASCENDENTE CHANCHO: 9 P.M. A 11 P.M.

Este tigre vivirá sumergido en sueños y obsesiones. Difícilmente muestre sus sentimientos; esto le cuesta, igual que encauzar su profesión. Entregará su vida por la familia.

Personajes famosos

TIGRE DE MADERA (1854-1914-1974)

Robbie Williams, Julio Cruz, Emmanuel Horvilleur, Martías Martin, María Julia Oliván, Belén Blanco, Pierre Balmain, Alberto Castillo, Julio Cortázar, Marguerite Duras, Oscar Wilde, Adolfo Bioy Casares, Agustín Pichot, Natalia Graziano, María Vázquez, Ariel Ortega, Alanis Morissette, Leonardo di Caprio, Penélope Cruz, Eleonora Wexler, Gustavo Vidal, Mónica Naranjo, Richard Widmark, El Califa, Rafael Amargo.

TIGRE DE FUEGO (1866-1926-1986)

Jerry Lewis, Dalmiro Sáenz, Marilyn Monroe, Oscar Ustari, Alberto de Mendoza, Alfredo Distéfano, Mel Brooks, Klaus Kinsky, Miles Davis.

TIGRE DE TIERRA (1878 - 1938 - 1998)

Héctor Larrea, Pérez Celis, Rudolf Nureyev, Alan Watts, reina Doña Sofía de España, Tina Turner, Isadora Duncan, Roberta Flack, Leonardo Favio, Karl Lagerfeld, Augusto Mengelle, Alejandro Sessa, Issey Miyake, Jaime Torres.

TIGRE DE METAL (1890-1950)

Carlos Gardel, Néstor Kirchner, Matildo Ubaldo Fillol, Norberto "Pappo" Napolitano, Laura Esquivel, Peter Gabriel, Charles de Gaulle, Cristina Onassis, Stevie Wonder, Laurie Anderson, Dolli Irigoyen, Stan Laurel, Miguel Ángel Solá, Michael Rutherford, Oscar Mulet, Teté Coustarot, Hugo Arias, Marcela Tinayre, Tony Banks.

TIGRE DE AGUA (1842–1902–1962)

Jodie Foster, Tom Cruise, Ana Tarántola, Ian Astbury, Simón Bolívar, Bahiano, Silvina Chediek, Divina Gloria, Sandra Ballesteros, Andrea Bonelli, Fernando Bonfante, Ivo Cutzarida, Carola Reyna, Carlos Sainz, Juanse Gutiérrez, Juan Namuncurá, Leonardo Becchini, Karina Lascarin.

Con Pelito Gálvez
y Ana Tarántola
en Ojo de Agua

Yo soy un Tigre

TESTIMONIO
Pelito Gálvez

SANYASIN (buscador)

Soy un tigre… Llevo mis manchas como cada experiencia impresa por la vida y las hay de todos matices y colores. Las acepto y las abrazo: todas son parte de mi pelaje que me sirve hoy para hacer lo que más disfruto, ser el terapeuta más *fashion* de la tierra (a lo mejor ya me ganó Teresa Zavalía).

Por todos los perfiles que tengo, me declaro un tigre más que polifacético; y todos ellos corren paralelos, a saber: viajero incansable, a los 21 años me fui literalmente a dedo desde Milán a New Delhi, atravesando Yugoeslavia, Grecia, Turquía, Irán, Afganistán, Pakistán y la India; fue el primero de cuatro viajes por esos parajes y, para mi placer máximo, viví y recorrí París, Londres, Atenas, Barcelona, Madrid, Amsterdam, Hamburgo, Estambul, Moscú, Lisboa, Tokio, Amberes, Munich, Ibiza, Dusseldorf, Hong Kong, Florencia, Roma, Kyoto, Mykonos, Santorini, Amorgos, Río de Janeiro, Delhi, Calcuta, Madras, Kathmandú y alguna más que se tragó la tinta china…

Hablo y escribo inglés, francés, italiano y portugués, entiendo todo y hablo un poco de alemán y holandés, y estoy loco por aprender griego que me parece una maravilla y el único idioma que me desagrada es el catalán,

por ser un cóctel de español, francés e
italiano, todos y ninguno… pero esto
es personal *of course*, hay quien se de-
rrite ante un "bona nit".

Mi profesión de modelo, otro de mis
perfiles: más que hacerme famoso me
permitió alcanzar el estatus de "linyera
de lujo" y me conectó en persona y tra-
bajé al lado de increíbles inspirados de
este siglo: a saber Kenzo, Y. S. L.,
Hermes (Veronique Nichanian),
Lanvin (Patrick Lavoie), Issey Miyake,
Paco Rabanne, Thierry Mugler,
Claude Montana, Jasper Conran, Dior,
Francesco Smalto, Valentino, Enrico
Coveri, Nino Cerruti, Toni Miro,
Franco Moschino, Ozwald Boateng…

Y el otro perfil que me mantuvo vivo
porque vine al mundo con una mente
muy inquisitiva, preguntándome
¿quién soy yo? ¿de dónde vengo? Un
día escribí "el cuerpo es la caja del
espíritu" y empecé a investigar para ver
qué pasaba con los humanoides, y así
me zambullí con todo en el yoga, el
budismo tibetano, el zen, recorrí la
India cuatro veces por largos períodos
retirado en ashrams hiduistas, católicos
y budistas, pero lo que más me marcó
fueron las temporadas en Rishikesh,
Himalaya, donde nace el Ganges, y
donde le pido por favor a mis maestros
que antes de descartar este cuerpo me
permitan volver una vez a estos lugares.

Pero toda esta experiencia no tendría
sentido si no comparto con ustedes,
lectores, algunas de mis conclusiones.
Tómenlo como mejor les parezca.

Amo el yoga, la naturaleza, los animales, la meditación zen, las dinámicas
de Osho, soy terapeuta de shiatsu, profesor de yoga y además tiro las runas.

Siempre equilibren los "desarreglos"
con "arreglos" hasta que ya no necesiten
más los auto flagelos y los sabotajes.

Sepan reconocer donde "hacen
agua" y vivan y disfruten los placeres,
no "tapen" agujeros emocionales con
ellos, esto sólo –a la larga y a la corta–
trae más sufrimiento.

Descondiciónense de creer que para
ser feliz hay que vivir de a dos, es el
punto más equivocado de la
humanidad, porque esto no sólo es
absurdo sino que intrínsicamente
descarta la posibilidad de ser feliz de a
uno, y así no vampirizamos más a
nadie, cuando estemos más sanos ven-
drán los amigovios, y nos quedaremos
con la mejor parte del puchero sin los
otros agobios.

Apunten a ser seres completos y no
actúen desde el niño. Hagan algo con
este tema… algo.

Tengan cojones para hacer los cambios que quieran en la vida, sea lo que
sea; lo que ya no sirve, ya no sirve… Por
más que haya apegos o cueste creerlo.

La felicidad nunca fue gratis, es una
decisión y una actitud y forma de ver la
vida que se elige y se trabaja.

La vida es un aquí y ahora, no uno
agradable del cual me hago cargo y del
otro que a mi ego no le gusta y lo único
que me nace es deshacerme de ello,
abrácenlo, háganse cargo de todo lo que
pasa: es la única forma de salir adelante.

No tengan hijos a menos que tengan
total responsabilidad, abnegación,
madurez y conciencia para asumir
aquello en lo que se están embarcando,
si no tienen un mínimo de salud mental, ya con ustedes tiene bastante
neuróticos el mundo… (si esto que
escribo les molesta, a lo mejor entraron
en el grupo de aludidos… suerte).

Sueño dormido… sueño despierto… todo son sueños, un abrazo grande
a todos. Que Dios los bendiga, Peli.

AMOR

TRABAJO

AMISTAD

AZAR

búfalo

Entre la vaca y el centauro
me debato
lunes de espejismo
no querés que encare el año lectivo.
Desvío el TAO
sé que es de a dos.
Refugio interior
flit moscas
todavía no puedo cosechar choclos
mi amor.

L. S. D.

牛

búfalo

ficha técnica

NOMBRE CHINO DEL BÚFALO **NIU**

NÚMERO DE ORDEN **SEGUNDO**

HORAS REGIDAS POR EL BÚFALO **1 AM A 3 AM**

DIRECCIÓN DE SU SIGNO **NOR-NORDESTE**

ESTACIÓN Y MES PRINCIPAL **INVIERNO-ENERO**

CORRESPONDE AL SIGNO OCCIDENTAL **CAPRICORNIO**

ENERGÍA FIJA **AGUA**

TRONCO **NEGATIVO**

eres búfalo si naciste

19/02/1901 - 07/02/1902
BÚFALO DE METAL

06/02/1913 - 25/01/1914
BÚFALO DE AGUA

25/01/1925 - 12/02/1926
BÚFALO DE MADERA

11/02/1937 - 30/01/1938
BÚFALO DE FUEGO

29/01/1949 - 16/02/1950
BÚFALO DE TIERRA

15/02/1961 - 04/02/1962
BÚFALO DE METAL

03/02/1973 - 22/01/1974
BÚFALO DE AGUA

20/02/1985 - 08/02/1986
BÚFALO DE MADERA

07/02/1997 - 27/01/1998
BÚFALO DE FUEGO

El TAO del Búfalo

Esta mañana Mike Green me trajo a casa su libro –*Somos la gente que estábamos esperando*–, y nos reencontramos después de una pausa en la que nos pusimos al día con nuestras responsabilidades humanas y planetarias.

Agradecí volver a verlo, quizá no sepa que su ausencia es también necesaria para tener recreos para metabolizar el caudal de vida útil, práctica, el llavero de oro que conecta las puertas sagradas, el enlazador de mundos que se infiltra por las ranuras oxidadas y las destapa de un soplido con su certera puntería de espadachín mediático.

Pocos hombres han pisado y labrado la vida en el día a día con tanta paciencia, disciplina, elegancia, curiosidad, concentración, responsabilidad, fecundidad, entrega, pasión y vocación como este búfalo pura sangre que logra meditar mientras toma el subte a las 9 de la mañana y se inspira para escribir un artículo de ecología cuando llega a su baticueva.

Viajero incansable, acepta cada día como una aventura al parque de experimentos en el que dirige, participa, actúa, enseña, transmite la savia del árbol de la vida con serenidad y frescura.

Es enriquecedor compartir con él una charla, comida, caminata, evento social, artístico o espiritual.

Atento, medido, comprometido con lo que hace, despierta ternura, admiración e inspiración.

Amanece temprano, antes de que salga el Sol y con su reloj interno asume cada minuto del día, convencido de que hay que salir a la lucha aunque truene, nieve o decreten feriado nacional.

El búfalo tiene sus propias leyes, reglas e ideas acerca del mundo y de su misión.

No es fácil conocerlo pues su gran timidez actúa como coraza y a veces se defiende antes de que lo ataquen para preservar su tiempo y espacio, que son sagrados para su equilibrio emocional.

Es autoritario aunque no tenga súbditos ni personas que escuchen sus mandatos, sentencias, dictámenes y bufidos.

A mi manera es la canción ideal para este signo: al búfalo le cuesta adaptarse a otros pues su innata independencia lo convierte en un ejemplar difícil de aceptar por sus principios rígidos y esquemáticos.

El búfalo sabe que es necesario para la familia y la comunidad por su capacidad de trabajo, responsabilidad y sentido común.

A pesar de ser *heavy duty* tiene más virtudes que defectos.

Desde su vulnerabilidad blindada transitará la vida con aplomo, seriedad y capacidad para enfrentar los obstáculos, pruebas y adversidades.

Inspira confianza, credibilidad, protección y admiración.

Silencioso, cumplirá con los deberes que le designe el cosmos y no delegará responsabilidades; al contrario, trabajará por quienes se aprovechan de su eficacia, discreción y buena fe.

Necesita sentirse respaldado, respetado y alentado para tomar decisiones y, si es necesario, asumirá riesgos que podrían perjudicarlo.

EL BUEY SOLO SE LAME LAS HERIDAS.

Su timidez, pudor y complejos podrían convertirlo en un ser retraído, autista, arisco e inaccesible.

El búfalo es sólido física y mentalmente.

Apto para todo terreno, cuando se le pide ayuda es el primero en llegar y el último en irse.

Despliega su estrategia, arsenal de ideas que pone en práctica a la velocidad del rayo y con su innata autoridad consigue formar un ejército digno de Gengis Khan.

Es implacable: si tiene alguna obsesión o idea que lo desvela, no dormirá hasta resolverla. Perfeccionista, íntegro, sofisticado, tiene energía para repartir entre su casa, familia, trabajo, amigos, amores, viajes físicos y astrales, vida de monasterio y luces de Broadway.

El buey es arbitrario en sus afectos y elecciones.

Valora lo que no tiene o le falta y trata de equilibrarlo con sus relaciones marcianas.

Incondicional, necesita sentirse útil y desplegar su multifacética personalidad para solucionar entuertos.

El biorritmo del búfalo oscila: a veces es diurno; otras, vespertino o nocturno; no importa, cuando se enciende es una PC Windows 2013 apta para almacenar información cósmico-telúrica infinita.

Su esencia es noble, conoce el alma humana como Lao Tse, que eligió a un búfalo para recorrer China predicando el TAO, y no tiene apuro pues sabe que nadie le gana en perseverancia y tesón cuando quiere llegar a su objetivo.

Cuando se enoja, se convierte en una bestia temible: NO RAZONA, SE ENCEGUECE Y NO DISCRIMINA. Es mejor no hacerle frente, dejarlo solo y esperar que toque la puerta haciéndose el *cool*.

El búfalo no tiene necesidad de ser el primero, pues sabe que hay otros que pueden desempeñar mejor ese rol.

Le importa trabajar con conciencia y abrir caminos para quienes se distraen con ilusiones y espejismos.

Su vida es rica en experiencias; como protagonista o espectador, siempre participa en lo que emprende.

Olvida y se posterga cuando es llamado por la vocación; como Van Gogh, puede alejarse del mundo para cumplir con la misión y dejar obras de arte que el tiempo se encargará de reconocer.

El búfalo es visionario, está adelantado años luz pero sigue sembrando semillas para las generaciones futuras.

Es estable emocionalmente, aunque tiene picos de *up* y *down* que lo alteran en distintas etapas.

La salud es parte de su riqueza: fuerte y sano, es una montaña fértil donde abundan posibilidades ilimitadas de recursos que florecen en cada estación y lucen sus flores y frutos al sol. Urbano o con raíces telúricas, está siempre atento a lo que ocurre en su entorno; participa, se juega e integra a la comunidad.

Es un excelente consejero, tiene objetividad, es imparcial, y muy lúcido cuando debe tomar partido.

Su naturaleza *yin/yang* lo convierte en un ser deseado, valorado y muy cotizado en el mundo globalizado. Su presencia es notable, destila franqueza, sentido del humor, fluidos de raíces de ginseng y cactus.

EL GRAN PODER DEL BÚFALO ESTÁ EN SU RESISTENCIA PASIVA.

Parece quieto, inmóvil, retraído, pero su manera de funcionar es sutil, lenta y firme. Estudia minuciosamente el ambiente, el entorno y los detalles mientras desde su mente práctica organiza los movimientos antes de actuar.

Es un volcán que está siempre encendido, aunque no se note. Toma fuerza de la tierra, de su abono, sus raíces, para estimularse y, como una locomotora, en el momento preciso empezará a recorrer las vías hasta llegar a destino.

Ésa es su mayor virtud, el perfil bajo que lo acompaña en las decisiones, en los cambios, en las misiones de fe y convicción que milita.

Es un apóstol, un misionero, un aplicado alumno que no dejará de lado ninguna materia para cursar antes de recibirse.

Su espíritu permanece libre, a pesar de que es el signo con mayores responsabilidades terrenales del zoo chino.

Le cuesta demostrar sus sentimientos, expresar sus ideas y estar a gusto en lugares íntimos o cerrados.

Para sentirse equilibrado debe estar en contacto con la naturaleza, tener su espacio, jardín, o por lo menos un cantero de aromáticas y macetas en la terraza.

Su felicidad depende del bienestar de sus seres queridos: la familia, los amigos; y tal vez se interese por gente para proteger o ejercer un mecenazgo, pues es un gran admirador del talento y la originalidad.

El buey tiene almacenada su energía y, a pesar de ser sano, puede sufrir enfermedades crónicas que lo debiliten, por eso es fundamental que practique la medicina preventiva.

Detesta que le impongan reglas, horarios o le hagan pedidos, y no se hará cargo de ellos.

Intrínsecamente, el buey tiene su programación, es un genio para diversificarse, cumplir con cada función a la perfección, pero no soporta que lo sorprendan con cambios bruscos o imprevistos.

Atento, servicial, solidario, su presencia es siempre grata cuando sentimos que no tenemos fuerzas ni ánimo para seguir en la lucha.

Su visión del mundo es realista; a pesar de ser visionario, prefiere predicar y practicar el AQUÍ Y AHORA que hacer proyectos delirantes.

La infancia y la juventud pasarán sin dificultades: él estará ocupado en aprender los oficios que la vida le permita, en compartir su conocimiento y transmitirlo; la madurez será un aterrizaje de lo que hizo y lo que pudo con su matrimonio, pareja o hijos, que a veces lo pondrán fuera de sí.

La vejez será calma si está en el ambiente propicio, cosechando los frutos de la tierra y con laborterapia.

El buey es mejor ocupado que desocupado: vive mal el descanso, las vacaciones, y la horas libres.

A pesar de tener *hobbies* y organizar partidas de polo, golf, truco y canasta, necesita su tiempo para meditar, leer, escribir, ver televisión sin moros en la costa.

Su constancia es contagiosa. Tiene ritmo para empezar el día y conjugar sus necesidades con las del prójimo, y eso facilita la convivencia.

El buey es capaz de grandes hazañas y sacrificios si no es víctima de la ambición desmedida de poder y reconocimiento.

Su mundo interior es rico; su búsqueda espiritual no se detiene a pesar de que tenga que pagar la luz, el gas, el teléfono y los impuestos propios y de todo el barrio.

Adora participar en asambleas de consorcio, defender los intereses de los vecinos y discutir hasta defender los últimos centavos.

Produce admiración por su estilo simple, ascético, medido y previsor.

Pienso en amigas búfalas que están siempre en acción, con proyectos, ganas de ver a los amigos, cuidando a su prole y sacando lustre al tiempo para estar en *vernisagges*, exposiciones, marchas y reuniones de padres en las escuelas.

Tal vez no tengan buen humor todo el día o se ofusquen por detalles en la rutina, pero se puede contar con ellas incondicionalmente.

En ambos sexos, el búfalo genera ganas de salir de la cama y entrar en órbita galáctica, pisar con decisión y no mirar hacia atrás, apostando al futuro del éxtasis.

Cuenta la leyenda

Antiguas leyendas relatan que hace muchísimo tiempo, cuando los hombres labraban la tierra usando sólo su propia fuerza y unas cuantas herramientas rudimentarias, el Búfalo era una estrella que pastaba en el firmamento. Por aquellos días, los hombres no producían muchos alimentos y, por lo tanto, se conformaban con comer cada cuatro o cinco días, a consecuencia de lo cual muchos morían de hambre.

Preocupado por la mortandad, pero sin querer dar a los hombres dones inmerecidos, el Emperador Celestial tuvo la ocurrencia de mandar a exhortarlos a fin de que pusieran mayor empeño en sus labores agrícolas, con la promesa de que, si así lo hacían, comerían cada tres días. Para llevar este mensaje, eligió nada menos que al Búfalo, tomando en cuenta que su perseverancia en el trabajo era ya bien conocida.

El buen Búfalo, emocionado por llevar la representación del Emperador del Cielo por primera vez en su vida, no puso mucha atención a las palabras de éste y, cuando llegó a la Tierra, dijo a los hombres que si se esforzaban en su trabajo, comerían tres veces al día (en vez de cada tres días).

Los hombres se alegraron tanto al oír las palabras del Búfalo, que el Emperador Celestial no se atrevió a frustrarlos con la verdad. Así, se concretó a castigar al mensajero ordenándole que se quedase en la Tierra como responsable de que los hombres pudiesen comer tres veces al día. Desde entonces, el Búfalo ha regado campos y caminos con su sudor y ha tenido que ceder su carne y sus vísceras, para que los hombres puedan alimentarse.

Gaceta de la Comunidad de México, A. C., Nº 30, febrero de 1985.

EL BÚFALO EN EL TRABAJO

El Búfalo se desenvuelve mejor en trabajos estables donde puede pastar tranquilo, no le gusta que le estén encima controlándolo porque puede fracasar en sus proyectos. Necesita de un clima equilibrado que le permita desenvolverse al máximo, le gusta hacer las cosas con calma y a su manera, tardará más que sus compañeros pero así cuida su salud mental y se asegura que todas las cosas salgan a la perfección. Es dedicado, responsable, toma muy en serio su trabajo y, si le dan un objetivo, se esforzará por cumplirlo y se encargará de que sus compañeros también lo hagan aunque deba hacer horas extras para ayudarlos o, directamente, se los hará sin esperar ayuda o recompensa. Si bien es una persona muy capaz e inteligente, no es muy amigo de la tecnología: prefiere el trabajo manual y clásico.

Tiene una fuerza interior a prueba de balas que usará cuando sea necesario; con paso firme y sin descarrilarse en su camino sabrá enfrentar las injusticias y obstáculos que la vida le presente, así hará que los demás reconozcan su esfuerzo y logrará el liderazgo en su trabajo. Como jefe es respetado, querido y admirado; le gusta la armonía y el buen ambiente entre sus empleados, por eso siempre busca que se encuentren conformes y cómodos y, si no es así, está dispuesto a escucharlos y encontrar la forma de solucionar el problema.

Podrá tener un día de furia si no se cumple el trabajo con la responsabilidad y la puntualidad requeridas; le gusta tener todo bajo control e impondrá su autoridad como una estampida para lograr el éxito que lo consagre.

EL BÚFALO EN EL AMOR

Puede llegar a sufrir mucho al iniciar una relación por no congeniar con su pareja, que por lo general es totalmente opuesta a él, pero sabe que a la larga terminará moldeándola a su gusto y conveniencia. Le cuesta enamorarse pero cuando alguien logre llamar su atención, hará hasta lo imposible para conquistarla; no se rinde fácilmente, cruzará océanos, cordilleras, se enfrentará a cualquiera, pero no permitirá que nada le impida estar con ella o destruya su relación pues le cuesta mucho superar rupturas. Pero a pesar de todo sabe que no hay mal que por bien no venga y está dispuesto a abrir su corazón a nuevas relaciones.

Promete fidelidad, compromiso, amor y protección. ¿Quién puede negarse a tener una relación o un *affaire* con él? Atención, como toda persona, tiene su lado negativo: es muy introvertido y le cuesta abrirse a los sentimientos, prefiere un hecho a mil palabras, le gusta complacer pero a la vez necesita que lo complazcan. En la intimidad no se puede esperar que sea quien domine la situación.

Clásico y conservador, si bien su vigor y polenta lo hacen parecer un semental, necesita siempre que le den un empujoncito porque carece de imaginación, pero una vez que le cae la ficha y capta lo que te gusta, sabrá hacer de ese momento el más inolvidable que hayas pasado.

EL BÚFALO EN LA FAMILIA

"¡El que manda en casa soy yo y mientras vivan acá se cumplirán mis órdenes!".

Es buen padre y como tal sabe poner límites y orden; no le importa tener que renunciar a sus gustos o placeres para esforzarse de más con el objeto de que sus hijos no tengan otra preocupación que el estudio y puedan lograr así el éxito. Cariñoso y compañero, dedicará mucho tiempo a la crianza de sus hijos y los protegerá, aún poniendo en riesgo su propia vida, de cualquiera que intente hacerles daño.

Como hijo se preocupará para que sus padres se enorgullezcan de él y por estar presente y servirles de ayuda siempre. Para el Búfalo, su familia es su cable a tierra y no le gusta ver que sufran o pasen necesidades; es bueno, generoso y comprensivo, pero puede ser todo lo contrario cuando se enoja: muy resentido, se mantiene firme en su postura. Si lo ofenden, puede llegar a perdonar pero no a olvidar.

LA SALUD DEL BÚFALO

Es una persona fuerte y de contextura robusta; sin embargo, puede sufrir por problemas en las articulaciones o en la espalda por su afán de trabajar hasta el cansancio. Su dedicación al trabajo es *full time* y a veces se olvida de vivir, debe aprender que la vida es una sola y tiene que disfrutarla, salir con amigos y divertirse.

Como le gusta juntarse en manada, contará con un gran grupo de amigos para compartir numerosas actividades físicas, esto lo ayudará a fortalecerse y no tener que sufrir consecuencias. Es aconsejable que también dedique tiempo a la relajación practicando actividades como las artes, cocina, jardinería, etcétera.

Debe tener cuidado también con las comidas, especialmente con los dulces y las bebidas alcohólicas.

El Búfalo y su Energía

BÚFALO DE MADERA (1925-1985)

Visionario, concienzudo y tenaz ante la vida que elige. Es el más trabajador y protector de su especie. Muy gracioso, sentimental y de carácter rudo ¡Jamás lo contradigan, es capaz de usar su fuerza y su tamaño! Puede destacarse en cualquier vocación y llegar a grandes alturas. Ama a la familia y la naturaleza y rinde culto de adoración a sus amigos, es incondicional y protector.

BÚFALO DE FUEGO (1937-1997)

La impaciencia del fuego se suma a su rudo carácter. Adora a la familia, es responsable y muy tierno. Si atacaran a su prole, saldrá a matar sin culpa a los enemigos. Le encanta participar en los más arriesgados eventos ideológicos, deportivos, ecológicos. Tiene gran poder de recuperación ante las caídas. APUESTA A LO GRANDE.

BÚFALO DE TIERRA (1949-2009)

Fiel a sus ideas, principios y seres queridos. Es muy confiable y resistente en el trabajo, además de perfeccionista y exigente con los demás. Como una tortuga, su caparazón es duro y cuesta penetrar para llegar a su corazón; esto se debe al miedo a ser abandonado y a su inseguridad afectiva.

BÚFALO DE METAL (1901-1961-2021)

El más sociable de los bueyes. Es del tipo que se propone algo y lo hace, o muere en el intento. De pocas palabras y poco sensible, puede no coincidir con los demás, eso lo torna un tanto intransigente y orgulloso; no acepta críticas. Es muy generoso con los seres que ama. Adora ser responsable, por ese motivo le gusta el trabajo difícil. ¡Arremete y vive a pleno!

BÚFALO DE AGUA (1913-1973)

De los bueyes, es el más dispuesto a reflexionar antes que a embestir cuando su bienestar está en juego. Más realista que idealista, paciente, práctico e infatigablemente ambicioso; con valores, astuto y agudo. El menos terco, el búfalo más fácil de amar ya que no se cierra a las demostraciones de afecto… hasta puede estar dispuesto a oír alguna crítica. Su personalidad es multifacética.

El Búfalo y su Ascendente

BÚFALO ASCENDENTE RATA: 11 P.M. A 1 A.M.

Puede ser un tanto avaro tanto con el corazón como con el dinero. La rata atenúa la agresividad del búfalo. Y el búfalo será prudente y objetivo planificando su vida con intuición.

BÚFALO ASCENDENTE BÚFALO: 1 A.M. A 3 A.M.

Nació para mandar. Exigirá incondicionalidad ya que no soporta no ser obedecido. Es protector, taciturno, sólido. Será competitivo y poseerá inclinaciones artísticas.

BÚFALO ASCENDENTE TIGRE: 3 A.M. A 5 A.M.

Tendrá coraje y ambición. Esta conjunción se caracteriza por la atracción racional. Dará su vida por amor. Puede actuar utilizando su instinto y su fuerza bruta en vez de su inteligencia.

BÚFALO ASCENDENTE CONEJO: 5 A.M. A 7 A.M.

Animal refinado que buscará la belleza, la estética y la armonía en aquello que se proponga. Tendrá una familia muy prolífera. Dudará en tomar decisiones. Se volcará por el arte y política.

BÚFALO ASCENDENTE DRAGÓN: 7 A.M. A 9 A.M.

La bendición del dragón le traerá fuerza, poder y determinación para llegar a lo que ambiciona. Es imaginativo, autoritario, anhelante y sibarita.

BÚFALO ASCENDENTE SERPIENTE: 9 A.M. A 11 A.M.

Poco demostrativo con sus sentimientos. Solitario, astuto y reservado, no le gusta pedir consejos. Sabe lo que quiere y hace cualquier cosa para lograrlo.

BÚFALO ASCENDENTE CABALLO: 11 A.M. A 1 P.M.

El caballo le trae suerte y felicidad, pero con su agilidad e impulsividad puede desviarlo del camino trazado. Febril, rebelde, ardiente y sensual, no se satisface con lo que tiene.

BÚFALO ASCENDENTE CABRA: 1 P.M. A 3 P.M.

Tiene tendencia artística y mucha ternura; hará dinero gracias a su talento. Goza la vida en la naturaleza, es receptivo y sensible. Se ríe de sí mismo y encuentra salida a sus problemas afectivos.

BÚFALO ASCENDENTE MONO: 3 P.M. A 5 P.M.

Sociable, sensible, solidario y buen negociante. Siempre saldrá con un as bajo la manga y la gente tendrá que madrugar para tratar de superarlo en el campo laboral. Eficaz y artista.

BÚFALO ASCENDENTE GALLO: 5 P.M. A 7 P.M.

Este búfalo necesita ayuda en la toma de decisiones. Busca la aprobación de los demás. Tiene dones de orador, es eficaz en sus jugadas y humanitario en sus acciones.

BÚFALO ASCENDENTE PERRO: 7 P.M. A 9 P.M.

Luchará ante las injusticias y abogará por ellas. El can otorgará sociabilidad, energía, fidelidad y coraje al buey. Tendrá una vida sentimental agitada. Se dedicará a dar consejos.

BÚFALO ASCENDENTE CHANCHO: 9 P.M. A 11 P.M.

Es sensual, amable, gentil. Adora vivir bien sin privarse de nada y disfrutando de las pequeñas cosas y alegrías de la vida cotidiana. Será realista y tendrá amor toda su vida.

Personajes famosos

BÚFALO DE MADERA (1865–1925–1985)
Dick van Dyke, Johann Sebastian Bach, Tato Bores, Malcolm X, Paul Newman, Peter Selles, Carlos Balá, Roberto Goyeneche, Rafael Squirru, Tony Curtis, Richard Burton, Jimmy Scott, Rock Hudson, Jack Lemmon, Sammy Davis Jr., Johnny Carson, Bill Halley.

BÚFALO DE FUEGO (1877–1937–1997)
Dustin Hoffman, Rey Don Juan Carlos de España, Jane Fonda, Norman Brisky, Robert Redford, Herman Hesse, Bill Cosby, Jack Nicholson, José Sacristán, Diego Baracchini, Warren Beatty, Boris Spassky, Trini López, Facundo Cabral.

BÚFALO DE TIERRA (1889–1949)
José Pekerman, Joaquín Sabina, Charles Chaplin, Napoleón Bonaparte, Luis Alberto Spinetta, Richard Gere, Oscar Martínez, Lindsay Wagner, Jean Cocteau, Meryl Streep, Rodrigo Rato, Renata Schussheim, Jessica Lange, Paloma Picasso, Gene Simmons, Bill Brudford, Billy Joel, Mark Knopfler, Alberto Pío Rosales.

BÚFALO DE METAL (1901-1961)
Andrés Calamaro, Alejandro Awada, Louis Armstrong, Boy George, Juana Molina, Walt Disney, Ronnie Arias, Jim Carrey, Eddie Murphy, Andrea Frigerio, Lucía Galán, Enzo Francescoli, Nadia Comaneci, Alejandro Agresti, The Edge.

BÚFALO DE AGUA (1853–1913–1973)
Roberto Ayala, Inés Sastre, Conny Ansaldi, Vivien Leigh, Lorena Paola, Nicolás Pauls, Carolina Fal, Ivan González, Loly López, Bruno Stagnaro, Albert Camus, Alan Ladd, Juliette Lewis, Carlo Ponti, Cecilia Carrizo, Burt Lancaster, Jane Wyman, Martín Palermo, Lorena Montefusco.

José Pekerman

Yo soy un Búfalo

TESTIMONIO
Sergio Puglia

PERIODISTA

A pesar de tener los pies en la tierra, de vez en cuando me siento un animal.

No sigo la manada, sino mis propios instintos.

Me caracterizan la voluntad, el trabajo y la libertad de ideas y expresiones.

Soy racional e hiperactivo, nunca me quejo a la hora de cumplir con mi deber.

Soy el búfalo que sueña y ésa es la razón que a veces me eleva los pies de la tierra.

A pesar de eso, soy decidido: cuando tomo un rumbo no hay nada que me haga cambiar de parecer.

Para mí la vida diaria es una gran aventura, es una forma de evadir la cotidianeidad y la rutina.

Soy amigo de mis amigos y pocos son mis amigos. Me brindo por completo ante aquellos que lo son y con ellos soy fraterno, solidario y protector.

Soy el búfalo celoso, posesivo y protector, soy Acuario mente inquieta, creativo, soñador e idealista.

b
ú
f
a
l
o

AMOR

TRABAJO

AMISTAD

AZAR

rata

Estoy en la galería
mirando el Sureste
verbena roja en medio del pasto
tal vez mañana no existas.

L. S. D.

r

a

t

a

NOMBRE CHINO DE LA RATA **SHIU**

NÚMERO DE ORDEN **PRIMERO**

HORAS REGIDAS POR LA RATA **11 PM A 1 AM**

DIRECCIÓN DE SU SIGNO **DIRECTAMENTE HACIA EL NORTE**

ESTACIÓN Y MES PRINCIPAL **INVIERNO-DICIEMBRE**

CORRESPONDE AL SIGNO OCCIDENTAL **SAGITARIO**

ENERGÍA FIJA **AGUA**

TRONCO **POSITIVO**

eres rata si naciste

31/01/1900 – 18/02/1901
RATA DE METAL

18/02/1912 – 05/02/1913
RATA DE AGUA

05/02/1924 – 24/01/1925
RATA DE MADERA

24/01/1936 – 10/02/1937
RATA DE FUEGO

10/02/1948 – 28/01/1949
RATA DE TIERRA

28/01/1960 – 14/02/1961
RATA DE METAL

15/02/1972 – 02/02/1973
RATA DE AGUA

02/02/1984 – 19/02/1985
RATA DE MADERA

19/02/1996 – 06/02/1997
RATA DE FUEGO

El TAO de la Rata

Salí el domingo sin rumbo.

Tenía fe en que algo bueno me pasaría pues soy de las que, cuando vislumbro que las nubes negras pueden vencer al rayo de luz que se esconde entre sus pliegues, como Lázaro, me levanto y ando.

En invierno el valle se reduce, socialmente, a escasos contactos.

Mientras seguía con el peso de plomo en el cuerpo que impide seguir hacia un lugar determinado, entré en el bar de la YPF y una mujer luminosa me llamó desde su mesa.

Accedí de buena gana, sentí buena vibración antes de mirarla y ella con una voz nítida me preguntó:

—¿¿Sos Ludovica??

—Sí —respondí—, igual a veces me olvido de quién soy, cuando tengo el alud de tristeza en el kundalini.

—Sentate —me ordenó.

—Soy Beatriz, la mamá de…

—¡¡Ahhh!!

Qué señora tan lúcida, dinámica, simpática. Y allí una vez más la rata logró capturar la atención del mono, fascinándolo.

Hacía tiempo que no sintonizaba con una señora que me resultara familiar, podría haber sido mi tía Beba, una amiga de mi abuela, alguien de otra época que tiene la historia tatuada en su mirada turquesa aquietada por las batallas en alta mar, los naufragios, las tormentas que atravesó antes de anclar en tierra firme. Suiza de nacimiento, cruzó la Segunda Guerra Mundial antes de llegar al país de Borges y de la pampa infinita.

El nuestro era un encuentro y una despedida, pues al día siguiente partía a su patria a reencontrarse con su familia y amigos en un viaje al que temía, por el avión y los años, que aunque no le pesaban en su porte, belleza, y picardía, tenían exceso de equipaje.

Cómo entraba en mi corazón esta dama a medida que creábamos un microclima de confianza y afinidad.

Me contó su vida a partir del momento en que decidió aceptar desde Europa un trabajo en Buenos Aires cuando era muy joven, antes de casarse con otra rata y vivir en Entre Ríos criando hijos y aprendiendo del campo las lecciones más duras que sólo quien las padece sabe cómo fortalecen y permiten construir en el día a día una vida rica en experiencia, resistencia y creatividad infinita.

Con vehemencia dijo:

—¿¿Qué sabrán éstos lo que cuesta criar un novillo que esté allí parado con sus 400 kilos?? ¡¡El ganadero deja ahí la vida!!

La rata de madera le daba combustible al mono de fuego en una tibia siesta cordobesa.

Mi admiración crecía minuto a minuto, con su don de abarcar temas que pertenecen ancestralmente más al hombre que a la mujer, como el manejo del campo, de los animales, del personal, y llegar al universo de la astrología y las predicciones.

Beatrice —la bauticé inspirada en la *Divina comedia*—, cree en astros solares y chinos y en las profecías, que están ya instaladas entre nosotros, tanto como en enseñar el arte de la jardinería a quien trabaja con ella diariamente.

¡¡Qué poco se habla de la soledad, de esta etapa de la vida que no tarda en llegar!!

Qué razón tiene Beatriz.

Nadie nos prepara para seguir en la vida con lo que queda cuando la orquesta deja de tocar. Con los fantasmas que tal vez nos visitan en la noche en los pasillos de la casa, o el ángel que nos salva de un accidente en una curva fatal.

Tantas imágenes fluían de esa mujer causal que el domingo me eligió para confesarse, contarme secretos, volar hacia el pasado sin testigos que la juzguen, manejar su auto para lavarlo y desconectarlo antes de su viaje a Europa.

Sentí que recuperaba el alma, que no tenía de qué preocuparme con un espejo de tal magnitud reflejándome.

Pedí al cosmos parecerme un poco a ella en su valentía, coraje e integridad sazonados con disciplina, inteligencia, *charme*, inocencia.

Quería seguir conociendo sus recónditos laberintos, su arte para vivir en cada etapa e impregnarme de su sabiduría. El tiempo no importaba. Estaba resucitando reflejada en una mujer que irradiaba vitalidad, alegría, poesía y sabiduría.

La rata siempre te agarra desprevenida.

Y no te da tiempo a reaccionar, rehusar a su convite, pues lanza un tul invisible que enseguida te atrapa e hipnotiza, como si fuera un extraño perfume o brebaje que desprende de sus hormonas.

El efecto es instantáneo, a veces su manera de abordar es agresiva, avasallante, histérica, con producción de Hollywood o minimalista, pero es una estratega innata.

Sabe que da en el blanco, tiene un radar intuitivo que no falla, por eso siempre llega a los confines del inconsciente colectivo.

Es la luna del fuerte sol que ilumina nuestras zonas herrumbradas, huecas, cavilantes, olvidadas y las despabila generando un renacimiento existencial.

La rata provoca, sacude, se infiltra en nuestra galaxia encendiendo una a una las estrellas apagadas. Cuando hay *feed back* es un milagro.

Ella es dependiente, se simbiotiza con su pareja o combinación posible y, como el agua, socava la piedra hasta erosionarla.

Es una *brain picking*, te come el bocho, es tal la energía que despliega sobre su elegida que provoca ganas de huir despavorida o de quedarse a su lado en la madriguera hasta el próximo eclipse.

Intelectual, rata de biblioteca, devora las páginas amarillas de la guía cuando no tiene qué leer. Es un placer infinito deleitarse con su conocimiento; su capacidad y memoria son fuera de serie, conoce los lugares inaccesibles de la psiquis y se mueve en ellos con la velocidad del mercurio.

Carismática, brillante, desopilante, tiene un estilo particular para comunicarse, jugar en primera, rebelarse y ocupar el primer lugar en lo que se proponga.

Divertida, ingeniosa, sutil, cínica, puede intercambiar fichas debajo de la mesa para alcanzar sus fines.

Detesta que la descubran en sus delitos, crímenes y pecados.

Es agnóstica, atea o fanática de alguna secta o religión.

Juega con fuego y le gusta provocar crisis en el prójimo.

Su ánimo oscila como el tiempo, nunca amanece ni anochece en la misma frecuencia y en general prefiere la noche para saciar su sed de aventuras físicas y mentales, es constante en sus vicios, pasiones y debilidades que a veces acrecienta para llegar a convertirse en una adicta.

Su manera de crear dependencia es a través de su habilidad para conectarse con la rutina, su talento la diferencia del resto, sabe combinar fantasía con sentido común y resuelve situaciones aburridas con gracia y originalidad.

La rata es infinita en recursos para sobrevivir. Apela a su actuación digna del Actors Studio y convence hasta a los más desalmados cuando tiene prisa para llegar a destino.

Corre con la velocidad del rayo, del sonido, jamás retrocede aunque su corazón se lo pida. Avanza como una flecha hacia su objetivo sin importarle quién caiga en el camino.

La rata es capaz de dejar todo lo que obtuvo en la vida en un minuto si alguien la enamora, o si reconoce a un rival que pueda superarla en alguna de sus habilidades.

Conoce los mapas, caminos, sac bec, rutas invisibles, y aunque adora la cartografía prefiere guiarse por su intuición.

Ayer podría haber pasado a otra vida. Un escape de gas vació un tubo íntegro en una tarde y cuando lo detecté, atónita, supe que podría haber volado junto con mi casa.

Accidental o intencional, me salvó la precaución de una rata con la que compartí una temporada en el valle y, previniendo este tipo de desastres, ordenó sacar el termotanque de la zona de riesgo.

La rata es previsora, protectora de quienes ama, superminuciosa para controlar el funcionamiento de una casa y solucionar los problemas domésticos.

Tiene un radar para detectar las trampas de las que escapa como Fumanchú y es ideal para un operativo de rescate pues siempre sale ilesa.

Atraviesa la vida haciendo *zapping* con situaciones límite, su adrenalina necesita apostar a la vida o a la muerte, y a veces no calcula sus jugadas y queda malherida.

La rata es el animal con más posibilidades de supervivencia. Su psiquis es fuerte, puede vivir años en condiciones paupérrimas, saliendo de noche en busca de alimento e hibernar durante una temporada sin abandonar la madriguera. Necesita sentirse estimulada, admirada y, fundamentalmente, amada. Muchas veces puede transformarse en un robot pues su inteligencia es tan aguda y sutil que logra jaquear a la más alta sofisticación de informática.

Refinada, su sed de conocimiento contagia y entusiasma, cuando tiene algún gusto en particular como la literatura, el cine, el deporte, el teatro, la pintura, su obsesión la convierte en Shakespeare, Buñuel, Maradona, Norma Aleandro, Kuitca y genios de esa magnitud.

Va en contra de la corriente, de la mayoría, de lo estándar y establecido.

Es intranauta, pues sondea el latido de la tierra, del piso, del sentimiento humano, y como una flecha se dirige hacia allí.

Su poder telepático y de clarividencia la convierten en una médium o un samurái capaz de defenderse ante lo inesperado con absoluta maestría.

Sueña despierta, nunca duerme, acecha, está lista para integrarse a la legión extranjera o la odisea del espacio.

Inquieta, nerviosa, ansiosa, es mejor si practica alguna disciplina que regule su energía hipertensa.

La rata saca ventaja de todo y de todos. Con su carisma, *sex appeal*, aguda inspiración para tocar el punto G del prójimo, encuentra la fisura por donde colarse sin dejar rastros.

Obsesiva, neurótica, veloz, vive acelerada, en una carrera sin tregua por llegar primera aunque no sepa por qué ni para qué.

La rata se adhiere a la piel del alma y del cuerpo como una orquídea y se convierte en una misma persona.

Puede tener hijos o adoptarlos, pues su capacidad de criarlos es innata y adora hacer programas en conjunto.

La rata tiene mil facetas o dentro de ella conviven muchas personas que salen a la luz cuando la ocasión las convoca.

Por eso siempre sorprende, brilla, produce admiración en su entorno.

Despliega talento en el arte que se proponga, usa coartadas para llegar primera por medios lícitos o ilícitos y siempre saca la mejor tajada del queso más caro del supermercado.

Con ella, es difícil delimitar el espacio en la convivencia: invade, ahoga, controla cada ángulo, se impone, domina y saca el aire.

Estar a su lado es una mezcla fascinante y desesperante. Se pierde identidad, poder de decisión, límites físicos y mentales. Una se diluye en su laberinto hasta extinguirse como la luz en el Polo Norte.

Hace frío, prendo chimeneas, estufas, preparo unos spaghetti y sólo sé el vacío que no he podido llenar aún al no compartir el día a día con esa rata que vino a enseñarme el significado de lo cotidiano en medio de la transformación que a los dos nos produjo estar tan lejos como Plutón y tan cerca como es el amor cuando no se reemplaza.

Cuenta la leyenda

Cuenta la leyenda que cuando Buda se despedía hacia otra vida, convocó a los animales. La Rata fue seleccionada para avisarles de la reunión con el Iluminado, pero se olvidó de convocar al gato*, por lo que ahora éste, en represalia, se come a la Rata.

El roedor caminaba junto al Búfalo y argumentó que era muy pequeña y éste podía pisarla; además, como iban al mismo destino, le solicitó al Búfalo que la llevara en su lomo. El Búfalo aceptó ayudarla y, al llegar a Buda, la Rata —muy astuta— saltó a su regazo, ocupando así el primer lugar.

Con esta acción, y el razonamiento que desplegó para convencer al Búfalo, se advierte que la Rata es un animal astuto, sagaz, inteligente, características que se transmiten a quienes hayan nacido en este signo. También es un animal prolífico y de buen augurio: en este sentido, la Rata significa abundancia, alimento, bonanza; cuando los campesinos chinos advierten que no hay ratas en el campo, se preocupan, pues saben que vendrá la hambruna. Por el contrario, cuando se avista una rata es señal de que hay prodigalidad.

* En Vietnam el Conejo es sustituido por el Gato. Se habla, entonces, del año del Gato y no del Conejo.

LA RATA EN EL TRABAJO

Si de responsabilidad y prosperidad se trata, la rata nació con hándicap. Necesita un trabajo en el cual escape de la rutina de oficina, que la desafíe y mantenga su cabeza ocupada; por eso, cuanto más trabajo, mejor. Es muy capaz y activa y la irrita la pereza. Si se trata de negociar demostrará su gran habilidad en la materia, detecta como un radar los buenos negocios, y buscará la forma de sacar ventaja. Con una apariencia tranquila y hasta perezosa, la Rata es muy emprendedora y astuta, se mantendrá oculta en la oscuridad y, cuando sienta que es el momento adecuado, se moverá con rapidez para lograr el éxito, escabulléndose

de las trampas que se le presenten.

Le cuesta trabajo aceptar limitaciones y órdenes, necesarias para el trabajo en equipo, es muy ambiciosa y competitiva, al punto de llegar a serruchar pisos o pasar por encima de los demás para llegar en primer lugar.

Se caracteriza por su gran capacidad para ahorrar dinero y también tiene una gran facilidad para gastarlo, le gusta saciar sus vicios, invitar a los seres queridos a un safari en Sudáfrica *all inclusive*, el juego, las apuestas (si son clandestinas, mejor). Pero a pesar de todo es precavida y siempre tendrá en un rinconcito de su guarida una reserva de queso por si vienen malas épocas.

Para ser sinceros, la Rata nació para triunfar, le gusta imponer el ritmo y destacarse en lo que hace, sería feliz siendo su propio jefe o EL JEFE para la desgracia de los demás animales del zodíaco ya que es muy exigente, detallista y muy poco tolerante.

LA RATA EN EL AMOR

Aunque sea un poco inconstante con sus parejas, lo que necesita para establecerse y formar una familia es encontrar una persona sumisa a quien controlar pero que al mismo tiempo tenga la habilidad de sorprenderla diariamente.

Es fogosa, *sexy*, apasionada, romántica, le gusta mucho jugar con la sensualidad y el misterio creando un ambiente con velas aromáticas, aceites esenciales, bebidas afrodisíacas, tipo *nueve semanas y media*. Lo prohibido la lleva a usar toda su imaginación para innovar a la hora de hacer el amor, proponiendo lugares como un callejón oscuro, una playa al amanecer, el baño de un avión, cualquier sitio donde puedan amarse con el riesgo a ser descubiertos.

Es capaz de hacer cualquier cosa si siente que alguien es la presa indicada, no le gusta ser rechazada, ni que la ignoren, pero sabe muy bien cómo conquistar de a poco a su presa dejando su marca personal en el alma y corazón sin necesidad de usar todas sus armas de seducción para que resulte imposible no caer en su trampa.

Es muy posesiva, muchas veces se deja ganar por los celos y se vuelve intolerante, tanto que llega a agobiar a su pareja; pero si no le dan motivos de desconfianza y logran calmar su ansiedad, encontrarán en ella a una compañera sumamente fiel, comprensiva, buena amiga, dispuesta a dar y hacer cualquier cosa por la persona que ama, haciéndola sentir en el paraíso.

La Rata en la familia

Aunque la Rata disfrute mucho de las reuniones sociales y de estar con los suyos, intentará tener siempre en su hogar un lugar reservado y sagrado donde no se sienta invadida y pueda relajarse plenamente para leer un libro de suspenso y disfrutar de un buen habano cubano y un whisky escocés. Necesita estar rodeada constantemente de sus afectos para no deprimirse, organizará almuerzos de fin de semana con su numerosa familia, le encanta la tradición en la unión y divertirse con chismes y últimas novedades en la vida de todos, bien a lo Susanita.

Será una buena jefa de familia, le gusta ser la que toma las decisiones en la casa, dispuesta a sacrificarse para proveer cualquier necesidad, pero demandando siempre el respeto y la obediencia de sus hijos, esperando que triunfen en la vida.

Para ella la familia es muy importante: a sus integrantes los considera, además de familiares, grandes amigos; podrá ser egoísta con los demás, pero no con ellos, es generosa, lo entrega todo, y se preocupa mucho si algún miembro de su familia sufre o se mete en problemas, tratará de consolarlo y buscará la manera de salir airosa de la situación. Pero nunca la traicionen ¡porque es de las que no perdonan!

La salud de la Rata

Es fuerte y resistente, goza de buena salud pero a su vez es ansiosa, nerviosa e hiperactiva. Es reservada y eso le juega en contra, le resulta muy difícil expresarse en el momento adecuado, acumula todo hasta que explota y, cuando lo hace, ¡cuidado!

Sufre de constantes cambios de humor, puede ser un cascabel y a los dos segundos caer en una depresión, en cama, y no querer saber qué pasa en el mundo o a su alrededor. Llega al extremo de enfermarse y de sufrir crisis nerviosas pues mantiene su cabeza ocupada en mil cosas, se sobreexige demasiado y a veces el cuerpo no le responde. No existen remedios para evitar esto, pero se la puede inducir a que practique alguna actividad que la ayude a relajarse un poco, como *hobbies* y/o deportes.

La Rata y su Energía

RATA DE MADERA (1924-1984)
Es una rata llena de creatividad e imaginación. Se juega por sus ideales, no le importan las críticas. Tiene un carácter fuerte y marca muy bien su territorio. Es honesta y segura por lo que muchos confían en ella. Una de sus mayores virtudes es la de ser previsora ante el futuro, eso la hace trabajar para asegurar su vejez.

RATA DE FUEGO (1876-1936-1996)
Es una rata superactiva, que en muchas oportunidades se arriesga demasiado para conseguir lo que quiere. Poco diplomática, puede herir a los demás por su temperamento. Es hábil para resolver problemas con gran velocidad. Su intuición es la que cuenta, vale más el corazón que la cabeza. Adora viajar y conocer nuevos lugares; eso la hace considerablemente independiente.

RATA DE TIERRA (1948-2008)
Es una rata terrenal y muy realista que prefiere la seguridad y la estabilidad; ama el orden y la disciplina en distintos aspectos de su vida. Será muy responsable con su familia y buscará su bienestar. Le importan mucho su imagen pública y su reputación. Es frívola, competitiva y también sentimental.

RATA DE METAL (1900-1960-2020)
Es una rata emocional e idealista. Es de fuerte personalidad y superexigente. Sus prioridades están primero ante los demás. Busca ganar fortuna y fama a través de contactos influyentes. Piensa mil veces antes de tomar una decisión, juzga a los demás con crudeza; así se convierte en alguien muy pesimista, posesivo y materialista.

RATA DE AGUA (1912-1972)
El agua como energía atenúa la agresividad de esta roedora, la hace sabia y humana. Disfruta de los placeres que le ofrece la vida de manera calmada y plácida. Es obsesiva en sus actividades. Tiene muy desarrollado el sentido del deber, de la justicia y la familia. Navega por el mundo real y el de los sueños.

La Rata y su Ascendente

RATA ASCENDENTE RATA: 11 P.M. A 1 A.M.
Es seductora sin límites y también soberbia. Ama el hogar y es una gran lectora. Su mente puede ser muy escabrosa y retorcida, con artimañas que le resultarán en contra de sí misma. La desconfianza la trastornará en sus relaciones amorosas.

RATA ASCENDENTE BÚFALO: 1 A.M. A 3 A.M.
La personalidad del búfalo aquieta a la rata, ello se manifiesta en su naturaleza tranquila y segura. Será cautelosa, culta muy refinada. Protegerá a su prole y se enamorará si se embelesa. Con mucha inteligencia conseguirá lo que quiera.

Rata ascendente TIGRE: 3 a.m. a 5 a.m.

Será un roedor incansable y activo, también un tanto agresivo. Estará preparada para vivir las odiseas sentimentales más increíbles de las que no siempre saldrá bien parada. Es una rata generosa, y actriz por naturaleza.

Rata ascendente CONEJO: 5 a.m. a 7 a.m.

Buscará fama, poder y dinero a cualquier precio. Dócil en el trato y con refinado buen gusto. Su vida será dura y tensa, aunque existirán algunos momentos de serenidad y genio creativo.

Rata ascendente DRAGÓN: 7 a.m. a 9 a.m.

La suerte del dragón trae a esta rata bienaventuranzas, la facilidad de conseguir dinero, que así como llega se va. Tendrá un gran corazón y será noble y generosa. Solitaria pero sociable.

Rata ascendente SERPIENTE: 9 a.m. a 11 a.m.

Puede hipnotizar a la más dura y descreída de sus víctimas, tendrá un gran atractivo sexual. Sabrá huir airosa de trampas, engaños y peligros. Vale su intuición.

Rata ascendente CABALLO: 11 a.m. a 1 p.m.

En su vida correrá muchos riesgos. Su mente muy activa y ágil la mantendrá ocupada en proyectos que pueden o no llevarla a triunfar. La independencia del caballo provocará en ella una existencia turbulenta en lo sentimental.

Rata ascendente CABRA: 1 p.m. a 3 p.m.

Es una combinación de dos oportunistas. Son personas muy alegres y dichosas. Será emotiva y sentimental. Amará todo aquello que le dé seguridad: lujo, comodidad, relaciones influyentes.

Rata ascendente MONO: 3 p.m. a 5 p.m.

La destreza y astucia se unirán para comerse el mundo. Tendrá poco corazón pero sí un sentido del humor excepcional. Artista genial o estafadora irresistible.

Rata ascendente GALLO: 5 p.m. a 7 p.m.

Ésta es la rata más soberbia, no soporta las críticas y le cuesta enfrentar la verdad. Esta combinación produce un ser muy dinámico, lleno de vida y trabajador.

Rata ascendente PERRO: 7 p.m. a 9 p.m.

Es una rata humanitaria, lúcida, honesta, profunda y fiel. Logrará destacarse en su profesión. Es una rata justa y sin prejuicios. Es filósofa, misántropa y muy sexy.

Rata ascendente CHANCHO: 9 p.m. a 11 p.m.

Es una rata de oro por dentro y por fuera, es inteligente, honesta y tiene pasión por la vida. Es muy sensual a la hora de amar. Cuenta con principios e ideales claros. Se procreará velozmente.

Personajes famosos

RATA DE MADERA (1864-1924-1984)

Carlos Tevez, Javier Mascherano, Hugo Guerrero Marthineitz, Scarlett Johanson, Lauren Bacall, Doris Day, Eva Gabor, William Shakespeare, Johan Strauss (padre), Charles Aznavour, Carolina Oltra, Narciso Ibáñez Menta, Henry Manzini, Henri Toulouse-Lautrec, Marlon Brando, Marcelo Mastroianni.

RATA DE FUEGO (1876-1936-1996)

Mario Vargas Llosa, Norma Aleandro, Padre Luis Farinello, Rodolfo Bebán, Wolfang Amadeus Mozart, Charlotte Brontë, Anthony Hopkins, Pablo Casals, Glenda Jackson, Richard Bach, Kris Kristofferson, Úrsula Andress, Mata Hari, Bill Wyman.

RATA DE TIERRA (1888-1948)

Gerard Depardieu, príncipe Carlos de Inglaterra, Vitico, Rubén Blades, Leon Tolstoi, Olivia Newton-John, Robert Plant, Donna Karam, Brian Eno, Thierry Mugler, James Taylor, Karlos Arguiñano, Chacho Álvarez.

RATA DE METAL (1900-1960)

Roberto Arlt, Tchaikovsky, Tomás Ardí, John John Kennedy, Neil Gaiman, Jorge Lanata, Esther Goris, Diego Maradona, Alejandro Sokol, Daryl Hannah, Spencer Tracy, Ayrton Senna, Antonio Banderas, Sean Penn, Bono, José Luis Rodríguez Zapatero, Gabriel Corrado, Ginette Reynal, Luis Buñuel, Nastassia Kinsky, Lucrecia Borgia.

RATA DE AGUA (1912-1972)

Roberto Abbondanzieri, Zinedine Zidane, George Washington, Letizia Ortiz, Gene Kelly, Alejandro Amenabar, Loretta Young, Lawrence Durrell, Antonio Rossini, Roy Rogers, Pity Álvarez, Eve Arden, Valeria Mazza, Cameron Díaz, Pablo Rago, Valentina Bassi, Facundo Arana, Segundo Cernadas, Diego Ramos, Magdalena Aicega, Figo, Antonio Gaudí.

Scarlett Johansson

TESTIMONIO
Isabel de Sebastián

CANTANTE

La rata es, sin duda, la especie más subvalorada del reino animal. Su capacidad de supervivencia nos desafía, su velocidad subterránea remueve nuestros miedos más profundos, su habilidad para soportar hábitats nada pulcros nos produce un disgusto visceral. Sería interesante imaginar el asco que podrían sentir las ratas ante nosotros, los humanos, por nuestra capacidad de destrucción masiva, la indiferencia a las miserias de la indigencia, la depredación a nivel global…

Quizás la raza humana sea rata en el horóscopo chino, la que se sube al lomo del resto del reino animal (y vegetal) para salvarse primero. La que menos límites tiene en su ambición. Colocados al tope de la cadena alimentaria, tendemos a idealizar ciertas virtudes y a los símbolos que hemos elegido para acompañarlas, como la nobleza de los caballos, la fidelidad de los perros o la independencia de los gatos, mamíferos cercanos con los que no nos cuesta identificarnos. Las ratas parecen pertenecer a una especie más lejana, más extraña y, evidentemente, más atemorizante, y nos devuelve una imagen poco grata de nosotros mismos.

He vivido un largo tiempo en Nueva York, ciudad de roedores *par excellence* (Buenos Aires la sigue de cerca) y en el proceso de supervivencia y adaptación a una nueva cultura he recurrido a varias de mis habilidades de rata: la picardía, la rapidez, la tenaci-

dad. Podría decirse que todos los expatriados e inmigrantes son un poco como la rata, ya que ella es una maestra de la resistencia a la adversidad y de la adaptación a nuevos territorios.

Me ha llevado varios años de análisis aceptar lo que de rata hay en mí. Buscando salidas por los laberintos he conseguido no sólo sobrevivir sino también vivir y elegir. Y esta capacidad me ha provocado ciertas culpas. He sentido vértigo de lograr objetivos impensados, de apuntar siempre un poco más lejos y encontrar la manera de conseguir lo que quiero. En mis logros no sólo he respetado a los demás sino que los he cuidado. He compartido mis recursos y mis esperanzas con la gente que me rodea. Mis dones estratégicos no han pasado nunca por encima de nadie. A esta altura ya no me escondo, soy una rata de cara al sol.

No por nada la rata es mujer. En una cultura patriarcal atravesada por imágenes de pureza idealizada, una mujer que consigue es vista en general como ambiciosa, y aquella que exige es una típica mina insoportable. Ratas del mundo, liberémonos de tanto prejuicio. Desparramemos nuestras habilidades. Ayudemos con nuestras capacidades a levantar el nivel general. Vivamos con placer lo que hemos conseguido: una canción, un hijo, un hogar. Cambiemos nuestra imagen de nosotras mismas, que ya va siendo hora.

Compatibilidades entre el zoo

r
a
t
a

AMOR

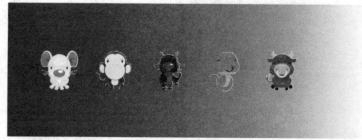

TRABAJO

AMISTAD

AZAR

con Nino Dolce

con Elvira Domínguez

Borges y Sabato

Anette y Carlos Páez Vilaró

con Deepak Chopra

con familia porcina
Mercedes Matteo
y Ludovico Mori

con Fernando Romero

con Wally Diamante

con Enrique Peruzzoti

EL RETORNO
DE EROS

La fiesta del Chancho

por Susana Tassara

Alegre, el Jabalí echó una última mirada a los alcoholes que había seleccionado para la ocasión: vinitos de primerísima calidad, champán francés del bueno y licores exóticos provenientes de diversos continentes lejanos y países cercanos. El Chancho estaba preparando su fiesta erótica. Con gran placer había tenido en cuenta hasta los últimos detalles para que sus invitados pudieran sentirse realmente bien... ¡y disfrutar lo más posible!

Al anochecer todo estaba listo: las bandejas de quesos y uvas, los diminutos *hors d'oeuvre* recién horneados y también la *fondue* de fresas y chocolate. Todas estas delicias habían sido cuidadosamente preparadas en el muy esmerado *catering service* del Gallo. La música *non stop* la había elegido sabiamente la Cabra y toda la casa estaba bañada en una iluminación sutil en armonía con la decoración evocadora y elegante, diseñada por la Serpiente e instalada por el Búfalo, su asistente.

El Chancho estaba a sus anchas y listo para gozar, que es lo que más le gusta hacer. Mientras saboreaba un margarita, evocó todos los posibles *flirts* que había invitado a la fiesta... La Rata, por ejemplo...

¡La Rata está siempre bien dispuesta a pasar un buen rato! Su erotismo es activo, intenso, y por momentos casi ansioso. Sabe cautivar y arriesgarse cuando alguien le gusta y no dudará en tomarse toda la botella de tequila con entereza de Super Ratón mientras se va acaramelando con su pareja del momento. Tiene sentido del humor para llevarla a la cama y es sensual y entregada en esas lides, aunque a la mañana siguiente salga huyendo antes de que se hunda el *love boat*, pues es muy oportunista y hasta del placer se cansa pronto si no consigue "algo más".

"Mmmm..." pensó el Chancho. A la Rata habría que sugerirle que hiciera acción social voluntaria y desinteresada, para que aplique su gran sentido de la oportunidad ayudando a los que más lo necesitan. Como práctica inspiradora, el FENG SHUI sería un buen servicio para que la Rata pueda aprovechar su sentido innato y original de la decoración de interiores (la cueva de la Rata es siempre encantadora) y combinar las enseñanzas del FENG SHUI con su talento de anfitriona, para que logre al fin poner en práctica todo lo que ha leído e investigado intelectualmente en el campo de la filosofía espiritual y de lo sociocultural. Para su sanación personal, sería bueno que practicara la danza como terapia de movimiento armonioso, para calmar y canalizar su ansiedad. También la alineación energética por medio de cristales y piedras preciosas la ayudaría mucho, ya que la Rata posee una intuitiva comunicación con ellos.

"Y el Búfalo?", pensó Piggy. Es estable en el placer, pero un poco monótono… Sigue el surco de la conquista, con persistencia y dedicación en la escuela del amor aplica todo lo que sabe del *Kamasutra* y, si se entusiasma, puede que te prometa de todo para que te entregues a él; te dirá "cásate conmigo" y otros muchos disparates que ni tú ni él mismo creerán. El búfalo se entristecerá si a la larga lo rechazas por aburrido, y no es para menos, ya que cuando se enamora es tan encantador y tan valiente como Buffalo Bill. El que lleve cuernos en la cabeza es como una tragedia karmática que, cuando se manifiesta, puede llegar a herirlo de muerte. Bueno, pero quien anda con búfalos debería saber muy bien con qué bueyes ara…

El HATHA YOGA es ideal para el Búfalo, esta práctica premiará su gran sentido de la disciplina y le dará ligereza de cuerpo y de espíritu. Le conviene comer alimentos orgánicos, tofu, cereales integrales, verduras y frutas. Beber mucha agua y/o té verde. Las manualidades y artesanías como terapias ocupacionales le ayudarán a no rumiar tanto los mismos temas en su mente. Debería vivir en compañía de niños y de animales para que lo hagan reír y lo pongan de buen humor.

El Jabalí se sirvió otro margarita (esta vez con salecita) y se acordó del abrazo total del Tigre. "Ahh, el Tigre…". Seguro que en cualquier momento de su itinerario noctámbulo pasaría por la fiesta. El Tigre es fuerte, es independiente y siempre anda a la caza de presas jugosas; las conquista y las disfruta con mucha pasión. No le tiene miedo a nada. Hace tráfico ilegal de piedras preciosas y en el circo del amor puede saltar a través del aro de fuego sin chamuscarse ni un pelo.

En momentos de ternura (cuando anden por la sabana) te pedirá consejos que nunca seguirá y siempre hará lo que su obcecado espíritu le indique. Si te deja, lo vas a extrañar muchísimo, mientras que él… ¡qué le hace una mancha más al…!

Al Tigre lo favorece el masaje terapéutico de relajación para equilibrar su energía de intensidad imparable. A pesar de que este felino entiende perfectamente a nivel del intelecto todo lo referente a la psicología, a la espiritua-

lidad y a la sanación, es tan cabeza dura que, quizá, tan solo un hipnotera-
peuta lograría llegar hasta sus escondidísimos problemas psicoemocionales.

El Chancho bajó a la *cave* de su casa a buscar un vinito artesanal muy
selecto que había guardado por cierto tiempo para tomarlo con su mejor
amigo, el Conejo, y lo trajo a la mesa pues pensó que esta noche era la ideal
para descorchar esas botellas tan especiales. "¡Ah! el Conejo…". Todos
sucumben ante los fluidos eróticos y etéricos y los discretos avances que
envía el Conejo. Sabe engatusar luciendo su cuidada apariencia, hecha de
una sabia mezcla entre cosas de valor, muy finas, y abalorios de dudosa
procedencia. Sus divertidos comentarios tan *à propos* también forman parte
de su encanto. Poco a poco el Conejo se va apropiando del centro de atención, y después se queda quieto hasta que te den ganas de acariciarlo… En
el lecho es un *chaud lapin* y curte siete vidas, tres de las cuales son puro
melodrama, así que… ¡Ojo, que éste es el único signo chino con derecho
cósmico a darte gato por liebre!

Al Conejo macho le convendría praticar un poco de tae kwon do u otras
artes marciales para sentir el hara y perderle el miedo al grito. Para Gatos de
ambos sexos: actuar en teatro y descubrir que sí se puede dialogar a nivel
emocional, sin necesidad de histerias ni de ponerse a larga distancia. Este
año es para… FLUIR, desde las tripas hacia el diafragma y desde allí darle la
vuelta (del perro) a todo el arco iris de los chakras.

¿Y el Dragón? El Dragón actúa rápido. Su estilo es chispeante, sus reacciones
son más grandes que el tamaño real de los sucesos… sus iras, a veces inútiles y
dañinas. Nadie duda de su éxito en el amor, pero tiene un erotismo estilo
vedette que necesita su buena dosis de lentejuelas y cascabeles, y da bastantes
vueltas en el escenario antes de engancharse en lo verdaderamente sexual. En
el zoo se habla mucho del tema de su existencia, que si es real o imaginaria o
las dos cosas a la vez, pero de todas maneras el Dragón tiene un macroego lleno
de escamas (y no siempre la escama es cama-*friendly*) y podría llegar
a quemarse con su propio fuego. Sería muy bueno que
hiciera meditación ZAZEN por la mañana (*lots of it*)
para calmar el fuego en su fuero interno y que
escuchara música *new age* a la noche,
antes de dormir. También podría poner
una piscina o un *jacuzzi* en su jardín para
relajarse y suavizar las escamas.

El Chancho suspiró. Recordó con rece-
lo el atractivo profundo de la Serpiente, ¡que tiene tanto arrastre! El reptil cultiva un erotismo fino, bien cuidado y casi relamido,
que te fascina y te atrapa. Es instintivamente posesiva en amor y
en sexo. Si tratas de escapar a su hipnosis, te lo impedirá, inmo-

vilizándote con su letal sonrisa magnética, con su mirada ineludible, con todo su rostro de rasgos sagaces y todo su hermoso cuerpo, versión sexy de Nefertiti o de Ramsés. "¡¡Ay!! Cuidado con ese abrazo", se inquietó el Chancho. Mejor dejar que la Serpiente utilice su erotismo esotérico aplicado a otros miembros del zoo…

Hacer el amor es muy terapéutico para el ofidio, así como también la respiración holotrópica y la lectura, que desarrolla siempre más su intelecto y le procura elementos valiosísimos para mantener siempre interesadas y dominadas a sus presas favoritas. El Jabalí pensó en ese Caballo que últimamente, en otras fiestas, se le acercaba, le sonreía y andaba al trotecito a su alrededor… Sin duda esa sonrisa invitadora y con todos sus famosos dientes es más bien una herramienta de *public relations* y no una expresión de afecto en particular; el Caballo anda sonriendo y al trotecito alrededor de… ¡todo el mundo! Bien vestido y decorado como en un circo francés, anda buscando la *ecuyère* o el prestidigitador que merezca pasearse sobre su lomo. El itinerario erótico del equino es a veces desconcertante, así como el del caballo de ajedrez, un poco hacia adelante y otro poquito para el costado. Tiene fuerza y vitalidad a raudales, pero no acepta que nadie le saque las anteojeras… Al Caballo hay que recomendarle terapia del inconsciente, que lea a Jodorowsky y practique psicomagia para entender mejor sus propios impulsos. La paz de un espacio verde en casa junto con períodos de vegetarianismo y práctica de tai chi lo acercarán al Pegaso que lleva oculto en el alma.

Pensar en la Cabra enseguida puso al Chancho de mejor humor. Para la Cabra, el erotismo es un arte: implica mimos, ternura, sensibilidad y sentido del humor. Es una seductora irresistible y tiene tendencia a ser fiel, pues busca equilibrio, paz y armonía en relaciones largas que resistan con cariño el paso del tiempo. No sólo es buena amante, también es buena amiga, compañera y cómplice. En la Cabra lo sexual va unido a lo emocional y a lo afectivo; si se rompe el equilibrio, se volverá celosa y ciclotímica, pero pronto se recuperará con una de sus mágicas cabriolas. Si vives con ella, seguro que te usará el cabriolé y tendrás que comprarle guantes de cabritilla para su cumpleaños, pero, eso sí: jamás te hará ninguna cabronada.

La Cabra podría dedicarse al arte de la pintura como terapia y también darse la posibilidad de encontrar y aceptar un buen maestro de meditación. Le hará bien charlar y hacerse amiga de gente de otros países y de otros continentes, para no estar demasiado pegada a la familia carnal. Podría recibir jorei y reiki para fortalecer su energía y animarse a ganar dinero con sólo decir "abracadabra".

El Jabalí se alegró por haber invitado a un par de amigas y amigos monos, que siempre le ponen buena onda a las fiestas. Más que el puro erotismo, al

Mono le gusta el juego de conquistar y descubrir a los demás. Él es como un fuego de artificio: rápido, brillante y multicolor. Salta desde cualquier rama y siempre te toma por sorpresa. No le gusta ser monocorde ni monocromo, ni monologar. Vive monitoreando lo que sucede alrededor, y así está al tanto de todo lo nuevo. Por amor puede llegar a ser monógamo, pero… le resultará monótono.

El Mono se beneficiará con las gotas de Bach, que le armonizarán el campo magnético. También le ayudará la meditación en la luz y el sonido internos, para calmar su hiperkinesia. El raja yoga le traerá la paz y la contención que necesita.

Porky recordó también al Gallo, claro. El Gallo es cocorito; le gusta coquetear y lucir sus plumas bien brillantes para impresionar a sus conquistas. *Le Coq Sportif* cacarea con convicción, es buen comunicador y tiene en cuenta los detalles. Tal vez sea demasiado práctico y demasiado mental como para perderse sin límites en la pasión, y a pesar de su fama de rey del gallinero, eróticamente es más galante que ardiente. Sin embargo, cuando encuentre a la gallina de los huevos de oro, se casará con ella y se esmerará. El Gallo tendría que recibir acupuntura de los cuatro elementos para una buena distribución de su CHI, y hacer "mantra chanting" para entrar en trance y aprender a perder su nerviosismo interior.

¡¡Y el Perro!! El Perro tiene un erotismo natural y espontáneo. Inquieto y coqueto, el can tiene un corazón de oro, aunque a veces se preocupa demasiado por todo y queda con la lengua afuera de tanto andar atendiendo su tormentosa vida sentimental. Si está enamorado, es perro de presa con sus animales de *choix*, y como adora el sexo, mucho abarca y mucho aprieta con tal de evitar quedarse solo como un perro. A pesar de su famosísima pata, al fin se afincará en la cucha familiar y será un verdadero guardián de su familia.

Como el Perro es buen filósofo, las lecturas lo ayudarán a entenderse con el mundo y le aclararán con conceptos inteligentes sus experiencias intuitivas. Si lee a Osho, a Krishnamurti, o directamente el Tao-Te-King; su alma se profundizará y su sentido justiciero tomará un rumbo más espiritual que nunca. Para su equilibrio de salud personal, los preparados magistrales antroposóficos.

Los invitados empezaron a llegar solos, en grupitos o en parejas. Al poco rato el salón estaba lleno de gente interesante y el Chancho los recibía con abrazos y sonrisas y sirviendo tragos a todo el mundo (le gusta hacerlo él mismo). Luego el Jabalí se enroscó a charlar con la Rata ascendente Conejo y se fueron juntos a sentar en el jardín (frondoso) del Chancho. La Rata le dijo que le gustaba mucho estar con él, que realmente era el más sensual del Zoo y que le encantaba cómo, cuando estaban juntos, él la llevaba a estados eróticos límite y así ambos se dejaban sumergir en la vivencia pasional sin reparos, ni prejuicios, ni pensamientos; una epifanía de goce que los hacía estallar en éxtasis y renacer, nuevitos cada vez. El Jabalí se embaló y le respondió que esa noche guardaba una sorpresa especial para ella...

–Ohhhh –dijo la Rata, y sus ojos brillaron *avec plaisir*– ...pero voy a confiarte algo más –susurró– tus excesos no me gustan. A veces, por dejarte llevar en todo tipo de aventuras eróticas, terminás implicado en historias que no están a la altura de tu espíritu noble y bondadoso. Tenés que saber decir NO con firmeza; no permitas que la extrema intensidad de tu sentir te arrastre al borde de la autodestrucción... Creo que si abrís tu corazón y compartís conmigo y con tus verdaderos amigos lo que realmente te preocupa y te tortura, serás mucho más feliz y podrás desarrollar tu espíritu gregario y optimista mucho más plenamente...

El Chancho, a pesar de que no le gustan las confrontaciones tan directas, la abrazó con cariño y le contó:

–Estoy tomando un remedio homeopático que me equilibra muy bien emocionalmente, y estoy en terapia de grupo de las Constelaciones Familiares, lo cual me hace entender mucho más profundamente el origen de mi timidez y de mi aparente tosquedad... ¡¡Además, éste es mi año!!

Abrazados y entre risas entraron a bailar en el salón junto con todos los demás. La fiesta estaba tomando fuerza y vibraba *high*. Los Dragones echaban humo entre carcajadas y las Ratas se les pegaban... Los Caballos relinchaban danzando a los saltos con los Tigres; los Búfalos todavía estaban sentados pero ya empezaban a marcar el ritmo con las pezuñas; los Monos hacían comentarios lúcidos que fascinaban a los Perros mientras los Gallos les coqueteaban a las ondulantes Serpientes. Cabras, Chanchos y Conejos bailaban juntos en grupo irradiando seducción y armonía por todos lados. ¡¡La Fiesta del Chancho fue un éxito total!!

Al día siguiente, cuando en su mullida cama el Chancho abrió un ojo, eran las dos de la tarde; comprobó que la Rata ya no estaba en el cuarto. Se desperezó con gran placer y luego se levantó, sintiendo que nunca, nunca, nunca le llegaría su San Martín.

Predicciones

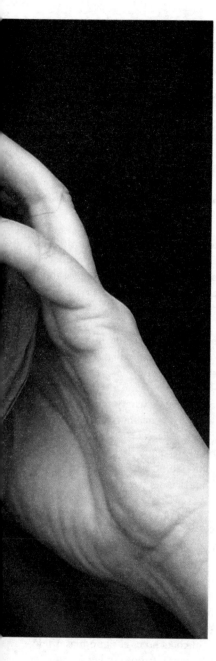

De la nada
hiciste magia.
Cuando no sabía cómo seguir
apareciste con el Sol
en la frente
y me ofreciste un banquete
que creí que era un sueño
hasta que te toqué el alma
con las manos.
Agosto se despedía
en rituales, alquimia
en una esquina
de Palermo Viejo
que eligió mi Ángel de la guarda
y el tuyo aunque no lo admitas.
Surgieron napas de agua
sin ir al río
con té de menta en la lengua
y la tarde entre las piernas.
No teníamos rumbo,
sólo nostalgia del futuro.

L. S. D.

Jabalí salvaje o Chancho de fuego

BASADAS EN LA INTUICIÓN, LA COSMOVISIÓN Y EL I-CHING

TRASBORDANDO DEL CHIQUERO HACIA OTRA REALIDAD PLANETARIA.

No hay lenguaje.

Cambió velozmente el rumbo de la vida y predecir es encontrar un sonido que acompañe este torbellino.

Nunca atravesé en Buenos Aires una tormenta de piedra que durara tanto tiempo y dejara heridas en la tierra, gente, autos, techos. En el sentido oriental fue un SATORI, un despertar: cada piedra pegó en la cabeza, sacudiendo nuestra inercia y pensamientos sobre la fragilidad de la existencia.

Todo se ha dicho. A través del tiempo y las profecías.

Llegó el instante de aceptar que el mundo cambió y nosotros somos ese cambio expresado en cada síntoma.

Somos la enfermedad, no es que tenemos alguna enfermedad, está instalada en nuestra falta de armonía e inconsciencia, donde hemos dejado de ser por la ilusión de tener o pertenecer.

En esa lucha titánica estamos, en *shock*, devastación, esquizofrenia, transmutación y metamorfosis.

CALMA. No es fácil adaptarse al cambio climático, de vejación de la tierra, nueva morfología de GAIA, horarios, velocidad y pulsación de la tierra, cambio de eje, pestes, devastaciones, deformaciones producidas por el hombre, sí, por quienes ahora están pulsando la supervivencia a cualquier precio.

En ese tránsito nos encontramos mientras el perro de fuego no deja nada por desencadenar y purificar rumbo al año del jabalí salvaje. Tengo la intuición de que será una consecuencia seria y tenaz de lo que seguimos generando sin tomar conciencia y acrecentando como el fuego, que ya es parte de la vida cotidiana, junto como la contaminación, las inundaciones y terremotos.

Las cartas están mezcladas: hay que seguir jugando, querido zoo. Sólo se me ocurre, en un gélido día de julio, prevenir lo que podamos.

Pues hay un destino inexorable, el que está anunciado en las escrituras sagradas, antes o después de lo que no supimos ni pudimos ser, y del *boomerang*, ley de causa y efecto.

El chancho es el signo más cálido, amoroso, cariñoso, y la esperanza es que nos cobije en su chiquero físico y anímico.

Fuerza, juntemos lo que queda de cada uno, lo que se pueda reciclar, aumentar, compartir y frotémonos las articulaciones, las manos, los pies para continuar la peregrinación hacia casa.

"All we need is love", dijeron los Beatles. Sabios, es verdad, grandes dosis de amor son necesarias en épocas tan turbulentas.

Abran sus brazos, y estén dispuestos a recibir ternura, sanación, llanto, risa, todo lo que está contenido y nos espanta, aleja y trastorna.

ESTAMOS MAL VISTOS EN LA GALA-XIA. Como los atlantes, estamos en la cúspide de la desintegración como civilización y especie.

A trabajar con las deudas pendientes, con los pensamientos y acciones para desactivar la bomba atómica que tenemos dentro.

No todos somos buenos o malos, santos o demonios, pero es hora de alistarse en la caravana de la integridad del cuerpo y del alma.

Cada día es una eternidad de situaciones confusas, complicadas, irracionales e imprevistas que habrá que transitar con calma, quietud, sabiduría y entrega.

No se puede ir contra la corriente.

WUWEI, no forzar la acción de las cosas.

SALUD DIVINO TESORO. Integrar el macro al microcosmos, hacer medicina preventiva como Confucio, que iba al médico cuando estaba sano; buscar lo que sea más afín a cada uno en la parte filosófica y seguir ese rumbo. No buscar fuera sino dentro las señales para vivir.

 Dietas equilibradas en proteínas, minerales, verduras, frutas, bebidas, carnes magras.

 Meditar, orar, hacer tai chi, yoga, chi kung, son esenciales como antídoto contra la depresión, lo imprevisible en cambios de vida estructurales, en éxodos a otros países y estrellas.

 Pensar en quienes nos hacen bien y nos mandan su energía, vivos o muertos.

 Alejarnos de los que nos hacen mal y nos detienen o anclan en nuestra evolución pues necesitamos paz para vivir.

 Las defensas estarán bajo el nivel del mar; hay que detenerse, respirar, inhalar y exhalar.

El jabalí es salvaje y viene como un toro de lidia a enfrentarnos con decisión, puntería y ferocidad. Sin pedir permiso ni disculpas buscará el punto G, el más vulnerable para desarmarnos, desestructurarnos, seducirnos con recursos bajos o muy sofisticados según sean las pruebas que tengamos que atravesar.

El planeta tiembla, se estremece, se agita desde las entrañas del centro de la tierra y del mar.

Desborde. En todo sentido, desde alteraciones mentales hasta costas inundadas debido al cambio de clima, eje, y descongelamiento de masas en los polos.

 Debemos bajar cinco cambios; detenernos, meditar y estar en silencio y en contacto con las estrellas.

 Elegir una y mantener un vínculo cósmico constante, buscarla cada noche y sentirla como interlocutora del tránsito terrestre.

 EVITAR SITUACIONES CONFLICTIVAS Y DE RIESGO. No moverse en lo posible ni desplazarse si no hay razones esenciales.

 DESCANSAR. DORMIR. TENER RÍTMO PORCINO.

Intentar conciliar el sueño sin pastillas.

Cocinar. Hacer labores manuales, *Buenas tardes, mucho gusto* a *full*, jardinería, volver a lo artesanal.

Retornar al pago, al origen, a las raíces. Al lugar en donde nos sentimos en casa, sin importarnos dónde hayamos vivido antes.

Reconciliarnos con nosotros y los otros, hacer las paces, rituales de amor y ceremonias sagradas; invitar, convocar, participar.

Confiar en la intuición, en lo que se pueda en el día a día. Invitar al equilibrio *yin/yang* del universo a través de cada mujer, hombre, rescatar los rituales sagrados de las diosas y practicarlos.

Participar en ellos a través del arte, de la conexión tántrica, de rendir culto a la tierra a través de las diferentes culturas activadas por los líderes de las comunidades aborígenes, de cada credo, pues el mensaje es para cada uno en particular y en general.

Estamos trasbordando hacia otra realidad planetaria.

Se caen los velos, las máscaras; los sueños son realidades, pesadillas, revelaciones con las que convivimos en diversos planos. Es el climaterio de la humanidad.

Hay que activar las glándulas endocrinas, el KUNDALINI, los chakras, y soltar lo viejo para siempre.

El chancho buscará pulir el diamante que somos y nos transformará en esencia. Para eso nos exigirá más de lo humanamente posible; nos presionará, apabullará con demandas, juicios, peleas, violencia familiar.

OM. OM. OM. No caer en la trampa.

Visualizar el panorama y encauzarlo antes de que ocurra.

A pesar de las tentaciones y vicios ocultos por los que pasaremos, estaremos listos para elevarnos del fango.

El chancho de fuego traerá abundancia para algunos, otros caerán finalmente en el infierno tan temido, quienes pasen las pruebas lacerantes recuperarán la autoestima y el rumbo de sus vidas.

El I-CHING dice
24. Fu / El Retorno
(El Tiempo del Solsticio)

EL DICTAMEN
El Retorno. Éxito.
Salida y entrada sin falla.
Llegan amigos sin tacha.
Va y viene el camino.
Al séptimo día llega el retorno.
Es propicio tener adónde ir.

Luego de una época de derrumbe llega el tiempo del solsticio, de la vuelta. La fuerte luz que antes fuera expulsada, vuelve a ingresar. Hay movimiento, y este movimiento no es forzado. El trigrama superior K'un se caracteriza por la entrega. Se trata, pues, de un movimiento natural de aparición espontánea. Por eso también resulta enteramente fácil la transformación de lo viejo. Lo viejo es eliminado, se introduce lo nuevo: ambas cosas corresponden al tiempo y por lo tanto no causan perjuicios. Se forman asociaciones de personas que profesan ideas iguales. Y esa alianza se realiza con pleno conocimiento público; corresponde al tiempo, por lo tanto toda aspiración particular y egoísta queda excluida y tales asociaciones no implican falta alguna. El retorno tiene su fundamento en el curso de la naturaleza. El movimiento es circular, cíclico. El camino se cierra sobre sí mismo. No hace falta, pues, precipitarse en ningún sentido artificialmente. Todo llega por sí mismo tal como lo requiere el tiempo. Tal es el sentido de Cielo y Tierra.

Todos los movimientos se realizan en seis etapas. La séptima etapa trae luego el retorno. De este modo, al correr del séptimo mes después del solsticio de verano, a partir de lo cual el año desciende, llega el solsticio de invierno, y del mismo modo, una vez pasada la séptima hora doble siguiente a la puesta del sol, llega la salida del sol. Por esta causa el número siete es el número de la luz joven, que se genera por el hecho de que el número seis, que es el de la gran oscuridad, se incremente por uno. De este modo se introduce el movimiento en la quietud, en la detención.

LA IMAGEN

El trueno en medio de la tierra: la imagen del Tiempo del Solsticio. Así, durante el tiempo del retorno solar, los antiguos reyes clausuraban los pasos. Mercaderes y forasteros no se trasladaban, y el soberano no viajaba visitando las comarcas.

El solsticio de invierno se celebra en la China desde épocas remotas, como período de descanso del año: una costumbre que se ha conservado hasta hoy, en el período de descanso de Año Nuevo. En el invierno la energía vital –simbolizada por Lo Suscitativo, el trueno– se encuentra todavía bajo tierra. El movimiento se halla en sus primeros comienzos. Por eso es necesario fortalecerlo mediante el reposo a fin de que no lo desgaste un consumo prematuro. Este principio fundamental, de hacer que la energía resurgente se fortifique mediante el descanso, rige con respecto a todas las circunstancias correlacionadas. La salud que retorna después de una enfermedad, el entendimiento que retorna después de una desunión: todo debe tratarse en sus primeros comienzos con protección y delicadeza, para que el retorno conduzca así a la floración.

PREDICCIONES PARA EL AÑO DEL CHANCHO DE FUEGO BASADAS EN LA INTUICIÓN, LA COSMOVISIÓN, EL KI 9 ESTRELLAS Y EL BAZI

TRONCO ANUAL: 4F-
RAMA ANUAL: 12A-
ESTRELLA ANUAL: 2
ESTRELLA HOMBRE: 2
ESTRELLA MUJER: 4

Los tres asesinos es una energía destructiva que representa robos, dificultades y accidentes, está en el Oeste. *Los tres asesinos* al Oeste significa que no se debe dar la espalda al Oeste porque eso podría traer problemas de concentración: uno se hace más receptivo a toda clase de ataques a partir de la energía destructiva que viene de esa dirección.

El gran duque es otra energía conflictiva, indica que se debe tener cuidado con proyectos truncos y dificultades en general, transita de Norte a Noroeste. Es importante no hacer modificaciones, construcciones, o cualquier tipo de excavación de Norte a Noroeste, ya que "molestar" la energía de esa zona se convertiría en mala suerte para los habitantes de ese lugar. También quiere decir que no se puede ver de frente al gran duque; o sea, no es recomendable colocar el escritorio de trabajo mirando de frente el Norte o el Noroeste.

El cinco amarillo representa obstáculos y desgracias, esta energía está al Noreste. No se puede colocar en esa zona ningún espacio para el trabajo o de descanso.

El dos negro también es una energía maléfica: significa enfermedades. Esta energía se encuentra al centro.

Debemos tener mucho cuidado en los meses de enero, abril, julio y octubre ya que en ellos las posibilidades de enfermar del estómago son altas. Hay que evitar los alimentos de color amarillo y preferir los vegetales verdes.

No es recomendable comer cerdo en ninguna forma, ni abusar de los alimentos de colores muy oscuros.

Para las personas que nacieron en invierno, es recomendable vestir de blanco y soslayar el amarillo para evitar depresiones.

Para el año del cerdo es propicio no invertir en nada ni dejar la suerte a los bancos. Los negocios más prósperos podrían venirse abajo, sobre todo en el Noroeste geográfico, que seguirá muy afectado (todo el noroeste europeo, y América del Norte). Sospecho que habrá una crisis financiera muy dura para Estados Unidos de América, esto se debe a que todo el Norte, de Noreste a Noroeste va a estar afectado tanto por *el gran duque* y *los tres asesinos*, como por *el cinco amarillo*, las estrellas maléficas más duras. Además, el dos a centro del LO SHU trae desgracias y malos tratos en general, sobre todo a la energía tierra, que va a expresarse tal cual lo hace cuando está bajo presión: enfermedades estomacales, depresiones ocasionadas por un exceso de reflexión (pensamientos repetitivos, obsesiones y manías).

También hay enfermedades escondidas que comienzan a salir a la luz. Alguna enfermedad estomacal que podría dar lata, igual que en el caso de las vacas locas y la gripe aviar. ¿Ocurrirá ahora este problema con los porcinos? Lo ignoro y no me gusta adivinar. Pero toda esta energía tierra podría lastimar muchísimo la delicada energía de agua del cerdo.

En cuanto a la energía del año, hay que recalcar que la energía de fuego *yin*, a pesar de ser muy ávida de posesiones, es bastante torpe para retener cualquier tipo de bien, así que el dinero no será el fuerte durante todo el año. En una sociedad donde todo se basa en el dinero y la economía, una caída económica será tan trágica como predecir el fin del mundo.

Sin una economía fuerte, un *crack* bursátil sería desastroso ahora, más aún que el *crack* de 2000 en EUA, o el de Argentina de 2001.

Qué ocurrirá con los países depende de su localización geográfica. Así, cualquier país que esté en la zona que abarca el Norte del planeta, y lo rodea de Este a Oeste, se verá afectado. Al Sur del Ecuador, por fin habrá un poco de paz.

Los números marcados en gris son los afectados.

Lo Shu para 2007

1	6	8
9	2	4
5	7	3

Lo Shu original

4	9	2
3	5	7
8	1	6

El dos en el centro trae conflicto con la tierra, aunque no tanto como si se tratara de un *cinco amarillo*; esto habla más de enfermedades graves que de desastres telúricos. Sin embargo, coloca en un momento decadente al planeta mismo y eso trae consigo desastres naturales a largo plazo, que debemos tener en cuenta antes de que algo terrible ocurra con la humanidad.

Las energías comprometidos durante ese momento son el metal y la tierra.

El cerdo de fuego trae en general el conflicto llamado castigo mutuo, es decir: hay un choque muy fuerte entre el fuego y el agua, no es fuerte como si se echara una cubeta de agua a una fogata, sino como escupir levemente en una vela. Es cansado, molesto y algo sucio.

La energía que más sufrirá este cambio es el metal, porque, atrapado en medio del conflicto entre el agua y el fuego puede, literalmente, reventar sin que haya en medio nada que regule. El dinero no va a rendir para nada, todos se verán con deudas y dolores de cabeza. Si no aprovechamos el año del perro y ahorramos, el año del chancho será duro, sobre todo para el chancho.

Otros países que podrían sufrir cambios y algo de violencia son los que fueron fundados durante los años del cerdo: 1947, por ejemplo.

El consejo general para el chancho es usar de amuleto un mono, esto podrá equilibrar la balanza. Los demás signos los veré poco a poco.

Esto es un resumen mes por mes de 2007, de acuerdo con las estrellas afortunadas y funestas, además del análisis de los elementos que transitarán mes por mes:

ENERO
T8 R2

Aun dentro de la "jurisprudencia" del año del perro. Por lo tanto propicio para ahorrar antes de que comiencen las "vacas flacas". Este mes es aún favorable para el perro, así que no hay problemas al respecto. Pero es importante mantener un perfil bajo y pagar todas las deudas. No es propicio para bodas o grandes fiestas. Mes regido por el búfalo.

FEBRERO
T9 R3

El año del chancho arranca el 18 de febrero, pero el mes de febrero está dominado por el tigre de agua *yang*, por lo tanto, esta influencia benéfica controla mucho al agua del chancho y levanta la energía del tigre gracias a la madera. Es el mes más propicio del año, sobre todo en cuanto a dinero se refiere. Este mes, hasta el 6 de marzo, mantendrá una buena influencia, sobre todo en la industria maderera, el campo, la literatura y las artes en general. Pero no será muy bueno para la pesca, las casas de bolsa y la política (entendidas como negocios) en general.

Es un mes de divorcios, bueno para la iglesia y otras instituciones que creen en el celibato; también para los estudios.

La madera podría afectar a la industria farmacéutica, bienes raíces y minería. Cuidado con el mes del tigre, es difícil por los chismes y traiciones.

MARZO
T10 R4

T10 es de agua *yin*, choca con el tronco del año, por lo tanto este mes nos ofrece una muestra de lo que será el año entero.

El conejo comienza su reinado del mes el 6 de marzo; ese día la madera podría sufrir un poco de "sobrepeso" las cosechas podrían pudrirse con tanta agua en el ambiente. Esta energía se controla con la madera, pero la deforestación en ciertas zonas traerá fuertes inundaciones y lavados del suelo, así como ríos sin control que se llevarán las casas y, por supuesto, enfermedades del hígado y la sangre.

Lo bueno es que estos daños no serán tan severos del Ecuador para abajo. El apaleado tercer mundo estará un poquito mejor, pero las naciones de Medio Oriente recrudecerán sus conflictos. Éste es el mes del conejo y la directriz general del mes es: trabajo

Mucho trabajo para realizar. El mes choca con la gente gallo y países gallo como Francia o Japón.

ABRIL
T1 R5

El mes del dragón, abril, es el fénix rojo: el mejor para casarse.

MAYO
T2 R6

El mes de la serpiente se llama en chino "caballo de posta", representa movimientos, mudanzas. Este mes es de fuego con madera, así que no le va a gustar moverse; será difícil para la sociedad en general. Cambios desfavorables, migraciones y dolorosos desplazamientos de gente en busca de refugio. Grandes pérdidas humanas

JUNIO
T3 R7

El mes de junio arranca aún durante el mandato del mes de la serpiente, por lo tanto sigue bajo el desequilibrio y las confrontaciones; la falta de dinero en todos lados y la devastación ecológica en distintas partes del mundo, particularmente en los países chancho.

La primera semana de junio está gobernada por la madera *yin* del tronco 2, por lo tanto eso alimenta la energía del T4 de fuego *yin*, haciéndolo aún mas fuerte en términos de "hambre energética". Los días más afectados serán el 2 y el 4 de junio. De allí hasta el 6 de junio, las cosas serán difíciles en cuanto a lo monetario con fuertes reacciones en el medio ambiente, sobre todo con movimientos de agua que desplazarán grandes cantidades de tierra (ríos desbordados, deslaves y terremotos submarinos).

Desgraciadamente, el mes del caballo, que inicia el 6 de junio, trae consigo muchísima energía de fuego con un tronco 3 de fuego *yang* que aporta aún más fuego para el tronco 4 del año. Todo este fuego desplaza la energía agua general trayendo consigo una ola de calor espantosa en los países del Norte del planeta y aún más agua en los países del centro del planeta (cerca de la línea del Ecuador).

La solución para todos es tener cerca un botiquín de emergencia y los papeles y documentos importantes en una bolsa que los mantenga secos. Para los países del Sur la influencia no es tan fuerte en lo climático, pero sí en lo económico.

Sobre todo con los países que chocan con el cerdo, la serpiente y el caballo.

Los mejores días son los del tigre, 13 y 25 de junio, la influencia benéfica de la madera del tigre serán un descanso. También la tierrita creativa y pacificadora de la cabra, los días 6, 18 y 30 de junio; traerán consigo la energía necesaria para enderezar lo que ocurra durante este mes. Para protegernos, todos menos el búfalo, deberán cargar con un amuleto de la cabra o directamente, si no les afecta, vestir de amarillo o de verde.

JULIO
T4 R8

El mes de la cabra, julio, es paraguas de emperador. Buen mes para la escala social; la cabra traerá ternura al tiempo porcino pero también enfermedades, por lo tanto hay que practicar la medicina preventiva.

AGOSTO
T5 R9

El mes del mono, agosto, es muy bravo, hay que tener cuidado con los robos, la caída del dólar y las trampas por Internet. No conviene invertir en nada, mejor guardar para luego vender.

SEPTIEMBRE
T6 R10

El mes del gallo, septiembre, será caótico en las finanzas.

OCTUBRE
T7 R11

El mes del perro, octubre, traerá peleas y separaciones.

Hay que practicar técnicas de meditación, yoga, tai chi, falun dafa. Es un mes de felicidad celestial, placentero y productivo.

NOVIEMBRE
T8 R12

En noviembre, del 1 al 8, la influencia del mes aún recae en el benefactor perrito con un fuerte tronco de metal *yang* 7 y la tierra del perro que refrena el montón de agua con su tierra *yang*. Pero no hay oportunidad para el romance. Luego llega el mes del cerdo que choca un poco con el cerdo mismo, dejando los humores un poco afectados con una ola de depresiones en todo el mundo, particularmente en las personas susceptibles al clima lluvioso.

La combinación del metal *yin* del mes del cerdo (tronco 8) con el chancho mismo que es de agua *yin*, choca con la influencia del tronco del año, trayendo consigo más inundaciones y lluvias. La economía va a estar decaída. Lo único que puede ayudar es la energía tierra, así que los negocios que no van a sufrir tanto son los que se dedican a los bienes raíces... y los psicólogos.

La cabra sigue siendo el amuleto ideal durante todo este tiempo. Los días del tigre serán benéficos para la economía (4, 16, y 28) ya que el tigre entretiene al agua y atrae riqueza al tronco 8 del mes. Los días de tierra (dragón, cabra, búfalo y perro) también serán descansos en esta hecatombe climática de 2007 (3, 6, 9, 12, 15, 18, 21, 24, 27 y 30) los días subrayados pertenecen a la cabra y son los más propicios. Aunque son dos días, hay que aprovecharlos al máximo.

DICIEMBRE
T9 R1

El mes de la rata, diciembre, es un mes flor de durazno, bueno para las relaciones extramaritales, conseguir novia o concubina, próspero para la industria del porno y los abogados.

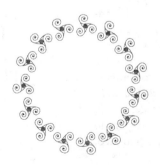

Observación del cielo latinoamericano y de España para el año 2007

por Ana Isabel Veny

Continúa con paso acelerado el transitar de los cuerpos celestes mayores, en una danza enigmática y prometedora. Estamos en el final de los tiempos según las profecías mayas y nada ni nadie quedará exento de asumir un nuevo compromiso cósmico. Las señales son muy claras y advierten que el tiempo actual es apocalíptico, el cambio es inevitable; de los pueblos dependerá su fracaso o su gloria, los designios se cumplirán a pesar de voluntades humanas.

Cuando hablamos del final de los tiempos se vislumbra un pasaje de un tiempo caótico, oscuro y restrictivo hacia un tiempo de luz, de esperanza, de amor incondicional, no significa que todo termine; por el contrario debemos prepararnos física y espiritualmente a vivir dentro de otra realidad. Para ello es imprescindible que cambiemos nuestro interior quitando miedos, inseguridades, cambiando estilos de vida y demostrando coraje para volver a forjar otras sociedades mejores.

La expansión de conciencia individual y colectiva comenzará a manifestarse cada vez con más fuerza, reconociendo y respetando la influencia de las leyes universales, cosa que redundará en nuestro perfeccionamiento espiritual. Esto ya es sentido por muchos países de Latinoamérica, que con el paso del tiempo se concientizarán de su propia misión alumbrando a aquellos pueblos sumergidos en el materialismo exagerado y la competitividad extrema.

Vivimos en universos multidimensionales y paralelos entrelazados, donde cada acción repercute en la totalidad. Los cuerpos celestes están trasmitiendo claramente que el tiempo de la tercera dimensión (conciencia de separatividad) se está terminando: un tiempo de desestabilización, ultramaterialismo, tiranía y desprecio por los derechos del otro, así como agresiones al medio ambiente que ya están costando muy caras en varias regiones de la tierra.

Se están produciendo fuertes alteraciones en el código genético humano que despertarán la red de luz interna, lo que está sucediendo con más o menos conflictividad en los cuerpos físicos de la humanidad (la materia comienza a sutilizarse). Esto sucede debido a que el planeta Tierra también se está elevando de frecuencia y está cambiando su vibración, se está repolarizando hacia la luz de la cuarta dimensión (conciencia de unidad).

Los cambios definitivos de signo de los planetas mayores que han estado varios años en la misma ubicación: Urano, Neptuno y Plutón terminarán por completarse en el año 2012, final de las profecías mayas, con la metamorfosis correspondiente a nivel individual y colectivo.

Los planetas como focalizadores de una energía inteligente y superior de cuarta dimensión, ¿qué nos piden?

Que nos simplifiquemos; que eliminemos lo artificial e inútil; que vivamos en armonía cósmica, ingiriendo alimentos naturales (granos, frutas y verduras), con intercambio activo de las comunidades; que respetemos los ciclos y las siete leyes universales, que funcionan tanto para el que las ignora como para el que las conoce (ley de mentalismo, causa y efecto, ritmo, vibración, etcétera); que ayudemos a reinos inferiores a evolucionar y no los destruyamos; que espiritualicemos nuestra esencia; que tomemos conciencia de la unidad; que reconozcamos que el prójimo es uno mismo, que potenciemos y recuperemos los poderes extrasensoriales heredados (por ejemplo: telepatía, psicometría, clariaudiencia, clarividencia, viajes a otras dimensiones con vehículos sutiles, autocuración,

etcétera); que agradezcamos al universo por lo que recibimos día tras día. Es parte de nuestra misión instalar aquí la cuarta dimensión de conciencia, convertir al planeta en un planeta de luz, por algo somos testigos encarnados en este TIEMPO DEL GRAN CAMBIO.

A través de los siglos nos han dejado en la ignorancia: el verdadero conocimiento de los orígenes de la raza humana y su misión en el planeta ha sido eliminado por fuerzas contrarias a la luz, la gran batalla ya está sucediendo en planos sutiles, ¡colaboremos positivamente!

Ha llegado el momento del despertar y de descubrir no sólo el superpotencial interno de Latinoamérica sino su papel protagónico en este cambio masivo.

Los ancestros despiertan de su letargo y bajan del altiplano para que se escuche su música sagrada y se perciban sus sabios mensajes: ha llegado la hora.

Las dependencias económicas, culturales y sociales tan sólo son ilusorias, pero mientras no se vea la vida desde otra realidad parecerán muy verdaderas. Las creencias y estructuras que estuvieron hasta ahora a nivel político y social se volverán obsoletas, ya han cumplido su ciclo; habrá que hacerle lugar a las nuevas, que demostrarán su verdadera función y efectividad ya que en el universo nada queda estancado, todo fluye permanentemente.

Con las influencias planetarias mencionadas se ganará en independencia, creatividad y autoabastecimiento; cada país, ciudad, pueblo o comunidad latinoamericana reconocerá su derecho a la libertad en todos los aspectos: psicológico, espiritual y material, no sólo para sí sino para toda la humanidad actual y futura.

En este momento el tiempo es oro, ahora es la oportunidad, sólo escuchando la voz interior de cada colectividad como una entidad viva e inteligente se sentarán las bases de la paz y el amor universales.

ARGENTINA - CONTINÚA EN EL CAMPO DE JUEGO
SIGNATURA CANCERIANA
09/07/1816

Tiempos de avance y reflexión

A este vasto y productivo país le esperan momentos muy depuradores pero difíciles de sortear tanto a nivel de las jerarquías gubernamentales que estén al frente como de sus pobladores.

Deberá aprovechar los buenos impulsos del primer semestre del año y las oportunidades para reorganizar su política interna, activar sus exportaciones, de las que obtendrá beneficios, y los posibles tratados con países tanto del cono sur como de otras latitudes. En este lapso de tiempo continuará disfrutando de un gran trígono entre su Sol (gobernantes) y Urano (caminos despejados) desde Piscis, además del ingreso de Júpiter en tránsito por el sector natal de los propios recursos que mejorará el manejo de sus fondos y reservas.

Las iniciativas que se lleven a la práctica en el primer semestre serán más efectivas y producirán mayores satisfacciones. Cualquier acción especulativa será acertada y es posible que su gráfica semestral muestre un incremento de divisas y el logro de una mejor posición en el mercado internacional.

Se descolgarán muchas más polémicas en torno a la conducción del país en el segundo semestre pero con resultados intermedios. La balanza de pagos puede originar serias preocupaciones en este período y retrasar o modificar sustancialmente el plan de acción establecido.

También pueden darse incumplimientos que a nivel financiero provoquen pérdidas indeseadas y significativas.

Para el segundo semestre, las posiciones anuales de Venus y Saturno entorpecen, bloqueando planes y caminos delineados con esfuerzo y tesón.

Pero no cabe duda de que podrá salir de estas instancias con la frente en alto y con estrategias sorprendentes.

Es un año donde pueden recrudecer las problemáticas internas y los enfrentamientos entre los sectores políticos de mayor popularidad.

Es digna de mencionar la conjunción entre su Luna y Marte anuales en el sector natal de pactos y acuerdos internos, que puede desplegar una influencia explosiva y altamente perturbadora en el segundo semestre del período.

Ya al término del año las influencias astrales estarían más acordes con un avance en lo regional con nuevas fuentes de trabajo y disminución del desempleo, o sea que se volverían a encauzar con fuerza todas las aspiraciones y proyectos postergados.

Pese a lo mencionado, no olvidemos que igual recibe el hermoso trígono de Urano por todo 2007 que al margen de algunas contingencias liberará a Argentina, a la larga o a la corta, de situaciones riesgosas tanto para el sostenimiento de su economía como para la estabilidad social.

Aspectos médicos

Pueden surgir algunas preocupaciones por parte de la Salud Pública debido a ciertos brotes epidémicos en zonas de escasos recursos y alejadas de las urbes por contaminación de las aguas o por exceso de lluvias los primeros meses del año. Esto podrá ser atenuado y eliminado, pero con un gran esfuerzo por parte de las instituciones públicas.

Sorpresas

Algunos movimientos o sismos cerca de la zona andina pueden originar desprendimientos de tierra con el consiguiente riesgo para las ciudades cercanas, sobre todo al norte y en el centro del país.

Por otra parte, en el primer semestre de 2007, la energía hidroeléctrica puede verse complicada en forma recurrente, constituyendo una causa de serias preocupaciones para los representantes de los organismos competentes.

Nuevos modelos tecnológicos agroindustriales

Argentina apostará a un modelo de tecnología más avanzado y eficiente para la industria y el agro en general. Un país que cuenta con una fuerte actividad en la industria automotriz, metalúrgica, frigorífica, industria

minera, del aluminio, etcétera, tratará de sofisticar sus métodos.

En cuanto al agro, tiene varios rubros de exportación vitales para su economía: los molinos harineros, cultivo de oleaginosas como lino, maní, girasol, viticultura, caña de azúcar, soja, maíz, gran producción de sidras, etcétera, que contarán con la oportunidad de perfeccionarse y obtener mejores resultados económicos. También sobresaldrán los productos lácteos.

Comunicaciones

La informática tendrá un papel preponderante en este sector que estará sujeto a una modernización y relevamiento de estructuras anteriores, tanto en lo público como en los servicios privados.

Elementos naturales como una alternativa

Proseguirá cada vez más la experimentación con energía solar para la iluminación así como el manejo de la energía eólica permitiendo el uso de corrientes subterráneas, todo esto en vías de un mayor desarrollo técnico.

Área cultural y artística

Habrá más inclinación por la lectura y la informática. Se notarán adelantos en las presentaciones teatrales con un mayor contenido lírico y espiritual.

Deporte

Un año más destacado en el fútbol internacional con la posibilidad de obtener mejores triunfos demostrando disciplina y mejor estrategia a nivel de equipo. Ganando o no la próxima copa América, es indiscutible que el fútbol argentino ha sido uno de los mejores en los últimos años. Ha superado el cuco del juego bonito brasilero, sus figuras son del mejor nivel y en la cancha impone tácticas muy efectivas. País preparado, entonces, para los campeonatos que se presenten.

RESUMEN: Argentina tiene más posibilidad de mejorar promediando el año, ya al final deberá cuidar algunos aspectos desestabilizadores en lo político y social, pero aún así se sostendrá en sus lineamientos. Apuntará al Mercosur como una vía eficaz y prometedora para potenciar nuevas fuentes de trabajo.

ESPAÑA - OTRAS BASES DONDE APOYARSE
SIGNATURA SAGITARIANA
11 / 12 / 1474

Madurando sus proyecciones

Éste será un tiempo más movido en materia internacional y firma de acuerdos. Obtendrá mejores perspectivas para negociar desde ángulos más abiertos y subirá puntos con respecto al año anterior.

Es probable que el primer mandatario viaje más y que sus aspiraciones se concreten antes de lo esperado. Aún así no deberá precipitarse en sus decisiones (la conjunción anual de Mercurio, Marte y Júpiter en el signo de Sagitario en la carta natal del país, imprimen aceleramiento e impaciencia) para evitar molestias futuras. La posición de Venus anual en el mismo signo que Marte natal de todas formas asegura a España un resultado más productivo con grandes mejoras en el mercado interno.

Plutón continúa suavemente su gira por Sagitario, influenciando el Sol del país con tendencias que propicien en forma definitiva una mayor integración en lo colectivo, privado y mundial.

La búsqueda de la estabilidad será permanente, intentando llegar al centro de aquellas cuestiones que impiden un normal desarrollo.

La vigilancia deberá acentuarse en planificaciones que rayan con lo utópico e irrealizable algunas veces, por demasiado optimismo.

El mejor tiempo para dedicarlo a los grandes intercambios y negociaciones se ubicaría en el primer semestre, ya que cuenta para 2007 con la generosidad del expansivo Júpiter en su propio signo, Sagitario, sin dejar de mencionar que la influencia saturnina en el segundo semestre del año le jugará en contra bloqueando algunas proyecciones en lo económico, aunque moderadamente.

Algunos sectores en lo interno exigirán al Gobierno ponerse a tono con las necesidades del momento, en materia impositiva, educacional y en su salud pública, por lo que deberá rendir cuenta en este sentido.

Es un año que reclamará una constante adaptación a las exigencias del entorno devolviendo respuestas medianamente satisfactorias a sus habitantes, lo que será, quizás, el principal desafío.

Garantías para la seguridad ciudadana

Uno de los mayores inconvenientes para España actualmente es el descontrol de la delincuencia y los grupos organizados con fines violentos que incitan al temor y la inseguridad de sus pueblos.

Será difícil y largo el camino para aquietar estos aspectos riesgosos, pero es indudable que sí existirá gran preocupación al respecto para reducir el porcentaje de actos delictivos, vigilar más las fronteras y dar a los españoles el mínimo de seguridades personales a lo largo del año 2007.

Modernas metrópolis

Muchas de sus ciudades podrán verse renovadas debido al incremento de las inversiones en el rubro de la construcción. Al mismo tiempo que se crearán nuevas fuentes de trabajo, los turistas podrán elogiar una arquitectura de diseños vanguardistas mezclada con la tradicional.

En lo interno

Un año donde más que nunca resaltarán las diferencias políticas y los arrebatos entre los grupos partidistas; eso conducirá a situaciones que sobrepasarán los límites normales. Los debates referidos a la legalidad pública pueden acarrear pérdidas y dispersión.

De todas maneras, el tránsito plutoniano por el sector quinto natal indica un abordaje de nuevos códigos que contemplarán las opiniones contrarias y disminuirán los roces y encontronazos.

Perfil deportivo

Quizás no tiene la misma trascendencia que antes en fútbol, pero nadie quiere jugar con España. El Toro Rojo es temible en cualquier cancha con cualquier juez; los españoles son una potencia demostrada en su campeonato local lleno de color y alegría. Muchas figuras de renombre han atravesado sus canchas, locales o extranjeras. España podrá lucirse como uno de los grandes con miras a la próxima Eurocopa: sus astros apoyarán.

Primer Mandatario

El presidente español José Luis Rodríguez Zapatero, de signatura leonina, tendrá a favor un trígono lunar anual a su Sol natal, aspecto que le brindará una gran armonía entre sus deseos y sus realizaciones.

Con esta influencia cósmica es mucha la posibilidad para que rectifique o corrija algunas conductas anteriores con total éxito.

El pasaje de Júpiter en tránsito para 2007 (el lucero del sistema) por Sagitario alumbrará su camino personal y público contrarrestando los efectos maléficos como podría ser una oposición neptuniana (falsas ilusiones) desde Acuario y ubicándolo en un puesto de mayor popularidad.

RESUMEN: España continuará su ciclo evolutivo sin quedar exonerada de retrocesos momentáneos y con fuertes discrepancias políticas. A pesar de ello asumirá con fuerza su nuevo panorama anual.

BOLIVIA - UNA NUEVA ORGANIZACIÓN CON ESPERANZA
SIGNATURA LEONINA
6/08/1825

Los intentos por sobrellevar los conflictos heredados se duplicarán, pero esta vez con mejores enfoques. Un aspecto verdaderamente relevante lo constituye el pasaje de Saturno (estabilidad y disciplina) en tránsito por la casa astrológica diez (lo social), indicando el aumento de las responsabilidades por parte del nuevo gobierno de Evo Morales, y la posibilidad de concretar en forma ordenada aquellos puntos de importancia capital para el país.

Las clases menos beneficiadas contarán con buenos representantes para continuar accediendo a sus reivindicaciones sociales, económicas y laborales, ya que la marcada división entre los pocos grupos de poder económico-políticos y los más pobres ha sido hasta ahora un abismo.

La transparencia y un ritmo cauteloso en el manejo de los fondos públicos propiciará la credibilidad de los especialistas fiscales.

Bolivia se ha propuesto metas y plazos que, de acuerdo con sus influen-cias cósmicas, logrará alcanzar en forma satisfactoria y más organizada.

El presidente de Bolivia, señor Evo Morales, nació el 26/10/1959 (Departamento de Oruro) en una familia Aymará y pertenece al signo de Escorpio. Su triunfo es una vuelta a las raíces indígenas bolivianas, cosa que puede darse en otros países de Latinoamérica. Demos por hecho que muchas de sus ideas de carácter expansionista y originales seguirán un rumbo confiable; Urano lo sostendrá desde Piscis. Sus aspectos natales evidencian una fuerte personalidad que no retrocederá ni un ápice hasta completar sus programaciones e innovar en muchos aspectos de la vida de Bolivia, venciendo lentamente el racismo y las marcadas diferencias sociales.

Riquezas naturales

La intención de proteger los recursos del suelo boliviano (por ejemplo hidrocarburos, depósitos de sal y litio, etcétera) forma parte de nuevas reglamentaciones que continuarán activándose con suerte, lo que le dará otra cara a la explotación efectuada hasta el momento por empresas extranjeras.

Un lugar energético

Bolivia posee un tesoro natural, el lago Titicaca, situado a 3810 m en el altiplano; es un punto de atracción turística y de encuentro místico. Su multiplicidad climática según las regiones lo favorece en hotelería y turismo, un rubro que será mejor explotado durante 2007.

Fútbol

Demasiado arraigado en su esquema, serán pocas las innovaciones que haga en el campo de juego. Campeonatos en la altura lo consagran victorioso, es duro rival pero pierde fuerza en lugares bajos. Faltan jugadores que marquen un estilo nuevo y adaptado a las exigencias del momento. Aunque le costará, igual está en carrera para la Copa América.

Sintetizando, buscará afanosamente su estabilidad económica y social y se acercará a resultados más justos para los grupos que han sido protagonistas de luchas de clases y por su tan deseada salida al mar. Sus macro y microemprendimientos serán liberadores para el futuro a mediano y largo plazo.

BRASIL - MOMENTO PARA
· EVALUAR POSICIONES
SIGNATURA VIRGINIANA
07/09/1822

Brasil queda encuadrado dentro de un marco que parece ser una característica futura para toda Latinoamérica, es decir, el movimiento de reivindicación indígena tendiente a tomar fuerza tanto en el sector político como social.

Si mencionamos las configuraciones astrales más relevantes para Brasil en 2007 vemos la oposición lunar y uraniana desde Piscis (a partir de su revolución solar) opuesta a su Sol natal, por lo que se estimaría que parte de los proyectos se pueden salir de contexto y propiciar las conductas erráticas o inestables de las cuales participe su masa social y los gabinetes ministeriales.

Las acciones demasiado idealistas podrían perjudicar parte de lo realizado aportando una serie de sucesos que alimentarían las críticas y restarían credibilidad.

De todas formas, esto hará ver más adelante con realismo lo que carece de practicidad para desprenderse de planes obsoletos o conductas demasiado repetitivas referidas al mejoramiento global del país.

Al iniciar el año, tendremos una oposición de Júpiter (expansión, revisión de valores morales y éticos) transitando Sagitario a Júpiter natal en Géminis; cuando esto ocurre, conectado a una nación, es evidente que las fuerzas cósmicas marcan un sendero depurativo; si se establecen nuevos códigos de desarrollo y perfeccionamiento, olvidando fantasías, se habrá triunfado.

Toda temática financiera debería ser doblemente analizada con los controles necesarios para evitar las sorpresas. Saturno, en su tránsito por Leo en conjunción con su Venus natal y opuesto a Neptuno transitando Acuario, puede enfriar o enredar algunos proyectos de importancia o demorarlos y tener que vivir períodos alternados de restricciones y ganancias sorpresivas, probablemente en el último cuatrimestre del año.

Pero no se le niega el avance a este gigante latinoamericano con una vasta reserva de recursos a su disposición.

Se pondrá fin a ciertos convenios o pactos internacionales para ganar en independencia, aunque esto puede llevar a avances y retrocesos constantes.

Aspiraciones para el crecimiento económico

El gobierno de Brasil para 2007 apuntará a varios planes de recuperación efectiva como lo es la cosecha de caña de azúcar, los incontables recursos en el rubro pesquero, con un real avance tecnológico así como atraer capitales para fortalecer el sector.

La informática será tenida en cuenta como una herramienta imprescindible para controles más efectivos en el área pública, empresarial y satelital.

El desafío de la nación será regular el gasto público y abocarse a cancelar parte de sus deudas mayores, aspiración máxima de su Ministerio de Economía, que puede quedarse en un intermedio.

Las interminables diferencias sociales le juegan en contra

Las clases más afectadas estarán sujetas a programas con tendencia a la integración, pero Brasil se verá en el desafío cada vez mayor de equilibrar a una población dividida entre sectores de elevados recursos y dominantes, y otros de escasas posibilidades en todos los aspectos que necesitan mejorar su canasta familiar a como dé lugar. Sin equidad no hay crecimiento ni desarrollo.

Educación: en busca de la unificación

El problema educativo puede ser agobiante por las dificultades para implementar cambios en este año, ya que no se centraliza sólo en un Ministerio sino en gobiernos municipales. La juventud y niñez brasileñas son el objetivo prioritario y constituyen uno de los aspectos de mayor vulnerabilidad.

Parte de esto se llevará a la práctica aunque por momentos quitará el sueño encontrar los medios adecuados de concreción.

Ansias de liberación

Un año dedicado a instrumentar una mayor independencia pero según su astralidad será como en capítulos.

Brasil posee importantes yacimientos de gas natural que harían crecer su industria, así como la intención de trabajar con combustibles de origen vegetal para no depender de agentes externos en este sentido.

Competencias deportivas

Uno de los más grandes en fútbol, con extraordinarios jugadores; es un clásico ver a Brasil en competencias internacionales, este año dará que hablar por sus triunfos.

Resumen: Es mucho lo que tendrá que reordenar y equilibrar antes de terminar el año, habrá varios cables de alta tensión en lo relativo a su política interna, sus habitantes y en acuerdos internacionales, pero mantendrá su búsqueda para una mayor riqueza general.

CHILE - MODELO DE DESARROLLO ECONÓMICO Y SOCIAL
SIGNATURA VIRGINIANA
18/09/1810

Continuidad que incrementará su prestigio

Nadie puede dejar de desconocer que Chile viene de un período de aseguramiento económico financiero, con mejor distribución de los fondos públicos y una disminución del porcentaje de pobreza y marginalidad.

El país recepcionará bien las energías cósmicas este año, donde algunos aspectos de su carta natal y solar confluyen en armonía. Quizás en unos años se parezca a los modelos europeos con un nivel de vida por encima de lo previsto.

Desde la posición saturnina en tránsito (proyectos sólidos y estabilidad en las ideas) a su Mercurio natal (analítico y balanceado) tendrá el doble de oportunidad para realizar negociaciones, convenios múltiples y ganar en libertad de acción. Todo a pesar de la cuadratura en tránsito de Júpiter al Sol de Chile que puede, por momentos, ocasionar alguna traba con el exterior o con países con los que tenga acuerdos, entonces tendrá que replantearse los intercambios.

El intento de corregir las grandes diferencias sociales y regionales demandará grandes esfuerzos pero puede acercarse a lo ambicionado.

El tránsito de Neptuno (demasiada idealización) al Sol natal del país exigirá no perder de vista las realidades internas y compaginar los fenómenos sociales y su política de negocios con su protagonismo internacional.

Siempre alerta

Se seguirá protegiendo la propia economía a pesar de las variantes que ocurriesen en la economía mundial gracias a un modelo bastante práctico. Chile sabe que el logro de una estabilidad macroeconómica es fundamental para resguardar y promover el empleo.

Habrá muchas planificaciones para reducir su deuda general y también activar sus exportaciones.

La formación de profesionales especializados (ciencia, ingeniería) será sin dudas una buena inversión.

Apostará al turismo para el intercambio cultural con vecinos, a la producción minera, a dar énfasis a la pequeña agricultura y proseguir con el sector pesquero; no habrá retroceso.

Mayor dignidad para pobladores

La necesidad de perfeccionar tanto los servicios públicos como la edu-

cación, los programas de protección a la infancia, a la vejez, reducir la violencia doméstica, dar mejores seguros sociales y acceso a viviendas dignas se encaminará hacia una realización sujeta a ciertos ritmos pero sin desviarse de estos objetivos.

Además, el programa de reforma sanitaria impulsado por el presidente anterior, señor Ricardo Lagos, (plan Auge) proseguirá con éxito.

Lleno de esperanzas deportivas

El ingreso de figuras jóvenes con buen juego en su selección, lo convierte en uno de los candidatos a temer, un fuerte rival que puede triunfar en campeonatos latinoamericanos.

Su presidenta, Michelle Bachelet nació en Santiago el 29/09/1951, es del signo de Libra, conciliador, diplomático y justiciero. Su Saturno en conjunción con el Sol le da dotes para el mando y el desempeño político y social. Este año le juega bien el sextil de Júpiter a su Sol manteniendo su optimismo e ideales.

Resumen: Un camino firme y programado con una hiperdinámica positiva donde una visión futurista lo coloca en el lugar de los privilegiados.

COLOMBIA - NUEVAMENTE EN EL INTENTO
SIGNATURA CANCERIANA
20/07/1810

El presidente Álvaro Uribe Vélez insistirá con fuerza

Reelecto, continuará manifestándose

por cuatro años más sin desistir de sus luchas para lograr los tratados y acuerdos de libre comercio que le darían a Colombia otras circunstancias más positivas para poder competir mejor.

La luna natal de Colombia (la masa social) en Piscis produce gran inestabilidad y muchas andanzas para poder alcanzar la unificación en ideas y condiciones más equitativas para todos, desafío que forma parte de su acuático destino.

El pasaje de Júpiter por Sagitario dará más seguridades para la colocación de productos en el exterior, revisar su estructura interna y adecuarla con mayor efectividad al panorama mundial.

Al alcanzar Júpiter (crecimiento) a Saturno natal (reformas sociales) hacia el primer semestre del año, tendrán los gobernantes la oportunidad de tomar conciencia de su propio espacio-tiempo con las limitaciones que incluye y la función internacional que les toca cumplir, sólo así se adecuarán a programas realmente efectivos y una participación social uniforme.

El mismo planeta hará conjunción con Neptuno (sueños arquetípicos), entonces puede que se produzca una fuerte oposición política interna, quizás por reformas o proyectos que no se traduzcan en beneficios reales para la comunidad.

Es posible que una y otra vez se revisen los modelos de acción a seguir ya que muchos de ellos no serán lo suficientemente útiles al iniciarse el año.

Mejoramiento de cultivos tradicionales

La creatividad colombiana aplicada a su agricultura deberá ser óptima ya que Colombia posee suelos muy deteriorados por el mal uso y la degradación natural.

Los nuevos sistemas de labranza permitirán un avance en este sentido a través de cultivos de arroz y maíz. País con una vasta gama de plantas medicinales y producción de mora, mango, cebolla y papa con éxito para este año.

Cultivos ilícitos

El bajo nivel cultural y la corrupción exacerbada han facilitado en los últimos años la comercialización ilícita de los cultivos de coca. El Estado no ha podido instrumentar mecanismos efectivos al respecto y le será muy difícil asegurarse de que esto no continúe proliferando.

En un intento por erradicarlo, implementará programas para la creación de bosques de plantas medicinales como alternativa de sustitución, acción que alcanzará buenos resultados.

Tránsitos riesgosos

Agosto y septiembre de 2007 son meses de extremo cuidado donde los imprevistos económicos pueden romper con lo proyectado en forma repentina. Saturno en tránsito en su pasaje por Venus natal puede congelar las expectativas y tener que adoptar un rumbo fuera de todo contexto.

Repunte deportivo 2007

Su fútbol tiene muchas dificultades porque depende de figuras del exterior cuyas técnicas han sido improductivas.

Intentará levantar resultados ascendiendo a jugadores de cuadros inferiores cosa que resultará a favor aunque deberá reforzarse más para un lucimiento internacional.

RESUMEN: El mayor objetivo será cambiar el escenario convulsionado de los últimos años y obtener más control social disminuyendo las posturas individualistas en pos de una conciencia universalista.

ECUADOR - EN BÚSQUEDA DE ALIANZAS ESTRATÉGICAS
SIGNATURA LEONINA
10/08/1830

Intentará reordenarse

Ecuador posee en su carta natal la luna en Tauro (energía de las formas) que le proporciona gran tenacidad, persistencia y practicidad para llevar adelante sus ambiciones mayores.

Lo que hará este año será resolver algunos bloqueos en sus negociaciones generales con luchas sostenidas que luego le darán una cara más sonriente a su administración, pero al final del período.

Tendrá más apoyo astral para lograr atraer a nuevos inversores y fortalecer sus exportaciones si así lo desea.

Otro país de signo de fuego que se beneficiará por la incursión jupiteriana en Sagitario (Júpiter estará en su propio domicilio, se duplican sus beneficios). Avanzará en todo lo estancado con más suerte entre los meses de marzo a mayo/07 para luego acelerarse vertiginosamente entre octubre y noviembre/07 tanto en los asuntos internos de la población como en actuaciones internacionales. Una convocatoria general para combatir la delincuencia mejorará las estadísticas levemente aunque con intención sostenida.

La posición de Marte natal en conjunción con Plutón se activará gracias a Saturno transitando Leo, cerrando así un triángulo de suerte junto con su compañero astral en Sagitario (Júpiter), energías que paso a paso se irán manifestando en la creación de mejores fuentes de trabajo y producción.

La luna anual muy cerca de Venus natal es un indicador de mejoras en la forma de vida, una reducción de los esfuerzos y la presencia de aspectos creativos que facilitarán el desarrollo del país con una modalidad más diplomática.

Temáticas petroleras desafiantes

Las preocupaciones se centrarán en los precios de los combustibles que serán un elemento de riesgo para la economía en determinados momentos, creando desfasajes un tanto sorpresivos. Su industria petrolera es una importante fuente de ingresos que balancea muchas veces las pérdidas ocasionadas por los demás rubros de su competencia en el comercio exterior, la que solicitará mayor análisis.

Un clásico: el rubro turístico

La importante avifauna con aproximadamente 1500 especies lo coloca entre los países más ricos del mundo en esta línea. Éste es un recurso fantástico que será mejor utilizado para incrementar el turismo y atraer a los investigadores o aficionados.

Sus importantes elevaciones montañosas como el Cotopaxi y los ríos, que van desde los Andes al océano Pacífico, y sus balnearios y playas seguirán atrayendo al turismo desde todas partes del mundo.

Torneos

Recordemos el excelente desempeño de Ecuador en el mundial de fútbol 2006; puede darnos muchas sorpresas en 2007, posee agilidad cambiando de estrategias y tiene buenas figuras internacionales, puede ser el boom de 2007.

Con altos y bajos, que irá regularizando, podrá transitar el año con la esperanza de solidificar una economía que por momentos parece estable y en otros períodos, muy vulnerable.

MÉXICO - ESTABILIDAD EN SU FUTURO ECONÓMICO
SIGNATURA VIRGINIANA
16/09/1810

CONSIGNA: avanzar hacia una mayor independencia.

México estará expuesto a cambios en el gobierno que demandarán otras reglas de juego para mejorar las oportunidades de los mexicanos y mexicanas.

Posee una economía de libre mercado y suficientes recursos del suelo (petróleo, plata, oro, cobre, etcétera) y agrícolas (soja, trigo, maíz, café, lácteos y carnes) como para no temerle al futuro así como una

buena industria textil y turística.

La conjunción entre Mercurio y Marte en su revolución solar nos dice que será un año dedicado a la formulación de tratados con los países de su vecindad y una reactivación muy dinámica del comercio en general.

Sin embargo, el tránsito de Saturno sobre Marte natal puede producir desilusiones en cuanto a los resultados de varias gestiones internacionales a las cuales habría apostado parte de sus esperanzas, situación astral esperada hacia mitad del año (julio/07 y agosto/07).

Se agrega el planeta Júpiter en fricción desde Sagitario advirtiendo que cualquier apresuramiento lo conducirá a demoras y pérdidas en la administración pública. Hacia el final del año contará con otras configuraciones estelares más armoniosas.

Como atenuante la luna anual acorde con su Sol natal es un buen indicio de que, aunque con algunos tropezones, podrá avanzar en varios de sus compromisos internos si actúa con cautela.

Quitándose pesos de encima

Sabemos de la excesiva preocupación de las autoridades mexicanas por cancelar sus deudas con organismos internacionales para reducir costos financieros, se perfila entonces otra forma de conducción para un crecimiento global. A pesar de afrontar esta situación, Venus anual en conjunción con el Sol natal impulsará los programas internos como medidas para la salud, la nutrición y los problemas de las áreas rurales.

Arqueología

En 2007 seguirán hallándose restos de antiguas civilizaciones como la pirámide descubierta en el Cerro de la Estrella (2006) reviviendo parte de la historia mística mexicana que está nutrida de una gran simbología y misterio.

RESUMEN: Astrológicamente tendrá variados recursos para frenar el desempleo en una mediana escala y equilibrar los desfasajes internos durante el año.

PARAGUAY - ASPIRACIONES MÁS VIABLES
SIGNATURA TAURINA
14/05/1811

Hacia septiembre/07 se liberará del molesto y restrictivo aspecto saturnino que desde Leo le impedirá alcanzar los ideales del primer semestre. Con el pasaje del anillado planeta hacia Virgo en armonía con el signo del país tendrá otro panorama interno con aumento de su producción.

Se mantendrá una influencia algo engañosa de Neptuno desde Acuario respecto al Sol natal en Virgo por lo que una sola distracción o pérdida de vista de su realidad fiscal y pública sería contraproducente, es decir deberá reducir al mínimo los riesgos.

La integración al Mercosur junto con Uruguay será dentro de un proceso de análisis y reestructuración de las bases programáticas.

Buenos augurios para finales de 2007, el pasaje de Júpiter en tránsito sobre Saturno natal lo hará desprenderse de limitaciones estableciendo un ciclo nuevo para el desarrollo material recobrando confianza y seguridad.

Prioritario

Urge la reducción de la pobreza, obtener más seguridad financiera, atraer inversiones y ayudar a los pequeños productores. Paraguay tiene dificultades con su saneamiento y el agua potable, que se relaciona con aspectos sanitarios importantes. Es un país, como muchos otros en América del Sur, de grandes diferencias sociales que inciden fuertemente en la distribución de la riqueza interna.

En 2007 podrá menguar parte de estas temáticas, pero recién al final tendrá mejores opciones.

Paraguay es un país de buenos suelos para la agricultura y ganadería, con importantes depósitos minerales y cultivos variados (soja, algodón, aceite, etcétera). Sin embargo, las protestas por la contaminación ambiental recrudecerán en estos tiempos por el desarrollo industrial.

Tradición

Pintura, escultura y música son partes valiosas de una cultura heredada que vuelven a estar vigentes en lo nacional e internacional. En herboristería, se lleva las de ganar respecto a la medicina natural, rubro que será mejor considerado.

RESUMEN: Buen año para aplicar otras políticas fiscales y financieras, pero con miras a mejorar en un mediano plazo. En fútbol le esperan grandes transformaciones, llegará a otros niveles.

PERÚ - NECESIDAD DE REFORZAR SU IMAGEN INTERNACIONAL
SIGNATURA LEONINA
28/07/1821

Nuevas vinculaciones

Es fundamental para Perú atraer a los inversionistas para asegurar su crecimiento y salir a competir en los mercados con escenarios más favorables para sus productos de exportación, objetivo que será encaminado recién hacia finales del año.

Los negocios con China le reportarán resultados más que aceptables.

La industria del metal es uno de sus principales recursos, rubro que puede manifestar altibajos en los precios.

La conjunción de Mercurio natal con Saturno transitando el poderoso Leo puede poner en riesgo parte de sus acuerdos y provocar un descenso de las exportaciones entre marzo y abril/07. De septiembre a diciembre/07 extenderá su radio de acción internacional obteniendo mejoras considerables y modificando contratos relativos al petróleo y al gas.

En el período 2007 los dirigentes peruanos tendrán la ardua labor de mantener lo logrado, cosa que en el transcurso del año se hará difícil, además de obtener el consenso necesario en el gobierno para sus negociaciones.

Complejidad geográfica

Las distancias y los problemas de comunicación y traslados dificultan la integración regional, un tema pendiente en la agenda social.

Es muy evidente la diferencia entre el interior del país, limitado en sus posibilidades, y su ciudad capital, por lo que el reto implicará reordenar sus plataformas sociales de una buena vez.

Urge la necesidad de incorporar a las zonas selváticas y andina la política de agroexportación, pues sería muy beneficiosa.

Educación, salud y trabajo son aspectos de la población que estarán expuestos a mejoras menores y parciales al inicio para reforzarse casi al final.

Perú reacomodará un poco su panorama y, aunque sus perspectivas se plantean a mediano plazo, tendrá que esforzarse por no retroceder en sus gestiones con otros países y lograr una mejor retribución del producto interno.

VENEZUELA - SENSIBLE A LOS CAMBIOS, PERO RESISTE
SIGNATURA ARIANA
19-04-1810

Un año para estudiar causas y efectos

Su cielo indica un período intermedio donde los triunfos del pasado tendrán que apoyarse en nuevos recursos para sostenerse. Un año teñido de variabilidad en el que los acuerdos con el petróleo quizás no tengan las mismas repercusiones, aunque seguirá con empeño en el rubro.

Las irregularidades que provienen de los aspectos astrales negativos como la fricción entre Venus en revolución (erogaciones públicas) y Marte (dificultades y luchas) se traducen en tiempos restrictivos y convulsionados. La Luna anual (expectativas sociales) opuesta a Neptuno-Saturno natal (proyectos fallidos o demasiado exagerados) traerá algunas complejidades para establecer una justicia general.

Los problemas en la recaudación de fondos públicos necesitarán una urgente atención y categorización entre clases de mayor y menor poder adquisitivo. Para no quedarse atrás en tiempos de alta competitividad, la educación será una temática básica, y deberá afrontar las carencias de los grupos indígenas o con bajos recursos.

Las discrepancias internas podrán solucionarse llegando a septiembre/07, y finalizando el año realizará mejores negociaciones con países vecinos, cuyos resultados concretos llegarán a partir del año siguiente. Además, no hay que olvidar la inserción de Venezuela en el Mercosur (2006), iniciativa que puede darle al país mayores beneficios.

En la agenda anual no faltará el rubro turístico entrelazado con sus reservas naturales y magníficos centros recreativos.

Frente a temas delictivos y de adicciones, con una nueva óptica podrá encarar su lucha constante.

Crecerá el interés por preservar los suelos, los bosques, la fauna y otros recursos naturales valiosos, quizás con la aplicación de medidas más estrictas para ese fin. En conclusión, las influencias cósmicas le favorecen más sobre el final del año, momento en que encontrará soluciones exitosas.

PERFIL ASTROLÓGICO URUGUAYO 2007
SIGNATURA VIRGINIANA, ASCENDENTE EN PISCIS 25/08/1825, HORA 19.36, EN FLORIDA

Uruguay seguirá buscando su ubicación en el plano internacional y latinoamericano luego de las luchas del año anterior en los procesos para instaurar definitivamente su plataforma de acción gubernamental.

El regente de su signo solar, Mercurio (planeta de la practicidad y estrategia), desde su posición anual en el signo de Leo (primer semestre) introduce empuje, pasión por los objetivos y una firme convicción de lograr lo prefijado; luego, en el resto del año lo vemos mejor posicionado en carta de revolución (estará en Virgo del cual es regente) donde no habrá tanto idealismo pero sí logros concretos.

El planeta dueño de su ascendente, Neptuno (utopía y sensibilidad), desde el sector de los proyectos e ilusiones agregará perseverancia e ideas más originales para mejorar enfoques anteriores y no dejarse ganar por el fracaso y la decepción a lo largo del año.

¿Qué solicitarán de Uruguay los planetas que actúan desde un aspecto colectivo? Del análisis extraemos que Urano viene alcanzando la conjunción con el ascendente de Uruguay, Piscis, para el segundo semestre de 2007. Es obvio que atendiendo el llamado a la innovación, la independencia y una rebeldía positiva, todo será más fácil de realizar.

El ascendente de un país representa a la gente que vive en él, por lo que el compromiso del cambio deberá asumirse desde todas las clases sociales para que tenga efectividad. También habla de que el comportamiento de los habitantes y el estilo de vida sufrirá una transformación rotunda dejando de lado todo aquello que fuese improductivo.

Algunos sectores tomarán el aspecto negativo de estas energías que muchas veces inclinan a los antagonismos generando conflictos que a la larga podrán ser sofocados.

De Neptuno diremos que, instalado como está en el lugar de las proyecciones y aspiraciones más altruistas, seguirá disolviendo aquellas formas de enfoque social carentes de valor hasta lograr un esquema más espiritualizado de la vida en común; tales serán sus exigencias.

Por último, el solitario Plutón, ubicado en el Medio Cielo de Uruguay y en conjunción con él, hará un llamado a que todas las acciones tanto de gobierno como de la masa social se asienten en una intención clara para el crecimiento general, ¡solo así se triunfará, tales son los desafíos astrales! Como esta posición recibe aspectos disonantes y conflictivos, pueden darse ataques a la reputación del país o acontecimientos fuera de control, pero las influencias benéficas desde otros ángulos atenuarán y combatirán pasiva pero insistentemente las distintas situaciones que a su vez incluyen a países vecinos.

En cuanto a su presidente, el doctor Tabaré Ramón Vázquez Rosas, nacido el 17/01/1940 bajo el signo de Capricornio con ascendente en Piscis,

encontramos que hacia 2007 Júpiter (expansión y crecimiento) hará una conjunción con su Medio Cielo (sector de influencia social) lo cual lo ayudará en su trayectoria política (es como contar con el ángel guardián en aquellos períodos complicados o rodeados de incertidumbre).

Los viajes al extranjero se multiplicarán a los efectos de expandir su radio de acción. De todas formas es un año que incluye presiones molestas por la presencia en revolución solar de Marte (combativo, frontal, guerrero) relacionándose en lo natal con en el sector de lo social; la posición lunar indica un año dedicado a los asuntos públicos por entero.

Su Mercurio (perspicacia y concentración) desde acuario en la carta anual es claro indicador de una revisión de sistemas o trabajos anteriores a fin de perfeccionarlos ya que la oposición saturnina (bloqueos y obstáculos) desde Leo ha venido retrasando e impidiendo su ejecución.

De todas formas el pasaje uraniano, por su ascendente, es un elemento de peso por tránsito ya que lo hará actuar con inteligencia frente a sus opositores tanto en lo público como en lo privado, haciendo resaltar una característica ingeniosa y oportuno.

El aspecto de Plutón (inquisitivo y transmutador) en conjunción con Júpiter (nueva filosofía), ambos en tránsito por su sector diez, le dará más fuerza para proyectar sus aspiraciones personales.

Los valores éticos y morales resaltarán bajo esta aspectación encontrando salidas de un alcance nunca antes visto. Aunque quizás deba atravesar por momentos restrictivos, este año posee una buena conexión entre Saturno natal (planeta de la estabilidad) y Saturno anual, lo que habla de una mayor serenidad a la hora de los diálogos, convenios o pactos. Las bases que se establezcan en este año serán fundamentales para su crecimiento futuro tanto político como profesional.

A pesar de los obstáculos a sortear igual contará con influencias que sostendrán su labor y lo animarán a proseguir con sus objetivos gubernamentales.

Búsqueda incesante de un equilibrio económico financiero

El tránsito de Júpiter con sus consabidos beneficios en su pasaje por el sector noveno de la carta natal de Uruguay, con fuerza en el primer semestre, es un claro indicio de que parte de las inversiones realizadas darán sus ganancias a un mediano plazo diciéndole adiós al molesto aspecto disonante con Marte natal (luchas y sobreesfuerzos) desde el sector cinco de los riesgos, que se manifestó con fuerza el año anterior e implicaba una gran cantidad de cargas o deudas no resueltas o mal encaminadas. Cuenta con el apoyo de Urano (lo insólito) desde un ángulo oculto que sin saber por qué ni cómo, los asuntos tendrán un viraje sorpresivo e inusual y lo salvarán en el último minuto en sus negociaciones y con métodos poco convencionales.

Es favorable para el país reformular su economía y activar las relaciones con el exterior ya que se le abrirán varias puertas a la vez.

Se evidencia que a partir del segundo semestre del año sus conexiones y tratativas internacionales tendrán un impulso mayor con resultados muy concretos. Los asuntos legales pendientes con el exterior irán tomando un curso más claro a pesar de un proceso gradual que en principio puede parecer engorroso y pesado.

Siempre que las autoridades actúen basadas en la reflexión, el método y la diplomacia, serán recompensadas ampliamente, exigencia clásica de un Saturno (mesura y objetividad) en tránsito en el segundo semestre en conjunción muy cerrada con Júpiter natal (aspectos reglamentarios); de lo contrario las presiones pueden llegar a límites insospechados.

Las autoridades se empeñarán cada vez más en bajar el índice de desempleo y mejorar la calidad de vida de la población, eso llevará a períodos de impulso y tiempos de dualidad, sobre todo en el primer semestre, ya en la otra mitad del año serán palpables algunos resultados moderados de planes anteriores en beneficio de la población, como así también en la economía interna.

Lentamente se alcanzarán las transformaciones estructurales necesarias que permitan un mayor equilibrio en la administración pública.

Los reclamos sindicales y asuntos empresariales serán temáticas constantes, también los paros y las huelgas sorpresivas.

Los intercambios internacionales

Al promediar el año el país podrá definir más claramente su posición en materia internacional buscando salidas para asegurar el futuro a mediano y largo plazo en lo referente a nuevos intercambios con otros países de relevancia, también mantener su espacio dentro de todas las temáticas concernientes al Mercosur.

El pasaje en tránsito de Júpiter (regente del extranjero y todos sus convenios y relaciones) por su propia casa (Sagitario y sector noveno de carta natal) a lo largo de 2007 deja la esperanza de un afianzamiento y concreción en parte de proyectos establecidos muy anteriormente y abre las puertas a otra dinámica para lo nuevo que acontezca en la materia.

Las discrepancias anteriores con países limítrofes habrán puesto a prueba la sagacidad, paciencia y locuacidad de los uruguayos que a la hora de establecer nuevos parámetros en su intercambio lo hacen con todo su potencial conciliador no exento de sabiduría.

Uruguay tendrá ciertas sorpresas alentadoras comenzando otras etapas que le permitirán renovar su imagen y proyectar sus esfuerzos desde ángulos más positivos y de apoyatura internacional.

Desde otras partes del mundo se pondrá la mirada sobre este país con inversiones de interesante magnitud que a la larga le brindarán dividendos sustanciosos como otro aporte al restablecimiento de su economía. Esto se manifestará con más fuerza en el año siguiente pero los procesos y la mecánica necesaria para ello surgirán de 2007.

De cara al futuro

Habrá un mayor desarrollo tecnológico para la industria, el área médica, en comunicaciones, etcétera, con sorpresas increíbles. Las mentes ingeniosas no se detendrán para descubrir sistemas y métodos que permitan simplificar la vida misma y se reduzcan los esfuerzos e inversiones innecesarios de la sociedad.

El reordenamiento interno no se verá libre de períodos conflictivos pero la bóveda celeste anunciaría un cierto acomodo del rompecabezas fiscal y político.

Otro punto importante se basa no sólo en los resultados materiales para un país sino en las posibilidades de crecimiento humano y espiritual que entrarían en manifestación a partir de estos tiempos, comprendiendo la importancia de una alimentación más sana, alinear aspectos energéticos, mentales, emocionales y la aplicación de una filosofía de vida en armonía con todos, peldaños principales para la paz individual, familiar y colectiva.

Educación y cultura, retorno a las raíces

En materia educativa las proyecciones serán certeras y a medida que avance el año se acentuará la preocupación de las autoridades por acelerar la aplicación de programas más elaborados y efectivos así como la vuelta de estudiantes en condición de abandono. No será un proceso fácil pero sí un desafío ineludible que se viene perfilando en los últimos años para recuperar su posición envidiable del pasado.

Año de reconocimiento y preservación de aquellos valores históricos y culturales que han dejado poetas, pintores y escritores de gran talla, que son una herencia valiosa y el cimien-

to para las actuales generaciones.

Tomarán fuerza las acciones tendientes a despertar la creatividad ya sea a través de la música –tradicional o innovadora–, la poesía, las manifestaciones literarias y las artesanías. La apertura de espacios y centros con estos fines será clave para el desarrollo filosófico y espiritual.

Agricultura

Los sectores agrícolas en algunas zonas del país se verán favorecidos con nuevas tecnologías que aumentarán su producción sin lugar a dudas.

Las exportaciones en el tercer trimestre pueden dar una sorpresa positiva. Uruguay basa casi exclusivamente su economía en su producción agrícola y ganadera. Resaltarán los cultivos hortícolas, viticultura, frutas, forraje, trigo, arroz, cebada, avena, etcétera.

Girasol, lino y maní no se quedarán a un costado. Continuarán las intenciones de proyectar un país productivo. En vista de la poca actividad minera y el hasta ahora escaso desarrollo industrial, deberá hacer hincapié en estos rubros para sobresalir.

Aspectos climáticos 2007

En determinadas épocas del año la fuerza del viento puede ser destructora, aunque de corta duración. Tiempo sumamente variable y, debido a ciertas configuraciones violentas, pueden producirse tormentas eléctricas intermitentes y temperaturas alteradas. No escapará algunas veces a la posibilidad de serias sequías y otras a vientos sumamente fríos con características de temporal y un notorio aumento de la humedad ambiental.

Misteriosos descubrimientos

Se despertará un mayor interés por la búsqueda de tesoros ocultos, se seguirá investigando el fondo del mar con sus buques hundidos en tiempos inmemoriales y se harán hallazgos extraordinarios relacionados con las viejas comunidades indígenas, que modificarán la propia historia.

También descubrimientos relacionados con las eras más antiguas pueden sucederse en forma totalmente insólita.

El fenómeno ovni (objetos voladores no identificados) vuelve al tapete con avistamientos espectaculares en áreas rurales y urbanas despertando un mayor interés tanto a los aficionados como a los investigadores especializados.

Desafíos de peso

La intención de mejorar la salud de la población permanecerá en la agenda de gobierno pero, a su vez, la lucha a brazo partido con la droga, el alcohol, y la delincuencia, demandará muchos esfuerzos en varios sectores de la comunidad porque puede desembocar en aspectos caóticos e incontrolables por parte de las autoridades competentes, mayores aún que el año anterior.

Las medidas a tomar con la marginación y el desempleo general exigirán la búsqueda de mecanismos menos teóricos, más rápidos y aplicables a la realidad actual.

Actividades deportivas

El desafío será encontrar esa "garra charrúa" perdida a nivel de equipo, ya que a pesar de algunos lucimientos individuales aún necesitará mecanismos de ataque más elaborados. Luego de las desorientaciones del pasado, en los centros deportivos se podrá dar una mejor preparación para aspirar al Torneo de la Copa América.

Nuevos dirigentes, técnicos, jugadores y entrenadores más dinámicos y organizados promoverán una transformación sustancial en la trayectoria futbolística, le darán a Uruguay la posibilidad de ser favorito para los próximos tiempos.

En otras líneas deportivas es probable que esté más apto este año para sobresalir en básquet.

RESUMEN: La atención se centrará en determinados sectores del país, quizás en desmedro de otros, pero no será en vano el interés por disolver todo lo que impide el desarrollo integral en sus distintas facetas.

URUGUAY AÚN NECESITARÁ UNA TOMA DE CONCIENCIA MASIVA PARA ESTABLECER QUE LOS CAMBIOS PARTEN DE ADENTRO DE LA SOCIEDAD, de ese aporte personal de cada habitante desde su lugar de acción integrándolo a su colectividad y no sólo de su gobierno.

CENTROAMÉRICA - CAMINO A LA INTEGRACIÓN

Costa Rica, Guatemala, Honduras y Nicaragua, entre otros son países de una gran actividad agropecuaria y agroindustrial. Algunos trabajan en base al petróleo y derivados, además de ser excelentes exportadores de bananas, café y azúcar. Estarán sometidos a presiones económicas pero con mucha más inclinación al intercambio regional.

Acechanzas

Costa Rica se ubica geográficamente sobre el llamado cinturón de fuego del Pacífico (zona de volcanes) y está acostumbrada a los temblores de tierra, quizás deba reforzar medidas por una mayor actividad en la zona (posee una excelente tecnología para detectar sismos). Además, sin descartar la amenaza de tsunamis para Guatemala, Nicaragua, Honduras y zona costera de Panamá por el corrimiento submarino.

Ana Isabel Veny

ARGENTINA

POÉTICA

ANTES DEL DESEMBARCO
CORRÍA EL VIENTO CON PASIÓN
ENTRELAZANDO FLORES, ANIMALES Y
HUMANOS.
HORIZONTE SIN TELÓN
PARA INVENTAR ESCENAS
DE HISTORIA A LA DERIVA.
POTREROS, INCENDIOS, MALONES
GIRASOLES, MANADAS SIN PASTORES
LOBIZÓN ENTRE VENUS Y LA LUNA.
DESTIERRO, EXILIO E INDIFERENCIA
SEMBRADAS EN EL ORIGEN
COSECHAS DE TRIGO Y ORTIGA
SUEÑOS TRUNCOS, YUGO
RENCOR Y VENGANZA.
MAL PARIDA DESDE EL CIELO
CON LEYES IMPROVISADAS
ENDÉMICAS Y ENDEMONIADAS.
AUTISTA, DESOLADA, TRASNOCHADA
PRIMERA PARA EL GOL
ÚLTIMA EN CONSTANCIA
GANANCIA DE PESCADORES
ENTRE EL PUERTO Y LA MONTAÑA.
VIRGEN POP, OMBÚ, COLECTIVO,
FLOR DE SUBURBIO PISOTEADA.
LA MIRADA BIZCA APUNTANDO AL PASADO.
TE FUNDO Y REFUNDO
EN MI TOZUDEZ DE NINFA CONSTANTE.
SALDREMOS DEL OSCURO AGUJERO
CUANDO ACEPTEMOS QUE AÚN NO
APRENDIMOS
A AMARTE PORQUE ESTAMOS EN PAÑALES
SIN NODRIZA QUE NOS AMAMANTE
A LA DERIVA NAUFRAGANDO EN ISLOTES

PRÓDIGOS
ESPERANDO MILAGROS.
AÚN TENGO PLATA PARA EL PASAJE
PERO ME QUEDO EN TI ARGENTINA
PORQUE EN MIS VIAJES
SÓLO PENSABA ENCONTRARTE
CRECIENDO CON IDEAS AUDACES
EN CIMIENTOS REALES,
CON GENTE SALUDABLE,
IMAGINATIVA, REBELDE Y ARREPENTIDA
CELEBRANDO LA SALIDA DEL SOL SIN
VERLO
Y DE QUIENES MADRUGAN CONTENTOS
PARA IR A DESTINO.
AÚN ESTOY ENAMORADA DE TU AVARA
RIQUEZA
DEL BUZÓN QUE TRANSMUTÓ LA BILIS EN
SANGRE
DE LOS PÁJAROS QUE SIEMPRE VUELVEN
DE LOS AMIGOS QUE SABEN DE TRISTEZA
Y LA SACUDEN CON SUTILEZA;
DE LOS KIOSCOS QUE SIGUEN DE PIE
Y LOS PASEADORES DE PERROS
EN CÁMARA LENTA.
PREPARATE ARGENTINA
PARA SER ANFITRIONA DE NUESTRA
INTERFERENCIA PORQUE
"NOS DEVORAN LOS DE AFUERA".
ESTOY PLANTADA EN TU TIERRA
SEMBRANDO SUEÑOS
Y VOLANDO HACIA LA LUNA 12 TRACKS.

L. S. D.

Predicciones
para la Argentina

BASADAS EN LA INTUICIÓN, LA COSMOVISIÓN
Y EL I-CHING

SALGAMOS DEL CHIQUERO EN BUSCA DE UN DESTINO SUPERIOR

Deshojando la margarita.

¿De quién es la culpa? ¿¿Del chancho o de quien le da de comer??

Argentina se debate entre seguir atascada en el lodo o fundarse nuevamente con una nueva cosmovisión y conciencia.

El año del jabalí salvaje o chancho de fuego es el momento para que los argentinos nos despabilemos y podamos percibir lo que se puede expandir, desviar, transformar, transmutar o aceptar de nuestra historia.

Es tiempo de saber que no hay cambios milagrosos ni salvadores que puedan cambiar el *reality show* en el que estamos sumergidos.

La responsabilidad es de cada uno y se refleja en nuestra vida y en nuestras acciones.

Atrás quedaron los discursos, los candidatos más o menos carismáticos que nos prometían lo que no tenían ni sabían en planes de suicidio colectivo.

EL TRABAJO EN LO ECHADO A PERDER fue un hexagrama que se repitió infinitas veces en nuestras predicciones anuales.

Y del fruto podrido, que es abono, nace una nueva semilla si se enmiendan los errores con conciencia; y creo que nos estamos despertando, asustando, sorprendiendo al notar que no hay marcha atrás y que debemos seguir unidos sintiéndonos parte de la sociedad, de la comunidad para dejar de ser islas a la deriva.

FUNDARNOS DESDE LA RAÍZ HACIA LA CORONILLA.

Reformularnos qué significa ser humano, mujer, hombre, qué responsabilidades y deberes tenemos en el aquí y el ahora del país, del mundo y del planeta.

El clima social y político del año del chancho está que arde.

Dejemos de lado los disturbios, la bulla y el caos para recapacitar, meditar, alejarnos para reencontrarnos con nuevas facetas, necesidades, sintonías; escuchemos los gritos estrangulados, recordemos las pesadillas y los sueños de cada noche para sacudirlas al sol y animarnos a vivirlos.

ES EL DESPERTAR.

Para seguir transitando en el día a día con lo que podemos cambiar si nos animamos desde adentro, cada uno ordenando la marcha acelerada de procesos que no se digirieron ni se vomitaron. El otro es una ilusión, una expectativa.

¡¡¡BASTA!!!

Una hueca cultura se ocupa de que nos olvidemos de pensar, de decidir confiando en nuestra intuición, que fue mutilada y silenciada para convertirnos en rebaño.

El país está acá, debajo de nuestros pies y sobre nuestra mirada que recibe las señales del espacio congestionado de tráfico cibérnetico.

Retornemos al latido de la Pacha, a los rituales y ceremonias sagradas de nuestros ancestros. A saludar al Sol y agradecer su influencia en la tierra.

Sepamos que está cansado, con descarga de manchas que nos desvelan y producen trastornos en la salud.

Argentina está en plena convulsión; aún no tenemos educación cívica ni pensamos a largo plazo.

¡¡SÁLVESE QUIEN PUEDA!! El chancho tiene su propia moral, sólo puede satisfacer sus instintos y aspirar a evolucionar si está con buenas influencias, se deja asesorar y convoca a la participación del zoológico.

Vislumbro un año de caos, situaciones alienantes y falta de respeto colectiva.

Estamos en el jardín de infantes, aprendiendo recién a gatear, a caminar cayéndonos, con ensayos y equivocaciones. Mezcla de zambas, baladas, rock y bandoneones.

Argentina está empezando a aceptar lentamente que somos un crisol de razas con distintas tradiciones, que estamos enfocados en objetivos que a veces coinciden y la mayoría de las veces disienten, pues es largo el camino entre La Quiaca y Ushuaia y son pocos los que conocen cada legua de esta tierra bendecida por el clima, la geografía, los recursos naturales y humanos.

El país está esperando despertar al unísono, escuchar los tambores, las voces en las aulas, sentir a las madres en sus casas amasando el pan de cada día, a los padres que dan el ejemplo a sus hijos para que la esquizofrenia no gane la batalla del doble mensaje, del "no sé nada", de la indiferencia, de la traición tan arraigada en nuestro ADN.

Argentina saldrá del chiquero si nos proponemos tener un rumbo como especie humana, como seres comprometidos con el ecosistema, con los derechos humanos, con la integridad de cuerpo, mente y alma, con la herencia espiritual y cultural que está peleándose con la bestia.

Somos un debate eterno que no conduce a nada; en términos chinos: se dispersa la energía negativa (shan) y se infiltra impidiéndonos entender de qué se trata, qué pasa, qué se decide con fundamento y no con reacciones de intolerancia y omnipotencia que nos detienen, atrasan, paralizan e inhiben para seguir creando, confiando, amando, apostando al país que está surgiendo desde la nueva semilla de la conciencia.

Creo que no hay destino redimible si no nos detenemos a ver qué pasa, en qué lugar de la propia vida nos quedamos varados como en la Panamericana cuando hay un choque fatal de gente que estaba apurada para llegar a su casa y morir de tristeza porque no tiene quién la espere para compartir el día, las horas, la vida hipotecada en cuotas aberrantes que producen infartos mientras las obras prepagas se enriquecen con nuestras crónicas de muertes anunciadas.

Hace tiempo que el mundo pretende matarnos.

¿¿Cómo salir de esa trampa, condicionamiento, cápsula, jaula de programación??

RECORDÁNDONOS.

Somos náufragos de un cambio planetario, universal, que nos afecta en el día a día alterando nuestra psiquis, ideas, costumbres, orden y programación.

Es un ciclo de desintegración con semillas inéditas, imperceptibles, tapadas por la maleza de milenios que puja para salir a la luz.

Parirnos a nosotros en el año del chancho de fuego o jabalí es una misión ardua, nueva y misteriosa.

Esta nueva soledad que nos visita es parte del proceso, de nuestros cambios endógenos, de la colisión entre lo que fue y no sirve (se cayeron el telón y las máscaras, los sueños se evaporaron), de lo que está encarnando dentro de nosotros y que cuesta aceptar pues viene desde el origen de la raza humana.

Argentina es antorcha del despertar por la gente que vivió y vive para recordarnos nuestro potencial, dharma (ley) y destino.

En *El pecado original de América*, Héctor A. Murena se encarga de explicar lo que significa ser argentino desde los orígenes para revelarnos qué nos faltó y cuál es la sustancia primordial para que un pueblo sepa por qué tiene un destino superior o inferior en su karma (acción incompleta de lo que se hace, dice y piensa).

Creo que es tiempo de fundarnos nuevamente, respetando credos y creencias.

Y en eso estamos varios de la tribu

fundacional, colocando la piedra fundamental de la conciencia. Un país nace también desde el cosmos, es importante contar con una buena aspectación astrológica, considerando a sus antecesores en el continente y en el país.

Argentina tuvo una nueva aspectación guiada por la inspiración y las cosmovisiones maya, mapuche, china y asirio caldea. La fecha es el 4 de diciembre de 2003 a las cinco de la tarde.

El mensaje es universal, es para cada persona que crea que el cambio se produce desde adentro hacia afuera y que, en la medida en que la transformación ocurre, es simultánea en el universo.

El tiempo requiere que nos sumerjamos en nuestras deudas interiores y saldemos lo que descubramos a tiempo, nunca es tarde.

Intentarlo es reconocer nuestros errores y equivocaciones para sumergirnos en el arte de vivir.

Equilibrar el *yin/yang*, la mujer y el hombre de la mano en este salto cuántico para reverdecer y permitir que nazcan brotes nuevos.

Argentina es la gran madre que espera que crezcamos y apreciemos lo que nos dio incondicionalmente para poder seguir con claridad planes inspiradores que sean para todos y para cada uno...

¡¡INTENTEMOS LA MÁGICA LOCURA TOTAL DE REVIVIR!!

Resucitemos a los poetas, a los visionarios, a los profetas y a las musas para que nos guíen en esta navegación sin capitán ni puerto seguro.

Leamos nuevamente a Marechal, Martínez Estrada, Mallea, Orozco,

García Saraví, Girondo, Esperoni, sacudamos el polvo de los prejuicios y convirtamos en poesía cada minuto, hora y día.

Hagamos colas en los bancos recitando, cantando, bailando con el que está adelante, antes de llegar al matadero.

Seguramente los empleados pondrán mejor cara y no nos robarán delante nuestro ni nos darán billetes falsos.

Transmutemos esta energía de riachuelo estancado y podrido o de cañaveral humillado y horizonte infinito.

Seamos creativos durante todo el día; a pesar de la mufa, la carga de laburo y la frustración. Abramos un espacio para la transformación a través de la imaginación, del diálogo, del romanticismo.

Que nos condenen por exceso de ternura y no por indiferencia, por atrevidos y piropeadores mejor que por aguafiestas.

El chancho nos alborota las hormonas, nos erotiza e invita a participar, a salir, a compartir lo que podamos, lo que tengamos, lo que nazca en esta transición de sombras largas y días de insolación.

Los chicos nos deben guiar: apaguen computadoras, videos, Internet y descubran su vocación ¡¡HOY!! y no renuncien a ella jamás.

Salgamos del plan macabro que nos quiere sumisos, globalizados y anestesiados.

Nos brotarán pimpollos de los rollos, estaremos menos *fashion* y más vitales, oliéndonos sin tanto perfume, dejando que aflore nuestra esencia, mezcla de yuyo y de molle en primavera.

VOTATE A VOS MISMO POR ÚNICA VEZ. Y REELEGITE.

Tal vez algún día seamos capaces de votar a quien vibre en nuestra sintonía y podamos compartir este pedazo de mapa que se llama Argentina.

El I-CHING dice
18. KU / EL TRABAJO EN LO ECHADO A PERDER

EL DICTAMEN
**El Trabajo en lo Echado a Perder tiene elevado éxito.
Es propicio atravesar las grandes aguas.
Antes del punto inicial tres días, después del punto inicial tres días.**

Lo que se ha echado a perder por culpa humana, puede también subsanarse mediante el trabajo humano. No se trata de un sino inexorable, como el que aparece en el tiempo del Estancamiento, sino de una consecuencia del abuso de la libertad humana, lo cual ha conducido al estado de putrefacción. Por lo tanto, el trabajo destinado al mejoramiento tiene buenas perspectivas, puesto que se realiza en concordancia con las posibilidades del tiempo. Pero es necesario que uno no se arredre ante el trabajo y el peligro –simbolizado por el cruce de las grandes aguas–; es necesario tomar cartas enérgicamente. No obstante, es condición previa del éxito una adecuada reflexión. Esto se expresa en la sentencia añadida: "Antes del punto inicial tres días, después del punto inicial tres días". En primer término deben conocerse las causas que han conducido a la corrupción, antes de que ésta pueda subsanarse: de ahí la necesaria atención durante el período anterior al tiempo inicial. Luego hay que preocuparse de que todo se encarrile bien por la nueva vía, para evitar una recaída: de ahí la necesaria atención en el período que sigue al punto inicial. La indiferencia y la inercia que han conducido al estado de corrupción deben ser reemplazadas por la decisión y la energía, a fin de que un nuevo comienzo pueda suceder a la terminación de tal estado.

LA IMAGEN
Abajo, al borde de la montaña, sopla viento: la imagen del echarse a perder.

Así el noble sacude a las gentes y fortalece su espíritu.

Al soplar el viento en lo bajo, al borde de la montaña, se ve rechazado y echa a perder las plantas. Esto contiene una exhortación al enmendamiento. Lo mismo ocurre también con las disposiciones de ánimo inferiores, y con las modas: introducen corrupción en la sociedad humana. Para eliminarla, el noble ha de renovar la sociedad. Los métodos para ello se extraen igualmente de ambos signos primarios, sólo que sus efectos se despliegan entonces en ordenada secuencia. El noble ha de eliminar el estancamiento sacudiendo a la opinión pública (tal como el viento sacude con su acción) y fortalecer luego el carácter de la gente, tranquilizándolo (como es el caso de la montaña que brinda tranquilidad y alimento a todo lo que crece a su alrededor).

PREDICCIONES PREVENTIVAS PARA EL CHANCHO

BASADAS EN EL I-CHING

ATRAVESANDO EL RÍO DE LA PLATA, EL GANGES O EL RÍO CHICO DE NONO CON IMAGINACIÓN Y RECURSOS INDISPENSABLES

Escucho trinar a los pájaros en agosto cuando aún el invierno está visitándonos en el Sur y los días grises son parte del paisaje urbano y del tránsito del alma, que espera turno para renacer en la primavera impredecible.

Sentir que llega el año del chancho o del jabalí salvaje es una conmoción en mi ADN.

Porque los amo y me aman, y porque no me gusta dar malas noticias, prefiero prevenirlas y acompañar la danza desde mi corazón en flor.

Ser chancho es saber que la vida es una oportunidad para el milagro. Disfrutarla en cada instante, respirando guano y madreselvas, pieles sudadas y perfumes importados.

ACEPTAR es el verbo más difícil de conjugar.

Pero el chancho sabe que llegó el tiempo del cambio, de la reflexión, del balance, de la reformulación y despegue de la intensidad a la que está acostumbrado, y nos malacostumbra al resto del zoo creándonos "chanchodependencia".

En su año seremos nosotros los que lo abrazaremos, mimaremos, cuidaremos, escucharemos sus quejas, reclamos, sonidos ultrasónicos, recitales unipersonales, gritos pelados de libertad, independencia, an-

gustia existencial, amores inconclusos y apasionados que buscarán salir a la luz.

El chancho explotará como el Big Bang y se parirá a sí mismo.

Empezará por lo básico: un lugar donde crecer, comer, desarrollarse en armonía con sus deseos, sueños, capacidades, talento y, fundamentalmente, sentimientos.

Buscará su esencia, su voz interior que perdió en los últimos años en pos de una quimera.

Descubrirá que su trayectoria estuvo influenciada por otros; que se alejó de su vocación, de sus principios, de sus hábitos y costumbres por su innata vocación de sacrificio, de servicio, de pensar y simbiotizarse en el otro descuidando su propia naturaleza.

El chancho sabrá aceptar la crisis con dignidad y sabiduría.

WUWEI, no forzar la acción de las cosas, es el mensaje. Atravesar la ilusión, la caída de los velos, los encantadores de serpientes y las sirenas que los desvían del TAO es el consejo de su amiga simia.

No involucrarse en los problemas del vecino; como diría Dionisio, no interferir en el karma ajeno.

Reconstruirse. Dejarse caer sin forzar la ley de gravedad. Sumar más que restar, o quedar saldado en deudas afectivas y económicas, sin pelear ni apelar a la justicia terrenal.

El chancho soltará amarras, abandonará el pasado sin culpa para insertarse en la nueva realidad.

Aceptará que la vida es lo que ocurre sin vueltas ni tarjetas de débito.

A pesar del combate externo, asumirá nuevas responsabilidades: pagar luz, gas, expensas, *porno shop*, vicios, también cuentas que le dejan los amantes y amigos en los bares y en los hoteles, con buen humor, recordando veladas de grandes revolcadas y confesiones inconfesables.

El chancho estará en la antesala de una nueva vida. Atrás quedaron los mandatos, las culpas, los días de esclavitud y devoción a quienes no lo valoraron.

Durante su año tampoco saldrá en *zeppelin* o en un ovni a flotar en la galaxia. Tendrá que asumir el caos, ordenar lo que pueda con perfil bajo, buena onda y resignación.

La pareja atravesará *Las cuatro estaciones* de Vivaldi.

En momentos emocionales extremos es bueno no remover heridas abiertas y poner el piloto automático para que la sangre no llegue al río.

Su buena fe, ingenuidad y entrega pasarán pruebas inexorables que lo transformarán.

Si puede tomarse un año sabático o delegar grandes responsabilidades, se lo aconsejo, pues estará abrumado, cansado y estresado y no rendirá en todo su esplendor.

Busque salidas que lo distraigan: haga deporte, practique técnicas de meditación, fitness, invierta en temporadas de spa, salga a navegar y cocine

un pescado en la playa con su amor.

Estará disperso, distraído, empantanado en el fango; haga terapia con alguien macromambo. No se deje llevar por el pesimismo del año ni por los adversarios que harán apuestas para devorarlo en las fiestas.

Sacuda las cargas que trae al mar, al viento, al cielo; no se quede encerrado ni aislado, busque ayuda, llame a los amigos para que lo saquen al cabaret o al cine y retorne renovado al chiquero.

Busque apoyo, complicidad; comparta lo que pueda con quienes lo captan, comprenden y quieren.

Haga laborterapia, manualidades, teja, borde, cocine, pinte, toque tambores, flautas, la guitarra, el bajo o el teclado. O emprenda arreglos de plomería, pintura y carpintería en su casa.

ALIGERE EL EQUIPAJE. Despréndase de lo que no necesita, regálelo o dónelo a entidades de caridad.

Anímese a reconciliarse con su familia. Tenga claros los sentimientos, ponga las cartas sobre la mesa y abra los chakras al sol; deje fluir los nudos, rollos de dolor, resentimiento y pena que le impiden ser feliz.

Asuma sus límites desde lo físico, mental, emocional, y administre el tiempo que no tiene para ocuparse de gente que le chupa la energía.

Si está centrado y bien asesorado, saldrá airoso de juicios pendientes y reclamos legales.

Su salud dependerá de su estabilidad afectiva, emocional y laboral.

Es bueno que tome descansos, matice las actividades con diversión y tenga su harén disponible para practicar sus dones amatorios.

Sentirá opresión, desconcierto e inestabilidad que aparecerán, como ráfagas, a visitarlo durante su reinado.

Es bueno que esté alerta, preparado para transmutar esos estados y ser un alquimista.

Habrá cambios radicales en el rumbo de su vida. Viajes por trabajo podrían entusiasmarlo para que se radique en el extranjero. Pese los factores en pro y en contra, no sea impulsivo y piense en la gente que lo ama antes de partir.

Metamorfosis en su alma, cosmovisión, ADN, sentimientos que repercutirán en esta etapa de cambio de eje y adaptación al nuevo mundo.

Será solidario, participará en eventos de caridad, humanismo y ecología, aportando una nueva conciencia al planeta.

El I-CHING te aconseja
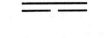
18. KU / EL TRABAJO EN LO ECHADO A PERDER

$$\equiv\!\equiv$$

EL DICTAMEN
**El Trabajo en lo Echado a Perder
tiene elevado éxito.
Es propicio atravesar
las grandes aguas.
Antes del punto inicial tres días,
después del punto inicial tres días.**

Lo que se ha echado a perder por culpa humana, puede también subsanarse mediante el trabajo humano. No se trata de un sino inexorable, como el que aparece en el tiempo del Estancamiento, sino de una consecuencia del abuso de la libertad humana, lo cual ha conducido al estado de putrefacción. Por lo tanto, el trabajo destinado al mejoramiento tiene buenas perspectivas, puesto que se realiza en concordancia con las posibilidades del tiempo. Pero es necesario que uno no se arredre ante el trabajo y el peligro –simbolizado por el cruce de las grandes aguas–; es necesario tomar cartas enérgicamente. No obstante, es condición previa del éxito una adecuada reflexión. Esto se expresa en la sentencia añadida: "Antes del punto inicial tres días, después del punto inicial tres días". En primer término deben conocerse las causas que han conducido a la corrupción, antes de que ésta pueda subsanarse: de ahí la necesaria atención durante el período anterior al tiempo inicial. Luego hay que preocuparse de que todo se encarrile bien por la nueva vía, para evitar una recaída: de ahí la necesaria atención en el período que sigue al punto inicial. La indiferencia y la inercia que han conducido al estado de corrupción deben ser reemplazadas por la decisión y la energía, a fin de que un nuevo comienzo pueda suceder a la terminación de tal estado.

LA IMAGEN
**Abajo, al borde de la montaña,
sopla viento: la imagen
del echarse a perder.
Así el noble sacude a las gentes
y fortalece su espíritu.**

Al soplar el viento en lo bajo, al borde de la montaña, se ve rechazado y echa a perder las plantas. Esto contiene una exhortación al enmendamiento. Lo mismo ocurre también con las disposiciones de ánimo inferiores, y con las modas: introducen corrupción en la sociedad humana. Para eliminarla, el noble ha de renovar la sociedad. Los métodos para ello se extraen igualmente de ambos signos primarios, sólo que sus efectos se despliegan entonces en ordenada secuencia. El noble ha de eliminar el estancamiento sacudiendo a la opinión pública (tal como el viento sacude con su acción) y fortalecer luego el carácter de la gente, tranquilizándolo (como es el caso de la montaña que brinda tranquilidad y alimento a todo lo que crece a su alrededor).

LAS DIFERENTES LÍNEAS

NUEVE EN EL SEGUNDO PUESTO SIGNIFICA:
**Rectificar lo echado a perder
por la madre.
No se debe ser demasiado
perseverante.**

Se trata de fallas que por debilidad han causado esta corrupción. De ahí el símbolo de lo echado a perder por la madre. En este caso, al buscar el equilibrio hace falta una cierta delicada consideración. No se debe proceder con excesiva rudeza, que podría herir.

NUEVE EN EL TERCER PUESTO SIGNIFICA:
**Rectificar lo echado a perder
por el padre.
Habrá un poco de arrepentimiento.
No hay falla grande.**

Aquí se caracteriza a alguien que, al tratar de rectificar los errores del pasado, procede con un ligero exceso de energía. Por esta causa surgirán seguramente, de tanto en tanto, pequeñas desavenencias y desazones. Pero es mejor el exceso que la carencia de energía. Por lo tanto, aun cuando alguna vez haya motivos de arrepentirse un poco, uno se mantendrá sin embargo libre de toda falla seria.

SEIS EN EL CUARTO PUESTO SIGNIFICA:
**Tolerar lo echado a perder
por el padre.
Al continuar así se afrontará
la humillación.**

Se indica aquí una situación en la cual, por su debilidad, uno no se enfrenta con lo echado a perder que procede del pasado, sino que deja que la corrupción siga su curso. Si esto continúa así, la humillación será la consecuencia.

Hexagrama complementario
35. CHIN / EL PROGRESO

EL TRÁNSITO DEL CHANCHO DURANTE EL AÑO DEL CHANCHO

RAMA 12 AGUA *YING*
Chancho… al supra o inframundo
El año del perro es uno de esos en los que nada sale bien. Pero comienza la prueba de fuego para el año del TAI SUI, entonces no le queda más que aguantarse y, como los apaches, tirarse al suelo para escuchar las pisadas del enemigo (y la caballería completa…).
Enero no le trae mayores sorpre-

sas, todo sigue igual con el año del perro. Sólo que ahora le recomiendo poner especial atención a su salud: nada de carnes rojas (y menos carne de cerdo) ingiera una buena cantidad de cereales con cascarilla y verduras cocidas... pescado tal vez. En fin, sobre todo para los chanchos que cumplen 60 este año: NO DEBEN POR NINGÚN MOTIVO ATENTAR CONTRA SU SALUD. Y esto va en serio. El amuleto general para el año es: un seguro de gastos médicos mayores y una buena cuenta de ahorros o inversiones. En caso de no contar con este amuleto (imposible para algunos, seamos realistas) LE RECOMIENDO ATAR UN LISTÓN ROJO A LA CINTURA; DICHO LISTÓN DEBERÁ LLEVAR, SI EL CHANCHO ES HOMBRE, UN DIJE DE METAL CON FORMA DE CABRA; O UN DRAGÓN, TAMBIÉN DE METAL, SI ES MUJER. El listón rojo es el amuleto para el TAI SUI en general, y las figuras que sugiero son para atraer la estabilidad emocional (para ella) y el prestigio social (para él); POR NINGÚN MOTIVO DEBEN "INTERCAMBIAR" EL AMULETO, LO QUE ES PARA ÉL, ES PARA ÉL, LO QUE ES PARA ELLA, ES PARA ELLA. ¿Por qué? Porque el prestigio social, para las mujeres, puede atraer problemas con otras mujeres... Tan simple como eso. ESTE AMULETO, JUNTO CON EL LISTÓN ROJO, DEBERÁ PERMANECER ATADO A SU CINTURA TODO EL AÑO. NO SE LO DEBERÁ QUITAR NI PARA BAÑARSE.

Al cerdo también le recomiendo que no apueste un solo centavo al azar. Enero es mes de guardarse un rato, no tentar a la suerte y ahorrar lo más posible.

Febrero es un mes un poco más propicio. El tigre, a pesar de que le trae dolores de cabeza, tiene la energía necesaria para controlar los impulsos depresivos del chancho. Si el chancho no se deja influenciar por los chismes saldrá más airoso.

Marzo es otro cantar. El mes del conejo le trae trabajo y muchos problemas en ese campo. Desgraciadamente, si el chancho no buscó su independencia económica en años anteriores, este año le será casi imposible "ponerse las pilas" así que, si aún depende de un jefe, tendrá que soportar algunos altibajos. Cuidado. Su amuleto para este año (el listón rojo) será indispensable.

Abril es el único mes oportuno para iniciar una relación amorosa o para casarse, pero yo le recomendaría no gastar su dinero en una fiesta ostentosa, ya que ese dinero le hará falta más adelante.

Mayo le traerá mucho movimiento, pero como el dinero es escaso, que no le sorprenda al Chancho tener que moverse a pie. Cuidado con los accidentes de tránsito y los "avionazos". Mayo es el mes de la serpiente y ésta, a su vez, la más impaciente y egoísta criatura del zodíaco chino. El chancho no comprende tanto maltrato emocional y reacciona a golpes. Cuidado. No le conviene dejarse llevar por sus impulsos.

Si sobrevivió a mayo, el mes del caballo le traerá un respiro incómodo... Nada que hacer, toneladas de silencio y la oportunidad de planificar su vejez (si es un chancho de sesenta). Mi recomendación es que busque a su familia, sobre todo a sus hijos, quienes no dudarán en tender una mano al patriarca. (Y si dudan, qué mala onda... pero ya vemos cómo la gente se comporta cada vez más despiadadamente).

Julio será el único mes más o menos benévolo; disfrazados de tragedia, los primeros días del mes serán complejos, económicamente hablando. El secreto está en no gastar el dinero en bagatelas y prepararse como para ir de campamento al Apocalipsis. La cabra, señora de este mes, le trae "paraguas amarillo", prestigio y oportunidades, es el único mes en que no necesitará usar el amuleto de cabra (pero no debe quitarse el listón rojo, sólo la cabra).

Agosto es el mes del mono, para entonces no deberá despegarse de su listón rojo por nada del mundo. Robos, accidentes, cambios de vida, pérdidas irreparables. Es uno de los meses más duros del año y es cuando el TAI SUI vendrá a cobrarle la cuenta. De nuevo, la unidad familiar es vital para mantener la cordura y la autoestima en su lugar.

Septiembre es otro de esos meses tremendos. Si el chancho jugó al mafioso durante otros años, este mes tiene la oportunidad de ir a dar a la cárcel. Cuidado. Pero si nuestro chancho es inocente, deberá tener cuidado de todos modos. Nada de

hacer cosas buenas que parezcan malas.

Para controlar la energía negativa del gallo, el chancho debe hacer caso omiso a las críticas, bajarle a la envidia y, por nada del mundo, desear lo que no puede obtener.

Terapia... tal vez.

Octubre le trae un poco de tranquilidad, el perro es un amigo a medias, pero al fin de cuentas un amigo. Lo único que no debe esperar es suerte con las mujeres en general.

Noviembre es el TAI SUI completo: mes del chancho en el año del chancho. Cuidado, las deudas kármicas están a la orden del día y hay tan poca liquidez. La cabra será indispensable para el chancho ahora. Por cierto, comer cabrito o borrego durante este mes, (una o dos veces al mes) le ayudaría bastante a prevenir depresiones y gripes.

Diciembre, aunque aún falten meses para que acabe el año del cerdo, le depara al porcino algo de romance. Si el chanchito en cuestión es de los de 24 años, felicidades, es hora de reventarse un poco, pero no le recomiendo que se case. Cuidado con confundir amor con deseo.

OM, OM, OM.

PREDICCIONES PARA EL CHANCHO Y SU ENERGÍA

CHANCHO DE MADERA (1935-1995)

Sabiamente llegará a su año ligero de equipaje; saldará deudas afectivas y económicas e iniciará un viaje interno que será revelador.

Estará estimulado por gente joven, nuevas ideas, proyectos solidarios y artísticos lo mantendrán activo, creativo, audaz, planificando una etapa de cambios en su profesión que florecerán a largo plazo.

En la familia habrá reencuentros, indexaciones y ajustes de cuentas que alivianarán karma.

Buscará refugio en los amigos, la vida en contacto con la naturaleza, el arte, la ecología, y participará en la comuna con trabajo y experiencia.

El amor después del amor lo sorprenderá iniciando una relación del tercer milenio en la que aprenderá a convivir con nuevas costumbres y aceptará ser guiado sin protestar.

SI PUEDE TOMARSE UN AÑO SABÁTICO, NO LO DUDE.

CHANCHO DE FUEGO (1947-2007)

Bienvenidos al TAI SUI (año celestial). Los chinos dicen que es el nacimiento, cuando un hombre elige conscientemente.

Doble año, doble fantasía, responsabilidad, apostar a cerrar y abrir un ciclo: eso es lo que tendrá que transitar durante su reinado.

Los gérmenes de vida, nuevos brotes creativos se conjugarán con su trayectoria. Incorporará ideas, personas, estudios e investigaciones que serán óptimas para su evolución. Tendrá que elegir una nueva forma o estilo en la convivencia. Aparecerán reclamos y exigencias en la familia que lo mantendrán dividido y estresado.

Deberá asumir nuevas responsabilidades profesionales, competirá con colegas, habrá enfrentamientos y luchas de poder.

OM, OM, OM. Apele a técnicas de autoayuda, a una vida sana, cósmicotelúrica y al diálogo e intercambio con personas que respete, admire y con las que tenga *feed back*.

La energía del fuego le despertará deseos de pelea, de rebelión, estados alterados e irracionales que deberá apaciguar para no convertirse en un jabalí salvaje.

Empiece el año con perfil bajo, a fuego lento, despacio, agudizando la intuición, apelando a su sinceridad, coraje y valentía para encauzar el caos, dejando que la vida lo guíe en las decisiones afectivas, que serán la base de su despegue emocional y familiar.

Es aconsejable que canalice su energía en actividades telúricas, de enseñanza, educativas y en *EL TAO DEL AMOR Y DEL SEXO*.

Acepte una invitación de amigos para administrar bienes raíces y, si puede, participe en proyectos de grupo aportando su experiencia y sentido común.

Habrá que pedir turno en el chiquero y aceptar críticas constructivas. Será un tiempo decisivo en el enfoque de sus elecciones.

ABRA EL CORAZÓN Y DESCANSE LA CABEZA.

CHANCHO DE TIERRA (1959-2019)

Llegará a su año cansado y con ganas de pasar una temporada en un *spa* cinco estrellas.

Deberá recuperar el orden después de tanta actividad, enfocar sus prioridades y delegar responsabilidades.

Estará muy presionado familiarmente. Tendrá que ocupar un nuevo rol y hacerse cargo *full time* de padres, hijos y hermanos.

Necesitará buscar ayuda afuera. Recurra a terapias alternativas, amigos confiables y maestros que lo guíen.

Profesionalmente estará hiperexigido, asuma las responsabilidades con precaución y renueve sus actividades sociales y de descanso.

Salga de la rutina, participe de nuevos proyectos en la comuna, despierte su vocación y anímese a expresar sus sentimientos.

Nuevas decisiones económicas y de bienes raíces cambiarán su hábitat y comenzará una etapa de convivencia con su pareja, que lo enfrentará con la crisis de su año.

Quedará lo esencial y podará lo superfluo, rumbo a un nuevo ciclo existencial.

NO OLVIDE MATIZAR TANTOS CAMBIOS CON TRAVESURAS, *HAPPY HOURS* Y SALIDAS CON LOS AMIGOS POR EL MUNDO.

CHANCHO DE METAL (1911-1971)

Durante este año tomará las riendas de su vida para dar un giro de ciento ochenta grados.

Se animará a cambiar sus prioridades, retomará su vocación y estudios y delegará responsabilidades en la familia.

Sentirá deseos de independencia, saldrá por el mundo en busca de nuevos horizontes, recuperará amigos, participará en actos y marchas; será líder en la comuna.

Tendrá tentaciones, aparecerán candidatos que le darán amor, alegría, inspiración y horas extras de pasión en el chiquero.

Sepa elegir, evaluar, medir los imprevistos y continuar con sus responsabilidades.

En la familia habrá replanteos, cambios, mudanzas y nuevas decisiones que serán la base de su nueva etapa.

NO SE AÍSLE, BUSQUE AYUDA Y ACEPTE QUE LA CRISIS ES OPORTUNIDAD PARA EL CAMBIO.

CHANCHO DE AGUA (1923-1983)

Recibirá a su año en estado contemplativo.

Empezará por reformular su vida; desde su tiempo hasta las relaciones afectivas y familiares.

Estallarán situaciones que no encontraron su cauce y a las que deberá atender para no somatizar.

Agobiado por nuevas responsabilidades, trabajo extra, cambios en la profesión, mudanzas imprevistas y rebeliones en la familia necesitará pedir ayuda, confiar en los amigos, meditar y partir de viaje a reencontrarse con la naturaleza y con culturas donde se sienta afín.

Tiempo de balance, introspección, descanso y de tomar ubicación para el futuro.

Aprecie el amor en sus nuevas formas y envases.

Sentirá ganas de dejar una etapa, buscar nuevos estímulos e inspiración para continuar navegando en sus sueños, que se convertirán en realidad.

Predicciones preventivas para EL PERRO

BASADAS EN EL I-CHING

LA LIBERACIÓN EN LA FAMILIA

Los perros que sabían que su año sería un hueso duro de roer y se prepararon para atravesar el Ganges, el puente que une lo imposible con lo posible, el mundo interior con el exterior, el precipicio con la meseta, el infierno con el cielo, dejando un ciclo atrás, despidiendo una etapa de siembra, trabajo, fe, solidaridad, noches oscuras del alma, separaciones sísmicas o despedidas inexorables, serán recompensados en el año del chancho con la liberación.

Amigos, cómplices, socios, aliados y cuates estarán unidos, y juntos emprenderán obras de gran magnitud.

EL PERRO ENCONTRARÁ SU LUGAR.

Después del autoexilio de la cucha, el incómodo peregrinaje por el barrio y las visitas ocasionales a amigos, parientes y amores de aquí y de allá, recuperará el sentido de la vida y retomará las responsabilidades con más liviandad.

El perro es el signo más responsable, exigente, sobreprotector y amigable del zoo chino.

Estará dispuesto a cambiar la rutina, hábitos y costumbres y se dejará llevar por su intuición, horarios menos rígidos, más libertad para fluir con sus responsabilidades; estará inspirado, dinámico, divertido y lleno de ideas propias.

Soltará amarras, navegará nuevos mares, saldrá y entrará de la cucha con nuevos amigovios contagiado por el espíritu libertino del chancho que lo invitará a compartir *delicatessen*.

El perro recuperará su buen humor, imaginación, sentido estético, deportivo y artístico.

Tendrá excelentes oportunidades en su profesión, ascensos, becas, viajes al exterior, y demostrará su originalidad, buen gusto y talento.

Estará desbordado: la liberación será total. En su vida habrá un giro de ciento ochenta grados, renovará el pedigrí, se cotizará como *sex symbol* y despertará pasiones por doquier.

Su tránsito será incierto; oscilará entre etapas maníacodepresivas, eufóricas, llenas de contrastes, revelaciones y cambios de rumbo.

La opresión, tristeza y melancolía de su año se diluirán en gotas homeopáticas. Hará alquimia y convertirá en oro cada situación.

Va a estar tan ocupado que será casi imposible de ubicar: salga con la antena parabólica bien abierta, telepatía y celulares, pues le lloverán invitaciones, reclamos, pedidos de S.O.S. de amigos perdidos en Tokio.

El año del chancho es el reencuentro con usted y con la familia. Podrá recuperar el rol, el lugar que le corresponde dentro del clan y desplegar su amor con pasión, cariño y alegría.

El perro formará un hogar. Los solteros encontrarán a su pareja o la rescatarán de los escombros.

Llegarán chanchitos o nuevos seres para adoptar y sentirá que el alma retorna al cuerpo.

Organizará su vida cotidiana en función de la familia.

Compartirá deudas, gastos, proyectos de cambio en la casa o en las sociedades maritales.

Sentirá nuevos brotes de vida, estará inspirado, dócil, abierto, comprensivo, erotizado y dispuesto a nuevos intercambios con extranjeros y gente de distintas edades y condiciones sociales.

Renovará su *look*: desde la ropa, el peinado y el maquillaje hasta la forma de alimentarse.

EL PERRO DEBERÁ RENDIR CUENTAS A LA FAMILIA. Herencias, juicios, situaciones no aclaradas saldrán a la luz.

Estará con babero por la llegada de nietos, hijos que retornan a la cucha, hermanos, primos, padres y parientes lejanos.

Al promediar el año deberá optar entre dos propuestas de trabajo que lo pondrán en una situación decisiva con su familia: partir y comenzar una nueva vida sin mirar hacia atrás o quedarse y renunciar a una gran posibilidad de crecimiento personal y económico.

Estará tironeado entre el placer y el deber, equilibrar su vida afectiva y laboral, dar y recibir.

Ladrará extrañando a su amor y no tendrá consuelo.

La vida lo guiará si abre la percepción, el KUNDALINI, su agudísimo olfato.

Será una época difícil, de grandes cambios, metamorfosis, y verá la vida hiperrealista. Resolverá asignaturas pendientes a través de las constelaciones familiares.

Deberá atender su salud, pues los cambios bruscos pueden provocarle alteraciones hepáticas, glandulares y ginecológicas.

Es fundamental que tenga contacto con la naturaleza e imite al chancho en su ritmo vital.

El I-CHING te aconseja
40. HSIEH / LA LIBERACIÓN

EL DICTAMEN
**La Liberación. Es propicio el Sudoeste.
Si ya no queda nada a donde uno debiera ir es venturoso el regreso.
Si todavía hay algo a donde uno debiera ir, entonces es venturosa la prontitud.**

Se trata de una época en la cual comienzan a disolverse, a disiparse tensiones y complicaciones. En tales momentos es preciso retirarse cuanto antes hacia las condiciones comunes o normales: he aquí el significado del Sudoeste. Tales épocas de viraje son muy importantes. Semejante a una lluvia liberadora que afloja y disuelve la tensión de la atmósfera haciendo estallar brotes y pimpollos, también un tiempo de liberación de cargas oprimentes obtiene efectos salvadores y estimuladores que se manifiestan en la vida. Pero hay por cierto algo muy importante al respecto: en tales épocas es necesario que nadie intente exagerar el valor del triunfo. Es cuestión de no avanzar más allá de lo indispensable. Retornar al orden de la vida no bien alcanzada la liberación, he ahí lo que aporta ventura. Cuando aún quedan restos por elaborar es cuestión de hacerlo lo más pronto posible, a fin de que todo quede bien aclarado y no se presenten demoras o dilaciones.

LA IMAGEN
Trueno y lluvia se levantan:
la imagen de la Liberación.
Así el noble perdona las faltas
y exime de culpa.

La acción de la tormenta purifica la atmósfera. Así procede también el noble con respecto a las faltas y los pecados de los hombres que provocan estados de tensión. Mediante su claridad promueve él la liberación. Sin embargo, cuando las transgresiones surgen a la luz del día, no se detiene para insistir en ella; sencillamente pasa por alto las faltas, las transgresiones involuntarias, tal como va perdiéndose el sonido reverberante del trueno, y perdona la culpa, las transgresiones deliberadas, al igual que el agua que limpia todas las cosas y quita toda suciedad.

LAS DIFERENTES LÍNEAS
AL COMIENZO UN SEIS SIGNIFICA:
Sin mácula.

De conformidad con la situación,

no se gastan muchas palabras. El impedimento ha pasado, ha llegado la liberación. Uno se repone tranquilamente y se mantiene quieto. En épocas que siguen a dificultades ya superadas, esto es exactamente lo que conviene hacer.

NUEVE EN EL SEGUNDO PUESTO SIGNIFICA:
En el campo uno cobra tres
zorros y recibe
una flecha amarilla.
La perseverancia aporta ventura.

El símbolo procede de la caza. El cazador apresa tres astutos zorros y recibe como recompensa una flecha amarilla. Los obstáculos de la vida pública son los zorros impostores, aviesos, que tratan de influir en el ánimo del soberano con su adulación. Éstos deben ser previamente eliminados para que la liberación pueda producirse. Mas esta lucha no puede librarse con armas indebidas. El color amarillo indica el justo medio del criterio que ha de aplicarse en el procedimiento contra los enemigos, en tanto que la flecha señala la recta dirección. Cuando de todo corazón dedica uno sus esfuerzos a la tarea de la liberación, su rectitud interior adquiere tal poder que llega a actuar como arma contra todo lo vil y falso.

SEIS EN EL TERCER PUESTO SIGNIFICA:
Cuando alguien lleva una carga
sobre sus espaldas y sin embargo
viaja en coche, da motivo
a que se acerquen los bandidos.
La perseverancia lleva
a la humillación.

Un hombre que había estado en

condiciones de indigencia, ha alcanzado una posición acomodada, viéndose libre de toda necesidad. Si en tal situación pretende instalarse a sus anchas, como hacen los advenedizos, sin que a su modo de ser le cuadren condiciones tan cómodas, atraerá hacia sí a los salteadores de caminos, y si continúa en su actitud caerá ciertamente en deshonra y vergüenza.

Kung Tse dice al respecto: "Llevar una carga sobre las espaldas, es asunto de un hombre vulgar, de un plebeyo. Un coche es instrumento propio de un hombre distinguido. Ahora bien, cuando un hombre común utiliza el instrumento de un hombre distinguido, los bandidos planean quitárselo. Cuando alguien se muestra prepotente hacia arriba y duro hacia abajo, los bandidos planean atacarlo. La conservación negligente de las cosas seduce a los bandidos y los lleva a robar. Las suntuosas alhajas de una doncella tientan a robarle su virtud".

NUEVE EN EL CUARTO PUESTO SIGNIFICA:
**Libérate del dedo gordo
de tu pie, entonces acudirá el
compañero y en él podrás confiar.**

En tiempos de paralización sucede que hombres vulgares se adhieran a un hombre superior y que, debido al acostumbramiento diario, se amalgamen con él al punto de volverse indispensables como lo es el dedo gordo para el pie, ya que facilita el andar. Pero cuando se aproxima el tiempo de la liberación con su llamado a la acción, se hace necesario desprenderse de semejantes vínculos casuales que lo unen a gente con la cual uno al fin y al cabo no tiene ninguna afinidad interior. Pues si esto no ocurriera, los amigos de mentalidad afín, en los que se puede confiar realmente y en cuya compañía podría uno realizar algo, se mantendrán apartados, con evidente desconfianza.

SEIS EN EL QUINTO PUESTO SIGNIFICA:
**Con tal que el noble sólo pueda
liberarse, esto traerá ventura.
Demostrará así a los viles que la
cosa le va en serio.**

Las épocas de liberación exigen una decisión interior. A los viles no puede alejárseles con prohibiciones o recursos externos. Si uno quiere deshacerse de ellos, primero es menester desprenderse interiormente y por completo de su presencia; entonces se darán cuenta por sí mismos que la cosa va en serio y se retirarán.

AL TOPE UN SEIS SIGNIFICA:
**El príncipe dispara sobre un azor
apostado en un alto muro.
Lo abate. Todo es propicio.**

El azor sobre un alto muro da la imagen de un hombre común pero que ocupa una posición elevada e impide la liberación. Resiste el efecto de influencias interiores, porque su malignidad lo ha endurecido. Es preciso eliminarlo violentamente y ello requiere los correspondientes medios.

Kung Tse dice al respecto: "El azor es el objetivo de la caza. Arco y flecha son las herramientas, los medios. El arquero es el hombre que ha de utilizar correctamente los medios para lograr el fin. El noble alberga los medios en su persona. Aguarda el debido momento y entonces actúa. Por eso no tiene más que dar un paso y salir, y ya abate la presa. Tal es la condición de un hombre que actúa luego de haber dado término a la preparación de los medios".

Hexagrama complementario
37. Chia Jen / El Clan (La Familia)

El tránsito del Perro durante el año del Chancho

RAMA 11 TIERRA *YANG*

El perro aún está ajetreado por la tormenta del año pasado.

Los perros más jóvenes se deberían tomar unas vacaciones antes de que comience el año del chancho. Los perros más grandecitos deberán tomarse el año del chancho para reacomodar sus vidas, sobre todo si se mudaron durante 2006.

Enero aun tiene mucha carga de trabajo y emociones fuertes del año del perro, en pleno TAI SUI, el perro aún necesita mantener el rabo entre las patas. No es adecuado que preste dinero o que tenga negocios con la familia. Aparte, en su perrera, el can estará a salvo.

Febrero es un buen mes en general, hay energía económica fuerte la primera mitad del año y luego la

gran ayuda de su amigo el tigre. Si puede, este mes deberá ahorrar y no tocar para nada el dinero que ahorre.

Marzo es el mes del conejo, y por eso tenemos una buena rachita monetaria, además de mucha pila para el romance y las extravagancias eróticas.

Abril es siempre caótico para el perro (es mes de su Némesis, el dragón). Necesitará toneladas de paciencia y mucha energía extra; también comer más proteínas y minerales, tener a resguardo sus ahorros y no agarrarse a patadas con Sansón.

Con mayo se inicia el verano chino y, con él, los meses impredecibles, la serpiente le trae algo de romance y ternura, pero también mucha confusión al respecto. Si el perro se casó durante el año del perro (hay muchas probabilidades de que lo haya hecho) es muy posible que ahora lo esté lamentando, aún cuando esté profundamente enamorado. Lo único que va a necesitar es encontrar su "jardín secreto" un espacio íntimo donde retozar sin que lo molesten; pero mucho cuidado con las infidelidades, cuando el perro llega a morder la mano que le da de comer, la culpa es tan insoportable que podría ir a dar de patitas al psiquiatra.

Para junio, la descarga de energía extra le va a traer sorpresas agradables acerca de su trabajo, las amistades y el dinero, pero debe tener cuidado con lo que come, tanta energía tierra producida por el doble fuego del mes del caballo podrá enfermar su delicado estómago.

Para julio, el perro deberá esperar algunas pérdidas medianas: un jarrón que se quiebra en la salita, el televisor que ya no prende… cualquier cosa, por nimia que sea, podrá fallar. Además, es posible que se aísle un poco, sobre todo si es "macho" y está estudiando o trabajando durísimo. Como no le gusta el aislamiento, el perro podría cometer algunas tonterías como buscar compañía en los lugares equivocados. Cuidado.

Agosto es el mes que lo empuja a salir fuera de su perrera. Un viaje largo pero accidentado podría ser la clave para su crecimiento espiritual; pero necesitará toneladas de paciencia si es que el amor de su vida no quiere acompañarlo.

El mes del gallo, septiembre, no le trae mayores complicaciones, tal vez sólo de carácter monetario, pero como seguramente se habrá dado cuenta, eso no depende de él porque el mundo entero tendrá problemas económicos, así que, conociendo la naturaleza optimista del perro, tomará esta repentina falta de dinero como una oportunidad para hacer dieta.

En octubre, el mes que rige el perro, choca un poco consigo mismo, pero no le trae mayores broncas. Se va a sentir un poco como se sintió durante el año del perro. Recomiendo paciencia y como amuleto un tigre, de ese modo toda la disciplina que le hará falta aparecerá sin problemas.

Noviembre choca con el año en general. El perro, a resguardo en su perrera, sólo puede esperar por un poco de alegría familiar, buenas relaciones con los amigos y tal vez un poco menos de dinero en el banco. Cuidado con las inversiones "patito" (no muy estables), no debe soltar un solo centavo.

Diciembre termina como comenzó el año: mucho trabajo y pocas oportunidades para descansar. No le recomiendo levantar olas alrededor, mantenga todas sus relaciones importantes en el ambiente familiar. Nada de negocios chuecos, nada de andar prestando dinero y toda su energía dedicada a pagar todo el dinero que les debe a otros, de esa manera podrá prepararse para la prueba de fuego, que será el año de la rata.

El amuleto general este año será su amistad con el tigre y el caballo. Juntos los tres, sobrellevarán mejor este año del chancho tan tormentoso.

PREDICCIONES PARA
EL PERRO
Y SU ENERGÍA

PERRO DE MADERA (1934-1994)

La metamorfosis de su año lo convertirá en un perro lúcido, contemplativo y confiable.

Dejará atrás un ciclo de su vida para emprender una nueva relación afectiva con cucha y chiquero adentro, donde cultivará nuevas semillas, ideas, proyectos que serán propicios.

Luego de una larga temporada en el purgatorio, liberará lazos que lo oprimían y dejará espacio para la llegada de amigos, hijos, hermanos y nuevos huéspedes.

Viajará por trabajo a nuevos destinos; incorporará costumbres y enfrentará situaciones imprevisibles que fortalecerán su equilibrio mental y espiritual.

Hará frente a deudas, juicios de socios y parejas: lo más conveniente será llegar a ponerse de acuerdo.

Sentirá ganas de reunir a la familia los domingos para contarle sus viajes a Egipto, Oriente, Guatemala, mientras cocina y comparte sus huesos.

Estará inspirado, estimulado, lleno de iniciativa para recuperar su vocación, abrir un espacio para dar seminarios, cursos o abrir comedores.

Sentirá más responsabilidad social, será líder barrial, deportivo y nacional enfrentando la crisis socioeconómica.

PERRO DE FUEGO (1946-2006)

Después del doble año, el perro sienta los cimientos de su cosmovisión.

Emprenderá una nueva etapa reciclando el pasado y disolviendo los lazos negativos que le impiden evolucionar. Estará divertido, alegre, comunicativo, expansivo, inspirado y muy creativo. Ganará premios, concursos, becas y estará en el candelero cuando ladre sus verdades.

La palabra irá acompañada de la acción; participará en las manifestaciones públicas, será líder de ideología y abrirá nuevos foros para participar.

En la familia ocupará el lugar de jefe, protegerá a la cría, defenderá sus derechos y recibirá la llegada de chanchitos que lo endulzarán en medio de la revolución.

Enfrentará rencillas, mordiscos y polémicas de las que deberá protegerse para no salir malherido.

Será el retorno de Eros, se enamorará como a los quince y practicará *EL TAO DEL AMOR Y EL SEXO* con maestría.

Un año de contrastes, estados *up* y *down*, nuevos amigos y liberación del pasado.

PERRO DE TIERRA (1958)

Durante el año del chancho el perro sedimentará su crisis para convertirla en un manantial de recursos fructíferos.

Después del tsunami, organizará su nueva etapa entre la sanación, meditación, dieta y forma de vivir. Elegirá calidad a cantidad en todo.

Trabajará lo indispensable y estará muy bien remunerado. Tendrá tiempo para el ocio creativo, salir, viajar, pasear, visitar amigos y parientes y compartir actividades en común.

La liberación, el retorno al orden, al reloj biológico, le permitirán iniciar una familia sui géneris.

Estará dispuesto a dejar las luchas callejeras y sociales para pasar más tiempo en la cucha, cocinando, haciendo labores artesanales, inventando una nueva supervivencia y eligiendo con el olfato más agudizado a los nuevos socios y amores.

Es un tiempo de renacimiento y reorganización desde lo interior hacia lo exterior.

Y CON BONUS TRACK.

PERRO DE METAL (1910-1970)

Después de la crisis existencial de su año llegará a la conclusión de que tiene mucho a favor y decidirá sumar antes que restar.

Seguirá activo, buscando nuevos contactos profesionales, organizando empresas, grupos, visitas a domicilio para ganarse el hueso.

Será solicitado en su profesión, se cotizará en yuans; será reconocido y ganará premios, ascensos y prestigio.

Estará a la vanguardia en la moda, en el arte y en la informática.

Buscará nuevas fuentes de inspiración, retornarán amigos y amores a acompañarlo y proponerle una vida familiar más *hippie*.

Descubrirá la tribu cósmica, participará de grupos de autoayuda, talleres transpersonales y viajes iniciáticos. El chancho le recordará que no hay nada mejor que una buena revolcada en el chiquero para seguir en la lucha. Y USTED TENDRÁ EL SÍ FLOJO.

PERRO DE AGUA (1922-1982)

Durante el reinado de su amigo del alma podrá renacer y reestructurar su vida. Empezará por su nueva cucha, solo o acompañado.

Sentirá ganas de empezar una nueva actividad, renovará su currículum y saldrá al mundo en busca de nuevas oportunidades.

Estará activo, dinámico, radiante, inspirado. Conseguirá crédito para comprar casa, un terrenito o un vehículo que lo convertirá en un perro faldero.

Comenzará una relación afectiva muy positiva. Sentirá ganas de traer chanchitos al mundo y adoptar a los que se arrimen a golpear la cucha.

Tendrá que poner límites a la familia, pedidos, reclamos, deudas kármicas.

Imite al chancho en su manera más relajada y sibarítica de conectarse con el mundo.

Recuperará la autoestima, la sensualidad y la capacidad de asombro.

UN TIEMPO DE APERTURA Y NUEVAS AMISTADES QUE LE BRINDARÁN CONFIANZA, PROYECTOS TANGIBLES Y CREATIVOS.

PREDICCIONES PREVENTIVAS
PARA EL GALLO
BASADAS EN EL I-CHING

BUSCANDO EL LUGAR INTERIOR Y EN EL GALLINERO

Llega el año del gentil chancho, que admira y protege al gallo.

Por eso es fundamental que acepte las reglas del juego, las disfrute, analice y siga desmalezando karma para encontrar su eje, lugar interno, su rol en la familia sanguínea y cósmica.

El gallo sabe que tiene la fe, el coraje y el temperamento para llegar a dilucidar quién es quién en este baile de disfraces y poner las cosas en su lugar con su presencia autoritaria.

Para su visión de la vida es necesario reclamar derechos y deberes y trabajar arduamente para conseguirlos.

Sentirá un impulso vital por quebrar mandatos, estructuras, roles y probar nuevos vínculos que tienen que ver con la nueva familia, el orden mental y la conexión con el universo.

El agobio de tantas responsabilidades explotará como el Big Bang.

Es un tiempo caótico donde estará en el ojo de la tormenta viendo cómo sus planes vuelan y usted pierde el control de la situación.

Estará asediado por la caravana de personas que le pedirán ayuda: aprenda a decir que no, delegue respuestas y reclúyase en un tiempo compartido donde no tenga celular ni puedan ubicarlo.

Estará sobreexigido por situaciones absurdas.

Volcará su angustia en lugares públicos, creando hipótesis ambivalentes y poco creíbles.

La vida lo pondrá del otro lado del mostrador.

Conocerá el mundo desde la otra vereda y se humanizará.

Canalizará su energía dando cátedra en su especialidad.

Lo buscarán por eficiencia, honestidad, organización y despliegue escénico.

Emprenderá muchos proyectos atraído por la prosperidad que flotará en el ambiente; se entusiasmará, firmará contratos, sumará gente, inventará nuevas formas de intercambio, y quedará exhausto y desplumado. No abarque más de lo que puede.

El chancho lo tentará con el consumo y tendrá que pedir que le financien las deudas.

Mientras tanto, los hijos, padres y hermanos le pedirán ayuda económica y deberá romper el chanchito para sentirse útil.

Sobresaltos, estafas y posibles desengaños lo conmocionarán.

Apelará a un fuerte trabajo interior para salir del pantano.

Ubicarse con humildad en la nueva situación y aceptarla es el secreto del éxito.

Su autoestima y su ego serán puestos a prueba y se convertirán en abono para su nueva identidad.

Trabajará con inspiración y entusiasmo al lado de un maestro que le abrirá la percepción y sacará a la luz su potencial divino. En la familia habrá enfrentamientos, discordia, rupturas.

Soltará amarras para navegar sin puerto y dejarse guiar por el cielo y su corazón.

Dejará la formalidad, los protocolos, la imagen y aceptará los desafíos de la sencillez, la naturalidad y el desapego.

El gallo pasará por una multiprocesadora de estados anímicos, mentales y emocionales. Nada le saldrá como lo planea, olvidará asuntos menores y se dedicará a buscar la verdad interior.

Su espíritu innovador, romántico y práctico lo llevará a lugares nuevos y deshabitados donde pueda iniciar un compromiso para reformular su existencia.

Atrás quedaron los espejismos, las ausencias devastadoras, los agujeros negros para descubrir la semilla de maíz portadora de la nutrición del cuerpo y del alma.

El I-CHING te aconseja
54. Kuei Mei / La Muchacha que se Casa (La Desposanda)

EL DICTAMEN
La Desposanda.
Las empresas traen desventura.
Nada que fuese propicio.

Una muchacha recibida en la familia sin ser esposa principal, debe conducirse con particular cautela y reserva. No debe intentar por sí sola desplazar al ama, pues esto implicaría desorden y acarrearía condiciones de vida insostenibles.

Lo mismo es válido para toda clase de relaciones libres entre la gente. Mientras que las relaciones legalmente ordenadas evidencian un firme nexo entre deberes y derechos, las relaciones humanas electivas destinadas a perdurar, se fundan puramente en una actitud de reserva inspirada en el buen tino.

El principio de tales vínculos por inclinación tiene máxima importancia en todas las relaciones del mundo. Pues de la alianza de Cielo y Tierra procede la existencia de la naturaleza toda, de modo que también entre los hombres la inclinación libre constituye el principio primero y último de la unión.

LA IMAGEN
Por encima del lago se halla el trueno: La imagen de la muchacha que se casa. Así el noble, por la eternidad del fin reconoce lo perecedero.

El trueno excita las aguas del lago que reverberan a su zaga en olas rutilantes. Es esta la imagen de la muchacha que sigue al hombre de su elección. Empero, toda unión entre humanos encierra el peligro de que subrepticiamente se introduzcan desviaciones que conducen a malentendidos y desavenencias sin fin. Por lo tanto, es necesario tener siempre presente el fin. Cuando los seres andan a la deriva, se juntan y se vuelven a separar, según lo disponen los azares de cada día. Si, en cambio, apunta uno a un fin duradero, logrará salvar los escollos con que se enfrentan las relaciones más estrechas entre los humanos.

EL TRÁNSITO DEL GALLO DURANTE EL AÑO DEL CHANCHO

RAMA 10 METAL *YING*

Al gallo, el chancho le cobra peaje. Todo depende de cómo se haya comportado los dos años anteriores. El año entero estará marcado por mudanzas, cambios de vida, desplazamientos incómodos y aprendizaje. Sin embargo, en la segunda mitad de 2007, el gallo se va a ver aislado, sobre todo si durante los dos años anteriores se encargó de señalar con demasiada labia los errores de sus amigos y familia.

Enero aún sigue bajo la mirada amable del perro, y eso no preocupa demasiado al gallo, pero durante la primera mitad del mes deberá cuidarse de pequeñas pérdidas de dinero y, si tiene hermanos, no le recomiendo que preste ni pida prestado nada... ni siquiera una cucharita.

Febrero arranca con el año del chancho y el mes del tigre: para el gallo esto atraerá pequeñas calamidades que podrá mantener bajo control si solamente baja su naturaleza ambiciosa. El tigre es como un árbol gigante y duro, y el gallo es como un

anillo o un cuchillo pequeño: por más que quiera, el gallo no podrá cortar la madera del tigre. ESTA NECESIDAD QUE TIENE EL GALLO POR CONTROLAR LO INCONTROLABLE LO VA A DISTRAER MUCHO; Y ALLÍ PUEDEN OCURRIR LAS PÉRDIDAS MATERIALES.

Marzo es el mes para "recoger las plumas". Si el gallo se portó bien, sobre todo con su familia, podría sobrevenir sólo un corto período de paranoia; pero si nuestro gallito se las arregló para hacerse de enemigos durante el año anterior, es muy probable que tenga que vérselas con la justicia, ya sea kármica o judicial, así que le recomiendo cuidado, atención y toneladas de diplomacia... tres de las cualidades que más trabajo le cuesta asimilar.

Abril es el mes del dragón, por lo general gran protector y amigo del gallo; aunque el mundo esté de cabeza, una ráfaga de optimismo va a empujar al gallo (y a los países gallo, como Francia y Japón) Pero, así como ocurrió durante el mes del tigre (febrero), le conviene bajar un poco su perfil y no provocar a sus enemigos.

Mayo es un mes productivo también pero, como he señalado antes, este mes será decisivo para la economía mundial y dos de las potencias económicas más importantes pertenecen a este signo y serán afectadas por la influencia del chancho y el tronco de fuego yin. El gallo deberá guardar sus finanzas para tiempos aún más duros.

Si se trata de un gallo joven, este mes será ideal para el romance y el matrimonio... sobre todo si aún le

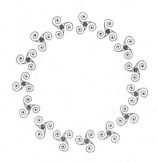

queda dinero extra para gastar, pero el exceso de fuego del mes le recordará todas las deudas emocionales que arrastra desde el año del perro. Le recomiendo ir pagando esas deudas antes de que se le acumulen más.

Julio en general es un mes difícil, pero al gallo le traerá la ración extra de aislamiento que NO LE HACE FALTA. Si hablamos de un gallo joven, tendrá que esforzarse un poco más por mantener la relación amorosa que inició el mes anterior, entonces, la luna de miel se termina a partir del 5 de julio.

Agosto es otro mes complicado, sobre todo si le sumamos la posibilidad de desastres climáticos y financieros. La estrella de "chismes" le va a traer dolores de cabeza, sobre todo con la familia, que es su talón de Aquiles; además, el gallo tendrá que hacer todo lo posible por recuperar la confianza de otros, ¿cómo? Tratando a la gente con más amabilidad.

Septiembre será un mes más amable para el *workaholic* gallo. Hay toneladas de trabajo, disciplina mili-

tar y, tal vez, la oportunidad de recuperarse económicamente, pero le recomiendo que use como amuleto un dragón de metal o de color azul.

Octubre podría mejorar bastante, pero el gallo deberá hacer a un lado su necesidad de llamar la atención a voces y cambiar su dieta, al menos durante este mes. Necesita tomar más líquidos y, si puede, nadar o tomar baños de tina.

Noviembre le trae mucho movimiento y la posibilidad de realizar viajes cortos, incluso una mudanza tal vez definitiva (de eso depende la edad del gallo, mientras más crecidito, más posibilidades de encontrar su granero definitivo).

Diciembre es el mes que en definitiva le traerá tranquilidad y algo de paz, pero para ello tiene que haber protegido con anterioridad sus relaciones familiares. Si no lo hizo, la felicidad se va a ir directamente al caño, si protegió como oro esas relaciones familiares, el tiempo de la re-conciliación será posible y efectivo.

PREDICCIONES PARA
EL GALLO
Y SU ENERGÍA

GALLO DE MADERA (1945-2005)

Profundamente decidido a continuar con la transformación de estos años, decidirá encauzar sus asignaturas pendientes, vocación tardía y poner manos a la obra.

Desplegará un abanico de propuestas para compartir con nuevos socios, creando una red solidaria que será un manantial inagotable de recursos.

Tendrá que trabajar horas extras, compartir el maíz con su tribu y administrar el patrimonio con lucidez.

Aparecerán nuevas exigencias en la pareja. Deberá lustrar las plumas para competir con nuevos candidatos y despertar al erotismo integrando con alegría a quienes lo rodean.

Estará más ajustado en la economía. Deberá reducir gastos, estar atento con firmas de contratos y no descuidar los bienes, pues tendrá una caravana de *homeless* esperando asilo en el gallinero.

Tiempo de cambios internos rumbo a un mayor equilibrio.

GALLO DE FUEGO (1957)

La travesía del año canino lo conducirá a un tiempo de reformulación existencial.

Es necesario poner orden en cada situación que aparecerá desde un nueva mirada.

Dejar de ser el mismo, reinventarse, refundarse y abrir la percepción para continuar en el TAO con más libertad, alegría y confianza.

Estará dispuesto a explorar nuevos vínculos afectivos, bajar la cresta y dejarse llevar por el aire erótico del chancho.

Aprenderá a pedir ayuda, a compartir sus miedos, dudas y exilio con quien le toque el punto G del alma.

Recuperará relaciones del pasado que serán de gran utilidad para nuevos proyectos creativos y profesionales.

Soltará el control remoto y dejará que los otros participen en el día a día, coloreando la paleta de la existencia.

En la familia habrá nuevos roles, reajustes de lugar, picotazos y piquitos a la hora de repartir los bienes, y cacarear el grito primal.

Un año de cambios profundos en su psiquis, alma y hábitos que lo convertirán en un gallo más posible y menos cocorito.

GALLO DE TIERRA (1909-1969)

Este año hundirá aún más sus patas y pico en el interior de la tierra y de su alma para terminar de purificar las asignaturas pendientes.

Después de muchas noches de insomnio encontrará las causas de sus desvelos y sentirá un gran alivio al enfrentar fantasmas y descubrir su identidad.

Trabajará con más pasión, inspiración y transpiración y logrará frutos jugosos que renovarán su ánimo y visión de la vida.

Encontrará nuevos socios, amigos y peregrinos con quienes intercambiará amor, trueque y conocimiento para despertar a una realidad social que lo transformará.

En la familia habrá que pedir refugio en la ONU, sentirá deseos de libertad, de un gran recreo y de salir de viaje liviano de equipaje.

Oscilará en estados up y down; retomará técnicas de autoayuda, una vida más contemplativa y deseos de cambiar hábitos y costumbres.

Cultivará el Eros, los pequeños placeres de la vida, estudiará ecología, FENG SHUI, diseño, astrología y arte y los plasmará en obras concretas.

En el año del chancho un nuevo amor lo desplumará y le dejará lo esencial para seguir aprendiendo más sobre usted y los otros.

ATRAVESARÁ UNA CRISIS EXISTENCIAL QUE LO RENOVARÁ.

Cuide su economía: no se exceda en vicios y placeres o consiga un mecenas que lo mantenga, o socios inversores que lo respalden en sus utopías.

GALLO DE METAL (1921-1981)

Empezará un ciclo fecundo, creativo y muy productivo. Dejará de lado los mandatos y romperá con roles y buena conducta.

Se rebelará ante la crisis familiar; tomará partido y ayudará a construir nuevas fuentes de supervivencia a partir de un proyecto personal.

Estará asediado socialmente; volverá a brillar en escenarios y medios de comunicación cacareando sus primicias y novedades.

En la pareja habrá cambio de roles: un intercambio más adulto, equilibrado y del tercer milenio.

Saldrá a recorrer el mundo, postergará compromisos, horarios y estará más rebelde e indisciplinado.

Un giro inesperado lo mantendrá en vigilia con la familia, los amigos y las nuevas visitas que le pedirán amparo.

Se involucrará socialmente y participará en actos y marchas sobre los derechos humanos, la ecología y la educación.

Aprenderá a ser más flexible, a escuchar a sus opositores y a aceptar los límites.

SE DIVERTIRÁ Y CONTAGIARÁ DE EROS QUE CORRERÁ POR EL AIRE.

GALLO DE AGUA (1933-1993)

Saldrá por el mundo como Don Quijote, a acompañar el proceso de transformación y será líder de opinión entre los suyos.

Despertará su vocación en un estudio o viaje en el que inspirará a quienes lo acompañen y participará en obras de solidaridad, salud y de búsqueda espiritual.

No dará explicaciones a su pareja ni a su familia por los nuevos hábitos y costumbres; retomará amigos del pasado, relaciones que quedaron *stand by* cerrando capítulos y aliviando karma.

Equilibrará su tiempo entre la vida erótica, el trabajo, el ocio creativo y la participación social, campo en el que estará muy involucrado.

Saldará deudas económicas, conquistará nuevas culturas y aceptará los desafíos del chancho para reformular su agenda y tiempo libre.

Estará más abierto a escuchar nuevas propuestas, a dormir más y practicar el TANTRA.

Las exigencias del año se amoldarán a su tiempo, espacio, salud y a las travesuras intelectuales que lo mantendrán cada vez más sabio.

PREDICCIONES PREVENTIVAS PARA EL MONO

BASADAS EN EL I-CHING

DISOLUCIÓN DEL PASADO PLUSCUAMPERFECTO PARA REINVENTAR LA VIDA

¿¿Queda algún mono vivo en el planeta de los simios??

Recuperar el equilibrio, la postura casi vertical después del feroz año del perro de fuego que aumentó en incómodas cuotas las asignaturas pendientes; reconstruir el ADN, el cuerpo físico, mental, espiritual, etérico, cósmico, es la ardua tarea que nos espera, hermanos simios.

Dentro de nosotros terminó una forma de existir, un ciclo de ritmo alocado, de acción y adrenalina, lianas peligrosas y riesgos extremos; mandatos de las constelaciones de primates de miles de generaciones que nos azotaron con las ramas más espinosas y duras de la selva.

Duele el clima sobre la dermis, las articulaciones, las vísceras que crujen por la mala digestión, los párpados cansados de mirar al horizonte en noches de extrema soledad, ausencias que nos visitan sonámbulas, sueños entrecortados con fantasmas y amores que navegan otros mares, la separatividad cósmica.

El mono está cruzando del Este al Oeste y del Norte a Sur sin dejar huellas.

Valentía, decisión, entrega, y aceptación para el tránsito sin vehículo, chofer, ni destino seguro.

Etapa de balance existencial: ES LA GRAN OPORTUNIDAD DE REINVENTARNOS. El chancho nos adora, admira, protege, ama y exige.

A un costo altísimo, sin descanso, tregua, recreo, exigiéndonos triple esfuerzo en cada frente: afectivo, familiar, espiritual, profesional y comunitario.

El mono sabio se entregará a la multiprocesadora sin medir las consecuencias. No podrá retroceder, ni pedir prórroga ni esconderse en la copa de la ceiba de Tikal.

¡¡¡CUERPO A TIERRA!!!

El chancho, implacable, lo arrastrará por las arenas movedizas, la fangoterapia, el inframundo, para despojarlo de sus investiduras.

Esquilmado, sacudirá su piel, sacará las pulgas, hará ayuno y, cuando las tentaciones aparezcan, elegirá conscientemente la liana favorita, aunque sea víctima de su propio invento.

En medio de la disolución aparecerá la verdad interior y, como un brotecito casi invisible que emerge cuando no se lo espera, el mono renacerá creando un nuevo plan de vida.

La creatividad que lo caracteriza brotará como un manantial de su alma; pulirá sus dones, sus cono-

cimientos, piedras preciosas que son la experiencia, los viajes, encuentros; la variedad de oficios sedimentará hasta que los exprese con solidez y en forma remunerada.

Ganará un puesto de trabajo, será respetado y compartirá su proyecto con quienes elija y admire.

El mono encenderá la llama de la pasión y el erotismo.

Conocerá gente que lo estimulará emocional y sexualmente abriendo la trábex que lo tuvo en el exilio monacal.

Con grandes posibilidades de encontrar pareja al promediar el año, sentirá alegría, bienestar, y ganas de establecerse y criar chanchitos.

Renacerá con nuevas ideas y desafíos y producirá eventos muy divertidos y polémicos.

Su salud oscilará como la bolsa de Hong Kong. Es fundamental que haga medicina preventiva, ejercicios específicos para sus dolencias, chi kung, yoga y, sobre todo que practique *EL TAO DEL AMOR Y DEL SEXO*.

Es un año de purificación, pérdidas afectivas, despedidas hacia otras dimensiones reales y espirituales.

El I-CHING te aconseja
1. CH'IEN / LO CREATIVO

EL DICTAMEN
Lo creativo obra elevado logro, propiciando por la perseverancia.

De acuerdo con su sentido primitivo, los atributos aparecen agrupados por pares. Para el que obtiene este oráculo, ello significa que el logro será otorgado desde las profundidades primordiales del acontecer universal, y que todo dependerá de que sólo mediante la perseverancia en lo recto busque su propia dicha y la de los demás.

Ya antiguamente fueron objeto de meditación estas cuatro cualidades intrínsecas en razón de sus significaciones específicas. La palabra china que se reproduce por "elevado", significa "cabeza, origen, grande". Por eso en la explicación de Kung Tse se lee: "Grande en verdad es la fuerza original de lo Creativo, todos los seres le deben su comienzo. Y todo el cielo está compenetrado de esta fuerza". Esta primera cualidad traspasa, por otra parte, a las otras tres.

El comienzo de todas las cosas reside todavía, por así decirlo, en el más allá, en forma de ideas que aún deben llegar a realizarse. Pero en lo creativo reside también la fuerza destinada a dar forma a estas imágenes primarias de las ideas. Es lo que queda señalado con la palabra "logro", "éxito". Este proceso se ve representado por medio de una imagen de la naturaleza: "Pasan las nubes y actúa la lluvia y todos los seres individuales penetran como una corriente en las formas que les son propias".

Transferidas al terreno humano, estas cualidades muestran al grande hombre en camino hacia el gran éxito: "Al contemplar con plena claridad las causas y los efectos, él consuma en tiempo justo las seis etapas y asciende en tiempo justo por estos seis peldaños como sobre seis dragones, elevándose al cielo". Los seis peldaños son las seis posiciones individuales del signo, que más adelante se representan bajo la imagen del dragón. Como camino hacia el logro aparece aquí el reconocimiento y la realización del sentido del universo que, en cuanto ley perenne, y a través de fines y comienzos, origina todos los fenómenos condicionados por el tiempo. De este modo toda etapa alcanzada se convierte a la vez en preparatoria para la siguiente, y así el tiempo ya no constituye un obstáculo, sino el medio para la realización de lo posible.

Luego de haberse expresado el acto de la creación a través de las dos cualidades "elevado" y "logro", se nos señala la obra de conservación, como un desenvolvimiento que se va elaborando en continua realización, como ligado a las dos expresiones "propiciando", esto es literalmente "creando lo que corresponde a la esencia", y "perseverante", que equivale literalmente a "recto y firme". "El curso de lo creativo modifica y forma a los seres hasta que cada uno alcanza la correcta naturaleza que le está destinada, y luego los mantiene en concordancia con el gran equilibrio. Así es como se muestra propiciante por medio de la perseverancia".

Trasladando lo dicho al terreno humano, podemos comprender cómo el gran hombre, mediante su actividad ordenadora, trae al mundo paz y seguridad: "Al elevar la cabeza sobre la multitud de seres, todas las comarcas juntas entran en calma".

LA IMAGEN
**Pleno de fuerza es el movimiento del Cielo.
Así el noble se hace fuerte e infatigable.**

La duplicación del signo Ch'ien, cuya imagen es el cielo, indica, puesto que existe un solo cielo, el movimiento del cielo. Un movimiento circular completo del cielo es un día. La duplicación del signo implica que a cada día sigue otro día, lo cual engendra la representación del tiempo y, simultáneamente, puesto que se trata del mismo cielo que se mueve con fuerza infatigable, la representación de la duración, plena de fuerza, en el tiempo y más allá del tiempo, de un movimiento que jamás se detiene ni se paraliza, así como los días se siguen unos a otros a perpetuidad. Esta duración en el tiempo da la imagen de la fuerza tal como le es propicia a lo Creativo.

El sabio extrae de ello el modelo según el cual deberá evolucionar hacia una acción duradera. Ha de hacerse íntegramente fuerte, eliminando a conciencia todo lo degradante, todo lo vulgar. Así adquiere la infatigabilidad que se basa en ciclos completos de actividad.

EL TRÁNSITO DEL MONO DURANTE EL AÑO DEL CHANCHO

RAMA 9 METAL *YANG*

Para el Mono el año del chancho le representa fatiga extra, mucho trabajo, chismes, aislamiento. En fin, el paquete completo.

No es que el chancho se comporte mal con el mono. La energía del mono es de metal *yang*, eso quiere decir que es la "madre" natural del chancho, que es de agua *yin*.

Por lo tanto, el mono va a estar *heavy metal*, de liana en liana sin tregua.

El año del chancho drena la energía del mono constantemente, sobre todo durante el invierno.

Aquí hago un paréntesis que, creo, vale la pena:

Esta cualidad energética puede mantener la economía mundial en vilo, ya que Estados Unidos de Norteamérica es un país mono. En pleno TAI SUI durante 2004, EUA sentó las bases de lo que será, durante el año del chancho, su caída económica. Ya desde hoy se siente cómo la naciente crisis económica afecta a muchas familias estadounidenses: por ejemplo, antes de 2004 la gasolina costaba 1 dólar el galón, ahora cuesta más de 4 dólares el galón, y un triste limón (no un kilo, no una libra: un limón) cuesta más de un dólar. Ahora imagina qué va a pasar con ese país si, de pronto, su capacidad adquisitiva se va por el caño.

No digo esto para asustar a los monos en general, sino para que tomen medidas preventivas.

¿Por dónde va a llegar el porrazo? El chancho significa al mono dos combinaciones tremendas según Jul Lian, "astro solitario" y "naturaleza perdida", o como yo las renombré: "gran soledad" y "chismes".

Si el mono (sobre todo si es hombre) intenta aprovechar esa ráfaga de aislamiento y EVITA A TODA COSTA PROVOCAR que la gente hable a sus espaldas, estará muchísimo mejor.

Aún bajo la tutela del perro, enero es un mes que debe dedicar a relajarse, pero también a crear un *net working* confiable y una evaluación a fondo de todo lo que podría pensar que son sus defectos de carácter. De esta manera el año que entra será manejable.

Para febrero, que arranca como siempre con el tigre en ascenso, el mono tendrá aún mucha de la energía que lo caracteriza, pero también una buena cantidad de cosas sin resolver. Éste es el momento de atar cabos y comenzar un acelerado programa de reeducación social. Debe aprender a callarse la boca.

Marzo es por el estilo... tendrá más oportunidad de hacer algo de dinero, pero debe tener cuidado con sentirse a gusto con esa situación, porque el mundo estará en su contra. Yo sugiero aislamiento general y aprender lo más posible de esa condición.

Abril mejora bastante su situación energética, sobre todo para los monos "macho". Para las monitas la cosa es bajar un poco la cabeza y aguantar las envidias sin replicar nada. Bajo la mirada alegre del mes del dragón, el mono tendrá la oportunidad de brillar en sociedad y obtener algo de poder, sobre todo en asuntos referidos al ambiente laboral. En familia, lo mejor será cerrar el pico un rato y sonreír lo más posible.

Si ahorró algo de dinero, el mono no tendrá mayores complicaciones, pero si se gastó todo en la casa o en el automóvil... ¡qué se yo! La cosa es que si su cuenta de banco está en números rojos y la gente le debe dinero, el mono tendrá que esperar las calamidades; hay peligro de robos y pérdidas,

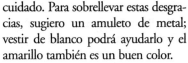

cuidado. Para sobrellevar estas desgracias, sugiero un amuleto de metal; vestir de blanco podrá ayudarlo y el amarillo también es un buen color.

En junio debe prevenir los chismes y las estafas de cualquier tipo. Algunas veces nuestro monito se desboca un poco y el mes del caballo ayuda mucho a que el mono se deje llevar por malos consejos y bajas pasiones. Todo ese mes, el mono deberá cuidar sus deseos y no ir más allá de lo que puede manejar. O sea: "no hagas cosas buenas que parezcan malas", ¡en fin!

Para las monitas, julio será el mes del amor formal. ¡Es hora de contraer matrimonio! Si no hay mayor inconveniente, es una buena oportunidad para dejarse llevar por los tenues tentáculos del compromiso… algo que al mono le cuesta lágrimas de sangre, más aún si es celoso de su espacio vital y su independencia. Al mono macho eso le importa poco. Si conoce a una cabrita distraída, tal vez podrá llevarla al altar, pero en este caso yo no lo recomendaría. Es decir: si eres mona, el matrimonio es una buena idea; si eres mono, no lo recomiendo para nada; y si ambos (hembra o macho) están enamorados de una cabra, por el amor de Dios, ¡no la lastimen! La cabra se lleva superbien con el mono, pero a veces no comprende esa necesidad que tiene de hacer lo que le da la gana y la cabra es mucho más aprensiva. En el ámbito internacional, eso significa que los países mono algo tendrán que deberles a los países cabra… que, por cierto, están en desgracia desde finales de 2003: deberán pagar la deuda kármica.

La primera mitad de agosto le trae al mono buenas oportunidades para recuperar lo que perdió en meses anteriores, luego vienen los altibajos de energía que podrían afectar sus relaciones familiares, para ello, le sugiero que se cuelgue como amuleto un dragón de metal o de cerámica (tipo marroquí), así le irá mejor con sus relaciones personales.

Septiembre será el mes de la recuperación emocional, el mono tendrá la oportunidad de enamorarse o más bien de "vivir la vida loca", además de recobrar la energía que le hace falta para terminar el año, pero le recomiendo que no se deje llevar por las mieles de la libido descontrolada: ojo.

Octubre es otro mes de calma, muy parecido al mes anterior, con el plus de un alza de energía y la posibilidad de terminar lo que comenzó, hay que prepararse para el mes que entra, que va a estar peliagudo, y ganar tiempo perdido.

Noviembre le trae algunos dolores de cabeza, sobre todo en lo que se refiere a su vida sentimental. De nuevo chismes y soledad, así que debe tener cuidado con lo que salga de su boca y más cuidado aún con la gente que realmente quiere y ama.

Diciembre, afortunadamente, es de esos meses que le traen trabajo por montones, así que no tendrá tiempo para sentarse a lamentar lo perdido o para inflarse de orgullo si es que sobrevivió a las tormentas de meses anteriores.

El amuleto general para el mono es un dragón, de preferencia de metal. Alimentarse con un porcentaje mayor de cereales podrá ayudar también, y vestir de blanco, sobre todo si necesita quedar bien en el trabajo o algo por el estilo.

En fin, es un año de pruebas y aprendizaje; sólo espero que aprenda a tomar las cosas con calma.

Predicciones para
EL MONO
y su energía

MONO DE MADERA (1944)

Llegó el tiempo de establecer los límites entre usted y la familia.

Sentirá agotamiento, necesidad de espacio y soledad para reformular su vida.

Estará hipercreativo, no dejará propuesta decente ni indecente sin atender y recuperará el Eros y el sentido del humor, que lo convierten en un homo sapiens.

Lleno de vitalidad, organizará viajes a lugares remotos, exóticos, en busca de respuestas a su sed espiritual, cultural y emocional.

Conocerá a una persona que lo desviará de su plan, de su esquema de vida y le aportará grandes transformaciones.

No se resista a aprender nuevas formas de convivencia, planes de ahorro y asesoramiento jurídico para su patrimonio.

Dedíquese a la labor hogareña: cocine, teja, haga manualidades, invite a sus amigos a cursos de jardinería o seminarios *new age*.

Será líder de nuevos emprendimientos en el exterior y generará fuentes de trabajo y creatividad para la comunidad.

Volverá a brillar en su profesión, se cotizará y divertirá con nuevo zoológico para compartir sus maníes.

Disuelva su ego en un *wok*.

DISFRUTE DEL AQUÍ Y AHORA Y NO LE PIDA PERAS AL PERAL.

MONO DE FUEGO (1956)

Al mono se le desencadenó el tsunami y sigue haciendo la plancha hasta reacomodar su columna, KUNDALINI, psiquis y alma.

Todo naufragó, se disolvió, y está esperando renacer confiando en el amor que le despierta el chancho.

Lentamente sentirá que la vida tiene brotes de nuevas alegrías, deseos e ilusiones.

Vislumbrará un nuevo horizonte, juntará ayudantes, formará un equipo de trabajo que lo respaldará en su conducción.

Asumirá responsabilidades familiares, organizará su tiempo entre la casa, la pareja, los amigos y la profesión con más equilibrio.

Retornará a *las mil y una noches*, a los encuentros clandestinos y a la sal de la vida.

Estará estimulado intelectualmente. Participará en grupos de estudio, investigación y plasmará su conocimiento con *feed back*.

Iniciará una etapa más participativa, colaborará en la comunidad aportando herramientas útiles y será un faro en momentos de crisis e incertidumbre.

Deberá poner orden en todos los aspectos de la vida y conciencia en las decisiones que podrían alterar su estabilidad financiera y emocional.

Un viaje pendiente por amor le devolverá la conexión vital y lo mantendrá inspirado y saludable.

A gozar en el chiquero *spa* de nuevas posibilidades de crecimiento y reencuentros afectivos.

Exprese sus emociones: ría, llore, grite y aúlle en la selva. Llegará la persona que ama a abrazarlo y darle todo su amor.

MONO DE TIERRA (1908-1968)

Durante el año del chancho le dará prioridad a los afectos, postergando su vida profesional. Finalmente sentirá que el amor llama a sus lianas y decidirá unirse a la persona que le hizo el aguante, y con quien compartirá una feliz temporada en el chiquero. Momento para ordenar asuntos legales, herencias, y disfrutar de los beneficios de su trabajo.

Estará inmerso en situaciones de estrés con socios, con amigos y con la familia. Disolverá karmas y quedará desnudo para reinventar la vida.

Aprenderá nuevos oficios, estudiará ciencias exactas, de la comunicación y participará en movimientos de ecología y de paz.

Su salud se verá alterada por excesos, es necesario que haga medicina preventiva, deporte y comparta sus experiencias con los demás; no debe aislarse si tiene épocas de depresión o soledad.

Estará abierto a lo que la vida le dé y le enseñe e integrará nuevas relaciones, experiencias, viajes y amores ET.

Saldrá de un ciclo para iniciar una nueva etapa de creatividad, compasión y despegue que lo convertirá en Zorba el Buda.

MONO DE METAL (1920-1980)

Durante el año del chancho será un alquimista para continuar purificando y apartando lo superfluo de lo esencial.

Estará hiperactivo, lleno de trabajo y nuevas propuestas que lo debatirán entre el ser y el tener.

En la familia habrá cortocircuitos, presiones, nuevas responsabilidades y elecciones que lo mantendrán segmentado y disperso.

Busque ayuda terapéutica, inicie cursos de autoayuda, meditación, yoga, tai chi, chi kung, danzas africanas para liberar el exceso de SHAN, energía negativa.

Una relación afectiva se consolidará o disolverá, según lo que esté dispuesto a ceder y compartir.

Querrá traer chanchitos al chiquero: adoptar, criar a nuevos seres que aparecerán en su destino.

La capacidad de trabajo y concentración se verán amenazadas por su tránsito afectivo. Deberá seleccionar lo que es fundamental para su equilibrio emocional y delegar responsabilidades.

El chancho le brindará una etapa de placeres, protección, frutos económicos, nuevos amigos, aprendizaje y verdad interior.

Creará una nueva realidad con más solidez, raíces y sentido común.

Y DESPERTARÁ ILUMINADO Y MÁS SABIO.

MONO DE AGUA (1932-1992)

Durante el año del chancho el mono saldrá de su casa o jungla a explorar nuevos territorios.

Tendrá ganas de conocer amigos, viajar, aprender nuevos oficios y estudiar arte, ecología o nuevos emprendimientos relacionados con el agro, ciencias de la comunicación y las terapias alternativas.

Deberá asumir nuevas responsabilidades familiares.

Estará decidido a reconquistar un amor del pasado, viajar y participar en proyectos de trabajo, amor y conocimiento.

Crecerá económicamente, tendrá nuevos ingresos, y asumirá un rol de jefe o gerente en la comunidad.

Un año de cambios dolorosos, necesarios, que le abrirán nuevos horizontes.

La creatividad fluirá para que ilumine a quienes estén dispuestos a seguirlo en la caravana.

Su corazón estará dispuesto a encontrar a otro para continuar latiendo al ritmo del dos por cuatro.

Predicciones preventivas para LA CABRA

BASADAS EN EL I-CHING

DESPUÉS DE LA CONSUMACIÓN RUMBO A LA PLENITUD

Felizmente llega el año del chancho, uno de los mayores *sponsors* de la cabra en el sentido holístico.

Es cierto que después de los tironeos, enfrentamientos, desgarros y pérdidas del tiempo canino, la cabrita buscará refugiarse en una pradera fértil, en un valle mágico, en donde no falten los recursos, el I-SHO-KU-JU, la protección de los amigos, de los mecenas, de los espíritus protectores que son los que sostienen anímicamente al signo más sensible del zoo.

El paisaje interior cambia en esta época; se siente el profundo desprendimiento de una vida rumbo a otra.

Atrás quedaron los lugares, casas, trabajos, asentamientos, territorios explorados con pasión, constancia, dedicación y responsabilidad.

¡¡Demasiado para la cabrita sibarita y gozona!!

Necesita un tiempo en el que pueda recuperar la fantasía, la imaginación y el ocio creativo.

Esta etapa coincide con una crisis existencial que la sacudirá desde los cimientos y en la que se reformulará sus prioridades. Su mayor incertidumbre radica en la sensación del cambio veloz del mundo, y cómo insertarse en él.

El orden será desde lo interior hacia lo exterior.

Le aconsejo que se adapte lentamente a ocupar la posición correcta y escuche sus voces interiores antes de actuar. Enfrentará problemas con socios por diferentes puntos de vista y deberá ceder, vender su parte y tomar distancia.

Acrecentará su patrimonio a causa de nuevos ingresos en su profesión. Estará muy solicitada, divertida y llena de nuevas ideas que plasmará y serán aplaudidas.

El amor irrumpirá en su vida con plenitud.

Inmersa en *EL TAO DEL AMOR Y DEL SEXO* descubrirá nuevas formas de relacionarse, soltar la imaginación y navegar a la deriva confiando en su intuición.

Esta nueva historia que le permitirá construir una relación sólida, confiable y con *feed back* crecerá a fuego lento, o tal vez aceleradamente.

Será una llama, un volcán, un centro de ceremonias sagradas donde todos se nutrirán de su energía, buen humor y optimismo. Aumentará la familia: los míos, los tuyos y los nuestros. Estará más doméstica, casera, probará nuevas formas de transmitir y aprender.

Sentirá ganas de incursionar en nuevos ámbitos, de estudiar nuevas ciencias, cursos de artesanías, manualidades, terapias alternativas, desde flores de Bach hasta cursos de astrología, tai chi, yoga, constelaciones familiares y vidas pasadas.

Cuidará su *look*, hará dieta, deportes, y será líder en imagen.

El tiempo de distracción, euforia, optimismo, traerá golpes inesperados. Tendrá que andar con la antena parabólica sintonizada pues por estar desaparecida habrá revanchas de ex parejas y de la familia.

Sentirá que es imprescindible para todo el mundo.

Su talento estará exaltado, recompensado y bien remunerado. Su carisma atraerá a gente diversa; incursionará en trabajos sociales, comunitarios y ecológicos que le aportarán grandes satisfacciones.

Se desplazará con gracia, destreza y seguridad en nuevos senderos, precipicios y espacios vacíos.

La cabra celebrará el gran romance con la vida. Estará en armonía, en sintonía con cada situación, y podrá aceptar cada momento como un privilegio.

Recuperará parte de la familia instaurando un vínculo de continuidad y límites.

Un año de grandes responsabilidades, nuevos rumbos, balance y descubrimiento de las fronteras.

Con esfuerzo, fe, desapego y CHI fortalecerá su carrera y estudios.

Sentirá renovadas esperanzas, redoblará las apuestas y conservará su elegancia, *charme* y *sex appeal*.

Resurgirá la ilusión, se animará a cruzar una frontera psíquica y vencerá miedos ancestrales que la liberarán del pasado y le darán seguridad y trascendencia.

Recuperará rituales sagrados, hará las paces consigo misma y estará disponible para acompañar a los más desanimados e incrédulos.

Sentará las bases del futuro con talento, imaginación y una caravana de amigos solidarios que acunarán su renacimiento.

El I-CHING te aconseja
63. CHI CHI / DESPUÉS DE LA CONSUMACIÓN

EL DICTAMEN
**Éxito en lo pequeño.
Es propicia la perseverancia.
Al principio ventura,
al cabo confusiones.**

La transición que va del tiempo viejo al tiempo nuevo ya ha sido llevada a cabo. En principio ya todo está en regla y sólo en los pormenores puede obtenerse algún éxito. Pero para ello hace falta observar la actitud que corresponde. Todo sigue su marcha como por sí mismo. Esto seduce fácilmente a un relajamiento de la tensión y a dejar su curso a las cosas, sin que uno se preocupe mucho de los diversos aspectos. Tal indiferencia, empero, es raíz de todos los males. De ella surgen necesariamente fenómenos de decadencia. Se enuncia aquí la regla que suele predominar en la historia. Pero esta regla no constituye una ley inexorable. Quien la comprenda será capaz de eludir sus efectos mediante una incesante perseverancia y cautela.

LA IMAGEN
**El agua está por encima
el fuego:
La imagen del estado
Después de la Consumación.
Así el noble reflexiona sobre
la desgracia y por anticipado
se arma contra ella.**

Cuando el agua, en la marmita, cuelga sobre el fuego, ambos elementos están en mutua relación y debido a este hecho se genera energía. No obstante, la tensión que así se produce impone adoptar precauciones. Si el agua se desborda, se extingue el fuego y se pierde su función energética. Cuando el calor es excesivo, el agua se transforma en vapor y se pierde en el aire. Los elementos que en este caso están en relación recíproca y engendran así la energía, por su naturaleza, guardan entre sí una recíproca hostilidad. Únicamente una extrema cautela puede evitar el daño. Así también en la vida hay circunstancias en que todas las fuerzas se equilibran y obran de consuno, y por lo tanto todo parecería estar en perfecto orden. Tan sólo el sabio reconoce en tales épocas los momentos de peligro y sabe dominarlos mediante precauciones tomadas a tiempo.

EL TRÁNSITO DE LA CABRA DURANTE EL AÑO DEL CHANCHO

RAMA 8 TIERRA *YIN*

La cabra va por fin a encontrar algo de paz. Los últimos años han sido casi devastadores, sobre todo en lo económico. Pero este 2007 trae un poco de agua, que tanta falta le hace (el agua es su estrella de riqueza) y también le trae algo de fuego, que la alimenta (el fuego es su estrella madre, porque el fuego produce tierra).

Si el año pasado no logró deprimirla a grados de imposible recuperación emocional, la cabrita estará preparada para afrontar cualquier problema, desde los amorosos y los familiares hasta los económicos, que tanta angustia le han traído.

Tal vez tenga entre manos un nuevo proyecto.

Enero aún sigue bajo la tutela del perro, así que la tristeza y la incapacidad de resolver conflictos seguirán en pie, aunque le recomiendo que busque a un tigre para que la ayude. La segunda mitad de enero le recomiendo que no haga nada importante.

Febrero baja un poco la pila. No conozco una sola cabra que se sienta bien en febrero ya que ese mes es regido en parte por el búfalo. Luego se transforma en el mes del tigre, para entonces se sentirá muchísimo mejor

Marzo es uno de esos meses en los que a la cabrita le va a caer la ficha de golpe. "¿Por qué estoy tan triste? ¿Vale la pena seguir deprimida?". De pronto la cabra tiene muchísima creatividad y poco de qué preocuparse. Su mejor amuleto para este mes será ahorrar, recortar gastos y bajar los lujos a niveles mínimos; de ese modo sobrevivirá sin problemas en abril, que es mes del dragón, y será de pruebas difíciles. Si ahorró antes, no tendrá problemas, pero si no, el dragón se devorará todo su dinero. Cuidado.

Mayo podría traerle la oportunidad de viajar; sin embargo le recomiendo que no visite lugares demasiado exóticos o países mono (como EUA).

El mes del caballo (junio) le traerá algunas sorpresas agradables. El caballo es su mejor amigo y el chancho, que rige el año, es un buen amigo también; por consecuencia, muchas personas buscarán el siempre atinado consejo de la cabra para lo que sea...

El siguiente mes es uno de los más difíciles del año: la cabra tendrá que relajarse y no permitir que le dé por tumbar a la gente a topetazos. Su mal genio la meterá en problemas. Creo que su amuleto perfecto es algo que la calme un poco: un helado de chocolate, por lo menos.

Para agosto, en lo familiar, las cosas irán mejorando, pero el mes del mono le trae altibajos, como siempre. La cabra necesitará toneladas de paciencia ya que se sentirá amorosa, con ganas de compañía y, al mismo tiempo, sufrirá algunos altibajos financieros o robos. Debe tener cuidado y, de nuevo, usar de amuleto por lo menos un tigre o un conejo.

Para octubre le recomiendo encerrarse en su corralito, el mes del gallo será caótico en el resto del mundo y lo único que podrá proteger a la cabra será un poco de energía fuego, le recomiendo un experto en FENG SHUI para ver cuál es el área fuego más apropiada para ella.

Noviembre es otro de esos meses raros. Si bien el chancho es gran amigo de la cabra porque tiene la clase de energía que le agrada, como es año del chancho, el planeta entero va a andar revuelto y la cabra es muy sensible al sufrimiento ajeno. En este punto, la cabra deberá hacer uso de sus dones artísticos y regalar con ello un poco de estética y amor a los que necesiten un remanso emocional.

Diciembre es para el romance y los encontronazos sexuales del tercer tipo, pero debe tener cuidado con las enfermedades de transmisión sexual. Lo demás, en calma. Tal vez le convendría mantener como amuleto toneladas de buena compañía, en serio. Sé que suena difícil, pero allá afuera hay muchos grupos de gente que están dispuestos a abrir sus brazos a las cabras del mundo y lo que más se necesita ahora es hacer "*net working*", tender lazos.

La cabra vivirá de todo y con intensidad, siempre y cuando no salga corriendo y afronte su nueva vida con mucho ahínco.

PREDICCIONES PARA
LA CABRA
Y SU ENERGÍA

CABRA DE MADERA (1955)

Escuchará con atención sus voces interiores y se animará a dar un vuelco existencial.

Cambiará de lugar: tal vez nueva casa, provincia, país o reformulará la convivencia con su pareja en otro sentido.

Sentirá libertad para elegir proyectos que la mantendrán entusiasmada, fascinada y muy activa.

Enfocará las prioridades: salud, bienestar, ocio creativo, proyectos artísticos y solidarios. Renovará su vitalidad rodeándose de gente joven y creativa que le brindará apoyo y confianza.

Volcará su instinto de protección en hijos, hermanos, padres y nuevos seres que le despertarán ternura y ganas de compartir la cotidianeidad.

Ordenará su vida con fortalecimiento logrando éxito en lo pequeño: ES PROPICIA LA PERSEVERANCIA.

Gradúe las emociones, los inicios, y analice con lucidez los pasos a seguir para no caer en la confusión.

UN TIEMPO DE APERTURA, RESPONSABILIDADES Y TRANSFORMACIONES.

CABRA DE FUEGO (1907-1967)

Comenzará el año con viento a favor, entusiasmo y propuestas estimulantes.

Tener lucidez para enfrentar los obstáculos, imprevistos y cambios de rumbo inesperados serán fundamentales para mantener la calma y el equilibrio.

Sentirá ganas de establecerse, dedicarse a *full* a su pareja y recibir una etapa de alto voltaje erótico.

Sentirá deseos de libertad, independencia, no dar explicaciones de las decisiones que tome, salir de viaje ligera de equipaje y explorar nuevas sendas místicas y esotéricas.

Al comienzo reina la ventura, al final se producen confusiones. Es necesario que acepte consejos, se asesore legalmente, no sea impulsiva, terca ni obstinada.

Crecerá artísticamente, ganará premios y podrá dar un salto en su profesión amparada por mecenas.

Es fundamental que acepte los límites y se integre a la comunidad.

UN TIEMPO DE RECOMPENSAS Y COSECHA.

CABRA DE TIERRA (1919-1979)

Empezará el año con un pan debajo del brazo, nuevas responsabilidades familiares y mucho trabajo.

Estará excitada, confundida, con ganas de salir del corral en busca de nuevas emociones.

Tendrá que ordenar el caos empezando por su psiquis, relación afectiva y familiar y asumir nuevos riesgos.

Estará desbordada, Eros la visitará y le brindará nuevos placeres. Retornará la vida lujuriosa, sibarítica, de salidas, exposición y nuevos amigos.

Concretará con éxito un proyecto trabajando con disciplina, en equipo, y olvidándose de que el mundo existe.

Es necesario que cuide su salud, evite los excesos, busque ayuda terapéutica y retorne a la naturaleza.

CABRA DE METAL (1931-1991)

Dice el I-CHING:

"La meditación tiene lugar en el corazón, el armarse o escudarse se lleva a cabo en acciones externas. Todavía el peligro acecha en lo invisible, por eso, mediante la meditación reflexiva puede ser advertido y reconocido a tiempo y por lo tanto apartado".

El fuego fundirá al metal en el sentido holístico.

Tendrá que enfrentar decisiones afectivas que lo liberarán y transformarán.

Estudiará nuevas disciplinas afines, estimulantes y creativas.

Sentirá deseos de recuperar su territorio y disponer de I-SHO-KU-JU, techo, vestimenta y comida.

Renacerá espiritualmente y hará travesuras envuelta por la energía erótica del año del chancho.

CABRA DE AGUA (1943-2003)

Dice el I-CHING:

"Es una época de máximo florecimiento cultural, de máximo refinamiento. Pero cuando no es posible ningún progreso, acaba por producirse necesariamente la confusión y el desorden, ya que se hace imposible continuar por este camino".

La cabra creará un nuevo universo con su talento, recursos e imaginación. Convocará a la comunidad para proyectos ecológicos, sociales, artísticos y culturales. Saldrá de una etapa de estancamiento a otra de grandes logros y afianzamiento.

Sentirá que Eros la visita, estimula y convoca a participar de las *mil y una noches*.

Contagiará luz, optimismo, fe, ganas de participar en eventos sociales, humanos, artísticos y ecológicos.

Volcará su pasión en la familia y en una persona que se convertirá su alma gemela.

Será guía, maestra de nuevas generaciones y un oráculo abierto.

Predicciones preventivas para EL CABALLO

BASADAS EN EL I-CHING

LA MORDEDURA TAJANTE

Caen los ecos perpendiculares al corazón y precipitan la cabalgata.

El caballo muerde y duele. Deja marcas en el cuerpo y la memoria que despiertan sensaciones confusas y febriles.

Intensidad más que continuidad. Vuelve herido a vengarse de quienes no se inmolaron por él con escudo de acero inolvidable.

Sabe cuál es la dosis para dejar cuentas claras sin insistir. Nadie lo entiende, está solo cabalgando sobre el áspero pelaje del jabalí esperando una cita en cada barrio del mundo.

Porta trofeos, medallas, reconocimiento y ganancias para su ego.

¿¿A quién se le ocurre que parará, que se detendrá a ver cómo están el mundo, los otros, los amigos, amores y parientes??

Surgirán impulsos febriles, desmedidos, que lo harán soñar con campos infinitos de alfalfa, avena, maíz y soja para empacharse.

El caballo tiene una atracción fatal con el chancho y si no hace "equs" preventivo podría padecer males endémicos.

Enfrentará los obstáculos y problemas dando la MORDEDURA TAJANTE que dejará atrás dudas, atajos, escondites, ambivalencias que lo caracterizan y limitan; demostrará que es un caballo de salto seguro y eficaz, orgulloso de su pedigrí.

El año será muy movido, efervescente, desbordante, lujurioso, insolente, avasallante, por eso deberá aprender el arte de graduar lo irracional, la ciclotimia, el fuego sagrado y los estados alterados que lo sorprenden con espuma en la boca.

El caballo tiene que pasar el umbral, el portal galáctico y el río para estar concentrado, en plenitud de sus facultades y gozar de la buena racha de su amigovio porcino.

Tiempo de reflexión, de acción, de búsqueda interior y exterior en lo afectivo; sentará las bases de su nueva etapa, convivencia con código especial y cambios profundos en el respeto hacia su pareja, que apreciará este cambio sideral y lo invitará a pasar una temporada en el supramundo.

Cabalgará con imaginación estimulado por el paisaje, las sorpresas, amigos nuevos que le brindarán nuevos mapas para recorrer.

La vida se pondrá sabrosa, mágica, adorable; captará el erotismo en el aire. Al fin gente afín, en sintonía, en la misma frecuencia, con espíritu creativo y original, aportando más olas al mar de ideas que lo embriagará.

Llegó el peaje, la gran factura a los excesos, al desboque de una vida.

Retornará la primavera, los ayudantes terrenales, los fantasmas del gran amor que no lo dejarán en paz hasta que se reencuentren y aquieten sus almas.

El caballo tiene la oportunidad de organizar su vida desde otro *stud*.

Cuidará las formas; pasará momentos difíciles, de confusión y escepticismo; vivirá agitado, acelerado, confundido, hasta solucionar cada nudo, tema y deuda consigo mismo y con los demás.

Aparecerá repentinamente en la casa de su amado relinchando sus derechos que estarán en jaque, perdiendo su rol de Superman o Mujer Maravilla.

El chancho logra abrir el cerrojo, la trábex ancestral del equino y lo libera de los secretos de ultratumba, enciende una llama sutil y eficaz para que continúe su desarrollo con entusiasmo, alegría, reconocimiento y mecenazgo.

Estará integrado al entorno, a los problemas de la comunidad, a ser oreja y sostén de quienes lo apuntalaron y guiaron en épocas adversas.

Expandirá su empresa, profesión y vocación y logrará un buen nivel de vida.

Estará exigido y presionado en la familia.

Llegarán parientes a visitarlo, brindarle apoyo, compartir su casa, y participar de nuevas empresas en común.

Cada día será una odisea; es fundamental que esté alineado y balanceado, convencido de sus elecciones pues si no, deberá pagar doble karma.

Habrá interferencias causadas por alguna indecisión o problemas de salud que detendrán sus planes y proyectos promediando el año.

Las expectativas deberán ser leves, habrá mucho dinero en juego y la ansiedad lo llevará por senderos sin salida. Proponerse metas concretas, a corto plazo, es saludable aunque trabaje horas extras.

Tendrá invitaciones lujuriosas de amigos de distintos lugares del mundo que lo agasajarán y le brindarán I-SHO-KU-JU (techo-vestimenta-comida).

Encontrará dentro de usted nuevas facetas que estaban adormecidas y saldrán a la luz con convicción y valentía.

Será un tiempo de reencuentro con su autoestima, de respeto y de mirar a los otros sin velos.

El año del chancho resultará intenso, pesado, agobiante, lleno de interrogantes que descubrirá si acepta las reglas del juego.

Habrá que detectar la traición, pues los entrometidos frenan los planes e impiden alcanzar las metas.

Alerta con juicios y reclamos inesperados.

En la naturaleza el orden aparece cuando se liberan las energías y cada elemento se expresa.

Es necesario asumir los errores y reconocerlos, pedir perdón y atravesar la crisis con entrega para renacer con humildad y llevar su reino al florecimiento.

El I-CHING te aconseja
21. SHIH HO / LA MORDEDURA TAJANTE

EL DICTAMEN

**La Mordedura Tajante tiene éxito.
Es propicio administrar justicia.**

Cuando un obstáculo se opone a la unión, el éxito se obtiene atravesándolo con una enérgica mordedura. Esto rige en todas las circunstancias. En todos los casos en que no se logra la unidad, ello se debe a que es demorada por un entrometido, un traidor, un obstaculizador, alguien que frena. Entonces es necesario intervenir a fondo y con energía, para que no surja ningún perjuicio duradero. Tales obstáculos conscientes no desaparecen por sí mismos. El enjuiciamiento y castigo se hacen necesarios para provocar la intimidación y la consiguiente eliminación.

Pero es preciso proceder al respecto de un modo adecuado. El signo se compone de Li, claridad, y Chen, conmoción. Li es blando, Chen es duro. La dureza y la conmoción sin más serían demasiado vehementes al aplicar castigos. A su vez, la claridad y la blandura serían demasiado débiles. Pero los atributos de ambos trigramas unidos generan la medida justa. Es importante que el hombre que decide, representado por el quinto trazo, sea de naturaleza bondadosa, aun cuando en virtud de su posición, inspire una actitud de gran respeto.

LA IMAGEN

**Trueno y rayo: la imagen de la Mordedura Tajante.
Así los reyes de antaño afirmaban las leyes mediante penalidades claramente establecidas.**

Las penalidades son aplicaciones ocasionales de las leyes. Las leyes contienen el registro de los castigos. Reina claridad cuando al establecer los castigos se discrimina entre leves y graves de acuerdo con los correspondientes delitos. Esto lo simboliza la claridad del relámpago. La afirmación de las leyes se lleva a cabo mediante la justa aplicación de los castigos. Esto es simbolizado por el terror del trueno. Claridad y severidad cuyo objetivo es mantener a los hombres en la observación del debido respeto. Los castigos no son importantes en sí mismos. Los obstáculos en la convivencia de los hombres se acrecientan siempre por la falta de claridad en las determinaciones penales y debido a la negligencia en su ejecución. Únicamente mediante la claridad y una resuelta rapidez en la ejecución de los castigos se afirman las leyes.

LAS DIFERENTES LÍNEAS

AL COMIENZO UN NUEVE SIGNIFICA.
Tiene metido los pies en el cepo, al punto de desaparecer sus dedos. No hay defecto.

Cuando alguien, ya en el primer intento de cometer algo malo, sufre inmediatamente el castigo, la pena suele ser leve. Tan sólo los dedos de los pies son cubiertos por el cepo. De este modo se le impide seguir pecando y logra liberarse de faltas. Es esta una advertencia para detenerse a tiempo en el camino del mal.

Hexagrama complementario
35. Chin / El Progreso

El tránsito del Caballo durante el año del Chancho

Rama 7 fuego *Yang*

Luego de probar las mieles del éxito y el amor, al caballo le va a costar un poco de trabajo adaptarse al año porcino.

La primera mitad del mes de enero tendrá oportunidad de establecer bien sus *business*; luego, si le fue superbien en el amor durante el año del perro, ésta será el último llamado para algunos: el *baby boom* que comenzó durante el año del gallo termina de aquí a mediados de mayo y el candidato a papá/mamá aún tiene una oportunidad de engendrar chanchitos, algo que puede sacar de sus casillas con el tiempo[1].

Febrero le representa algunos avances en cuanto a su propia educación, sobre todo para aprender a calmarse: lo hará porque no le queda otra. Por supuesto el tigre, que rige el mes, lo ayudará un poco a mantener el brillo del año pasado, pero también será alta la posibilidad de andar de malas todo el tiempo.

Para marzo el amor vuelve a levantar la libido; el mes del conejo le trae un poco de soltura financiera también, pero deberá ahorrar o terminará en la ruina. Ésta es una advertencia general para México también, porque es un país caballo.

Abril le trae al caballo un poco de soledad y calma, no le recomiendo invertir fuertes sumas de dinero y menos aún todo su capital. Necesita establecer su hogar con calma y descansar. Junio es el mes del trabajo: por supuesto todo el mundo va a estar de cabeza, pero el caballo debe encontrar una manera de resolver sus problemas financieros con la única cosa que sabe hacer como ninguno: trabajar en cosas difíciles que nadie más quiere hacer.

Julio levanta un poco más su energía. La cabra y el caballo forman una combinación de energía muy particular que se llama "combinación mutua". Juntos, crean una gran cantidad de energía tierra; eso, aunado al fuego yin del mes y el fuego propio del caballo, podría ayudarlo. Si el caballo está pensando seriamente en formar una familia

---

[1] Cada signo tiene su oportunidad de procrear, de acuerdo con su caso individual, pero en general, se tiende a engendrar durante un buen año y luego, a procrear durante uno malo. El ejemplo más reciente es el Dragón: si su karma es aprender de la familia, entonces la probabilidad de engendrar durante el año del gallo es alta, sin embargo el siguiente año es el del perro, que resulta un poco caótico para el dragón; pero más aún con un perrito en camino o ya ahí. En el caso del caballo, la posibilidad de engendrar durante el caótico año del gallo fue baja, pero la de enamorarse y/o casarse durante el año del perro, es alta. Le será fácil engendrar durante el año del perro, pero si se demora, la posibilidad de dar a luz un chanchito es alta.

debe detenerse ya que la tentación de engendrar una futura ratita será muy grande: cuidado con ese karma.

La posibilidad de salir de viaje durante agosto será enorme, pero ése será un viaje que posiblemente realice sin compañía. Nuestro caballo detesta estar solo, pero resultará más o menos inevitable; si está casado, será más sencillo sobrellevar este evento. Tal vez sea un viaje al pasado, pero la necesidad de cortar cordones umbilicales será alta.

Septiembre será el mejor mes del año, sobre todo si está pensando en casarse y formar una familia (que le recomiendo no formar propiamente, si no la tiene aún, hasta el 2010… si es que nuestra civilización aguanta).

Si el chancho se ha portado bien con nuestro equino, aún hay algo de dinero, pero ese dinero será mejor ahorrarlo en bienes raíces y no tocarlo por nada del mundo, menos durante el año de la rata.

Octubre le trae riqueza, tranquilidad y bastante brillo social: que le aproveche; pero, a cambio y sólo para mantener el flujo de dharma limpiecito, más le vale dar algo en caridad y ayudar a los que menos tienen, aunque sea su gran valor y ganas de vivir.

El mes de noviembre choca con fuerza con el año; si el caballo dio algo a cambio de su suerte, entonces no tendrá de qué preocuparse, pero si se comportó como un codicioso, podrá perderlo todo. Éste es el mes de los robos, las pérdidas y los malos tratos. Por nada del mundo deberá poner un pie en Las Vegas. Es más, no le recomiendo siquiera cabalgar sin un buen jinete o hacer el amor sin condón.

Diciembre es otro mes difícil. La ratita es un poco loca para el caballo. Chocan con tanta fuerza que me temo que estos dos ejemplares son los más tendientes al drama en el zodíaco. ¡Cómo les gusta ahogarse en un vaso con agua! Sobre todo a la rata, pero el caballo patea como ninguno y esta Navidad, como casi todas las navidades de su vida, el caballo va a sentir toda la culpa del mundo.

La clave general del año para nuestro caballo es CARIDAD. Ése será su amuleto: si gana un peso, deberá donar un centavo, por lo menos. De ese modo no va a perder, sino ganar. Pero si requiere de un amuleto visible, es hora de adoptar un perro, de preferencia uno callejero que haya nacido durante 2006. Ésa será la amistad más grandiosa jamás vista.

Predicciones para
EL CABALLO
y su energía

CABALLO DE MADERA (1954)

Recordará este año por los cambios inesperados en el rumbo de su vida.

Eros retornará con nuevas personas que despertarán su ternura, vocación protectora y espíritu solidario.

En lo profesional, estará sobreexigido, con reclamos y pedidos de ayuda que lo desbordarán y lo harán más precavido.

En la familia habrá que atravesar obstáculos con decisión y sin culpa para no quedar malherido.

Volverá a un lugar que añora, instalará un establo para compartir trabajo, amor y proyectos con la gente de la comuna.

Se enamorará, dejará de lado prejuicios y vivirá un amor al estilo *nueve semanas y media*.

Encontrará nuevos estímulos y razones para renacer, estar bien física y mentalmente.

Acrecentará su patrimonio, buscará nuevos aliados para seguir inventando nuevos trueques, formas de subsistencia y trabajos comunitarios.

Llegará la recompensa en amigos, amores y en la familia por su vocación solidaria y protectora.

Evite excesos en comidas, alcohol y drogas pues podrían alterar su salud y traerle complicaciones.

TIEMPO DE ABUNDANCIA, REFLEXIÓN Y ESPERANZA.

CABALLO DE FUEGO (1906-1966)

Morderá con precisión las oportunidades y tendrá que apelar a su intuición para no caer en tentaciones que lo desvíen del TAO.

Soplarán aires de intriga, traiciones y complots en su entorno.

Analice y ponga en la balanza los factores en pro y los en contra antes de tomar decisiones bruscas de las que podría arrepentirse.

La pasión renacerá; sentirá un estado febril, de euforia y desboque que lo acompañará durante el reinado porcino.

Elija sus prioridades; no abarque más de lo que puede.

Descanse, haga vida sana, viaje a lugares donde pueda inspirarse y crear nuevos proyectos que lo nutran intelectual y espiritualmente.

Triture el ego. Haga cambios de FENG SHUI en su casa, comparta los problemas con su pareja y aprenda a ser más solidario con quienes lo apoyan e invierten en usted. Creará una sociedad y simultáneamente enfrentará una crisis existencial que definirá el rumbo de su empresa.

Es un tiempo para dejarse contagiar por el optimismo y la fe de los maestros, y aprender de ellos.

Retornará un gran amor y le propondrá compartir el establo con *sorpresa y media.* A REÍR, GOZAR Y PRACTICAR *EL TAO DEL AMOR Y DEL SEXO.*

CABALLO DE TIERRA (1918-1978)

Llegará al trote al año del chancho y con muchos proyectos, ideas y planes en puerta.

Estará excitado, sobrecargado de responsabilidades, con sensaciones contradictorias de repartir el tiempo entre el deber, el placer y el ocio creativo.

Estará en juego una relación afectiva que le exigirá más estabilidad y seguridad. Tendrá que afrontar con sensatez el choque de ideas, derechos y deberes que surgirán.

Se le abrirá la puerta del establo para ir a jugar; crecerá profesionalmente, tendrá golpes de suerte y buenos mecenas que lo respaldarán.

Participará en marchas de paz, justicia, ecología y defenderá los derechos de la comunidad.

Con amigos, un gran amor o socios viajará a lugares en los que descubrirá nuevos estímulos relacionados con el arte, las profecías y trabajos de investigación.

Crecerá en su profesión; elegirá con conciencia cada paso que dé, bendecido por su amigo el chancho.

AÑO DE FUERTES SISMOS Y ELECCIONES COMPARTIDAS.

CABALLO DE METAL (1930-1990)

TIEMPO DE RECOLECCIÓN Y DE COMPARTIR LOS FRUTOS CON AMORES, AMIGOS Y SOCIOS.

Estará estimulado, encendido, inspirado y desbocado. Calma. Hay que ordenar el caos y detectar a los calumniadores y entrometidos que interfieren en su karma.

Sentirá deseos de rebelión, de independencia y de salir del establo tentado por el erotismo que flota en el aire.

Crecerá profesionalmente, encontrará socios y mecenas que apostarán a su proyecto y le brindarán contactos y apoyo.

En la familia habrá rebeliones, cortocircuitos, reencuentros y despedidas.

Tendrá que equilibrar la razón con la pasión; ser imparcial y no involucrarse en situaciones confusas y arriesgadas.

Estará dispuesto a compartir sus medallas y trofeos con su mejor amigo y seguir cabalgando con precisión para atravesar obstáculos, trampas y aventuras, reformular su vida, ordenar prioridades, podar los problemas y enfrentar la soledad A PURO HUEVO Y CANDELA.

Surgirán nuevas fuerzas ante la adversidad, las pérdidas y los enemigos ocultos. Fluya con conciencia, disfrute de las ventajas de un tiempo hedonista y conciliador.

CABALLO DE AGUA (1942-2002)

Confiará en el chancho y en su mecenazgo para programar un año de trabajo, ocio creativo, responsabilidades familiares y viajes.

Sentirá nuevos brotes de vida, estímulo, propuestas decentes e indecentes.

Reformulará la vida familiar; intercambio de roles, trabajos en equipo y nuevas ideas que serán propicias para generar nuevos ingresos.

Estará más exigido profesionalmente, se embarcará en nuevos proyectos con nuevos socios y amigos que lo convocarán para planear obras duraderas y visionarias.

Retornará Eros con su magia: inspiración, transpiración y fecundidad serán las claves del año. Estará envuelto en intrigas y episodios ambivalentes que lo perturbarán y con los que deberá negociar.

Descubrirá nuevos lugares para radicarse, dejar la rutina y emprender una aventura cósmico-telúrica.

El amor después del amor será el mensaje de su amigo el chancho.

Predicciones preventivas para LA SERPIENTE

BASADAS EN EL I-CHING

ARRÁNCAME LA VIDA DE UN TIRÓN

Siempre que llovió paró.

Bienvenidos, queridos ofidios, al cambio de piel, a la transmutación del alma, a la clonación del ADN, al desapego de la ilusión y a la liberación.

Es parte del folklore y la mitología china la relación de atracción fatal que existe entre la serpiente y el chancho, donde la primera logra hipnotizar, enroscar, encandilar a su víctima y devorarlo a *piacere*.

También es cierto que el chancho gana una guerra sin precedentes en la galaxia cuando logra desenroscar los anillos venenosos de su cuerpo rosado, tierno, sensual y de su mente traslúcida como el cristal.

Así que, si la serpiente es consciente de que el chancho puede mandarla una temporada al espacio, al inframundo, o al purgatorio, estará más preparada para el tránsito de su opuesto complementario y se preparará con sabiduría. No forzar la acción (WUWEI) es la clave del año.

Demasiadas cosas en el aire, *stand by*, planes que se gestaron de a dos o en complicidad con socios poco idóneos, intrigas, traiciones, resentimientos y movidas de piso surgirán como un terremoto en la vida de la serpiente.

El año empezará con reclamos, quejas, disgustos familiares. No podrá controlar el desborde, la angustia, las demandas de sus seres queridos si no asume que hace lo que puede y no lo que quiere o le gustaría.

Es por eso que le aconsejo mucha contención afectiva, terapias alternativas, medicina preventiva, refugio en islas griegas y sus oráculos, búsqueda por Internet o en centros de ayuda cuando sienta que le estalla la térmica.

No se aísle, comparta sus premoniciones, reservas energéticas, alimentos físicos y espirituales con alguien que ame, le inspire confianza, seguridad, protección solar y lunar.

¡¡PAREN EL MUNDO QUE ME QUIERO RECICLAR!!

Es demasiado el torbellino exterior, el canto de las sirenas, la torpeza, grosería, locura a la vuelta de la madriguera, conmoción en el centro de la tierra donde se refugian: tendrán que inventar nuevos escondites antibélicos.

La serpiente deberá reforzar su cuota psíquica para resistir esta microprocesadora que atenta contra su integridad, armonía, equilibrio, bienestar y como un ácido corrosivo se infiltra en sus intentos por mantenerse al resguardo del cambio de ciclo planetario y personal.

ESTADOS ALTERADOS. ALIENACIÓN. PSICOSIS.

El chancho tomará su tiempo de revancha y, aunque no esté en su mejor año, sabrá dónde encontrar su punto G, su vulnerabilidad para atacarla sin remordimiento.

Por eso le aconsejo que se prepare para un tiempo de incertidumbre y sorpresas de todo tipo. Algunas serán fabulosas, ¡¡ver para creer!!, llenas de archivos útiles, productivos, imaginativos que incentivarán su capacidad de trabajo, estrategia y productividad.

Trabajará con más conciencia y recibirá los frutos de las ganancias con gratitud, sin intentar sacar provecho extra.

Es propicio resguardarse de agresiones gratuitas; odio, rencor, celos y venganza que anidan en su corazón y que esperan el momento propicio. Haga chi kung, yoga, tai chi, transforme su negatividad y mande luz al prójimo.

No se quede encerrada, aislada, participe de encuentros dinámicos, seminarios y talleres de sanación; hable con sus amigos íntimos, confíe en su intuición y abrace como una flor de loto.

Apele a su sentido del humor para atravesar situaciones absurdas, que serán las más comunes durante el año del chancho, y que la dejarán desorientada.

Descanse, no se exija más de lo que pueda dar. Pida ayuda para todo lo que necesite, deje el rol de Superman o Mujer Maravilla para otra era.

Confíe en especialistas y asesores técnicos y económicos si tiene que hacer una operación bursátil.

No viaje lejos si no es necesario. Tenga precaución extrema con la seguridad de autos, vehículos aéreos y marítimos.

Busque anidar en el hogar, cocine, haga manualidades, participe en la educación de la familia y en la crianza de las mascotas.

Es un tiempo de reencuentro consigo misma. Tocará fondo, tendrá que convivir con sus partes oscuras y áridas y aceptarlas. ES UN LÍMITE EN LO FÍSICO, PSÍQUICO Y EMOCIONAL.

Será testigo de la transformación del mundo y aportará su visión, consejos, experiencia y sabiduría.

Los espejos serán cada vez mayores, el *boomerang*, y la identificación con el otro la humanizarán.

Comparta reuniones, asambleas y salidas con desconocidos, haga otras cosas, no las convencionales; sorpréndase usted misma con nuevos placeres, gustos y posibilidades.

Sentirá ganas de dejar un trabajo u oficio y comenzar un nuevo emprendimiento. Con prudencia, con calma, agudizando su sexto sentido, encontrará su vocación, su rumbo, y estará dispuesta a invertir su patrimonio en esta nueva aventura.

Aquietará fantasmas, amores del pasado que aparecerán, deudas interiores que saldará con sangre, sudor y lágrimas.

Habrá una revolución en su vida que la fortalecerá y le producirá un SATORI (iluminación).

Haga las paces con usted misma, encuentre paz en su corazón, escuche sus voces interiores y salga de tapas con sus admiradores.

ACEPTE LA DESINTEGRACIÓN COMO PARTE DE LA EVOLUCIÓN.

El I-CHING te aconseja
59. HUAN / LA DISOLUCIÓN (LA DISPERSIÓN)

EL DICTAMEN
La Disolución. Éxito.
El rey se acerca a su templo.
Es propicio cruzar
las grandes aguas.
Es propicia la perseverancia.

El signo, en su texto, ofrece similitud con el signo "La Reunión". Allí se trata de la reunión de lo separado, o sea de cómo las aguas se reúnen sobre la tierra en lagos. Aquí se trata de la dispersión y la disolución del egoísmo separador. El signo "La Disolución" señala, por así decirlo, el camino que conduce a la reunión. De ahí se explica la similitud del texto.

Para superar el egoísmo separador de los hombres es menester recurrir a las fuerzas religiosas. La celebración comunitaria de las grandes fiestas sacrificiales y de los grandes servicios religiosos, que al mismo tiempo fueron expresión del nexo y de la estructuración social entre familia y Estado, era el medio que aplicaban los grandes soberanos para suscitar en los corazones una emoción mancomunada gracias a la música sacra y la magnificencia de las ceremonias, y hacer que ésta los despertara a la conciencia del origen común de todos los seres. Así se vencía la separación y se disolvía la rigidez. Otro

recurso para el mismo fin lo constituye la cooperación en grandes empresas llevadas a cabo en común, que brindan a la voluntad una gran meta y, por requerimiento de esa meta, disuelven todo lo que separa, tal como en un barco que cruza una gran corriente todos los que están a bordo han de unirse en la faena colectiva.

Sin embargo, sólo un hombre libre él mismo de todo pensamiento parásito egoísta, y que está arraigado en la justicia y constancia, es capaz de lograr semejante disolución de la dureza del egoísmo.

LA IMAGEN
El viento planea sobre el agua:
la imagen de la disolución.
Así los antiguos reyes ofrecían
sacrificios al Señor
y erigían templos.

En otoño e invierno el agua comienza a congelarse y a convertirse en hielo. Al llegar los aires suaves de la primavera, se disuelve la congelación y lo disperso en bloques de hielo vuelve a reunirse. Lo mismo acontece también con el ánimo del pueblo. A causa de la dureza y del egoísmo se congela el corazón y esa rigidez lo separa de todo lo demás. El egoísmo y la avidez aíslan a los hombres. Por eso es necesario que una devota emoción se apodere del corazón humano. Éste ha de soltarse en sagrados estremecimientos de eternidad que lo sacudan con la intuición de la presencia del Creador de todos los seres, y lo unifiquen gracias al poder de los sentimientos de comunidad durante la sagrada celebración de la adoración de lo divino.

EL TRÁNSITO DE LA SERPIENTE DURANTE EL AÑO DEL CHANCHO

RAMA 6 FUEGO *YIN*
Pobre serpiente…

A este noble ejemplar del zodíaco le va a costar trabajo salir adelante, más que nada a los nacidos en 1977. Estas serpientes van a tener que crecer de una vez por todas.

El chancho es muy dulce, pero un poco distraído en cuestiones materiales, y la serpiente es sumamente egoísta. El año del chancho le resultará más sencillo a la serpiente si decide compartir más con los suyos.

Éste será el año de las grandes ganancias seguidas de grandes pérdidas. Si en vez de gastarse todo de una vez, las serpientes se deciden a ahorrar, entonces no será tan malo el golpazo. En cuanto a lo emocional, no puedo asegurar nada. Más le vale a la serpiente aprovechar la primera mitad del año y luego esconderse bajo su piedrita hasta que el reinado del porcino concluya.

Sabemos que el mes de enero sigue siendo del perro, así que no le representa gran cosa. Sólo va a estar algo bajita de energía porque hay mucha agua en el ambiente ya que es el mes del búfalo y, aunque tiene algunas oportunidades para sobresalir en el trabajo o en su negocio, podría echarlas a perder si se duerme en sus laureles.

Febrero no será tan bueno. El tigre y la serpiente son un tanto contrarios, así que tendrá que cuidarse de sufrir robos y accidentes.

Marzo también le traerá problemas. Estos meses que son más ligeros para el resto del mundo le traen, a la serpiente, algunos problemas, sobre todo emocionales. No le recomiendo emprender ningún negocio raro y mucho menos arriesgarse a hacer algo fuera de la ley.

Abril es jurisprudencia del dragón y, aunque no es el mes indicado para el romance, la serpiente tendrá muy buena suerte en los negocios. Le conviene entonces tratar de ganar lo más posible y luego no tocar ese dinero para nada en el resto del año. Si necesita invertir, la mejor opción, por ser más segura, serán los bienes raíces.

Mayo es el mes más complicado… su amuleto será una piedra donde esconderse. Hay que mantener la guardia alta y el perfil bajito, tal vez un gallo podría servirle de amuleto de aquí en adelante. (Sí, creo que un gallo será un excelente amuleto para lo que resta del año.)

Junio será el mes del romance. Bueno para enamorarse o volverse loco con la libido por los celos. Sólo debe cuidar no perder dinero en lencería, ¡o pornografía!

Julio será una temporada para resguardarse. Si bien el mes de la cabra no será malo para la serpiente y la energía la va a ayudar un poco, no es aconsejable que se deje llevar por los impulsos y es importante que baje un poco su usual sensualidad: podría ganar algunos enemigos en el proceso. Además, el exceso de energía fuego *yin* podría bajarle algunos puntos en su Qi. Necesitará, de nuevo, mantener el perfil bajo.

Agosto le traerá broncas de chismes, malos tratos sociales y problemas serios en el trabajo. Les irá mejor a las serpientes con negocios propios, aunque algunas estarán mal con sus empleados: deberán cuidarse de las puñaladas traperas y las morisquetas a sus espaldas.

Les irá peor a las serpientes que trabajan para otros, podrían hasta perder sus empleos. Sólo será cosa de recordar que siempre hay un mañana. Claro, la serpiente no es optimista... pero no le quedará otra posibilidad que aguantarse ya que, para ella, 2007 es el año de los cambios de vida.

Septiembre le traerá algo de tranquilidad, pero en este tiempo se verá tentado a soltar la toalla y buscar viejos o nuevos vicios. Es de suma importancia que busque apoyo en la familia, no le convendría perder la cabeza bajo el influjo de alguna sustancia rara. El gallo le traerá también algunas nuevas responsabilidades que no podrá dejar de lado sin sufrir consecuencias.

Octubre es el mes del perro: a lo mejor la serpiente se nos casa.

Cualquier cambio abrupto será tan sorpresivo como el ver a una serpiente que siente cabeza. Pero como el chancho es también su estrella de mudanzas, a la serpiente no le quedará más que decir "Sí, acepto", y dedicarse un rato a las delicias de la vida conyugal.

Noviembre es otro mes para hacerse bolita bajo su escondite. Pobre, no entiende que este año podría ser el mejor de su vida, a las serpientes no les gustan los cambios abruptos y posiblemente noviembre será el mes espejo: todo lo que haya hecho, bueno o malo, le va a volver diez veces más fuerte, así que ya veremos.

Diciembre es el anuncio del fin del año. Si lo juntamos con enero, la serpiente podrá respirar tranquila. En el caso de que nuestra amiga no haya sucumbido ante las tentaciones de drogas, sexo y alcohol sin medida, podrá prepararse para un futuro más amable. Pero si se dejó llevar, sólo habrá que recordarle que siempre existe una nueva oportunidad.

PREDICCIONES PARA LA SERPIENTE Y SU ENERGÍA

SERPIENTE DE MADERA (1905-1965)

Sabias serpientes: si pueden resguardarse de las inclemencias, de los tifones y huracanes que están esperando visitarlas para cambiarles piel, timón y rumbo de la vida, les aconsejo que acepten (porque el cambio vendrá igual), y se entreguen con fe.

CALMA. En la pareja habrá rebelión, replanteos y sorpresas que la desestabilizarán. Busque ayuda en los amigos, en las terapias alternativas, en la naturaleza, los maestros, y en saldar deudas kármicas.

Habrá nuevas propuestas laborales que la incentivarán, conocerá gente creativa, original, diferente que la ayudará a cambiar sus costumbres y creencias.

Las tentaciones, los vicios y placeres serán parte de sus elecciones. Sepa graduar los aluviones, el descontrol, y mantener su equilibrio emocional. Golpes de azar pueden conducirla a conocer al amor de su vida o a quien la inspirará en el futuro para ser más humana y solidaria.

SERPIENTE DE FUEGO (1917-1977)

LLEGÓ EL TIEMPO DEL BALANCE.

Y es necesario estar preparada, pues se desencadenarán episodios que estaban esperando turno para salir a la luz.

La vocación, el trabajo, la familia y sus responsabilidades están colmando su aguante, paciencia y buena onda. Tendrá ganas de esfumarse, evaporarse y transportarse a otra galaxia.

Es recomendable que se tome un descanso sin testigos, en un lugar alejado de la rutina, donde cambie la piel, la cuiden y la atiendan con amor.

Por razones familiares viajará al exterior. Podrá ordenar el caos, tomar distancia de un ciclo de su vida e iniciar una nueva etapa. No es un año propicio para riesgos, nuevas empresas ni cambios drásticos.

Deberá tener perfil bajo, serenidad, no intentar sacar ventaja ni provecho del chancho, adaptarse a lo que hay y, si puede, con humildad.

Practique medicina preventiva y disfrute de buenas compañías y de una temporada en un *spa* cinco estrellas.

SERPIENTE DE TIERRA (1929-1989)

Tiempo de reflexión, balance y cambio de piel.

Llegará con ansiedad, estrés, movimientos endodérmicos y epidérmicos.

Tendrá que seleccionar las prioridades, gastos, inversiones, vicios y placeres.

Sentirá deseos de rebelión, independencia, de cortar lazos que la atan a la familia y la limitan en su crecimiento.

Buscará nuevos contactos para salir al exterior.

Conocerá amigos, socios, o un mecenas que le abrirá la puerta para crecer artísticamente y establecer las bases de su nueva identidad.

Sentirá ganas de trabajar en nuevos emprendimientos, de iniciar un estudio o un viaje de investigación.

No se desplace lejos si no lo necesita, cuide el hogar, a la gente querida y aprenda a convivir en el día a día con más solidaridad.

Un amigo le propondrá una sociedad que favorecerá su creatividad y talento y traerá frutos económicos.

Afectivamente, estará como Tupacamarú. Necesitará encontrar el equilibrio en la pareja… y en la lista de admiradores que esperan turno para visitarla en la madriguera.

No se exponga en lugares públicos, salga con gente amiga y preserve su intimidad.

Es un tiempo de cambios profundos y de experiencias místicas.

SERPIENTE DE METAL (1941-2001)

Durante este año recuperará la alegría, el buen humor, el espíritu, la creatividad y el rumbo de su vida. Dejará atrás una etapa de dudas e incertidumbre para encauzar la vida con planes sólidos y productivos. Empezará por su lugar, le sacará el jugo inventando fuentes de ingresos y descubriendo más posibilidades de productividad.

Se enamorará locamente; le dará un *break* a su vida hogareña, buceará en nuevas experiencias al estilo *nueve semanas y media*.

Despertará al Eros, la imaginación, la vida sana, practicará nuevas técnicas de autoayuda y se transformará en KUKULCAN.

Busque un espacio para el diálogo, haga las paces con quien debe y no arrastre asignaturas pendientes.

El retorno del amor la convertirá en una afrodisíaca sierpe.

SERPIENTE DE AGUA (1953)

Durante este año deberá tomar recaudos para no caer en tentaciones y en abismos.

Empezará por ordenar su vida afectiva, saldará deudas pendientes con ex parejas, recuperando su lugar en la relación y revisando su rol.

Sentirá deseos de libertad, de no dar explicaciones de su conducta y de abrir nuevos foros de expresión y diálogo.

Se enamorará, dejará atrás, como en *Casa de muñecas*, un universo que la agobia para comenzar una etapa de reencuentro con usted misma, despertará su vocación, iniciará una etapa laboral muy fecunda y decidirá invertir en bienes raíces.

Estará alerta, a la defensiva, inquieta, buscando su centro y trabajando para conquistar su lugar en el mundo.

Predicciones preventivas para El Dragón

BASADAS EN EL I-CHING

PURIFICÁNDOSE CON EL FUEGO SAGRADO RUMBO AL INFLUJO

Queridos dragones: ¿¿Donde aterrizaron, se escondieron, exiliaron, refugiaron durante el crucial año del perro que aún está ladrando y mordiendo sus quimeras??

El rey del cielo conoció una larga temporada en la tierra y todavía se está reponiendo, reparando, levantando, avizorando, intuyendo, organizando, planeando sigilosamente el vuelo, encendiendo turbinas y motores alados, dejando que sus escamas se quemen al sol, antes de remontar vuelo hacia su cielo natal.

El año del chancho continuará a fondo con el *peeling*, cirugía endodérmica y epidérmica provocándole fuertes porrazos, encendiendo chispas, cortocircuitos, produciendo descargas eléctricas en su ADN, en su psiquis y en su ego.

Dragones humildes, cautos, reservados, solidarios.

La transformación será total. No hay escapatoria para la gran prueba que le tomará el chancho, que con alguna pizca de envidia lo ve volar desde su peso específico imaginando las travesuras y amoríos que tiene con las Tres Marías, las Pléyades, la Cruz del Sur y Venus.

Esta vez el dragón tendrá que visitarlo en su humus, lodo, pantano, y conocer más acerca de la rutina, las labores domésticas, los horarios, responsabilidades, conflictos vecinales, litigios pueblerinos, demandas familiares, turbulencias afectivas que serán la causa principal de su desafío en el reinado porcino.

EL DRAGÓN SE HUMANIZARÁ.

Estará accesible, se podrá conversar con él por más de cinco minutos, sacar alguna conclusión, aceptar una invitación a tomar un margarita mientras ordena el caos del año del perro y asume nuevas responsabilidades en su vida.

El dragón tendrá que saldar cuentas pendientes. económicas, familiares, sociales, filiales, maritales y profesionales.

El chancho le exigirá más disposición para atender los asuntos en el hogar, compartir actividades, cocinar, leer, hacer arreglos en el jardín y orden en los papeles.

Estará atento a nuevas relaciones que se cruzarán en su camino.

Despertará una nueva faceta: la de escuchar y contener al otro, esperarlo y consultarlo antes de tomar una decisión y adaptarse a lo que se resuelva.

"DE A DOS" será el leitmotiv del año del chancho.

Una fuerte necesidad de expresar sus sentimientos, explotar, estallar en ataques de risa y llanto serán una constante.

Habrá sensaciones de vacío, desamparo, soledad y falta de iniciativa.

Estará contagiado por el desconcierto general y el ambiente contaminado de chismes; será el blanco de ataque de los adversarios. CALMA CHINA Y MAYA, OM, OM, OM. Meditación, tai chi, yoga, chi kung y técnicas que ayuden a mantener la cordura y el equilibrio.

Sentirá ganas de sacar a la luz sus más íntimos secretos, confiarlos a los amigos o al amor que planeará a su lado, incondicional.

El fuego estará simbolizado por la pasión que renacerá, los proyectos artísticos que encontrarán eco, y los socios que retornarán después de la tormenta, con los que establecerá pautas claras y originales.

Después de organizar su parte doméstica, el dragón se reconciliará con parientes, se reencontrará con el amor de su vida y lo llevará a dar un paseo por la Vía Láctea. Estará iluminado, inspirado para dar consejos sabios y ayudar a quienes se acerquen desinteresadamente.

Despertará su espíritu altruista, sacará de la caja fuerte sus ahorros y joyas de fantasía para apagar incendios.

Estará seductor, *sexy*, con ganas de conquistar a quien lo hipnotice y lo mantenga extasiado. Su fama de insaciable estará vigente, no se privará de llamar, aparecer y acosar a quien lo desvele, mantenga *stand by*, y con la distancia óptima.

Renacerá un estado de euforia, alegría y optimismo que es parte de su esencia y desparramará fuegos artificiales en fiestas, reuniones y en las vacaciones; será protagonista de escándalos y polémicas.

Reiniciará una fecunda vida afectiva. Sentirá deseos de quedarse en la cama día y noche haciendo el amor, mimando a su pareja y compartiendo televisión, *sushi* y licores exóticos.

Expandirá su histrionismo en los medios, será noticia por sus romances y contrastes entre la vida pública y la privada.

Su destreza, inteligencia y astucia lo convertirán en un mago, un alquimista capaz de resolver problemas con ubicuidad o en forma telepática.

Buscará reconstruir un vínculo que quedó trunco.

Con datos y pistas que recopiló y le dieron podrá sanar una relación que lo atormentaba y sacarla a la luz.

El influjo será constante; lo desconcertará de sus tareas, estudios y obligaciones para demostrarle que es vulnerable, tierno, dependiente, posesivo y celoso.

Despedirá un ciclo profesional que marcó un hito en su carrera.

Necesitará tiempo y un lugar alejado y natural para planificar su nueva estrategia.

Lo buscarán niños, jóvenes, ancianos y desahuciados para que los proteja, aconseje, cuide y les provea alimentos y medicinas.

Cumplirá un rol social, será líder y asumirá nuevas responsabilidades en la comunidad.

Viajará a nuevos destinos por trabajo y entablará nuevas relaciones que formarán parte de su nueva etapa fundacional.

Su diálogo, apertura y convocatoria encenderán el fuego de Prometeo.

30. Li / Lo Adherente, El Fuego

EL DICTAMEN

**Lo Adherente. Es propicia
la perseverancia, pues aporta
el éxito. Dedicarse al cuidado
de la vaca trae ventura.**

Lo oscuro adhiere a lo luminoso y perfecciona así la claridad de lo luminoso. Lo claro, al irradiar la luz, requiere la presencia de lo perseverante en su interior, para no quemarse del todo y estar en condiciones de iluminar en forma duradera. Todo lo que expande luz en el mundo, depende de algo a lo cual quedar adherido para poder alumbrar de un modo duradero.

Así el sol y la luna se adhieren al cielo; los granos, las hierbas y los árboles se adhieren a la tierra. Así la doble claridad del hombre predestinado se adhiere a lo recto y por consiguiente es apto para modelar al mundo. El hombre que permanece condicionado en el mundo y no es independiente, al reconocer este condicionamiento y al entrar en dependencia de las fuerzas armoniosas y benignas del orden universal, obtiene el éxito. La vaca es símbolo de máxima docilidad. Al cultivar el hombre dentro de sí esta docilidad, esta voluntaria dependencia logrará una claridad nada hiriente y encontrará su puesto en el mundo.

LA IMAGEN

**La Claridad se eleva dos veces:
la imagen del Fuego.
Así el gran hombre alumbra,
perpetuando esta claridad, las cuatro regiones cardinales del mundo.**

Cada uno de los dos signos parciales representa al sol en un cielo diurno. Así se representa, pues, una reiterada actividad del sol. Con ello se alude a la acción temporal de la luz. El gran hombre continúa en el mundo humano la obra de la naturaleza. En virtud de la claridad de su ser hace que la luz se extienda cada vez más en el interior de la naturaleza humana.

LAS DIFERENTES LÍNEAS

AL COMIENZO UN NUEVE SIGNIFICA:
**Las huellas de los pies corren
entrecruzadas a troche y moche.
Si al respecto uno se mantiene
serio, no hay tacha.**

Es temprano por la mañana. Comienza la labor. Luego de haber permanecido el alma apartada del mundo externo durante el sueño, recomienzan ahora las relaciones con el mundo. Se entrecruzan las huellas de las impresiones. Reina un apresurado trajín. Es importante conservar entonces la concentración interior, no dejarse arrastrar por el torbellino de la vida. Si uno es serio y concentrado, alcanza la necesaria claridad para enfrentarse con las numerosas impresiones que lo acometen. Precisamente en los comienzos resulta particularmente importante esa concentrada seriedad, pues el comienzo ya contiene los gérmenes de todo lo que sigue.

SEIS EN EL QUINTO PUESTO SIGNIFICA:
**Llorando a torrentes, suspirando
y lamentando.
¡Ventura!**

Se ha alcanzado en este punto la culminación de la vida. Sin advertencia se consumiría uno en esta posición como una llama. Si, al contrario, abandona uno todo temor y toda esperanza y, reconociendo la nimiedad de todo, llora y suspira sólo preocupado por conservar su claridad, esa tristeza aportará la ventura. Se trata de una verdadera vuelta atrás, un verdadero arrepentimiento, y no, como en el caso de nueve en el tercer puesto, meramente de una pasajera disposición de ánimo.

AL TOPE UN NUEVE SIGNIFICA:
**El rey lo emplea para que se
ponga en marcha y castigue.
Lo mejor será entonces matar a
los cabecillas y hacer prisioneros
a los secuaces. No hay tacha.**

El objetivo de la punición es imponer la disciplina, y no administrar castigos ciegamente. Es cuestión de subsanar el mal atacándolo en su raíz. En la vida pública estatal, se impone eliminar a los que encabezan la conspiración, pero perdonar a los secuaces. En la formación de uno mismo, es cuestión de extirpar los malos hábitos, y de tolerar, en cambio, las costumbres inocuas. Pues un ascetismo excesivamente riguroso, al igual que los tribunales excesivamente severos, no conducen a buen éxito.

Hexagrama complementario
31. HSIEN / EL INFLUJO (EL CORTEJO)

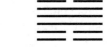

EL TRÁNSITO DEL DRAGÓN EN EL AÑO DEL CHANCHO

RAMA 5 TIERRRA *YANG*

Para el dragón las cosas no son tan sencillas como uno podría pensar.

Hay que recordar que se supone que el Dragón es el más afortunado de todos los signos del zodíaco y eso se debe a que puede cambiar de vida o de parecer con suma facilidad. Pero el pobre está algo agotado por la rachita de mala pata que viene arrastrando desde hace unos tres años.

Para los signos primaverales, es decir, el dragón, el tigre y el conejo, a partir del año del mono las cosas fueron extraordinariamente difíciles. El mono y el gallo, que son de metal, cortan a la madera y cansan a la tierra, que son las energías de estos tres compañeros primaverales. El conejo y el tigre se liberan de esa carga pesada al llegar la tierra del año del perro, pero ésta es contraria al dragón. Luego sigue el chancho que de una u otra manera levanta el ánimo del dragón pero, para entonces, está ya emocionalmente agotado y va a arrastrar ese desánimo durante todo el año.

El orden en que se dan las energías de los meses tampoco ayudan en el proceso.

Para enero aún es cosa del perro lo

que pueda interferir al buen dragón, sobre todo en cuanto a dinero se refiere. No podrá remediar esto sino con un poco de buen humor. Quien lo puede ayudar en este proceso es el tigre.

Luego febrero: será como un pequeño respiro, porque este mes es gobernado por el tigre, y la primera mitad del mes incluso podrá renovar un poco la energía que le hacía falta, sólo tendrá que cuidar su salud emocional haciendo ejercicio de mediano impacto (como correr); tal vez hasta podría salir de viaje.

Marzo es también bastante bueno, el conejo se lleva bien con el dragón. No necesitará otra protección durante este tiempo más que ahorrar y ahorrar.

Abril es el mes del dragón, esto le traerá reconocimiento público y la ayuda de uno o más mecenas. Pero habrá que recordar el agotamiento mental del dragón. Con la ayuda de su familia y amigos, podrá darse cuenta de que delante de él hay grandes oportunidades; necesita, entonces, dejarse llevar por las buenas nuevas con ayuda y comprensión de los que lo aman.

Mayo es un mes excelente. Lo malo es que será un mes difícil para el resto de los mortales. El dragón sabrá sacar partido de la crisis y allí es cuando hay que pedirle a los dragones del mundo que reserven un trozo de buena suerte para los más necesitados.

Junio es otro mes difícil para el planeta. Para el dragón implica encierro involuntario (ojo a los dragones que se fueron por el camino fácil, podrían hasta ir a dar a la cárcel, ¡cuidado!).

Luego está julio, con la cabrita como reina de este mes, la cabra no

le representa ningún problema general, pero es el tronco celestial del mes el que me preocupa. El fuego yin de la lámpara significa pérdidas económicas: al dragón le implica peligro de sufrir algún robo.

Agosto es un mes mucho más aliviado para el dragón. Toneladas de energía tierra reforzarán su buena suerte y a lo mejor hasta su estado de ánimo mejore. Le va a dar por invitar a sus amigos a alguna parrillada casera y demás. La única recomendación general para nuestro amigo es que evite comer en exceso. ¿Sabes? Cuando mi maestro hablaba de la capacidad mutante del dragón, yo siempre me reía, porque estos cuates, mutan de "dragón" a "tragón". Casi todos mis amigos dragones fueron bellísimos efebos de adolescentes y ahora son gorditos… en fin.

Septiembre es el mes indicado para el romance (el gallo es el amante ideal para el dragón, sólo hay que recordar a Yoko Ono y John Lennon). Todo el sufrimiento emocional que le trajo el año del perro ahora puede mejorar un poco, siempre y cuando aun no le dé por sentar cabeza; para ello, debe esperar hasta el mes del chancho.

Octubre será el peor mes para el pobre dragón, que poco a poco va mejorando sus maltrechas escamas. Necesitará, como amuleto, un tigre o un conejo, además de guardarse un rato en su refugio antinuclear.

Noviembre es el mes del que hablaba antes, el mes del chancho es ideal para sentar cabeza. Para aquellos dragones que, como es costumbre, dieron a luz perritos, este mes será ideal para dejarles saber que son familia. Algunos dragoncitos se van a casar, otros podrán obtener buena puntuación kármica en lo que refiere a relaciones amorosas. Solo tendrán que cuidar sus finanzas... como todos los demás.

Diciembre es el mes en que todo lo que el dragón dejó para después se le va a venir encima. Habrá toneladas de trabajo por terminar y apenas le va a quedar tiempo para las fiestas navideñas.

En general, no va a necesitar amuleto alguno, sólo asociarse de vez en cuando con uno que otro Tigre, y le irá de película.

Predicciones para EL DRAGÓN
y su energía

DRAGÓN DE MADERA (1904-1964)

Durante el año del chancho tocará fondo por la amplia gama de responsabilidades que abarca. Tendrá que seleccionar y elegir cuidadosamente para no caer en tentaciones que le cuesten caro afectivamente.

Seguirá con viento a favor en proyectos mediáticos, artísticos y educativos. Estará sobreexigido: delegue responsabilidades, descanse y quiebre la rutina.

Viajará y se radicará un tiempo en el exterior para iniciar una nueva empresa o sociedad que estará ligada a una relación de amistad muy creativa.

Deberá estudiar a fondo los contratos pues a pesar de tener buena fe podría atravesar demandas, juicios y reclamos que lo sofocarán.

El influjo de un nuevo amor o relación platónica lo mantendrá entretenido, inspirado, con adrenalina y ganas de renovar el *look*, el auto y el FENG SHUI.

UN EPISODIO SOCIAL LO TRANSFORMARÁ. Estará dispuesto a participar en nuevos movimientos de paz, ecología y derechos humanos. Defenderá a su familia y a la comunidad con valentía y sentido común.

La salud estará pidiendo S.O.S. Dedique tiempo a la medicina preventiva y a mantener una dieta equilibrada, hacer deportes y sobre todo mucho el amor.

UN TIEMPO DE TRANSFORMACIONES Y DE REALIZACIÓN DE LAS UTOPÍAS.

DRAGÓN DE FUEGO (1916-1976)

Si acepta los placeres del chancho vivirá un ciclo de revelaciones y cambios radicales en sus hábitos y costumbres, y se sorprenderá por su adaptación al prójimo.

Saldrá a trabajar, intentará nuevos oficios, se asociará con amigos e inventará nuevas formas de ganar el pan de cada día.

Se sentirá inspirado por el influjo de una persona creativa, se enamorará y decidirá pasar una temporada en el chiquero. Estará abierto, receptivo, encendido por la pasión; Eros lo visitará y le traerá nuevas ideas para desarrollar.

Dedique tiempo al ocio creativo, al deporte, a viajar con espíritu de aventura y a ayudar con lo que pueda a los amigos.

TENDRÁ UN GOLPE DE SUERTE QUE LE CAMBIARÁ LOS PLANES.

Una nueva etapa profesional lo espera para demostrar su talento, posibilidades y originalidad.

Volverá al trueque: su experiencia le abrirá nuevas puertas y tesoros para compartir con el zoo mientras recupera la fe en la vida.

Acrecentará su patrimonio, conocerá maestros y gente afín y despertará de un largo sueño para volar con mariposas en las alas.

DRAGÓN DE TIERRA (1928-1988)

Seguirá navegando nuevos cielos y mares, desmalezando lo superfluo de lo esencial. Estará más dinámico, inspirado, con viento a favor para iniciar un viaje a lugares místicos o de antiguas civilizaciones, en los que se encontrará con asignaturas pendientes.

Remontará lentamente acomodando su psiquis y alma; resolviendo situaciones traumáticas, ordenando las prioridades, estudiando técnicas de autoayuda para renacer y mantener un diálogo cordial con el mundo.

Tendrá que organizar la empresa: nuevas personas llegarán, otras partirán, aceptando los límites; su participación en estas transiciones será fundamental.

En la familia habrá enfrentamientos, peleas y discusiones. Tendrá que asumir nuevas responsabilidades económicas y compartir los frutos del trabajo con los más necesitados. Sentirá deseos de participar en campañas por los derechos humanos, la paz y la justicia, y de rebelarse ante la explotación de los indefensos.

Ganará posiciones en el trabajo, aprenderá nuevos oficios, estudiará y se perfeccionará para conseguir una beca en el exterior.

Se enamorará, despertando a una nueva realidad que lo convertirá en un dragón muy solicitado y seductor.

Aprenderá a convivir con gente de diversas culturas y se enriquecerá en la experiencia.

El chancho lo tentará con propuestas eróticas y místicas que lo humanizarán.

Para atravesar las turbulencias equilibre el *yin/yang* en la dieta, los horarios, las tareas domésticas y laborales.

DRAGÓN DE METAL (1940-2000)

Volará lejos, lleno de nuevos estímulos que lo sacarán del refugio en busca de la inmortalidad.

Sentirá la llama de la inspiración, convocará amigos para armar un foro de expresión humana, artística, ecológica y de solidaridad.

Retornarán el Eros, los placeres, la lujuria, la buena vida y las trasnoches con su insaciable búsqueda de emociones.

Trabajará con más conciencia, ganará más dinero e invertirá en bienes raíces, *show business*, en arreglar su casa y en ayudar a la familia.

Un amor que lo esperó silenciosamente irrumpirá con pedido de matrimonio y algo más. Estará encantado de pasar una temporada en el chiquero, dejarse mimar e indexar *cien años de soledad*.

Graduar la sobredosis de energía con meditación, yoga, tai chi, caminatas a la luz de la luna, y el contacto con la naturaleza son claves para su equilibrio emocional.

Sentirá optimismo, nuevos gustos, ganas de plantar semillas y verlas crecer, tener una huerta y compartirla con sus amigos *chefs*.

Es un tiempo de cambios profundos en la psiquis y en la transmutación planetaria.

DRAGÓN DE AGUA (1952)

Nuevos brotes de vida, inspiración y creatividad lo acompañarán en el año del chancho. Sentirá ganas de quedarse en casa, organizar reuniones en las que desplegará sus encantos de anfitrión, *gourmet* y amigo que hace psicoterapia.

Renovará su *look*, imagen, desplegará su talento para aumentar los ingresos y ayudar a su familia.

Estallarán propuestas laborales que deberá analizar para no caer en tentaciones que lo perjudiquen.

Renacerán el Eros, la pasión y el deseo de procrear.

Estará dedicado a proteger a sus hijos, mimar a su pareja y dejarse llevar por los sentidos.

Enfrentará nuevos desafíos familiares: despedidas, ciclotimias, y algunos trastornos de salud que serán superados con una vida sana y en contacto con los espíritus protectores.

El chancho lo recompensará con abundancia al finalizar su reinado.

PREDICCIONES PREVENTIVAS PARA EL CONEJO

BASADAS EN EL I-CHING

EL ACERCAMIENTO A UNA VIDA MÁS DISCIPLINADA

El signo más afortunado del zoo chino –pues tiene triple personalidad y hace *zapping* entre gato, conejo o liebre– está convencido de que este año será "tiempo de revancha" del largo exilio, de una temporada hiperrealista donde su suerte estuvo prisionera saldando deudas kármicas.

Es el acercamiento a su esencia, que está hibernada porque a algunos les quedan dos o tres vidas a lo sumo y hay que administrarlas bien antes de pasar a otra reencarnación.

Ahora apunta al blanco como un arquero zen.

Su gran amigo, aliado, protector y admirador, el chancho, le indexará los tiempos difíciles para brindarle sólo placer, placer y placer y le dará la tarjeta vip para que pueda gozar de los privilegios que su signo le prodiga.

Al fin luz verde, viento a favor, WUWEI, falun dafa, deslizarse por la vida haciendo *snowboard*, esquí, alas delta y no sentir que está "a la vera del camino", "*out of the blue*"; al contrario: con aplomo, convicción, sabiduría y optimismo está acercándose a lo que más desea y sueña.

El conejo se da cuenta de que se puede vivir como le gusta, con comodidad, privilegios, siendo consentido, adorado y admirado, pero también más organizado.

Planificar una estrategia es parte de sus elucubraciones; piensa en el futuro, en el desamparo que hay en el mundo y pide asistencia social, médica, psiquiátrica y espiritual.

No tiene un minuto libre en su agenda; sabe que el mundo está difícil, que la vida a la intemperie es durísima y se prepara para atravesar el año con estoicismo.

Dinámico, imaginativo, asesorará y aconsejará a otros sobre el futuro del éxtasis dando cátedra y convenciendo a sus *fans* de las ventajas del mundo globalizado.

Oscilará entre estados de ánimo *up*, *down*, bipolares, psicóticos y esquizofrénicos. DONT WORRY, BE HAPPY.

Lo atraparán en sus escapadas de luna llena, en el ciberespacio, en los *spa* cinco estrellas, en las alcobas de sus amantes, en los salones vip de aeropuertos y hoteles; hará unos mimos, unas piruetas, y se esfumará sin que nadie lo reconozca para retornar a una vida bohemia, divertida y despreocupada.

La familia espera turno para que organice sus actividades, su rumbo, la considere, escuche y atienda después del abandono del año del perro.

Despertará su talento, originalidad, creatividad y refinamiento.

El conejo estará excitado con las fiestas: desplegará su humor irónico, destreza artística, *glamour* y *sex appeal* y será la *star*.

Convocará multitudes, hará lío, creará intrigas y saldrá bien parado, amparado por su amigo el chancho, que lo mantiene jugando en Primera A.

Le pondrá peperina al cóctel; unirá a los enemigos, cantará en la calle a favor de la justicia, la libertad y los derechos humanos.

LO QUE DESEA, APARECE; LO QUE BUSCA, LO ENCUENTRA.

Es época de tocar el cielo con las manos, recuperar la autoestima y redoblar la apuesta en sus travesuras.

El tiempo requiere precaución, ir despacio, a fuego lento, algo desconocido para el conejo, que arremete cuando el instinto lo atrae hacia lo abismal.

Le costará tiempo y esfuerzo salir del desconcierto, de la opresión que lo puso en órbita galáctica, y asumir que debe buscar un ejército de ayudantes para salir a la lucha y que lo defiendan cuando lo quieran quemar en la hoguera.

El conejo pedirá ayuda con diplomacia y cautela. Desde asesoramiento legal en caso de divorcio, herencias, juicios hasta una buena artillería de médicos, psicólogos, médiums, chamanes y gurús para planear su nueva aparición en el escenario.

El chancho le exige que se concentre en sus actividades y rinda al máximo: no sea cómodo y sepa ganarse el sustento con dignidad.

Se convertirá en un conejo gánico, disciplinado, con ganas de cumplir con los compromisos, llegar a horario, vivir en armonía con sus semejantes y transmitir el secreto de su longevidad.

Saldrá del almohadón de raso, del calorcito de la salamandra y se mezclará con el pueblo en marchas, asambleas y piquetes, y dejará su influencia balsámica.

Contagiará una energía positiva que resucitará muertos y será buscado para alentar a los más débiles.

Conocerá nuevos amigos, se enamorará locamente, desaparecerá por estaciones y habrá que detectarlo telepáticamente.

Será esclavo del tiempo; tendrá su agenda al rojo vivo con actividades para mejorar su imagen, cirugías, dieta, deporte, yoga y *EL TAO DEL AMOR Y DEL SEXO*.

Será un tiempo de *sorpresattas*.

El paisaje interior se moverá y habrá que encontrar nuevos refugios antibélicos para protegerse.

Aprenderá a seleccionar con más conciencia sus decisiones, poniendo en la balanza los factores en pro y los factores en contra.

Ganará dinero con sus negocios lúdicos y los invertirá en viajes, bienes raíces y fundaciones.

REINVENTARÁ UNA DE SUS SIETE VIDAS.

El I-CHING te aconseja
19. LIN / EL ACERCAMIENTO

EL DICTAMEN
**El Acercamiento
tiene elevado éxito.
Es propicia la perseverancia.
Al llegar el octavo mes habrá
desventura.**

El signo, en su conjunto, alude a
un tiempo de esperanzado progreso.
Se aproxima la primavera. La alegría
y la transigencia van acercando entre
sí a altos y bajos. El éxito es seguro.
Lo único que hace falta es la realización de una labor resuelta y teso-
nera capaz de aprovechar plenamente
los favores del tiempo. Y otra cosa
más: el tiempo de primavera no dura
eternamente. Llegado el octavo mes
los aspectos se invierten. Quedan
entonces tan sólo dos líneas fuertes,
que empero no están avanzando,
sino retirándose. Es necesario tener
en cuenta a tiempo este viraje y meditar sobre él. Si uno de este modo se
enfrenta con el mal antes de que se
manifieste como fenómeno, más
aún, antes de que haya comenzado a
dar señales, llegará a dominarlo.

LA IMAGEN
**Por encima del lago está
la Tierra: la imagen del
Acercamiento.
Así el noble es inagotable
en su intención de enseñar,
y en soportar y proteger
al pueblo no conoce límites.**

La tierra linda desde lo alto con el
lago: es este el símbolo del
Acercamiento y de la condescenden-
cia de alguien superior con los de
posición inferior: de las dos partes
que conforman la Imagen surge su

comportamiento frente a estos hombres. Así como aparece inagotable la
profundidad del lago, así es
inagotable la solicitud del sabio para
instruir a los hombres: y así como la
tierra es vasta sin límites y portadora
y protectora de todas las criaturas,
así el sabio es portador y protector
de los hombres, sin poner fronteras
de ninguna clase que puedan excluir
parte alguna de la humanidad.

LAS DIFERENTES LÍNEAS
AL COMIENZO UN NUEVE SIGNIFICA:
**Acercamiento conjunto.
La perseverancia trae ventura.**

El bien comienza a imponerse y
encuentra beneplácito en lugar
influyente. De allí parte la incitación
a acercarse dirigida al hombre capaz.
En tal caso será bueno adherirse a la
tendencia ascendente; pero habrá
que tener buen cuidado de no
extraviarse, de no perderse a sí mismo
en esa corriente del tiempo, sino de
permanecer con perseverancia en lo
recto: esto aportará ventura.

Hexagrama complementario
7. SHIH / EL EJÉRCITO

EL TRÁNSITO DEL CONEJO DURANTE EL AÑO DEL CHANCHO

RAMA 4 MADERA *YING*
El conejo no tiene ningún proble-

ma en particular con el chancho. De hecho, junto con la cabra, el conejo y el chancho forman una saludable combinación de energía que equivale a la madera. Cuando este trío de locos y poetas se juntan, el que lleva la batuta es el conejo. A diferencia de otros signos, el conejo estará más tranquilo. Enero no le traerá ninguna sorpresa, llevará la misma temática que con el perro durante 2006. Aunque tal vez se sienta motivado a iniciar una nueva disciplina, lo cual resultaría bastante bueno.

Febrero es un mes difícil: el conejo se lleva bastante bien con el tigre, que es quien manda el mes, pero en esta ocasión, el tigre le va a representar la combinación "chismes", eso significa que socialmente tiene que cuidarse y andar con el perfil muy bajo para no llamar la atención de cualquier enemigo potencial. Marzo es el mes del conejo, por lo tanto, a menos que se lleve mal con sus "hermanos" conejos, será un mes más o menos tranquilo, de mucho trabajo pero con entusiasmo por llevarlo al cabo.

Abril tampoco le representará nada espectacular. Le llegará ayuda de lugares inesperados y se sentirá protegido. Es posible que obtenga buen dinero.

Mayo es un buen mes para que el conejo dé a luz un chanchito, o para que lo procree. Este mes también le traerá cambios radicales en la vida: mudanzas, viajes largos y sorpresas más o menos agradables. Pero al conejo le da más por los ambientes caseros y fácilmente reconocibles, así que a lo mejor le pique el aguijón de la soledad por un rato.

Junio también será un mes bueno.

El fuego de la primera mitad del año le traerá brillo social y belleza, el momento para someterse a cualquier operación estética. El mes del caballo le va a traer también alegría y mucho *sex appeal*. Excelente si es que quiere sentar cabeza o vivir "la vida loca".

Julio es un mes difícil para el resto de la humanidad, pero el conejo va a estar bastante relajado. La cabra representa más brillo social, tanto para el chancho como para el conejo. Este brillo especial se llama en chino "paraguas amarillo" y protege al conejo con su sombra y le da notoriedad.

En cuanto comience el otoño, el conejo se va a sentir un poco más tranquilo. Durante el mes de agosto, deberá evitar llamar la atención y tendrá que cuidar muy bien sus finanzas, porque es entonces cuando podría comenzar a perder lo que ganó en el año, y en un santiamén estaría en malos términos con el resto del mundo.

Septiembre tampoco será un mes sencillo. Representa "prisión"; esta condición lo va a mantener encerrado en sí mismo y el conejo, que rara vez comprende su propio modo de pensar, se va a sentir superneurótico. Cuidado con tratar de engañar al gobierno escondiendo sus impuestos. También deberá prestar atención a su salud.

Octubre será bastante duro; para ayudarse necesitará vestir de color verde y comer más vegetales. También sería bueno que se apoyara con un amuleto con forma de cabra.

Durante la primera mitad de noviembre, su suerte va a decaer un poquito, pero si se da el tiempo de obedecer silenciosamente a los más sabios, nuestro amigo conejo no tendrá mayores problemas con su vida. La segunda mitad del mes le resultará saludable.

Diciembre es un mes incómodo; como siempre, al conejo le deprime un poquito esta época, pero como el año no fue tan malo para él, debería considerar visitar más seguido a su familia, establecer lazos más fuertes con sus amistades, refugiarse en los brazos del ser amado.

Nada mal para un año apocalíptico, ¿no?

Predicciones para el Conejo
y su energía

Conejo de Madera (1915-1975)

El año del chancho marcará un antes y un después en su vida.

Estará dispuesto a dar vuelta un ciclo y empezar a cultivar sus ideas, proyectos y sueños con más claridad, enfoque, asesoramiento y rentabilidad.

Volcará su vocación en trabajos que serán reconocidos, integrará nuevos socios a sus aventuras y sentirá que la exigencia lo beneficiará para pulir su potencial.

Trabajará con estímulo y alegría, aprendiendo con el acercamiento de gente sabia y simple, que lo adoptará para continuar su misión.

Se dedicará a compartir los frutos con su pareja, estará más erotizado, con ganas de hacer travesuras y ser el *sex symbol* de siempre.

En la familia habrá nuevas responsabilidades, exigencias y sorpresas.

Viajará y se radicará temporalmente en otra parte por estudio, becas o un amor que lo seducirá con una propuesta decente e indecente.

Florecerá y aprenderá a organizar su vida con disciplina.

Conejo de Fuego (1927-1987)

Durante el año del chancho conocerá el doble fuego en su sentimientos, sueños, proyectos y profesión. Estará con exceso de energía que deberá graduar, dosificar, para no perder la calma ni el control en situaciones imprevisibles que lo desbordarán.

Estará en el candelero; sacará chispas en debates en medios de comunicación y se destacará por su valentía, coraje y sensibilidad.

Aparecerá un gran amor a proponerle una espectacular estadía en el chiquero colmado de placeres, ideas, proyectos creativos y, sin que se dé cuenta, estará criando o adoptando chanchitos.

Desplegará su estrategia para dar un salto profesional y vocacional que le brindará nuevas experiencias y jugosos frutos.

Deberá hacer medicina preventiva, dieta, yoga, chi kung e incursionar en grupos de arte, seminarios y ayuda social.

Un tiempo de plenitud, responsabilidad y reencuentro con la vida.

CONEJO DE TIERRA (1939-1999)

Durante este año se debatirá entre el deber y el placer.

Busque las herramientas para transformar en alquimia las situaciones dolorosas, traumáticas y TAO *OFF* y retorne al erotismo a la laborterapia, a los encuentros con amigos que lo estimulen y apoyen en esta etapa de consolidación, expansión de proyectos comunitarios y artísticos.

Sentirá ganas de dejar la rutina, la casa y partir hacia otro país, provincia o ciudad.

Escuche sus voces interiores, no reprima los deseos, deje entrar gente joven a su vida para que le den una inyección de prana, lo *aggiornen* y lo saquen a pasear.

Estará en crisis con la vocación y el estudio y deberá reformular una estrategia de disciplina para encauzar el aluvión de responsabilidades que lo sorprenderán durante el año del chancho.

Recuperará amigos del pasado y mejorará la relación con sus ex parejas, indexando tiempos modernos.

CONEJO DE METAL (1951-2011)

Llegará con las turbinas y los motores bajos al año del chancho y lentamente recuperará el envión, la fuerza y el empuje que lo caracterizan para insertarse con aplomo, sabiduría y puntería en el centro del escenario. Recibirá recompensas espirituales, materiales y afectivas.

Desplegará su talento, originalidad y sentido del humor contagiando e inspirando a sus socios, amigos, jefes y amores.

Concretará un proyecto con rentabilidad, vivirá con más armonía, cultivará la tierra, construirá su casa con FENG SHUI, e invitará a sus amigos, ex y futuros amores a compartir noches de bohemia, filosofía alta y taco aguja.

En la pareja habrá cambios de roles; más discusiones y licencias. Tendrá que apelar a su sangre fría para mantener el statu quo.

Recibirá dinero de una herencia y se gratificará con placeres bacónicos y dionisíacos.

La salud, divino tesoro, será la *vedette* de los excesos e hipocondría.

UN TIEMPO DE COSECHA, PASIÓN Y BELLA HORIZONTALIDAD DEL SER.

CONEJO DE AGUA (1903-1963)

El acercamiento a la disciplina será el gran viaje que le espera durante el año del chancho.

Estará estimulado para dejar atrás un ciclo de confusión y caos y retomar las coordenadas para estabilizarse afectivamente.

La familia necesitará de su contención, tiempo y límites.

Buscará las causas de su crisis con ayuda de gente especializada que pondrá un ejército para guiarlo cuando quiera escapar de sus deberes y compromisos.

Estará encendido, inspirado, divertido, ensayando nuevas fórmulas de supervivencia. Sacará a la luz su vocación, asignaturas pendientes, solidaridad y se dedicará a compartir trabajos sociales y comunitarios.

Renacerá el erotismo, indexará *las mil y una noches*, estará dispuesto a seguir a un amor por el mundo y a convertirse en el último de los amantes ardientes.

La exigencia del tiempo pulirá su esencia dando a luz un diamante.

Practique todas las técnicas de autoayuda y retorne a las rutas del alma en busca de alineación y balanceo cósmico-telúrico.

Suelte el control remoto y déjese llevar por el WUWEI (no acción de las cosas).

Predicciones preventivas para el TIGRE

BASADAS EN EL I-CHING

PARA CONVIVIR EN COMUNIDAD SÓLO ES POSIBLE LA VERDAD INTERIOR

El tigre llega con viento a favor, a pesar del cansancio por los safaris en la jungla, al año del chancho.

Trae el triunfo en la frente, trofeos, medallas, aplausos y el reconocimiento del zoo por sus hazañas y progresos.

Después de un año de hiperactividad, donde el cielo fue el límite, empieza a sentir algunos síntomas de agotamiento y de estrés.

Ha generado tantos proyectos y abierto tantos portales para continuar en la cresta de la ola que deberá estar atento a las interrupciones, intermitencias y rebeliones que se presentarán en el año del chancho.

Su cuerpo le pedirá calma pero su ambición lo empujará a cazar presas codiciadas, a protagonizar escándalos, tomar medidas arbitrarias, estar a la defensiva, no bajar la guardia y llevar adelante con maestría y severidad los planes que se propuso.

En el aire habrá congestión, turbulencias, confusión y estancamiento.

Durante el año del chancho deberá confesarse y hacer un mea culpa para continuar con las asignaturas pendientes, las sociedades de irresponsabilidad ilimitada en las que se sumergió creyendo que era Superman o la Mujer Maravilla.

El tigre aprecia la bondad del chancho y abusa de su ingenuidad. Esta vez será al revés; tendrá que pagar peaje por cada una de sus acciones y aceptar errores, sanar heridas y reconciliarse con sus compañeros de destino.

Estará aturdido, cargado de más responsabilidades en la familia y con sus socios.

Necesitará salir a dar un paseo por la playa, el bosque y la montaña antes de empezar el día y de tomar decisiones, pues las perturbaciones lo acosarán como fantasmas y la VERDAD INTERIOR será el desafío para seguir en el presente CONVIVIENDO CON LOS HOMBRES.

Es el tiempo del retorno al centro, a la esencia, a unir lo que quedó disperso en la jungla de la vida, pulverizado por su voracidad insaciable de poder y control de los demás.

Abrirá su corazón blindado a aquel en quien confíe y desparramará su dolor, tristeza, alegría, incertidumbre y desasosiego.

Confiará y se contagiará de la integridad porcina para no caer en la subjetividad que lo caracteriza y comprender, escuchar, compartir los problemas y desgracias del prójimo con total entrega.

Al dejar de lado la subjetividad verá la vida tal cual es: no es muy divertida en esta época en la que todo el mundo está desorientado, reclamando sus derechos, angustiado, en crisis y sin trabajo, techo ni libertad para lograr sobrevivir.

Dejará el favoritismo para otro momento, la sociedad le reclamará más justicia, honestidad y lealtad.

LA VERDAD INTERIOR es la cita con usted mismo. Allí aparecerán los fantasmas, las personas que se fueron y que aún están en su mente y alma, los aciertos, desaciertos, responsabilidades tomadas que hay que enfrentar, la feria de vanidades que cumplió un ciclo aunque al tigre no se le pueden borrar las rayas, los espejismos que se diluyen y explotan como el Big Bang.

El tigre no se puede esconder, está a la intemperie, en carne viva, con el corazón ardiendo en llamas.

Tiene peso propio, se humaniza, abre la puerta de la jaula y deja que los hombres participen con ideas y proyectos que sean para el desarrollo, el avance y la integridad.

El tigre renueva la apuesta, esta vez desde su corazón. Necesita sentirse imprescindible, único, dueño del circo, del zoo, y a pesar de las rebeliones en la familia, los enfrentamientos y los contrastes estará dispuesto a participar en cada problema que se presente.

Estará receptivo, con ganas de integrar a la gente que comparte sus ideales, abierto al diálogo y a ceder si es necesario.

Los apetitos carnales se acentuarán, necesitará variedad, probar desde el caviar hasta la mortadela y desde el ciervo hasta la codorniz; explorará nuevas sensaciones en sus papilas, en sus órganos, sentidos y KUNDALINI que despertarán al Eros y serán saciadas sin descanso.

El tigre logrará un gran reencuentro con su vida, aceptará límites, prioridades, aprenderá a cuidarse y a restaurarse.

Buscará gente que lo asesore en el cambio de imagen.

Saldrá a la guerra convertido en *sex symbol*, lucirá sus mejores galas y no dejará nada librado al azar.

El *feed back*, la sensación de dar y recibir, escuchar y hablar será renovadora.

Se humanizará a través del contacto con el prójimo; ayudará cuerpo a cuerpo a los más necesitados. Su actividad social será su gran compromiso, participará en comedores, ayudando a familias, niños, escuelas, y dará grandes dosis de estímulo y energía vital.

Encenderá una antorcha de luz entre sus amigos, la gente con la cual comparte trabajo, proyectos de medio ambiente, ecológicos y artísticos.

Su ego se diluirá en gotas homeopáticas; sentirá deseos de compenetrarse con los temas de la comuna, desde la salud, la ecología, la educación básica, hasta la medicina preventiva.

Caerán velos, mandatos, responsabilidades que lo oprimían y podrá reencontrarse con su identidad.

Escuchará sus voces interiores, aceptará las deudas ancestrales, perdonará a sus padres, hijos y cónyuge para entrar en un ciclo liberador y entretenido.

Renunciará al trono para convivir con el pueblo, compartir penas, alegrías y realidades que son la sal de la vida.

Volcará su amor en una persona

que le brindará nuevas fuentes de inspiración, ternura y contención.

Encontrará a su alma gemela, el reflejo de sus sueños e ideales y potenciará sus dones y virtudes.

El tránsito del año del chancho será con sobresaltos, discontinuo, pero logrará vislumbrar la brecha que lo mantendrá ocupado en obras de bien y creativas.

Si siente que está muy angustiado, busque ayuda; no se aísle y emprenda un safari con quienes puedan aconsejarlo, divertirlo y amarlo.

El I-CHING te aconseja
61. CHUNG FU / LA VERDAD INTERIOR

EL DICTAMEN
**Verdad interior. Cerdos y peces.
¡Ventura! Es propicio cruzar las grandes aguas.
Es propicia la perseverancia.**

Los cerdos y los peces son los animales menos espirituales y por lo tanto los más difíciles de ser influidos. Es preciso que el poder de la verdad interior haya alcanzado un alto grado antes de que su influjo alcance también a semejantes seres. Cuando uno se halla frente a personas tan indómitas y tan difíciles de ser influidas, todo el secreto del éxito consiste en encontrar el camino adecuado para dar con el acceso a su ánimo. En primer lugar, interiormente hay que liberarse por completo de los propios prejuicios. Se

debe permitir, por así decirlo, que la psiquis del otro actúe sobre uno con toda naturalidad; entonces uno se le acercará íntimamente, lo comprenderá y adquirirá poder sobre él, de modo que la fuerza de la propia personalidad llegará a cobrar influencia sobre el otro a través de esa pequeña puerta abierta. Cuando luego ya no haya obstáculos insuperables de ninguna clase, podrán emprenderse aun las cosas más arriesgadas –como la travesía del agua grande– y se obtendrá éxito. Pero es importante comprender en qué se funda la fuerza de la verdad interior. Ésta no se identifica con una simple intimidad o con una solidaridad clandestina. Vínculos íntimos también pueden darse entre bandidos. También en este caso significa, por cierto, una fuerza. Pero no es una fuerza venturosa puesto que no es invencible. Toda asociación basada en intereses comunes sólo puede llegar hasta un punto determinado. Donde cesa la comunidad de intereses, también termina la solidaridad, y la amistad más íntima se transforma a menudo en odio. Tan sólo allí donde lo recto, la constancia, constituye el fundamento, la unión seguirá siendo tan sólida que triunfará del todo.

LA IMAGEN
**Por sobre el lago está el viento:
La imagen de la verdad interior.
Así el noble discute los asuntos penales, con el fin de detener las ejecuciones.**

El viento mueve el agua porque es capaz de penetrar en sus intersticios. Así el noble, cuando debe juzgar faltas cometidas por los hombres, trata de penetrar en su fuero interno con gran comprensión para formarse un concepto caritativo de las circunstancias. Toda la antigua jurisprudencia de los chinos tenía por guía esa idea. La más elevada comprensión, que sabe perdonar, se consideraba como la más alta justicia. Semejante procedimiento judicial no carecía de éxito; pues se procuraba que la impresión moral fuese tan fuerte como para no dar motivos de temer abusos como consecuencia de tal lenidad. Pues ésta no era fruto de la flaqueza, sino de una claridad superior.

LAS DIFERENTES LÍNEAS

NUEVE EN EL SEGUNDO PUESTO SIGNIFICA:

**Una grulla que clama
en la sombra.
Su pichón le responde.
Tengo una buena copa. Quiero
compartirla contigo.**

Se trata aquí del influjo involuntario que la naturaleza interior ejerce sobre personas anímicamente afines. No es necesario que la grulla aparezca mostrándose sobre una alta colina. Aun oyendo su llamado desde lo más oculto, el pichón percibe su voz, la reconoce y le da respuesta. Donde reina un ánimo alegre, también aparece un compañero para compartir con uno una copa de vino.

Así se manifiesta el eco que la simpatía despierta en los hombres. Allí donde una disposición anímica, un sentimiento, se anuncia con verdad y pureza, donde un acto es clara expresión de la actitud interior, tales manifestaciones actúan misteriosamente y a distancia, en primer término sobre quienes se hallan interiormente receptivos. Pero tales círculos van ampliándose. La raíz de todo influjo reside en el propio interior. Cuando el interior se expresa con plena verdad y vigor, tanto en las palabras como en los actos, es grande el influjo.

SEIS EN EL TERCER PUESTO SIGNIFICA:

Él se encuentra con un compañero, ya toca el tambor, ya cesa de hacerlo, ya solloza, ya canta.

Aquí la fuente de energía no se halla en el propio yo, sino en la relación con otros. Por grande que sea la intimidad que uno tenga con otros hombres, si nuestro centro de gravedad descansa en ellos, no podremos evitar vernos ora invadidos por la alegría, ora sumidos en la aflicción. Saltar de alegría hasta el cielo, apesadumbrarse hasta sentir la muerte, he ahí el destino de quienes dependen de la concordancia interior con otros seres a los que aman. Aquí sólo se enuncia esta ley; se afirma que es así. El que este estado sea sentido como penoso o como una dicha suprema de amor, es algo que queda librado al juicio subjetivo del afectado.

SEIS EN EL CUARTO PUESTO SIGNIFICA:

**La luna que está casi llena.
Se pierde el caballo de yunta.
No hay falla.**

A fin de acrecentar la fuerza de la verdad interior, es necesario dirigirse hacia lo superior, hacia aquello de lo cual pueda obtenerse iluminación como la que recibe la luna del sol. Para ello, sin embargo, hace falta una cierta humildad, tal como la posee la luna no del todo llena. Cuando la luna se enfrenta directamente con el sol como luna llena, comienza inmediatamente a menguar. Si bien, por una parte, hay que sentir veneración y humildad ante la fuente de iluminación espiritual, por otra parte es preciso renunciar a partidismos humanos. Únicamente cuando uno avanza por su camino como un caballo que corre derecho hacia delante sin mirar de soslayo hacia su compañero apareado, se conserva la libertad interior que hace avanzar.

Hexagrama complementario
13. CH´IEN / COMUNIDAD CON LOS HOMBRES

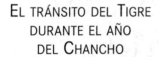

EL TRÁNSITO DEL TIGRE DURANTE EL AÑO DEL CHANCHO

RAMA 3 MADERA *YANG*

Para el tigre el año será enfadoso.

El año del perro fue productivo, lleno de amor y logros personales. Éste es el año indicado para bajar la guardia y tratar de mantener las ganancias a salvo de las pérdidas monumentales que seguirán en 2007.

Muchos tigres vivirán la dificultad tremenda que es criar perritos recién nacidos en un nuevo mundo con una economía quebrantada; pero los tigres sabrán cómo multiplicar panes y peces para sus cachorros.

Enero aún es parte del año del perro, así que ese mes deberá ocuparlo en poner a resguardo su dinero, ya sea en bienes raíces (la única inversión segura durante el año del chancho) y hacerse un chequeo médico completo, pues su único problema durante el año será la salud y la enorme tentación de serle infiel a su pareja. Para evitar ese tipo de preocupaciones, deberá entretenerse con algún proyecto en la casa.

El mes del tigre se inicia en febrero, esa mezcla de elementos eleva la energía de madera del planeta entero, por lo tanto hay que cuidar el mal genio y los problemas en el hígado. Para controlar eso, será necesario cantar a voz en cuello, ¡en serio! Cantar es la menor manera para manejar el exceso de madera en el aire. Para marzo, el mes del conejo traerá al tigre muchas más tentaciones, sobre todo para los tigres de 1962 y 1974, pero estas tentaciones serán gastronómicas: cuidado con los antojos. Abril será un mes difícil para todo el mundo, así que el tigre deberá demostrar que aún es el rey de la tierra y las bestias. Un poco de solidaridad será bien recibida.

Otro mes difícil será mayo, la serpiente choca con mucha fuerza con el chancho del año y la primera mitad del mes, dominada por el arbusto, le trae al tigre algunos problemas financieros. Al tigre no le gusta mucho la serpiente y ésta le representa muchos problemas, especialmente sociales. Todo lo que involucre chismes y la horrible sensación de soledad le dará lata durante este mes.

Para junio el tigre se habrá repuesto bastante bien del mes anterior, sobre todo si a su lado tiene a sus buenos amigos, el perro y el caballo. Aquellos tigres que lograron fama, poder y dinero durante 2006 deberían echar una mano a los menos afortunados: justo conviene hacerlo durante este mes.

El mes de julio le trae al tigre buenas sorpresas en el campo emocional, pero si no cuidó sus finanzas, tendrá un par de dolores de cabeza que controlar. Agosto es el peor mes para el tigre, el mono le presentará viajes incómodos pero, como el cerdo es un excelente intermediario energético entre estos dos sujetos, finalmente agosto podría traer al tigre un poco de dinero extra.

Septiembre es también un mes complejo, pero el tigre sabrá manejarlo si no cae en la tentación de la violencia. Esto podría motivar a países tigre, particularmente los de Medio Oriente, por lo tanto: ¡cuidado!

La primera mitad del mes de octubre será agitada, pero si el tigre aprende a controlar sus ganas de no hacer nada, la segunda mitad del año será fantástica. Si aún sigue de viaje, estará en un excelente momento para emprender un negocio chiquito o cerrar uno grande.

Noviembre choca con el año, pero el chancho estará más distraído con los vaivenes del clima y el tigre se recostará al sol, alejado de los carbohidratos, para lucir espléndido como le gusta.

Para diciembre, aún instalados en el año del chancho, el tigre podrá sentirse algo deprimido, la rata le causa problemitas que van desde perder las llaves del coche hasta quedarse encerrado en su propia casa. Si no se distrae, podrá pasar una Navidad de lo más tranquila.

PREDICCIONES PARA
EL TIGRE
Y SU ENERGÍA

TIGRE DE MADERA (1914-1974)

Llegará al año del chancho más maduro y consciente.

Encauzará su profesión con alegría, encontrará socios afines e idóneos que lo asesoraran.

Deberá confesarse, asumir sus errores y trampas en la selva. Sentirá que la gente lo considera más humano, creativo, cercano; no estará a la defensiva y podrá perdonar a sus seres queridos.

Deberá ajustar su relación de pareja o su matrimonio, poner en orden papeles, herencias, juicios o posibles rupturas.

Necesitará más erotismo y atención; también protagonizar escándalos e

intentar estar en el ojo de la tormenta.

Será buscado por la comunidad para participar en reuniones, asambleas y marchas para defender los derechos cívicos.

Para llegar manso al chiquero haga yoga, tai chi, medite, practique deportes y canalice su voltaje erótico en la selva.

TIGRE DE FUEGO (1926-1986)

ÉPOCA DE TRANSMUTACIÓN HACIA UNA NUEVA REALIDAD.

Estará entregado, aceptando la avalancha de deudas pendientes que deberá saldar sin rebelarse.

Empezará por casa, la pareja buscará su apoyo, contención, ayuda económica, y podrá reconciliarse con parte de la familia.

Viajará por estudios, becas, negocios o para reencontrarse con la verdad interior.

Sentirá nuevos estímulos, inspiración, cambios en los gustos y en las costumbres.

Se dedicará a pleno a gozar de las altas y bajas pasiones, a enamorarse, compartir jungla y chiquero con quien aparezca en su camino.

Retomará una vocación de la infancia y CONVIVIRÁ EN COMUNIDAD CON LOS HOMBRES, con más humildad y solidaridad.

Tiempo de tempestad y puertos desconocidos.

Deberá graduar la hiperactividad, cuidar su salud practicando medicina preventiva y aceptando sus límites.

Un golpe de azar causal le cambiará el rumbo del año porcino.

TIGRE DE TIERRA (1938-1998)

Tiempo de acercamiento a la VERDAD INTERIOR y a la PARTICIPACIÓN EN LA COMUNIDAD.

Estará receptivo a las nuevas ideas, planes y proyectos que surgirán de su grupo, socios y asesores.

Continuará cosechando los frutos de su trabajo y acrecentará su patrimonio con nuevas inversiones. Buscará vivir en contacto con la naturaleza, tendrá una crisis existencial, indexará cien años de soledad y recuperará amigos y ex parejas para seguir inspirado generando nuevas fuentes de trabajo, foros de expresión, creatividad y solidaridad.

SE ENAMORARÁ LOCAMENTE. OM. OM. OM.

Sentirá ganas de recuperar un tiempo de bohemia, arte y viajes sin boleto de retorno a la rutina.

No se quede atrapado en la jaula, salga en busca de su vocación.

Ponga a su favor la crisis y busque la verdad interior para seguir cabalgando la ola de *zuvuya*.

TIGRE DE METAL (1950-2010)

Después de la multiprocesadora canina llegará pulido como un diamante al reinado porcino. Bajará cinco cambios y despertará a una nueva realidad. En el hogar habrá cambios, nuevas propuestas para la convivencia y vacaciones al cónyuge con fecha de vencimiento.

Sentirá deseos de estar más doméstico, de dormir, cocinar, hacer manualidades y recibir a los amigos que llegan del más allá.

Su sentido del humor se agudizará, volverá a los medios, será polémico, innovador y tendrá sed de justicia, "ojo por ojo, diente por diente".

Déjese asesorar, comparta los problemas con la oposición y acepte consejos sabios.

Estará en el ojo del huracán. Por eso es necesario tener rutina, convivir en armonía, salir a pasear a la jungla y retornar a la calma.

En la pareja habrá cortocircuito. Sentirá deseos de salir de cacería, pero podría costarle el pellejo.

Asuma sus responsabilidades familiares, delegue lo que no pueda y busque su *spa* interior para renacer como un tigre sabio.

Profesionalmente haga poco y bueno, elija equilibrando la razón y la pasión. Saldrá beneficiado.

AÑO DE TRANSFORMACIONES SÍSMICAS.

TIGRE DE AGUA (1902-1962)

El año del chancho será el gran maestro para organizar su nueva etapa.

Sentirá deseos de buscar un equilibrio entre la profesión, el hogar, las relaciones con los amigos y las responsabilidades con la comunidad.

Empiece por elegir sus nuevas prioridades: salud, economía y formas de relacionarse con el medio. Busque apoyo, asesores, trabaje en equipo y haga interconsultas para no perder el rumbo. Retornará el Eros, aceptará a los nuevos amores con alegría y se dejará llevar por la pasión y los estímulos.

Se rebelará y dejará las responsabilidades para otra persona y saldrá en busca de nuevos horizontes, lugares, paisajes, estímulos.

Aprenderá a conocerse indagando en sus zonas oscuras, en sus ensayos y equivocaciones, de la mano de maestros y espíritus afines.

No dejará pasar nada que lo detenga en su evolución; estará más consciente, alerta, medido, receptivo y sensible.

Retozará, recuperará la fe, la capacidad de asombro, el *glamour* y la adrenalina.

Elegirá con cautela nuevos oficios, sumará experiencia y encontrara *fans* que lo seguirán en sus aventuras.

Crecerá espiritual y materialmente. Volverán las fiestas bacónicas y dionisíacas.

Se transformará como el sueño de Chuangste, de oruga a mariposa.

PREDICCIONES PREVENTIVAS
PARA EL BÚFALO

BASADAS EN EL I-CHING

ACEPTACIÓN DE UN TIEMPO HOSTIL Y AGOBIANTE

Al final del túnel titila la luz.

El buey sabe que en la vida nada se consigue sin dejar alma, cuerpo, mente, energía y, en muchos casos, la salud.

No conoce lo fácil, los atajos ni las conveniencias que no estén respaldadas por su trayectoria, constancia, obstinación y convicción.

No cambiaremos su esencia ni se adaptará a nuestro ritmo.

El búfalo entrará en el año del chancho conociendo sus limitaciones físicas, psíquicas y anímicas y tendrá que atravesar la oscuridad con paso firme y decidido.

El chancho le causará pesadez, restricción, dispersión, y cierta inmovilidad.

Los planes se verán amenazados por el caos, la situación sociopolítica, la falta de palabra y constancia de quienes depende; y entonces deberá conciliar las responsabilidades cotidianas con los proyectos nuevos y alternativos.

Sentirá el corazón oprimido, deseos de explotar, cambiar de lugar, residencia y país en busca de nuevos horizontes.

CALMA.

El tiempo es una antesala, preparación para años futuros donde tocará el cielo con las pezuñas.

Aún hay que hacer limpieza kár-mica. Empezando por las asignaturas pendientes afectivas, las relaciones que quedaron *stand by*, aquellas en las que no se hizo la catarsis ni se equilibraron los roles, y quedaron siempre a cargo de la mayor cantidad de responsabilidades que hoy le pesan y alejan de su familia.

Tendrá que hacer las paces con usted… ¡¡Qué vaina tenaz!!

Su personalidad introvertida, tímida y a veces impaciente lo alejan del mundo y de la realidad.

Es aconsejable que busque nuevos amigos, socios, asesores, que disfrute de un café, de unos días de descanso y aventura que no estén en su agenda, que establezca nuevos contactos artísticos y espirituales y que no se recluya en el monasterio.

La prueba del año será para seguir en el TAO (camino) con más claridad interior, sin cargas que lo atrasen, dejando relaciones insanas, parasitarias y alienantes.

Esa lucha será intensa y sin tregua. El conflicto aparecerá siempre que ceda su lugar, espacio y derechos.

Es el año del límite, de poner en la balanza los factores en pro y en contra de sus decisiones, de pensar en usted más que en los demás, *caiga quien caiga*.

Sentirá ráfagas de alivio, de fe ante nuevas responsabilidades, y convivirá entre el deber y el placer todo el año.

Dejará de lado las mochilas que lleva sobre su lomo; telepáticamente o por Internet le indicará a cada persona el camino a seguir y vislumbrará una nueva pradera fértil para sembrar sus sueños y utopías.

Habrá que asumir nuevas responsabilidades familiares: gastos, cuidar a un padre, hermano, hijo o sobrino, estar más domestico y limitar salidas extras.

Los demás hablarán, le darán consejos, interferirán en su karma.

ES FUNDAMENTAL QUE CARGUE ENERGÍA EN LA NATURALEZA.

Si puede instalarse una temporada en el campo, las sierras o el mar, no lo dude. Estará con más tiempo para pensar y elegir sus prioridades y despedir un ciclo que lo mantuvo sin posibilidades de escuchar sus voces interiores.

El estado de ánimo oscilará; deberá recurrir a la meditación, yoga, tai chi, chi kung, a arar, sembrar y cultivar la tierra y caminar descalzo sobre la hierba.

Tendrá que enfrentar problemas jurídicos, legales, de sucesiones o de divorcio.

OM. OM. OM. OM. Paso a paso. No se recluya, pida ayuda y defienda su patrimonio.

MUTANTIA.

Época de metamorfosis, disolución, selección de prioridades. De pensar en lo que no pudo hacer, continuar o elegir por el alud que le vino desde que nació.

El chancho le dará la posibilidad de retornar al Eros, al ocio creativo, a sentir que la tierra está esperando su presencia para ser amada, florecer, y permitirle echar raíces.

Cuando tenga encauzado el día a día, pueda organizar su economía, elegir el trabajo que le procure el sustento y disponga de algo de inspiración, podrá permitirse algunos gustos como viajar, comprar un inmueble o alquilar una casa cerca del mar.

Se debatirá entre ángeles y demonios, entre el *to be or no to be*, entre tinieblas.

Enfrentará a su cónyuge embistiéndolo, provocando una *guerra de los Roses*: saldrán a la luz el rencor y el tiempo de revancha que estaba acumulado como una bola de nieve.

Recapitulará. Se convertirá en un buey más abierto, atento, receptivo, comunicativo, sensible y cariñoso.

Tendrá tiempo para compartir con personas de ideas afines, saldrá de su soledad en busca de nuevas emociones, cambios y renovación, desde el *look* hasta la flexibilidad de ideas y pensamientos.

Dependerá sólo de usted, de su autoestima, de su búsqueda personal, que comprenda lo que debe resolver y atravesar. Sin echar culpas a nadie, transitando esta etapa fundacional con los ojos, oídos y chakras bien abiertos.

Habrá reconocimiento, ingresos económicos, nuevas amistades llenas de ideas propias que congeniarán con las suyas compartiendo amor, trabajo, deporte, arte y experiencias místicas.

Podrá sintonizar sus aciertos, desconciertos, afilar el lápiz y hacer números para diseñar el futuro.

Le aconsejo que no asuma muchas tareas al mismo tiempo. Déjese influenciar por el espíritu sibarita del chancho, saque su romanticismo, llame más seguido a quien lo escucha, aconseja y contiene.

Visualice una nueva vida sin tantas responsabilidades y más conciencia.

Más tiempo para desarrollar su vocación, *hobbies*, y para programar nuevas alternativas de vida y estudio.

Estará más exigido en el campo laboral, más presionado y gastador.

Escuchará el canto de las sirenas y, a diferencia de Ulises, que se ató al mástil, irá a su encuentro...

Podría tener grandes complicaciones con su pareja si no le recuerda las bases del matrimonio una vez más.

Una intensa vida social le brindará alegría y contactos para el futuro.

DEBERÁ DANZAR EL RITMO DE LA MÚSICA QUE MÁS LE GUSTE Y DEJARSE LLEVAR POR LA ENERGÍA PORCINA.

El I-CHING te aconseja
36. MING I / EL OSCURECIMIENTO DE LA LUZ

EL DICTAMEN

**El Oscurecimiento de la luz.
Es propicio ser perseverante
en la emergencia.**

Es preciso que ni aun en medio de circunstancias adversas se deje uno arrastrar indefenso hacia un doblegamiento interior de su voluntad y conducta. Esto es posible cuando se posee claridad interior y se observa hacia fuera una actitud transi-

gente y dócil. Mediante tal actitud es posible superar aun el peor estado de necesidad. Ciertamente, en determinadas circunstancias dadas, se hace necesario que uno oculte su luz con el fin de poder preservar su voluntad frente a las dificultades que surgen en el contorno inmediato, y a pesar de ellas. La perseverancia ha de subsistir en lo más íntimo de la conciencia sin llegar a destacarse hacia afuera. Únicamente así podrá uno conservar su voluntad en medio de las contrariedades.

LA IMAGEN
**La luz se ha sumergido
en la tierra:
La imagen del Oscurecimiento
de la Luz.
Así el noble convive con la gran
muchedumbre; oculta su
resplandor y permanece lúcido
sin embargo.**

En tiempo de tinieblas es cuestión de ser cauteloso y reservado. No debe uno atraer inútilmente sobre sí poderosas enemistades por causa de una conducta o de modales desconsiderados. Si bien en tales épocas no debe uno compartir las costumbres de la gente, tampoco deben éstas sacarse críticamente a la luz. Son momentos en que es necesario no pretender, en el trato con la gente, que uno lo sabe todo. Muchas cosas hay que deben dejarse como están sin acceder, no obstante, al embaucamiento y caer así en el engaño.

LAS DIFERENTES LÍNEAS
SEIS EN EL CUARTO PUESTO SIGNIFICA:

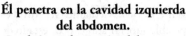

Él penetra en la cavidad izquierda del abdomen.
Se obtiene el corazón del oscurecimiento de la luz, y se abandona el portón y el cortijo.

Se encuentra uno en la proximidad del caudillo de las tinieblas y se entera así de sus pensamientos más secretos. De este modo se llega a saber que ya no debe esperarse mejoría alguna y que se está a tiempo y en condiciones de abandonar el lugar de la calamidad antes de que ésta irrumpa.

Hexagrama complementario
55 FENG / LA PLENITUD

EL TRÁNSITO DEL BÚFALO DURANTE EL AÑO DEL CHANCHO

RAMA 2 TIERRA *YIN*
Para el año del chancho, el búfalo podría tener un año movido. Mucho trabajo para concluir, mucho dinero para recuperar, pero poca paciencia.

La energía fija del búfalo es la tierra pero, en el fondo de su energía, guarda mucho metal. Así que ese metal, al contacto con el fuego del año del cerdo, traerá algunos problemas de salud, nada grave, pero el búfalo, que por lo general es firme y trabajador, se va a sentir con ganas de tirar la toalla y salir de viaje cada fin de semana y quizás lo logre.

Para enero no habrá muchos cambios significativos. Sigue el año del perro, así que esa noción de soledad se va a extender hasta el cuatro de febrero. Uno de los meses más agitados en la vida del búfalo será febrero: una combinación de amor/desamor lo va a tener loco, sobre todo si está relacionado con algún tigre. Tendrá ganas de salir corriendo. Durante todo el año se las va a ver negras en el plano amoroso, así que necesitará paciencia.

En marzo, el búfalo deberá tomar con calma todas sus decisiones importantes, en especial a mediados de marzo, cuando el conejo domina con su energía todo el mes. El búfalo será entonces muy susceptible de ser dominado por otros.

Lo único bueno es que bajará bastante su mal genio. En abril debe tener cuidado con severas pérdidas de dinero. China es un país búfalo, así que debemos temblar un poco con la primera crisis económica que enfrente este país, que apenas despunta como líder económico mundial.

Ahora bien, mayo choca con el año entero, lo cual es un problema porque afecta directamente al búfalo que es sumamente trabajador y detesta perder dinero aunque trabaje como una bestia de carga. El problema es que no puede hacer nada al respecto y como su economía personal se inició mal desde abril, para cuando mayo despunte, el búfalo va a estar emocionalmente drenado.

De agosto a septiembre, la influencia benéfica del mono en general se va a ver un tanto opacada con el exceso de energía fuego en el ambiente. Eso traerá inundaciones en ciertas partes del mundo y al búfalo le va a afectar ¡en serio! su estado de ánimo… Necesita ver el modo de controlar su mal genio, tal vez haciendo lo que más le gusta hacer: trabajar como loco. Si encuentra un *hobby* con el cual entretenerse sin pensar si va a recibir dinero a cambio, podría mejorar muchísimo su genio y ganar nuevas amistades, que le hacen falta.

Definitivamente el mes más difícil será julio, porque el búfalo choca con la cabra y éste es su mes. Desde ahorita puedo asegurar que el único "amuleto" efectivo para el búfalo es un *hobby*.

Los demás meses siguen bajo la misma tónica. El único amuleto que le puede servir, si es que quiere bajarle al ritmo, es otro búfalo, o una vaquita, de preferencia de metal, ya que eso podría calmar su necesidad de "pensar" más de la cuenta.

También el mono será un excelente amuleto, por lo tanto deberá usar los dos: en la primavera y el invierno, el búfalo, y el mono durante todo el año.

Deberá cuidarse de los chismes a lo largo de todo el año, más que nada en el trabajo, y también de sufrir algún tipo de "abuso" emocional por parte de sus seres queridos, sobre todo si es padre y tiene hijas.

PREDICCIONES PARA
EL BÚFALO
Y SU ENERGÍA

BÚFALO DE MADERA (1925-1985)

AÑO DE CAMBIOS TRASCENDENTALES.

Se desviará de la rutina siguiendo al chanchito y a su abanico de propuestas eróticas.

Estará incentivado por gente nueva que lo conducirá a nuevos proyectos relacionados con el arte, la economía y las inversiones en bienes raíces.

Deberá asesorarse legalmente, pues estará presionado por la familia, que le exigirá herencias, donaciones o préstamos.

El amor estará esperando su turno. Un flechazo o la pasión lo sorprenderá y descolocará, y despertará sus sentidos, nuevas responsabilidades y cambios en las costumbres.

Acrecentará su patrimonio, ganará dinero extra, encontrará nuevas oportunidades que lo harán cotizar y levantarán su autoestima.

Viajará por estudios, becas o intercambios culturales; descubrirá nuevas religiones y filosofías que abrirán su percepción.

UN AÑO PARA GRADUAR ENTRE LOS EXCESOS Y LA VIDA MONACAL.

BÚFALO DE FUEGO (1937-1997)

Atravesará el Ganges y en medio de la tempestad encontrará la paz, el milagro y las revelaciones.

Purificará lo superfluo y pulirá el diamante.

Reunirá a su zoo, pasará temporadas de placer, arduo trabajo, intensa vida social y gran aprendizaje.

Cambiará hábitos, costumbres, se radicará temporalmente en un nuevo lugar y producirá nuevas fuentes de trabajo.

Es recomendable que practique EL TAO DEL AMOR Y DEL SEXO, que haga yoga, medite, camine y practique deportes para equilibrar su voltaje emocional.

Sentirá ganas de formalizar una relación, buscará al amor de su vida y lo seguirá por el mundo compartiendo nuevas responsabilidades.

Estará comprometido con el devenir del planeta, aportará conciencia y recursos para seguir guiando a los demás en la danza cósmica.

Recuperará el asombro, la curiosidad, el intercambio con el prójimo. Incursionará en nuevas aventuras sentimentales que lo mantendrán joven y comunicativo.

Un tiempo de balance y cita con usted mismo.

Evite el pleito conciliando las zonas oscuras.

BÚFALO DE TIERRA (1949-2009)

A Víctor, el florista de Vicente López y Rodriguez Peña:

Les deseo que el chancho les traiga indexadas todas las bendiciones, las recompensas de una vida íntegra y solidaria.

El buey atravesará con aplomo, eficacia y conciencia los cambios imprevistos, y se adaptará con sabiduría.

Tendrá pleitos que resolver a corto y a largo plazo. Buscará encauzar su vocación, su tiempo libre, la nueva etapa que separa un ciclo colmado de responsabilidades rumbo a otro más creativo y contemplativo donde integrará a nuevos socios y amigos.

Habrá rebelión en la granja.

Terminará una etapa de resistencia pasiva para salir al combate y enfrentar decisiones afectivas, profesionales y familiares que imprimirán un giro en su vida.

Estará abierto a nuevas relaciones, a compartir más que a perder, a experimentar *nueve semanas y media* y reencontrar el hilo de plata invisible que lo une a la galaxia.

La familia crecerá, tendrá que aceptar nuevos retos, agrandar la casa, compartir el sustento con quienes toquen a su puerta.

Estará asediado, y con ganas de convertirse en *hippie* y salir por el mundo en busca de nuevas experiencias.

BÚFALO DE METAL (1901-1961)

Atravesará el arco iris, el infra y el supramundo mientras se deja llevar por la energía porcina.

Estará abierto a nuevas fórmulas de convivencia. Tal vez con cama afuera o *part time*, viajes compartidos o en soledad, integración de ex y futuros amores.

Su rutina estará alterada: habrá propuestas laborales jugosas, viajes imprevistos, la posibilidad de una S.R.L. que le abra nuevas fuentes de ingresos y una convocatoria mediática.

Será un año de contrastes, su humor oscilará entre estados *up* y *down*; es recomendable que haga yoga, tai chi, meditación, falun dafa, y sobre todo que se revuelque en el chiquero para recuperar millas y leguas eróticas.

BÚFALO DE AGUA (1913-1973)

A GOZAR DE LOS BENEFICIOS DE LA ERA PORCINA.

Empezará por elegir una nueva calidad de vida. Cambiará de trabajo, tendrá tiempo libre y disponible para sus nuevos proyectos y sociedades.

Sentirá deseos de libertad, rebelión; sacará todo lo que reprimió y causará terremotos, sismos y tsunamis. En la familia habrá cambio de roles, llegadas y despedidas.

Enfrentará una crisis vocacional. Reformulará sus necesidades y deseos, y enfrentará pleitos con jefes, socios y vecinos.

Cuide su salud, haga medicina preventiva, ayurveda, camine y organice su agenda para ver amigos, salir y hacer laborterapia.

Estará más sociable, sobreexigido, con gastos extras que deberá atender y con el Eros al rojo vivo.

Retornarán amigos del pasado, soplarán vientos favorables para iniciar nuevas sociedades, acrecentar la empresa y convocar gente macromambo.

UN TIEMPO DE SOLIDEZ, CRECIMIENTO ESPIRITUAL, PRUEBAS Y DESAFÍOS.

PREDICCIONES PREVENTIVAS PARA LA RATA

BASADAS EN EL I-CHING

EL RETORNO DE EROS, DEL OCIO CREATIVO Y DE LAS REPONSABILIDADES LEGALES

No hay tregua, intervalo, pausa para la hiperactiva rata que llega con los primeros auxilios para tomarse la presión arterial, hacerse chequeos de colesterol y estrés en el umbral del reinado porcino.

OM, OM, OM, OM. El chancho la quiere en casa, doméstica, integrada a las labores telúricas, participando de los juegos y planes familiares.

Calidad más que cantidad de tiempo o tal vez ambas, si es posible pedirle que baje la carrera meteórica al más allá.

A la tierra, ratitas, en aterrizaje forzado o elegido según sea la navegación de sus vidas.

No hay mejor lugar para aclarar el paisaje del alma, reconstruir el ADN, amortizar las millas, leguas y excursiones por las tuberías, caños, y cornisas de la madriguera/chiquero, y tener un techo, comida, calorcito de hogar para prepararse para su año.

Habrá que elegir con ojo crítico las prioridades.

El trabajo estará esperándola para que le dé su toque de distinción, su sello inconfundible, su dinámica, originalidad, efecto radioactivo.

Se alistará en obras comunitarias, ecológicas, de ayuda y servicio aportando su energía, ideas innovadoras y espíritu de competencia.

Enfrentará una lucha interna entre el deber y el placer; será la transmisora de noticias, ayudará a organizar a la tropa en momentos críticos y se involucrará con el corazón para guiar a su familia en una etapa de cambios de roles y despedidas.

Sentirá el llamado de la naturaleza.

Buscará organizar su vida para radicarse en un lugar soñado para construir su casa, o por lo menos para iniciar el proyecto.

Estará solicitada socialmente. Retornará a fiestas, *vernisagges*, cócteles, recitales, peñas folklóricas, seminarios, y grupos de autoayuda.

El *feed back* le hará bien; destilará adrenalina, *glamour*, hormonas que atraerán como un imán a millones de años luz, y sentirá deseos de reproducirse.

La gran duda será existencial.

El mundo cambió de golpe y su nueva visión le trae desdicha, confusión y escepticismo.

Es necesario que busque el diálogo, el cariño y la contención de su amada/o, hijos, padres, hermanos, y no se aísle.

Trabajará con mas conciencia en su profesión. Pondrá en duda lo que la precedió y seguirá nuevas pautas de investigación.

Estará convulsionada por reencuentros afectivos que dejaron heridas abiertas, situaciones *stand by*, y pérdidas familiares entrañables.

Recuperará un *hobby*, un oficio, un grupo de amigos para hacer terapia, distraerse y transmutar el dolor.

El año del chancho le producirá un vuelco emocional inesperado.

Adoptará una nueva familia, sentirá que tiene mucho para dar, enseñar y aprender.

Estallará una crisis creativa aguda. Los artistas deberán replantearse su profesión, metas e ideales.

Es recomendable un viaje a lugares que la inspiren o recuperar las épocas de bohemia para reciclarse.

Aparecerán acreedores, prestamistas, usureros reclamando pagos y expiación de culpas.

Escuchará sus voces interiores y tratará de saldar deudas kármicas.

Le aconsejo que tenga una cita con usted misma, sin testigos, para reconciliarse con los sentimientos oscuros y negativos que bloquean su corazón.

Odio, rencor, resentimiento, espíritu de venganza, envidia, celos atascados la bloquean y le impiden recuperar el equilibrio y la armonía.

Es recomendable hacer un trabajo puntual de limpieza con cada persona que quedó enojada, resentida o abandonada por las circunstancias.

Su caudal afectivo necesita fluir, expandirse, encontrar nuevos afluentes donde renacer, encontrar el sentido sagrado de la existencia y compartir su amor.

Sentirá que está exigida por la familia. Si es una rata mayor, reparta la herencia en vida, no deje que se estanque la riqueza o el queso que tiene para compartir y ayudar en vida a sus descendientes y amigos.

Atravesará una crisis espiritual que la sacudirá hasta transformarla en una nueva persona. Entréguese, no luche. Acepte con sabiduría lo que hay y no hay, los límites y fronteras, los agujeros negros y las noches oscuras.

Postergue los trabajos, reclamos, demandas de terceros si no está disponible o se siente fuera de horario.

La rata reconocerá que es humana, que no puede responder a la cantidad de personas que buscan su protección, ayuda, consejo y pondrá un 0600 o mandará mensajes telepáticos.

La salud deberá ser atendida con medicina preventiva.

A pesar de las tentaciones del chancho para excederse en los apetitos del cuerpo y su insaciable voracidad por experimentar lo que la vida le ofrezca en cada esquina, agudizará su intuición para graduar banquetes, fiestas bacónicas y dionisíacas.

Recuperará la fe, la alegría de vivir, llorará y reirá con frenesí; soltará las emociones y sorprenderá a su pareja, amigos y familia con reacciones inesperadas.

Estará más abierta al diálogo; escuchará consejos, aceptará sus límites y encauzará su inteligencia analítica en obras de solidaridad con la comunidad.

El proceso de transformación la sacudirá en los siete cuerpos; la ansiedad, la incertidumbre y la revolución la acompañarán día y noche acelerando procesos psicológicos y produciendo somatizaciones.

El reencuentro con una ex pareja, amigos del alma y parientes lejanos producirán endorfinas, endulzarán su ácido sentido del humor y la acercarán emocionalmente a quien ama y admira.

Estará exigida en la casa, en el trabajo, con socios y jefes y tendrá que ceder a otras ideas y puntos de vista.

Crecerá espiritualmente, tendrá un SATORI (iluminación) y descubrirá el camino para transitar con su gran amor.

El I-CHING te aconseja
7 SHIH / EL EJÉRCITO

EL DICTAMEN

**El ejército requiere perseverancia
y un hombre fuerte.
Ventura sin falla.**

El ejército constituye una masa que, para convertirse realmente en ejército, requiere organización. Nada se puede lograr sin una firme disciplina. Mas esta disciplina no es posible obtenerla a la fuerza y con medios violentos, sino que reclama a un hombre fuerte al cual se vuelquen los corazones y que despierte entusiasmo. Éste, para poder desplegar sus dotes, debe contar con la confianza incondicional de su soberano, quien ha de dejar en sus manos la plena responsabilidad mientras dure la guerra. Pero una guerra es siempre una empresa arriesgada que acarrea daños y devastación. Por eso no se la debe iniciar con una ligereza; únicamente debe recurrirse a ella como se apela a un remedio venenoso, y en última instancia. Un conductor experto ha de explicarle al pueblo con toda claridad la causa justa y presentarle un objetivo de guerra evidente y comprensible. Sólo si existe un objetivo perfectamente determinado, por el cual el pueblo sea capaz de jugarse conscientemente, nacen la unanimidad y la fortaleza de la convicción que conduce a la victoria. Pero el guía también debe cuidar de que en medio de la pasión guerrera y de la embriaguez del triunfo no se produzcan hechos injustos que no merecerían la aprobación general. La justicia y la perseverancia son las cosas fundamentales para que todo marche bien.

LA IMAGEN

**En medio de la tierra hay agua:
la imagen del ejército.
Así el noble, en virtud de su
magnanimidad para con el
pueblo, acrecienta sus multitudes.**

El agua subterránea permanece invisible en medio de la tierra. Así también el poder guerrero del pueblo se oculta invisible en sus multitudes. Cada campesino, cuando amenaza el peligro, se convierte en soldado y al término de la guerra retorna a su puesto junto al arado. Quien se muestra magnánimo con el pueblo conquista su amor, y el pueblo que vive bajo un régimen benigno se torna fuerte y poderoso. Únicamente un pueblo con una sólida economía puede tener relevancia en cuanto potencia bélica. Debe cultivarse, pues, esa potencia fomentándose las relaciones económicas del pueblo, mediante un gobierno humanitario.

Únicamente si existe este lazo invisible entre gobierno y pueblo, que hace que el pueblo se sienta albergado como el agua subterránea en la tierra, es posible conducir una guerra victoriosamente.

EL TRÁNSITO DE LA RATA DURANTE EL AÑO DEL CHANCHO

RAMA 1 AGUA *YANG*

La rata es uno de los signos que podría equilibrar las angustias de la energía agua durante 2007.

Su salud va a estar medio rara porque no soporta el exceso de tierra en el ambiente y el fuego del año del chancho.

El agua del chancho es reforzada por el agua de la rata, eso es bueno si eres chancho pero, para una rata, significa que nuestra amiga andará un poco baja de energía agua, así que es mejor que vista de color blanco el mayor tiempo posible. El agua es generada por el metal, representado por el color blanco, también podrá ayudarla una dieta alta en cereales. En enero, la ratita va a estar bajita de energía y medio en la depre. Para febrero, hay posibilidades de viajes cortos, pero en soledad. Si no le gusta estar sola, será mejor que evite este tipo de desplazamientos, sobre todo si son por tierra. Si se trata de una mudanza, debe recordar no levantar ni tirar muros, menos hacer modificaciones en la zona Norte, de Este a Oeste de su nueva casa. Para marzo las cosas van a bajar de ritmo, eso no le gusta a la rata, que es más bien nerviosa. Cuidado con los embarazos no planeados o deseados. El mes más complicado será junio, y también buena parte de julio; no debe comer mariscos, pollo ni cerdo. Sólo pescado y res o nada de carne. En verano necesitará asociarse con las personas del año de la cabra, ya que la cabra será el mejor amuleto durante 2007.

Para agosto hará falta que preste atención a sus estados de ánimo, pues este mes podría traerle una especie de doble identidad. Si la rata aprende qué es lo que necesita por sobre lo que desea, le irá mejor. También es importante que evite pleitos familiares. Todo el mes de noviembre podría haber una gran necesidad de sexo sin compromiso, ¡cuidado con los cuernos que la rata ponga a su paso!; pero, para variar, la rata tendrá mejor estado de ánimo. Si aprende a guardar su platita, lo pasará mejor, aunque con algunos sustos: la economía mundial será como un Titanic que se hunde en el fondo del mar, y las ratitas, más sabias y precavidas, serán las primeras en salir corriendo del barco…

Para diciembre, se podrá ver envuelta en chismes y malos tratos dentro del trabajo, así que será mejor que mantenga la boca cerrada y no se arme enemistades… lo cual le resultará difícil.

PREDICCIONES PARA LA RATA Y SU ENERGÍA

RATA DE MADERA (1924-1984)

El fuego del año del chancho encenderá la madera produciendo fuertes pasiones en la rata.

Estará hiperactiva, dinámica y generará proyectos artísticos y comerciales con socios y parientes.

Dedicará más tiempo a la casa, el jardín, las labores manuales e intelectuales, descubriendo sus dones y habilidades. Saldrán microemprendimientos, una nueva economía familiar y comunitaria.

Será líder de opinión, viajará por trabajo a nuevas ciudades o pueblos recolectando ganancias, amigos y reconocimiento.

Se enamorará, iniciará una etapa fecunda, formará una familia o recuperará la propia indexando año de soledad y alejamiento.

Se debatirá entre el deber y el placer, las responsabilidades o salir de viaje por el mundo en busca de nuevas experiencias.

Deberá cuidar los ahorros y fortalecer los lazos comerciales para sobrevivir.

ETAPA DE EXPANSIÓN E INTROSPECCIÓN. LA ANTESALA DEL GRAN CICLO DE SU VIDA.

RATA DE FUEGO (1936-1996)

En el año del chancho seguirá cultivando nuevas experiencias para consolidar su trayectoria profesional.

Aparecerán musas, duendes, nuevos amigos y personas que le despertarán deseos de creación, revisión de su obra, nuevos estímulos de inspiración que se sedimentarán con el tiempo. Estará más calma, meditativa, introspectiva y con ganas de vida hogareña.

Transitará estados *up and down*; con cambios bruscos en el humor y el carácter, es recomendable que haga terapias alternativas, yoga, tai chi o practique el *Kamasutra*.

Sentirá ganas de cambiar el rumbo de su vida, mudarse, viajar y radicarse en otra ciudad, provincia o país para tomar distancia de los problemas familiares y de los juicios, pleitos o querellas que le podrían caer al promediar el año.

Renovará su imagen, *look*, hará dieta, pilates, yoga y será líder entre sus colegas.

Su pareja le pedirá más tiempo y dedicación. Reformulará las prioridades; en la relación y aceptará nuevas propuestas que la sorprenderán gratamente.

El mundo cambia velozmente y adaptarse es un desafío.

Saldrá de la rutina, tendrá su propio reloj biológico y buscará radicarse en la naturaleza para hacer alineación y balanceo.

RATA DE TIERRA (1948-2008)

Reinventará la vida con nuevas fórmulas.

Estará abierta, lúcida, creativa, con una nueva cosmovisión del mundo al que saldrá a conquistar desde su PC Windows.

La familia crecerá, aparecerán hijos y nietos a los que tendrá que cuidar y dedicarles más tiempo y energía.

Su vocación estará impregnada por nuevos estímulos.

Conocerá gente más joven que le abrirá nuevas percepciones, ideas, gustos y realidades.

Participará en grupos, comedores, marchas, manifestaciones de paz y derechos humanos y estará más comprometida.

Se debatirá entre el ser y el no ser, el deber, el tener y las responsabilidades familiares y profesionales, que le lloverán.

Tendrá nuevas ofertas laborales, acrecentará su patrimonio, invertirá en bienes raíces y conseguirá un trabajo que la renovará y le brindara más calma y *training.*

Retornará al Eros, a las travesuras en las cornisas y tuberías, al amor de a dos, la complicidad y el espíritu hogareño.

A pesar de los sobresaltos e imprevistos del año del chancho recuperará el buen humor, la vocación y el trabajo para sobrevivir con dignidad.

RATA DE METAL (1900-1960)

A jugar con todos los recursos que la vida le dio.

Es un tiempo de grandes avances en la profesión, se consolidará una etapa muy creativa y remunerativa.

Tendrá que elegir entre ser socia, jefa o asesora de empresas.

Su talento, disciplina y tenacidad estarán estimulados por gente que la inspira y le brindará recursos para crecer artísticamente.

En la familia habrá reencuentros, despedidas, nacimientos y gran armonía.

Sentirá ganas de delegar responsabilidades y retirarse a la naturaleza a construir su baticueva y proyectar un nuevo tiempo y plan de vida.

Para matizar saldrá a recitales, *shows*, marchas y eventos conjugando trabajo con diversión.

Iniciará nuevos emprendimientos con amigos, despertará otras facetas de su personalidad y descubrirá una nueva etapa de productora agropecuaria, ingeniera, arquitecta y productora de ideas innovadoras.

Mantendrá un equilibrio entre su profesión y nuevos estilos de vida.

Será protagonista de polémicas y escándalos y blanco de francotiradores. Es recomendable que mantenga la calma y no participe en actos políticos.

Recuperará la paz en el hogar, con su pareja incondicional, practicando *EL TAO DEL AMOR Y DEL SEXO*.

RATA DE AGUA (1912-1972)

Cruzará una frontera que le permitirá tener conciencia de sus posibilidades, talento y límites.

Sentirá deseos de descansar, bajar la marcha, cuidar la casa y pasar tiempo con su familia haciendo galletitas, tartas, arreglando el jardín, pintando o esculpiendo.

Por otro lado sonará el teléfono con propuestas tentadoras, bien remuneradas, que la mantendrán activa.

Habrá un sentimiento ambivalente, deber, placer, ¿¿TENER O SER??

Ganará el queso y lo convertirá en oro, activará sus estudios, ganará becas, concursos y será líder en la comunidad.

Mantendrá el deseo, estará *sexy*, radiante, con prana para regalar a amigos y *fans*.

Despertará a una nueva realidad. Deberá afrontar una transición económica que cambiará sus costumbres. Hará inversiones, tendrá nuevas ideas y desafíos.

Se enamorará perdidamente y pondrá en juego su matrimonio y algo más...

Calma. El año del chancho es muy erótico y las pasiones son parte del aprendizaje y aterrizaje forzado.

ES UN TIEMPO DE CAMBIOS PROFUNDOS Y PURIFICACIONES.

BIBLIOGRAFÍA

SQUIRRU, LUDOVICA: *Horóscopo chino*, Editorial Atlántida. Buenos Aires, 2002, 2000, 1999, 1998.

WILHEM, RICHARD: *I-Ching*, Editorial Sudamericana. Buenos Aires, 1991.

CARUS, PAUL: *Esoterismo y astrología en China*. Editorial Visión, Barcelona, 1982.

EBERHARD, WOLFRAM: *Times Dictionary of Chinese Symbols. An Essential guide to the Hidden Symbols in Chinese Art, Customs and Beliefs*. Federal Publications, Singapur, 1997.

GONZÁLEZ, ROBERTO: *El canon de las 81 dificultades del Emperador Amarillo. Las preguntas más importantes sobre acupuntura y medicina china*. Grijalbo, México, 2000.

KERMADEK, JEAN-MICHEL: *Los ocho signos de su destino. Iniciación a la practica astrológica china*. Editorial Ibis, Barcelona, 1992.

VARGAS DE NÚÑEZ, INÉZ: *Viví en los tiempos del Apocalipsis. Introducción al esoterismo*. Federación Editorial Mexicana, México, 1989.

WINDIRGE, CHARLES: *Tong Sing. The Chinese Book of Wisdom*. Kyle Cathie, Londres, 2002.

WONG, EVA: *Lie Tse. Una guía taoísta sobre el arte de vivir*. Editorial Edaf, Madrid, 1997.

ZHU LIAN, JESÚS: *Calendario chino de los diez mil años*. Yug, México, 2004.